Sous la surface du quotidien frémit une source
de fraîcheur et de joie, qui ravit tous ceux
qui découvrent sa lumière opaline
sous la poussière de l'habitude.

FREYA STARK

Ce livre est dédié à toutes celles parmi nous
qui désirent découvrir sous la poussière
de l'habitude, un quotidien lumineux et vivifiant.

Du même auteur

Maigrir pour la vie
5 principes menant à votre *poids idéal*
Éditions GGC, 2001

MAIGRIR
UN JOUR À LA FOIS

Catalogage avant publication de Bibliothèque et Archives Canada
Gosselin, Caroline

Maigrir un jour à la fois

ISBN 2-89077-304-3

1. Perte de poids. 2. Régimes amaigrissants - Recettes. I. Titre.

RM222.2.G672 2006 613.2'5 C2006-940088-1

---

*L'auteur versera une partie des revenus issus de la vente du livre à la Fondation du Centre Jeunesse de l'Estrie pour les activités d'*Un P'tit Cœur au Chaud. *Mise sur pied en 2001 par Caroline Gosselin, cette organisation bénévole vise à améliorer la qualité de vie des enfants pris en charge par la Direction de la Protection de la Jeunesse dans la région de l'Estrie au Québec. Tout au long de l'année, les femmes impliquées dans cette œuvre caritative confectionnent de douces et chaudes couvertures pour les mille cent soixante-quinze enfants actuellement hébergés en internat, en foyer de groupe ou en famille d'accueil dans cette région, en plus d'organiser pour eux diverses activités récréatives et éducatives.*

Couverture : orangetango
Mise en pages : Olivier Lasser

ISBN 2-89077-304-3
Dépôt légal : 1er trimestre 2006

IMPRIMÉ AU CANADA

www.flammarion.qc.ca

Caroline Gosselin, Ph.D.

MAIGRIR
UN JOUR À LA FOIS

L'ART DE
PRENDRE SOIN DE SA VIE
AU QUOTIDIEN

Flammarion
Québec

REMERCIEMENTS

Louise Loiselle, éditrice, et toute l'équipe de Flammarion Québec, pour leur enthousiasme et leur professionnalisme,

Line Marcoux, Jane Mitchell et Mélanie Dupuis, pour leur authenticité et leur humour,

Normand Gosselin et Jacqueline Laguë, pour leur confiance,

Martin, Laurent et Viviane Gosselin, pour leur soutien fraternel,

Élise, Samuel, Louis, Roxane et Léa Cabanac, pour ce bonheur que je vis chaque jour en leur compagnie,

Julien Cabanac, pour son amour et son discernement,

Et toutes ces femmes qui ont croisé ma route et m'ont inspirée dans l'écriture de ce livre,

Merci.

Le grand ingrédient essentiel...
est que le sacré se trouve dans l'ordinaire,
c'est-à-dire dans la vie quotidienne.
ABRAHAM MASLOW

Quel plaisir, chère lectrice, de me trouver chez vous ! Les douze prochains mois qui s'offrent à nous sont pleins de promesses et je suggère que nous les abordions ensemble, un jour à la fois. Que ce soit dans votre cuisine (ou la mienne !), au travail ou dans vos moments de loisirs, vous découvrirez en ma compagnie de nouvelles façons d'atteindre et de maintenir votre poids-santé. Nous verrons ensemble que chaque jour est une occasion d'enrichir son quotidien d'un brin de folie, d'une touche de sagesse et, surtout, de beaucoup de plaisir.

Vous venez ?

INTRODUCTION

Nous ne pouvons tenir un flambeau
pour éclairer la voie d'un autre
sans illuminer la nôtre.
BEN SWEETLAND

On me demande souvent si j'ai déjà eu des problèmes de poids. Je réponds que je n'ai jamais eu de problème de poids mais que j'ai longtemps eu un problème avec *mon* poids. En effet, il fut une époque où l'idée de prendre un kilo ou de voir mon corps changer m'angoissait terriblement. Je calculais chaque gramme de gras ingéré et me cramponnais au végétarisme et à l'exercice comme à une bouée de sauvetage. J'avais beau maintenir un poids-santé, ma relation avec mon corps était loin d'être saine.

Heureusement, le vent a fini par tourner il y a une dizaine d'années. Lasse de ce combat, quelque chose en moi a eu envie de se libérer. Je désirais jouir de la vie, manger ce qui me plaisait et, surtout, être mieux dans ma peau. Mes études doctorales en physiologie m'ont amenée à mieux comprendre l'impact des régimes amaigrissants sur le corps humain et j'ai progressivement changé ma façon de m'alimenter. J'ai cessé de calculer tout ce que je mangeais et commencé à faire davantage confiance à mon corps – finis les aliments interdits et la culpabilité! Toute une victoire! J'ai aussi commencé à accorder plus d'importance au repos et au ressourcement dans ma vie. Mes séances de course à pied obligatoires sont ainsi devenues des séances de marche quotidienne. Mon discours intérieur s'est aussi transformé, petit à petit. Les critiques et les pensées culpabilisantes ont progressivement fait place à une attitude plus positive et bienveillante à mon égard. Avec le temps, j'ai aussi appris à connaître mes limites et à les faire respecter plus souvent.

En d'autres mots, *j'ai commencé à prendre soin de moi.*

À trente-six ans, je peux affirmer que je suis maintenant plus en santé que jamais. Tout comme auparavant je maintiens mon poids-santé mais, à présent, je suis mieux dans ma peau et je respecte mon corps. Et cela fait toute la différence.

Un des bienfaits inattendus de l'écriture de ce livre est qu'elle m'a permis de faire la lumière sur mon cheminement personnel et de prendre conscience de toutes ces petites victoires sur moi-même. Bien sûr j'ai encore du chemin à parcourir. Je préfère encore aller chez le dentiste plutôt que de magasiner un maillot de bain et je ne raffole toujours pas de me faire prendre en photo (imaginez me faire prendre en photo en maillot de bain!...). Mais à présent, je suis consciente que ces réticences freinent mon épanouissement et je travaille chaque jour à m'en libérer davantage. *Maigrir un jour à la fois* est le fruit de cette réflexion et ne reflète donc pas seulement mon bagage scientifique mais aussi mon cheminement en tant que femme, mère, épouse et membre active de ma communauté. Comme vous pourrez le constater au fil des pages, je n'ai pas cheminé seule; Melody Beattie, Harriet Braiker, Sarah Ban Breathnach, Julia Cameron et bien d'autres femmes exceptionnelles ont croisé ma route et je partage avec vous quelques-unes de leurs réflexions éclairantes.

Dans mon premier livre, *Maigrir pour la vie*, j'ai présenté cinq principes issus de ma réflexion en tant que physiologiste. Ces principes ont permis à de nombreux lecteurs de mieux comprendre leur corps et de choisir les habitudes de vie les plus aptes à faciliter la perte de poids. Avec *Maigrir un jour à la fois*, j'ai eu envie d'aller plus loin, en explorant plus en profondeur l'expérience personnelle associée à l'adoption d'un style de vie sain. Vous pourrez donc constater que les cinq principes demeurent au cœur de la démarche mais, cette fois, dans un tout nouveau contexte :

- **L'expérience féminine de l'amaigrissement.** Mon premier livre s'adressait autant aux hommes qu'aux femmes. Cependant, comme la majorité des personnes qui cherchent à perdre du poids sont de sexe féminin, j'ai pensé que mon message gagnerait en subtilité et en profondeur s'il reflétait les préoccupations spécifiques des femmes et leurs réalités quotidiennes;

- **Un accompagnement à travers le temps.** Perdre du poids sainement prend du temps. En terminant la lecture de mon premier livre (souvent en quelques jours), mes lectrices se retrouvaient seules pour affronter un cheminement qui s'étend souvent sur une année ou plus. Il fallait donc innover et créer un outil d'accompagnement qui irait bien au-delà du simple recueil d'informations. En lisant ce livre, vous serez non seulement informée mais aussi soutenue dans votre démarche, car beau temps mauvais temps, je serai chaque jour à vos côtés. Au fil des pages vous trouverez des références bibliographiques appuyant mes propos. Une liste complète de ces références est présentée en ordre alphabétique à la fin de l'ouvrage, et ce, pour chaque mois de l'année.
- **Une application au quotidien des cinq principes.** Le format de *Maigrir un jour à la fois* permet une application concrète et immédiate des cinq principes. Chaque jour, vous serez invitée à poser une action pour vous rapprocher de vos objectifs en mettant en pratique un des cinq principes. Et je ferai de même de mon côté. Si vous ne connaissez pas mes cinq principes, vous en trouverez un résumé dans les prochaines pages. Prenez le temps de les lire. Vous verrez, c'est simple, facile à suivre et plein de bon sens. Si vous connaissez déjà les cinq principes, prenez un instant pour les revoir et vous rafraîchir la mémoire. Vous serez ensuite prête pour commencer la lecture à la date qui vous conviendra.

Trois cent soixante-six journées pour apprendre à mieux nous connaître et à prendre soin de nous. Quelle heureuse perspective! Puissions-nous au cours de ce périple découvrir notre poids-santé mais aussi toute la beauté et la force qui nous habitent.

CINQ PRINCIPES MENANT À *VOTRE* POIDS IDÉAL

Premier principe : Endossez le changement

Ce premier principe est la fondation sur laquelle reposent les quatre autres. Il nous invite à prendre la responsabilité de notre comportement dans le but d'opérer des changements. Plutôt que d'attendre qu'une solution vienne de l'extérieur (ex. diète miracle), nous apprenons à puiser dans nos ressources personnelles pour changer de l'*intérieur* vers l'*extérieur*. Lorsque nous endossons le changement, nous ne *subissons* pas une transformation, nous nous engageons volontairement à modifier les comportements qui freinent notre épanouissement.

Deuxième principe : Déterminez un objectif réalisable

Ce second principe nous invite à rechercher une perte de poids *optimale* plutôt qu'une perte de poids *maximale*. Ainsi, nous apprenons à délaisser la poursuite *du* poids idéal et cherchons plutôt à atteindre *notre* poids idéal, c'est-à-dire le poids avec lequel nous nous sentons énergique, en santé et bien dans notre peau. En procédant par étapes modestes, non seulement nous laissons à notre organisme la chance de s'ajuster graduellement à la perte de poids, nous renforçons aussi notre sentiment de compétence.

Troisième principe : Abaissez votre poids-consigne

Le *poids-consigne* est le poids que nous avons tendance à maintenir naturellement, sans faire d'efforts particuliers. C'est le poids auquel nous revenons invariablement après un régime amaigrissant. Pourquoi cela? Tout simplement parce que notre corps est programmé pour maintenir ce poids. En effet, lorsque nous suivons un régime et nous privons de nourriture, notre corps réagit et passe en mode de survie. Il modifie alors la sécrétion de certaines hormones stratégiques visant à nous faire reprendre le poids perdu. Résultat?

Notre métabolisme ralentit, notre appétit augmente, nous stockons plus facilement les graisses et… nous retournons à notre poids de départ ! Plus nous coupons les calories, plus vite nous regagnons le poids perdu.

Comment faire alors pour maigrir efficacement ?

Notre poids-consigne – et, par conséquent, le poids que nous maintenons – est déterminé en partie par nos gènes mais aussi par nos habitudes de vie. Comme nous n'avons aucun contrôle sur notre bagage génétique, l'idée est d'agir sur les habitudes de vie qui ont un impact sur notre poids-consigne. Les stratégies que je propose visent à modifier nos habitudes (alimentation, activité physique, stress) tout en douceur afin d'inciter notre corps à abaisser son poids-consigne. Autrement dit, nous cessons de lutter contre notre corps en le privant de nourriture et apprenons plutôt à travailler en harmonie avec lui. Quand nous procédons de la sorte, non seulement notre corps ne s'oppose pas à la perte de poids, mais il la facilite ! En effet, en adoptant une vie active et une alimentation saine et équilibrée, nous brûlons davantage de calories et ne souffrons pas de la faim. Au bout d'un certain temps, notre poids se stabilisera naturellement à une valeur inférieure qui tiendra compte de nos caractéristiques personnelles et génétiques.

Quatrième principe : Apprenez à respecter vos signaux internes

Notre corps nous envoie en permanence des signaux de faim ou de satiété indiquant ses besoins. Pour que le contrôle naturel de notre poids se fasse adéquatement, il est nécessaire que nous apprenions à détecter ces messages internes et à les respecter. Pour diverses raisons, nous avons pris l'habitude de les nier. Ainsi, nous mangeons même lorsque nous n'avons plus faim et luttons contre la faim lorsqu'il serait temps de manger ! L'application de ce quatrième principe nous permet de reprendre contact avec notre corps et nos émotions afin de développer l'habitude de manger ni trop, ni trop peu. Nous ne comptons pas les calories mais apprenons plutôt à écouter notre corps et à lui faire confiance.

Cinquième principe : Honorez votre engagement

Ce dernier principe nous invite à fournir les efforts nécessaires pour entretenir les habitudes que nous avons choisies. Il souligne aussi l'importance d'être fidèle à nous-même et aux objectifs que nous nous sommes fixés si nous voulons maintenir notre poids-santé. Nous découvrons ici que le maintien nécessite une certaine dose de persévérance, d'organisation mais aussi… de plaisir. En effet, nulle habitude ne peut être maintenue à long terme si elle ne nous procure pas de plaisir. La clé est donc d'adopter des habitudes qui s'intègrent harmonieusement à notre style de vie (goûts, horaires, contraintes familiales, etc.) et, au besoin, d'apporter des ajustements en cours de route. Le fait d'appliquer le principe *Honorez votre engagement* ne nous assure pas un parcours sans faute. Mais il nous permet de développer les habiletés nécessaires pour surmonter les obstacles qui se présenteront sur notre chemin.

Janvier

Trente et un cristaux de lumière,
trente et une journées
à vivre tranquillement
ou passionnément.

Trois délicieuses recettes vous sont proposées :

Soupe minestrone rapide, p. 537
Riz au poulet à l'espagnole, p. 538
Délice aux mangues, p. 539

PREMIER PRINCIPE
ENDOSSEZ LE CHANGEMENT

1er janvier

Le point de départ c'est vous.
Vous commencez là où vous en êtes,
avec ce que vous êtes, en ce moment, ici même.
JULIA CAMERON

Bonne année, chère lectrice !

En ce 1er janvier, je suggère que nous laissions les résolutions de côté afin d'opter pour quelque chose de beaucoup plus stimulant. Je suggère en effet que nous commencions à rêver, à imaginer ce que nous désirons devenir au cours de cette année.

Pour ce faire, je vous invite à prendre un moment afin d'amorcer la réflexion suivante. Comment aimeriez-vous voir votre vie dans un an ? Souhaitez-vous un quotidien égayé de nouveaux défis ? Ou empreint de sérénité ? Rêvez-vous de voyages ? d'une nouvelle carrière ? d'un bébé ? d'une retraite à la campagne ? Y a-t-il des changements que vous vous voyez apporter à vos habitudes de vie ? Si oui, lesquels ? Qu'en est-il de votre corps ? Le voyez-vous plus fort dans un an ? plus svelte ? en meilleure santé ? Et votre état d'esprit ? Rêvez-vous d'être mieux dans votre peau ? plus organisée ? moins stressée ? Ou peut-être plus spontanée ? Certains de vos « anciens » rêves attendent-ils toujours d'être réalisés ? Si oui, lesquels ?

Réfléchissez à tout cela.

Les rêves sont importants. Ils représentent la première étape du changement. Ils nous permettent de faire le point, de mettre en mots et en images nos désirs et nos aspirations profondes. Au cours de ces rêveries, laissez parler votre cœur et votre imagination et ne vous imposez pas de limites. Nous avons l'habitude de nous créer des attentes et non des rêves. Et cela est très différent. Une attente représente une attache émotionnelle à un résultat spécifique, tandis qu'un rêve est une bouffée d'air frais. Sans le savoir, en nous créant des attentes, nous nous imposons nous-même des limites, car nous nous conditionnons à espérer un résultat bien précis. Dans ce cadre rigide, tout écart entre nos attentes et les résultats obtenus est vécu comme un échec. À l'inverse, nourrir des rêves nous permet de nous créer et de nous re-créer à l'infini et d'évoluer sans cesse, souvent bien au-delà de ce que nous aurions cru possible.

Pour l'auteure Sarah Ban Breathnach, décider d'entretenir des rêves, plutôt que des attentes, est une déclaration d'indépendance personnelle. Selon elle : « La poursuite enthousiaste de nos rêves donne des ailes à notre âme ; les attentes qui mesurent le succès d'un rêve, au contraire, lui attachent un boulet au pied. »

Et je partage tout à fait son avis.

C'est pourquoi, en ce début d'année où tous les espoirs sont permis, je vous invite à rêver. Prenez quelques minutes de votre temps pour vous installer confortablement et mettre vos idées par écrit. Inscrivez la date sur ce papier et gardez-le précieusement. Relire vos rêves de temps à autre vous procurera une dose d'inspiration et de réconfort.

Alors pourquoi attendre plus longtemps ?

Posez une action pour endosser le changement

Prenez au moins vingt minutes pour aller marcher et vous emplir de la lumière du soleil. La production de sérotonine (un neurotransmetteur impliqué dans l'humeur) par le cerveau est à son plus faible durant l'hiver, ce qui pourrait expliquer que certaines d'entre nous souffrent de dépression saisonnière. Notre production de sérotonine est directement proportionnelle à notre exposition à la lumière et augmente rapidement en réponse à une exposition à une source lumineuse[28]. Une simple marche peut donc faire office de « tonique » pour le corps et l'esprit !

Aujourd'hui, prenez soin de vous

Libérez-vous de vos attentes, qui sont comme autant de boulets à vos pieds ! Ne vous mettez pas de pression sur les épaules. Ne vous fixez pas de limites ou d'échéancier. Accordez-vous plutôt quelques minutes pour rêver, pour imaginer avec enthousiasme ce que vous avez envie de vivre cette année.

2 janvier

Quand on aime la vie, c'est alors qu'elle-même nous aime le plus, comme par un prodige d'entente.
GABRIELLE ROY

Cette année, je vous invite à entreprendre en ma compagnie un périple qui nous amènera à introduire de nouvelles habitudes dans notre vie. L'une de ces nouvelles habitudes sera de prendre soin de nous sur une base quotidienne. Manger plus sainement et faire de l'exercice régulièrement seront deux façons d'y parvenir. Apprendre à respecter davantage notre corps, à nous traiter avec bienveillance et à célébrer nos réussites sont d'autres façons concrètes de prendre soin de nous que nous explorerons au fil des jours. Enfin, toujours dans l'optique de prendre soin de nous, nous développerons l'habitude de nous reposer et de cultiver notre tranquillité d'esprit.

Ces nouvelles habitudes nous permettront, non seulement de maintenir un poids plus sain, mais aussi d'accéder à une qualité de vie supérieure. En plus d'être en meilleure santé, nous deviendrons, je l'espère, chaque jour un plus épanouies et bien dans notre corps.

Posez une action pour endosser le changement

Consommez un petit-déjeuner soutenant, contenant une source de protéines (ex. fromage, œuf, amandes, beurre d'arachides ou autre). De récentes études montrent que le fait de prendre un petit-déjeuner a un effet particulièrement rassasiant qui peut s'étendre sur toute la journée. En effet, les personnes qui mangent le matin ont tendance à consommer moins de calories au cours de la journée que celles qui sautent ce repas[10].

Aujourd'hui, prenez soin de vous

Je suggère qu'à partir de maintenant vous vous accordiez chaque semaine au moins une demi-journée pour vous reposer et vous ressourcer. Nul besoin de planifier une sortie ou une activité coûteuse. L'idée est simplement de profiter de cette journée pour décrocher, savourer le temps qui passe et refaire le plein d'énergie. Profitez de ces moments de détente pour renouer avec un passe-temps favori ou pour vous amuser en famille. Peut-être aurez-vous envie de vous balader dans les environs, de faire votre propre pain ou encore de vous plonger dans un roman. À vous de choisir.

Pour commencer, si ce n'est pas déjà fait, offrez-vous un joli calendrier. Prenez l'habitude d'y noter en couleur cette journée spéciale. Pour ma part, cette précieuse journée est le dimanche. Ces moments de ressourcement sont essentiels à ma santé physique et mentale. Et je suis certaine que vous y prendrez goût vous aussi.

3 janvier

Enfouie sous la terre, qu'est-ce qui distingue une pièce d'or d'un caillou?

ABU SHAKOUR

Rien du tout, bien sûr.

Nos forces et nos talents sont comme des pièces d'or qui bien souvent sont enfouies sous la terre. Si nous voulons développer une saine estime de nous-même, il m'apparaît essentiel de les connaître et de les mettre en valeur.

Il y a quelque temps, alors que je faisais une présentation à un groupe d'enfants de onze et douze ans, je leur ai demandé d'écrire sur un papier quelles étaient leurs trois plus belles qualités. À ma grande surprise, bon nombre d'entre eux n'ont pas été capables d'en nommer plus que deux. J'étais vraiment perplexe. Au fil des mois qui ont suivi, j'ai continué d'explorer cette question dans mes présentations et je me suis rendu compte que bien des adultes étaient dans la même situation. Certaines personnes croient vraiment qu'elles n'ont que deux qualités!

Prendre soin de soi veut aussi dire être *attentive à soi* et valoriser la personne que nous sommes. Si nous apprenons à reconnaître nos plus belles qualités et à les valoriser, il devient plus facile de les mettre à contribution dans toutes les sphères de notre vie. Je ne vous connais pas, mais je suis persuadée que vos plus belles qualités vous sont utiles dans le cadre de votre vie familiale et sociale ainsi que dans votre travail. Et je suis prête à parier qu'elles peuvent aussi être mises à profit dans le cadre de votre démarche de perte de poids.

Posez une action pour endosser le changement

Plutôt que de ne servir qu'un plat principal, je vous encourage à le faire précéder d'une soupe aux légumes en entrée. En plus de vous réconforter, cette soupe pourrait vous aider à perdre du poids. En effet, Barbara Rolls, chercheure spécialiste de l'obésité, a étudié le pouvoir rassasiant des soupes. Elle a constaté que, bien que les soupes soient généralement composées surtout d'eau, leur pouvoir rassasiant est nettement supérieur à celui de l'eau. Par conséquent, après avoir consommé une soupe, nous avons tendance à manger moins au repas que si nous avions bu la même quantité d'eau (en moyenne 100 calories de moins)[34]. Ce phénomène serait d'autant plus évident lorsque les soupes contiennent des morceaux (ex. de légumes), plutôt qu'un simple bouillon[21]. Alors pourquoi ne pas profiter de cette froide journée pour vous concocter une délicieuse création maison ?

Aujourd'hui, prenez soin de vous

Prenez quelques instants pour identifier *au moins* trois de vos plus belles qualités personnelles. Si vous êtes en panne d'inspiration, faites-vous aider au besoin par quelqu'un qui vous connaît bien. Lorsque vous les aurez nommées, inscrivez ces qualités sur un papier. Relisez-les. Ces qualités que vous avez pris le temps de reconnaître – ces richesses – sont les vôtres. Admirez-les ! Elles font de vous une personne intéressante, unique, digne d'être aimée. Souvenez-vous que vous pouvez mettre ces qualités à profit dans n'importe lequel des projets que vous entreprendrez cette année.

4 janvier

N'avons-nous pas plus et mieux à faire que de surveiller constamment la balance, compter et recompter les calories, nous priver de tous les plaisirs de la table, évaluer notre corps et celui des autres ?

DANIELLE BOURQUE

Je l'espère bien, et c'est pourquoi j'ai écrit ce livre. Mon but est de montrer aux femmes qu'il existe d'autres façons de procéder. Que ce que nous recherchons finalement, ce n'est pas tant un chiffre sur la balance qu'un état d'esprit. Nous voulons nous sentir belles. Nous désirons être bien dans notre peau. Nous voulons habiter un corps qui respire la santé. Nous voulons jouir de la vie et de ses plaisirs.

N'est-ce pas ?

C'est bien ce que je croyais.

Il n'y a pas de mal à vouloir changer. L'important est de le faire de manière à respecter notre nature, notre rythme, nos goûts et notre corps.

Posez une action pour endosser le changement

Consommez au moins deux portions de produits céréaliers de *grains entiers* au cours de la journée. Un pain pita de *blé entier,* par exemple (que vous pourriez garnir de lanières de poulet grillé, de poivrons rouges et verts, de laitue, de quelques tranches de tomates et d'oignons, et d'un peu de crème sure légère), compte pour deux portions, tandis qu'une tranche de pain multigrains ou une once (30 g) de céréales à grains entiers constituent une seule portion de produits céréaliers.

Certains régimes à la mode proposent d'éliminer presque complètement les produits céréaliers et autres sucres de notre alimentation car, selon leurs adeptes, les glucides seraient responsables de l'épidémie d'obésité. Pour justifier leurs propos, les partisans de ces régimes affirment qu'une alimentation riche en glucides (telle qu'elle est recommandée par les diététistes) abaisserait le niveau de bon cholestérol sanguin. Benoît Lamarche, directeur de l'Institut des nutraceutiques et des aliments fonctionnels (INAF) de Québec, a cependant démontré que, malgré une baisse de dix pour cent du taux de bon cholestérol, *une alimentation riche en glucides engendre une baisse équivalente ou même supérieure des indicateurs de risques cardiovasculaires*[11,12]. Le Dr Lamarche rappelle que le bon cholestérol sert à vidanger le mauvais cholestérol qui s'accumule à l'intérieur des vaisseaux sanguins. Selon lui, si le cholestérol bénéfique pour la santé diminue chez les personnes qui ont une alimentation riche en glucides complexes, c'est peut-être parce qu'ils ont besoin d'une quantité moindre de bon cholestérol pour « gérer » leur mauvais cholestérol.

N'hésitez donc pas à consommer des produits céréaliers à chaque repas, autant que possible *des produits à base de grains entiers.*

Aujourd'hui, prenez soin de vous

Ménagez-vous quelques minutes au cours de votre journée pour méditer ou vous recueillir dans un endroit paisible et confortable. Si votre esprit est détendu, les muscles de votre corps seront détendus eux aussi[30]. C'est pourquoi ces pauses méditatives ont un effet si revigorant pour le corps et l'esprit.

5 janvier

Mieux vaut entendre une corde qui se brise
que de n'avoir jamais tendu un arc.
VERNER VON HEIDENSTAM

La peur est probablement l'une des forces d'inertie les plus puissantes. Elle nous paralyse même parfois. Bien souvent, si nous retardons le moment d'enclencher un processus de changement, c'est que nous avons peur de ne pas être à la hauteur. Nous avons peur de ne pas réussir, nous avons peur d'affronter nos limites, nous avons peur de l'inconnu. Alors, nous gardons le pied sur le frein et demeurons dans le confort relatif du *statu quo*.

Comment faire pour commencer à changer malgré nos réticences? Certains psychologues recommandent la méthode par « essais » pour faire fondre nos résistances. Cela fonctionne très bien pour moi et je suis persuadée que vous apprécierez aussi. Plutôt que de nous engager dans un « programme » ou dans un « plan d'action » rigide, cette méthode prône plutôt la simple « mise à l'essai » d'un nouveau comportement. Si, après quelques jours ou quelques semaines, nous voyons que cela ne fonctionne pas, nous n'avons qu'à en essayer un autre. Et ce, jusqu'à ce que nous ayons trouvé les habitudes qui fonctionnent pour nous. Vu de cette façon, le changement est beaucoup moins intimidant.

Nous avons toutes à travailler sur nos habitudes de vie. Vous comme moi. Nous ne pourrons jamais être trop en santé ou trop épanouies, alors pourquoi ne pas nous atteler à la tâche dès maintenant? Joignez-vous à moi, et ensemble, cette année, nous nous encouragerons mutuellement.

Posez une action pour endosser le changement

Aujourd'hui, analysez votre situation sans vous critiquer et avec le plus de détachement et d'honnêteté possible. Passez en revue votre niveau d'activité physique, votre alimentation, votre niveau de stress, votre bien-être. Êtes-vous satisfaite de votre mode de vie ou désirez-vous tenter une nouvelle approche ? Quels aspects aimeriez-vous améliorer ? Quels sont les obstacles qui se dressent sur votre route ? Comment comptez-vous les surmonter ?

Une fois cette réflexion effectuée, ne vous laissez pas impressionner par ce qu'il y a à faire. Choisissez une seule nouvelle habitude que vous aimeriez adopter. Puis, essayez-la tout simplement et voyez si cela vous convient.

Aujourd'hui, prenez soin de vous

S'occuper des enfants et de la maison sont des facteurs souvent cités par les femmes pour expliquer le peu de temps qu'elles consacrent à l'activité physique[39]. Si, tout comme à moi, il vous arrive d'avoir de la difficulté à inclure un bloc de vingt à trente minutes d'exercice dans votre journée, ne vous découragez pas. Prenez soin de vous en incorporant quelques mini-entraînements de cinq à dix minutes d'exercice au cours de la journée. Une série de demi-redressements assis en regardant la télévision, quelques étirements en parlant au téléphone, une courte marche pendant l'heure du dîner sont parfois tout ce qu'il faut pour nous maintenir sur la bonne voie.

6 janvier

Feriez-vous des crêpes avec un marteau ?
Laveriez-vous le plancher avec une cuillère ?
JANET WOITITZ

Les bons outils font toute la différence. Boire des tisanes amaigrissantes, jeûner ou utiliser des coupe-faims sont probablement tout aussi efficaces pour maigrir que d'utiliser un marteau pour cuisiner des crêpes !

Au cours de l'année, je vous présenterai quelques « outils » qui ont fait leurs preuves. Ils sont tous susceptibles de vous aider à atteindre vos objectifs. Au fil des semaines, vous pourrez les découvrir et choisir ceux qui vous conviennent le mieux. En voici quelques-uns :

- Une bouteille d'eau ;
- De bonnes chaussures de marche ;
- Deux ou trois livres de recettes-santé ;
- Une liste d'épicerie de base ;
- De petits haltères ;
- Un journal de bord dans lequel vous prendrez en note ce que vous mangez ainsi que vos séances d'exercice ;
- Un petit matelas pour vos exercices au sol ;
- Quelques cassettes vidéo ou DVD d'exercice.

Mais aussi :

- Un bon réseau de soutien (famille, amis, groupe d'entraide, etc.) ;
- Du temps, pour planifier vos repas et vous préparer de bons petits plats-santé ;
- Et des moments quotidiens de détente et de repos.

Il faut garder à l'esprit que, sans votre engagement et votre désir profond de changer, ces outils ne vous seront d'aucune utilité. C'est pourquoi, en plus de vous présenter des outils pratiques tout au long de l'année, je vous encouragerai aussi à vous engager toujours un peu plus dans le changement.

Posez une action pour endosser le changement

Je vous invite à vous créer un journal de bord. Pour ce faire, choisissez un joli cahier qui vous inspirera et gardez toujours un stylo à proximité. Le but est d'y noter ce que vous mangez au cours des repas et aux collations en précisant le type d'aliment et la quantité consommée (ex. mercredi 9 janv., 10 h 00 : 1 pomme et 25 g de fromage). Si vous êtes diabétique, le fait de tenir un tel journal peut être d'une grande utilité pour équilibrer votre glycémie. Sinon, il demeure un outil d'une efficacité remarquable pour perdre du poids si nous prenons la peine de le remplir convenablement.

Des études portant sur l'utilisation de tels journaux de bord ont révélé que nous avons cependant tendance à ne pas indiquer tout ce que nous mangeons. En fait, près de la moitié des femmes omettraient de colliger l'équivalent de vingt et un pour cent des calories qu'elles consomment chaque jour[35]! Personne ne le lira à part vous. Alors ne craignez pas d'y écrire ce qui se passe réellement. En plus de noter ce que vous mangez, vous pouvez aussi y inscrire vos séances d'exercice en précisant le type d'activité physique et sa durée (ex. mercredi 9 janv. marche rapide, 20 min.).

Si la tenue quotidienne d'un journal de bord vous semble trop astreignante, ne laissez pas tomber l'idée pour autant. Le fait de remplir un tel journal pendant seulement trois journées consécutives peut vous donner de précieuses informations sur vos habitudes alimentaires et vous permettre, au besoin, d'effectuer certains ajustements. Vous pouvez aussi choisir de remplir votre journal de bord lorsque vous vivez des périodes difficiles, par exemple, lorsque vous vivez une phase de plateau ou un regain de poids. Une analyse détaillée de votre alimentation pendant quelques jours pourrait alors vous aider à détecter d'éventuelles failles dans vos habitudes alimentaires. Enfin, si vous préférez, vous pouvez choisir de n'y inscrire que les portions d'un groupe alimentaire que vous avez tendance à négliger, par exemple, les fruits et légumes. Cela vous incitera à consommer les cinq portions minimales quotidiennes.

À vous de déterminer ce qui vous convient le mieux.

Aujourd'hui, prenez soin de vous

Mettez-vous au lit une heure plus tôt qu'à l'habitude. Si vous êtes comme moi, une heure de sommeil additionnelle peut faire des merveilles sur votre humeur et votre niveau d'énergie.

DEUXIÈME PRINCIPE
DÉTERMINEZ UN OBJECTIF RÉALISABLE

7 janvier

Pour affronter les problèmes de la vie, il existe deux attitudes totalement opposées. L'une est d'essayer de changer le monde extérieur, l'autre est d'essayer de se changer soi-même.

JOANNA FIELD

Il importe ici d'apporter une précision essentielle. L'objectif de ce livre n'est pas de vous faire maigrir. Si cela avait été le cas, mon livre se serait résumé à une seule phrase :

« Assurez-vous de consommer chaque jour moins de calories que ce que vous dépensez. »

Et voilà ! Vous auriez eu toute l'information nécessaire pour maigrir efficacement.

Mais ce n'est pas ce que j'avais en tête. Car, j'en suis persuadée, vous ne voulez pas seulement maigrir, vous voulez aussi maintenir votre perte de poids. C'est pourquoi l'objectif de ce livre est, d'abord et avant tout, *de vous aider à changer certaines de vos habitudes*. En adoptant des habitudes de vie plus saines, vous vous délesterez naturellement des kilos en trop. Et pour de bon. C'est pourquoi il m'apparaît plus important – et efficace – de consacrer nos énergies à *changer* plutôt que de simplement chercher à maigrir. Chaque jour, je vous encouragerai donc à adopter un nouveau comportement qui vous aidera à améliorer votre santé et votre bien-être. Ce faisant, vous deviendrez progressivement plus forte et plus endurante. Votre organisme brûlera davantage de calories, même au repos, et vous aurez aussi plus d'énergie. Parallèlement à cette démarche, vous apprendrez aussi à mieux connaître votre corps et à l'apprécier davantage. Au fil du temps, vous découvrirez ses forces et sa beauté.

En d'autres mots, vous changerez *de l'intérieur*.

Avec le temps, vous constaterez que la perte de poids n'est pas une fin en soi mais une simple conséquence de tous ces changements bénéfiques. Une manifestation physique de votre bien-être.

Le moment est venu de faire place au changement. Êtes-vous prête ?

Déterminez un objectif réalisable et passez à l'action

En ce début d'année, je vous invite à prendre l'habitude de marcher le plus souvent possible, idéalement au moins trois fois par semaine. Pour ma part, je m'engage à le faire et à vous accompagner dans cette démarche tout au long de l'année.

Nous ne serons pas seules, chère lectrice, la prolifique auteure Julia Cameron, qui elle aussi marche plusieurs fois par semaine, sera avec nous, quelque part à New York ou dans ses collines du Nouveau-Mexique. Grande amatrice de marche, elle utilise cette activité pour nourrir sa créativité. « C'est au cours de ces promenades que me viennent les meilleures idées », nous explique-t-elle. « C'est en marchant que la clarté laborieuse émerge. C'est en marchant que j'éprouve une sensation de bien-être et d'unité avec tout. Et c'est pendant que je marche que je me trouve le plus dans un esprit de prière. [...] En allant lentement, nous traversons rapidement les multiples couches de défense et de dénégation pour enfin toucher le pouls de la créativité qui vibre en chacun de nous. »

Que ce soit pour nourrir notre créativité, pour retrouver la tranquillité d'esprit pas à pas ou simplement pour garder la forme, la marche sera pour nous, cette année, une activité de prédilection. Pour celles qui ont un important surplus de poids, la marche peut occasionner des douleurs articulaires ou de la friction à l'intérieur des cuisses[22]. Si c'est votre cas, et que vous n'avez pas l'habitude de faire de l'exercice ou que vous avez de la difficulté à vous déplacer, ne vous découragez pas. Nous irons à votre rythme.

L'important au début ne sera pas de marcher rapidement ou longtemps, mais de prendre l'habitude de sortir au moins trois fois au cours de la semaine pour marcher. Même si votre promenade ne dure que cinq minutes et ne vous mène qu'à votre deuxième voisin. Ce qui est essentiel, c'est de prendre l'habitude de sortir et d'inclure la marche dans votre routine quotidienne.

Le reste viendra tout naturellement par la suite.

Aujourd'hui, prenez soin de vous

Que ce soit au travail ou à la maison, ne gaspillez plus d'énergie à tenter de changer les choses qui sont extérieures à vous. Sur la plupart d'entre elles, vous comme moi n'avons tout simplement aucun contrôle ! La seule chose à faire est de lâcher prise et de concentrer vos efforts sur ce que *vous pouvez changer* dans votre vie, c'est-à-dire vos comportements ! Consacrer votre précieuse énergie à l'adoption d'une nouvelle habitude saine, telle que la marche, est une façon concrète de prendre soin de vous.

8 janvier

L'essentiel est que je suis responsable de mon propre bien-être, de mon propre bonheur. Les choix que je fais et les décisions que je prends à l'égard de ma vie ont une influence directe sur la qualité de mes jours.

KATHLEEN ANDRUS

La plupart des gens croient que la réussite d'une démarche d'amaigrissement dépend surtout de la *volonté* de la personne[3]. Personnellement, je crois que la réussite dépend beaucoup du niveau de l'*organisation* de cette personne.

C'est pourquoi je vous encouragerai fréquemment à organiser votre vie de manière à ce qu'elle soutienne vos efforts d'amaigrissement. Par exemple, vous apprendrez à planifier vos repas, à vous réserver des périodes de repos, à trouver le meilleur moment de la journée pour aller marcher, à vous créer un réseau de soutien, et bien d'autres choses encore.

Le mot « organisation » peut effrayer certaines personnes, car elles ont l'impression qu'il est synonyme de rigidité. Elles craignent, en organisant leur quotidien, de perdre leur spontanéité et de devenir prisonnières d'un carcan qui ne leur ressemble pas.

Je le sais, j'étais une de celles-là il n'y a pas si longtemps.

Ce qu'il faut savoir, c'est que l'organisation est tout le contraire d'une prison. C'est la liberté ! En effet, une organisation efficace est une structure souple et personnalisée qui nous permet d'évoluer librement à l'intérieur de limites que nous-mêmes déterminons. En devenant plus organisées, nous libérons du temps pour faire ce qui est réellement important pour nous. Nous devenons libres de prendre soin de nous.

Déterminez un objectif réalisable et passez à l'action

Commencez à contempler l'idée de planifier vos repas. Si vous n'avez pas l'habitude de le faire – moins de la moitié des gens le feraient[5] –, cela peut vous sembler une tâche intimidante. Mais dites-vous que quelques minutes de planification chaque semaine suffiront pour vous faire économiser beaucoup de temps, d'énergie et d'argent. Des études ont aussi montré que les gens qui planifient leurs repas consomment davantage de fruits et de légumes[5]. Ce qui va tout à fait dans le sens de notre démarche.

Ne vous inquiétez pas, il n'est pas nécessaire d'organiser le menu pour chaque repas de la semaine. Certaines femmes le font avec succès (et je les admire!), mais vous pouvez vous contenter de planifier les deux prochains soupers, par exemple. Cette simple habitude peut faire toute une différence sur votre alimentation et votre niveau de stress au cours de la journée.

Aujourd'hui, prenez soin de vous

Prenez le temps de garnir votre assiette d'aliments ayant au moins quatre couleurs différentes. Non seulement vous aurez un repas plus appétissant, il sera aussi plus nutritif!

9 janvier

Lorsque vous demeurez bien centré et que vous respectez un engagement, vous créez un mouvement dynamique, et ce mouvement entraîne le mouvement.

RICH FETTKE

Bien souvent, la première chose à laquelle nous pensons lorsqu'il est question de perdre du poids est : Que devrais-je *couper* dans mon alimentation pour maigrir? De quoi devrais-je me priver? En effet, la plupart des méthodes d'amaigrissement recommandent de manger *moins* de gras, *moins* de sucre, de *couper* dans les desserts ou encore de manger *moins* de produits raffinés ou de boire *moins* de boissons gazeuses. Comme vous l'avez remarqué, ces méthodes préconisent surtout la réduction des comportements « néfastes ».

Pour ma part, je préfère opter pour une autre stratégie, celle *d'augmenter la fréquence de comportements sains.* D'un point de vue scientifique, il a été démontré qu'il était plus facile d'adopter une saine habitude que de chercher à en éviter une mauvaise[27]. D'un point de vue personnel, je trouve aussi que cette approche est plus motivante et qu'elle met l'accent sur un sentiment d'abondance plutôt que de privation. C'est pourquoi vous me verrez rarement (pour ne pas dire jamais) vous demander de vous priver de quelque chose. Par contre, je vous encouragerai à manger *plus* de fruits, *plus* de légumes, à consommer *plus* de grains entiers et à boire *davantage* d'eau.

Déterminez un objectif réalisable et passez à l'action

Ajoutez un fruit à votre menu habituel. Ne changez rien d'autre à votre alimentation. Au cours de la journée, vous n'avez qu'à penser à prendre *une portion de fruit de plus*, soit au cours d'un repas ou à une collation. Voici quelques exemples de ce qui constitue une portion complète : une pomme ou une poire moyenne ; une petite banane ; une demi-tasse (125 ml) de fruits congelés, en boîte ou crus ; trois quarts de tasse (175 ml) de jus de fruit pur ; un quart de tasse (50 ml) de fruits séchés. Pour ma part, je garde toujours en réserve des fruits en conserve (pêches, poires, ananas) mis en boîte dans leur jus. Lorsque les fruits frais sont rares, j'aime bien le matin garnir mes toasts de tranches de pêches en conserve. Cela remplace aisément la confiture et me permet d'ajouter une portion de fruits à mon menu de la journée. Si vous le désirez, inscrivez dans votre journal alimentaire le nombre de portions de fruits que vous avez consommées aujourd'hui.

Aujourd'hui, prenez soin de vous

Donnez-vous du temps. Votre surplus de poids n'est pas apparu du jour au lendemain. Il vous faut à présent parcourir le chemin inverse. « Allez-y doucement, mais allez-y avec détermination ! » nous recommande Julia Cameron. À force de petits gestes et de saines décisions, prises jour après jour, vous aussi réussirez à atteindre *votre* poids-santé.

10 janvier

J'étais au milieu de la forêt, il y avait deux chemins
devant moi, j'ai pris celui qui était le moins emprunté,
et là, ma vie a commencé.

ROBERT FROST

Faites-vous confiance. Osez accomplir les choses différemment cette fois. Laissez de côté la balance, rangez la calculatrice pour les calories et prenez le chemin le moins fréquenté. Dès que vous quitterez la route de la privation, du déni de soi et du corps, vous vous sentirez déjà mieux, libre d'explorer ce chemin lumineux où règnent l'abondance, le plaisir des sens et le respect de soi et de son corps.

Suivez votre instinct. Ce chemin n'est pas loin, il est juste là, au fond de vous, attendant d'être découvert.

Déterminez un objectif réalisable et passez à l'action

Allez marcher avec une amie pendant l'heure du dîner ou au moment qui vous convient le mieux. Vous n'avez pas beaucoup de temps ? Rassurez-vous, nul besoin d'y consacrer des heures pour récolter les bienfaits de la marche. Une étude montre que, dans le cadre d'un programme d'amaigrissement, le fait de marcher trente minutes cinq fois par semaine serait aussi efficace pour perdre du poids et améliorer sa santé que des séances de soixante minutes[4]. Mon amie Jane s'en vient justement me rejoindre pour notre petite marche santé du midi. Vous venez ?

Aujourd'hui, prenez soin de vous

Je vous invite à consommer au moins une portion de fruits ou de légumes riches en vitamine A et bêta-carotène, tels que les abricots, les carottes, les mangues, les courges et les patates douces. Vous réduirez ainsi vos risques de développer une maladie cardiovasculaire[19,24].

11 janvier

À son propre pas, on va loin.

PROVERBE CORSE

Les psychologues nous enseignent que l'une des façons les plus efficaces de renforcer notre estime personnelle est de nous fixer des objectifs *que nous savons être en mesure d'atteindre.*

C'est pourquoi je vous encouragerai au cours des prochains mois à vous fixer vous-même les objectifs que vous aimeriez atteindre et à trouver votre propre rythme de changement.

Si vous y tenez, vous pouvez vous fixer des objectifs concernant votre perte de poids (ex. perdre 5 lbs ou 2 kg au cours des six prochaines semaines), mais je vous invite à élargir vos horizons et à considérer d'autres objectifs tels que :

- Votre niveau d'activité physique (ex. marcher 4 fois/sem.) ;
- Votre alimentation (ex. mesurer mes portions au cours des trois prochains jours) ;
- La gestion du stress (ex. réserver chaque jour 15 minutes pour faire de la méditation) ;
- Votre bien-être (ex. avoir du plaisir chaque jour).

La clé est d'abord de trouver les objectifs qui vous stimuleront, puis de vous accorder le temps nécessaire pour les atteindre. Si vous voulez aller trop vite, vous risquez de tout abandonner après quelques semaines. Adopter de saines habitudes est un peu comme partir en randonnée. Si vous essayez d'aller trop rapidement – en tentant de suivre quelqu'un qui marche plus vite que vous, par exemple –, vous allez vous épuiser et probablement détester l'expérience. Si, au contraire, vous marchez à votre rythme, il est beaucoup plus probable que vous ayez envie de renouveler cette expérience.

Aujourd'hui, ne vous comparez pas aux autres femmes de votre entourage qui cherchent à perdre du poids. Trouvez *votre* propre rythme et respectez-le.

Déterminez un objectif réalisable et passez à l'action

J'aimerais que vous mesuriez vos portions au cours de la journée. C'est un petit exercice très éducatif qui pourrait faire une différence significative sur la balance. En effet, nous croyons bien souvent consommer des portions adéquates mais la plupart du temps, ce n'est pas le cas. Il y en a soit trop, soit pas assez. Lorsque vous aurez mesuré la portion recommandée, par exemple trois quarts de tasse (175 ml) de céréales pour le petit-déjeuner, observez ce que représente cette quantité de céréales dans votre bol habituel. Après l'avoir mesurée précisément à deux reprises, vous serez probablement capable de vous resservir cette quantité sans utiliser la tasse à mesurer. Utilisez le même système pour mesurer le riz, le lait, les légumes, etc. Je suis persuadée que vous serez surprise des résultats.

Grâce à cet exercice, j'ai constaté que je me servais de trop grosses portions de céréales pour le petit-déjeuner et de pâtes alimentaires, tandis que la plupart du temps mes portions de fruits et légumes étaient trop petites. Ces « erreurs » de calcul, répétées quotidiennement, peuvent avoir un impact significatif sur notre poids mais aussi sur notre santé.

Certaines personnes, même après avoir atteint leur poids-santé, mesurent encore leurs aliments. C'est une façon pour elles de garder le contrôle de leur alimentation et de se sentir « encadrées ». D'autres préféreront le faire de manière plus ponctuelle.

À vous de trouver la formule qui vous conviendra le mieux.

Aujourd'hui, prenez soin de vous

Quoi de mieux pour repartir à neuf que de faire peau neuve ? Aujourd'hui, je vous invite à vous prodiguer un traitement merveilleusement revigorant : une exfoliation complète du corps. Si vous le voulez, vous pouvez vous procurer des produits spécialement conçus à cette intention. Mais si, comme moi, vous trouvez leur coût prohibitif, je vous suggère de vous acheter pour quelques dollars à la pharmacie, un exfoliant facial à base de pierre ponce (j'utilise Snap Clear Skin). Une fois sous la douche, appliquez cette crème en massant doucement votre peau. Insistez sur vos pieds, vos genoux et vos coudes. Une fois lavée et séchée, prenez quelques minutes pour vous enduire soigneusement le corps d'une crème hydratante. Vous ressortirez de ce traitement fraîche comme une rose.

12 janvier

Un bon archer atteint la cible avant même d'avoir tiré.

CH'AO PU-CHE

Si vous avez un objectif de perte de poids, j'aimerais qu'il ne se limite pas à un simple chiffre mais qu'il s'élargisse à une quête beaucoup plus vaste. Une expérience plus complète qui vous satisfera sur les plans physique, psychologique et émotionnel.

C'est pourquoi, avant de déterminer le poids que vous désirez atteindre, j'aimerais que vous vous demandiez ce que vous aimeriez ressentir non seulement lorsque vous aurez atteint ce poids, mais aussi tout au long du processus d'amaigrissement. Serez-vous plus sereine, plus en paix avec votre corps ? Quels sentiments vous habiteront lorsque vous verrez votre corps devenir plus ferme, plus svelte ? À votre avis, mis à part la perte de poids, quels autres changements se seront opérés en vous ? Porterez-vous plus volontiers des tenues légères ? Serez-vous plus détendue en présence de nourriture? Serez-vous plus à l'aise dans vos rapports avec les autres?

Cette réflexion est importante, car en cours de route, vous observerez sans doute ces changements positifs s'effectuer en vous. Ce faisant, vous saurez que vos efforts portent leurs fruits et que vous vivez, à ce moment même, une expérience enrichissante et satisfaisante. En d'autres mots, vous aurez atteint votre objectif avant même d'avoir touché la cible. N'est-ce pas là infiniment plus motivant que de chercher simplement à voir apparaître un certain chiffre sur la balance?

Déterminez un objectif réalisable et passez à l'action

N'oubliez pas de consommer vos cinq portions de produits céréaliers. J'aimerais qu'au moins trois de ces portions soient composées de grains entiers, par exemple, pain, bagels, ou pita multigrains, pâtes alimentaires de blé entier, riz brun, ou flocons d'avoine bruts.

Souvenez-vous qu'*une portion* de produits céréaliers correspond à :

- Une tranche de pain;
- Une once (30 g) de céréales pour petit-déjeuner;
- Trois quarts de tasse (175 ml) de céréales chaudes.

Tandis que les exemples suivants correspondent à *deux portions*:

- Une tasse de pâtes alimentaires cuites;
- Une tasse de riz;
- Un pain pita;
- Un pain à hamburger ou à hot-dog;
- Un bagel ou un gros muffin.

Aujourd'hui, prenez soin de vous

Réservez au moins quinze minutes dans votre journée pour vous détendre. Fermez les yeux et prenez vos aises. Emplissez-vous du sentiment de bien-être et de satisfaction qui découle de la vie plus saine et plus équilibrée que vous êtes en train de mener.

TROISIÈME PRINCIPE
ABAISSEZ VOTRE POIDS-CONSIGNE

13 janvier

Chaque jour apporte ses propres cadeaux.
RUTH P. FREEDMAN

Encore faut-il être disponible pour les apprécier…

Pour la plupart, nous devons composer avec diverses sources de frustrations, de stress et de tension, dans l'accomplissement de nos fonctions tant de mère, d'épouse, que de travailleuse. Inévitablement, notre capacité d'apprécier la vie, et ses cadeaux, s'en trouve affectée.

Pour rester en santé et profiter de la vie, il m'apparaît essentiel que nous réduisions les sources de tension dans notre quotidien. Parallèlement, nous devons aussi développer des habitudes qui nous permettront de faire face sainement et efficacement aux sources inévitables de stress. Ce faisant, nous serons probablement moins stressées et plus disposées à apprécier les petits plaisirs de la vie. Mais peut-être aussi aurons-nous plus de facilité à maintenir un poids-santé! En effet, certaines études récentes suggèrent l'existence d'un lien entre le stress et l'obésité. Les personnes stressées ou celles qui réagissent fortement au stress auraient tendance à être plus grasses que les autres[26,37]. Cela s'expliquerait en partie par une sécrétion accrue d'une hormone appelée cortisol. Des travaux indiquent que le cortisol aurait tendance à nous inciter à manger des aliments riches en calories en plus de nous faire prendre du gras, particulièrement dans la région abdominale[9,31]. Cela a possiblement à voir avec le fait que le tissu adipeux abdominal contient une plus forte concentration de cellules graisseuses, une circulation sanguine plus élevée et davantage de récepteurs pour le cortisol que les autres réserves de gras de l'organisme[16].

De plus amples études devront être menées afin que ce phénomène soit mieux compris. En attendant, nous ne nous trompons pas en réduisant les sources de stress dans notre vie, ne serait-ce que pour être plus disponibles pour apprécier les cadeaux du quotidien. Aujourd'hui, prenez quelques minutes pour découvrir les sources précises de stress dans votre vie (ex. une surcharge de travail, une situation financière précaire, les difficultés d'apprentissage d'un enfant, etc.). Voyez ensuite quelles actions vous pourriez entreprendre afin de régler *un* de ces problèmes ou, à tout le moins, de rendre la situation plus tolérable.

Félicitez-vous ensuite de l'avoir fait.

Posez une action pour abaisser votre poids-consigne

Je vous encourage à boire au moins six verres d'eau au cours de la journée. Au moment de vous en verser un verre, dites-vous que cette boisson, en traversant votre corps, vous apportera vitalité et santé.

Aujourd'hui, prenez soin de vous

Accordez-vous quelques minutes supplémentaires pour accomplir chacune de vos tâches de la journée. Vous serez probablement en mesure d'accomplir tout autant, mais vous aurez l'esprit détendu.

14 janvier

Cuisiner suppose une tête légère,
un esprit généreux, un cœur large.
PAUL GAUGUIN

Cuisiner en comptant les calories n'est pas l'idée que je me fais d'une vie agréable. Et je suis certaine que vous non plus.

Voilà pourquoi je vous suggère, plutôt que de vous interroger sur chaque gramme de gras ingéré, de choisir la plupart du temps des recettes riches en légumes et en fibres ainsi qu'en protéines de qualité. De cette façon vous limiterez naturellement votre apport en gras et en calories. Amusez-vous dans la cuisine, expérimentez avec de nouveaux aliments. Faites des recettes qui emplissent la maison d'une odeur irrésistible, tels un délicieux rôti de porc à l'ail, un pain maison ou, encore, un savoureux gâteau aux carottes. Et de temps en temps, invitez des amies à partager un bon repas à la maison. Il est tellement agréable de se retrouver à table avec des gens que l'on aime pour déguster un repas sain et équilibré, et ce, sans se tracasser à propos de chaque calorie.

Je vous encourage aussi à prendre l'habitude de manger trois repas par jour, autant que possible à des heures régulières. Des études ont révélé que les femmes qui ne mangent pas à des heures régulières (même si elles consomment la même quantité de nourriture) ont une « thermogénèse post-prandiale » plus faible. La thermogénèse post-prandiale est une élévation naturelle du métabolisme après un repas. En d'autres mots, dans les heures qui suivent un repas, notre corps brûle davantage de calories. Or, lorsqu'il est nourri à des heures irrégulières, le corps brûle moins de calories. Les femmes qui n'ont pas un horaire régulier de repas se privent donc d'un certain « avantage » métabolique. Selon ces chercheurs, il est possible que cette baisse de la thermogénèse post-prandiale engendre un gain de poids à long terme chez ces femmes[18].

Manger à des heures régulières et dans une atmosphère détendue non seulement est agréable, c'est aussi une excellente façon d'atteindre votre poids-santé.

Posez une action pour abaisser votre poids-consigne

Je vous encourage à manger un petit-déjeuner comprenant au moins trois des quatre groupes alimentaires. Vous aurez davantage d'énergie au cours de votre journée et vous augmenterez ainsi vos chances de maintenir votre perte de poids[17].

Aujourd'hui, prenez soin de vous

Si le téléphone sonne pendant que vous êtes à table, ne répondez pas ! Ce moment vous appartient. Restez assise et savourez tranquillement votre repas.

15 janvier

La moindre tâche de la vie quotidienne participe à l'harmonie globale de l'univers.

SAINTE THÉRÈSE DE LISIEUX

Notre corps est en quelque sorte un système de contrôle d'énergie. Nous pouvons consommer de l'énergie (les calories que nous ingérons), en produire (ex. le travail musculaire) et en stocker (sous forme de graisse). Le fonctionnement de ce système dépend en partie de nos gènes mais aussi de notre comportement. En effet, chacune de nos actions, aussi petites soient-elles, favorise l'une ou l'autre de ces trois composantes. Par exemple, la quantité et le type de nourriture que nous choisissons de manger ont un effet direct sur notre consommation et notre stockage d'énergie. Quant à notre degré d'activité physique, il affecte notre production d'énergie et son stockage (dans nos réserves de graisses).

Chacun de nos choix, en matière d'alimentation ou d'exercice, a donc un impact concret sur la façon dont nous gérons l'énergie (les calories). Soit nous la brûlons, soit nous la stockons.

À nous de choisir.

Posez une action pour abaisser votre poids-consigne

Modifiez votre routine de marche habituelle en marchant cinq minutes de plus ou, si vous préférez, augmentez légèrement la vitesse à laquelle vous marchez. En « poussant » un peu plus, vous augmenterez les bienfaits de l'exercice. Vous réduirez les dépôts de lipides (gras) accumulés dans vos muscles, ce qui facilitera le travail de l'insuline et diminuera vos risques de développer un diabète[2].

Vous serez bientôt dans une forme éblouissante!

Aujourd'hui, prenez soin de vous

Accordez-vous quelques minutes pour déguster en toute tranquillité une tasse de votre boisson chaude favorite.

16 janvier

Paix et tranquillité, voilà le bonheur.
PROVERBE CHINOIS

Peut-être reconnaissez-vous cette femme qui court toute la journée à la garderie, au bureau, à l'épicerie puis à la maison. En fin de journée, après avoir remonté le moral de sa sœur au bout du fil, fait un peu de rangement et préparé les boîtes à lunch pour le lendemain, elle s'échoue devant la télévision étonnée d'avoir survécu une journée de plus.

Si cette femme vous ressemble un tant soit peu, il est temps de ralentir le pas et de prendre soin de vous. En adoptant ne serait-ce qu'une seule habitude plus saine, vous ferez automatiquement entrer dans votre quotidien un peu de sérénité. Mais peut-être êtes-vous présentement épuisée rien qu'à l'idée d'apporter des changements à votre vie ? Alors, raison de plus pour ralentir la cadence !

N'oubliez pas, vous n'opérez pas qu'à deux vitesses : « ultra rapide » ou « crevée ». Vous pouvez, et devriez, passer fréquemment en vitesse modérée afin d'économiser votre énergie et de ménager votre santé. Pour ma part, je vais tâcher de m'en souvenir cette année et d'accomplir des gestes concrets en ce sens.

Posez une action pour abaisser votre poids-consigne

Gardez à portée de la main des ingrédients de base qui vous permettent de préparer en moins de cinq minutes un repas-santé (ex. couscous, tomates en boîte, légumes congelés, légumineuses en conserve, bagels multigrains au congélateur, etc.). Voici un exemple : versez le contenu d'une boîte de tomates à l'italienne aux fines herbes dans une casserole, ajoutez-y une boîte de lentilles, faites chauffer le tout au micro-ondes, servez avec du fromage mozzarella râpé et un bagel de blé entier grillé.

Aujourd'hui, prenez soin de vous

Ce soir, au moment de vous coucher, faites une courte pause pour repasser en mémoire les événements de la journée. Posez-vous la question : « Toute cette agitation est-elle nécessaire ? » Puis, voyez de quelle façon vous pourriez prendre davantage soin de vous.

17 janvier

L'homme qui agit ne souffre pas.
THOMAS STEARNS ELIOT

Une des façons par lesquelles nous apprendrons à mieux gérer notre stress et à prendre soin de nous cette année consistera à marcher davantage. En plus de favoriser la perte de poids, l'exercice modéré contribuerait aussi à réduire le stress et les symptômes de dépression[8,25]. Vous et moi aurions donc tout avantage à marcher plus souvent.

Pour aimer marcher l'hiver, la clé est de porter des vêtements chauds et confortables. Bien emmitouflée, je marche tous les jours quarante-cinq minutes, peu importe le temps qu'il fait dehors. Voici de quelle façon je m'habille pour être à l'aise et au chaud tout au long de notre hiver canadien. Pour le haut du corps, je porte habituellement un sous-vêtement synthétique à manches longues, un polaire et un coupe-vent (avec capuchon) résistant à l'eau (ex. goretex). Pour le bas, j'aime bien revêtir un sous-vêtement synthétique et un pantalon coupe-vent. Je complète mon ensemble par de bonnes bottes, une tuque bien chaude et un cache-cou fait de laine polaire (très utile lorsque le vent vient de face). Pour les mains, comme j'ai facilement froid, je préfère porter des mitaines plutôt que des gants. Enfin, je porte en permanence ma montre chronomètre qui m'indique la durée de ma marche ainsi que le moment d'aller chercher les enfants à l'école! Équipée de cette façon, je n'ai aucune excuse pour rater une séance de marche!

Plutôt que d'endurer les longs mois d'hiver, procurez-vous, vous aussi, des vêtements chauds et confortables et poursuivez avec entrain vos séances d'exercice. Lorsque le printemps sera de retour, vous serez déjà en bien meilleure forme!

Posez une action pour abaisser votre poids-consigne

Essayez d'aller marcher au moins vingt minutes. Être physiquement active est d'autant plus important qu'en phase d'amaigrissement, notre corps a tendance à ralentir son métabolisme pour conserver ses réserves d'énergie[14]. Si en semaine vous avez de la difficulté à cumuler assez d'exercice, rattrapez-vous la fin de semaine. Prévoyez une activité physique en famille, une longue marche ou une séance de patinage, par exemple. Plus vous prendrez l'habitude de bouger, plus votre corps se renforcera et plus vous développerez le goût de l'exercice.

Aujourd'hui, prenez soin de vous

Je vous invite à vous concocter un repas sans viande au cours de la journée. En plus d'être économique, un repas végétarien est souvent riche en fibres et faible en gras saturés. Voici quelques suggestions :

- Salade de pois chiches ;
- Sauté de tofu et de légumes ;
- Omelette au fromage et brocoli ;
- Sauce aux lentilles et tomates sur riz brun.

Bon appétit !

18 janvier

Je me suis mis au régime : en quatorze jours,
j'ai perdu deux semaines.
JOE LEWIS

Dites-moi : pourquoi une solution qui n'a jamais fonctionné auparavant devrait-elle tout à coup donner de bons résultats ?

La quasi-totalité d'entre nous essuie échec après échec avec les régimes miracles, mais curieusement, nous nous entêtons à poursuivre dans cette voie comme s'il n'existait pas d'autres solutions. Pour bon nombre de femmes, ce style de vie a commencé dès l'âge de quatorze ans[23]. Les régimes à répétition ne font pas que nous faire perdre notre temps et notre énergie, ils affectent aussi notre santé[36]. Vous et moi n'avons absolument pas besoin de cela.

Si vous n'avez plus envie de gaspiller des semaines, voire des mois de votre vie et d'y laisser votre santé au passage, il faudra penser à modifier votre stratégie.

Voici ce que je vous propose.

Plutôt que de limiter à outrance votre apport calorique, comme vous le faisiez peut-être jadis, je suggère que vous *augmentiez votre dépense énergétique*, c'est-à-dire la quantité de calories que vous brûlez dans une journée.

Comment ?

Vous pouvez le faire de plusieurs façons. Tout d'abord, il faut savoir que notre dépense énergétique quotidienne est la somme de trois éléments :

1. Notre métabolisme de base ;
2. L'activité physique ;

3. La thermogénèse post-prandiale, c'est-à-dire la production de chaleur engendrée par la digestion et l'absorption des nutriments.

Il est possible d'augmenter notre dépense calorique en activant l'un ou l'autre de ces trois éléments. Ce faisant, notre corps brûlera plus de calories, ce qui favorisera la perte de poids. La façon la plus facile d'augmenter notre dépense énergétique est de faire davantage d'activité physique. Et c'est ce que je vous encourage à faire aujourd'hui. Plus vous serez active, plus vous brûlerez de calories.

Vous verrez au cours des prochains mois qu'il est aussi possible d'activer les deux autres composantes de la dépense énergétique, soit notre métabolisme de base et la thermogénèse post-prandiale. Je vous montrerai comment.

Vous constaterez bientôt que vous pouvez adopter, chaque jour, des comportements qui augmenteront votre dépense énergétique et faciliteront ainsi votre perte de poids.

Posez une action pour abaisser votre poids-consigne

Je vous encourage à consommer une once (30 g) de fibres au cours de la journée. Pour ce faire, assurez-vous de consommer une ou deux portions de fruits/légumes à chaque repas et de choisir des produits céréaliers de grains entiers ou enrichis de fibres. Lisez aussi les étiquettes. Elles vous aideront à choisir les sources les plus élevées de fibres.

Aujourd'hui, prenez soin de vous

Je vous invite à échanger une heure d'activité sédentaire contre une activité qui stimulera votre métabolisme. Que diriez-vous d'une marche dans le quartier en compagnie de votre conjoint ou de vos enfants? Sinon, que pensez-vous d'une balade en raquettes ou en skis de fond? Profitez de ces moments paisibles pour vous délester de toute tension.

QUATRIÈME PRINCIPE
APPRENEZ À RESPECTER VOS SIGNAUX INTERNES

19 janvier

Je prête attention à mon corps. Je respecte mon corps et j'honore ses besoins. Je suis sensible aux signaux que m'envoie mon corps.

SUE PATTON THOELE

Pour bien des femmes, le corps est une chose qui doit être contrôlée, un ennemi contre lequel il faut lutter perpétuellement. C'est pourquoi l'une des choses les plus difficiles à réaliser pour la plupart d'entre nous est d'apprendre à faire confiance à notre corps et à s'en remettre à lui pour atteindre notre poids-santé. Il nous apparaît tellement plus sensé de combattre notre faim pour maigrir!

Pour réussir toutefois, il faut apprendre à laisser notre corps nous guider. Un tel lâcher prise demande de la conviction et j'ai constaté qu'il était plus facile d'y parvenir lorsque nous considérons *notre corps comme un système intelligent, capable de répondre adéquatement à ses besoins et de s'autoréguler.* En étant attentive à ses signaux, vous découvrirez bientôt qu'il vous indique littéralement le type de nourriture dont il a besoin et la quantité nécessaire pour combler ses besoins.

La nature est bien faite. Notre rôle est simplement de mettre les conditions en place (alimentation saine, vie équilibrée et active) pour laisser notre organisme trouver son équilibre à un poids moins élevé. Aujourd'hui, faites confiance à votre corps.

Posez une action pour respecter vos signaux internes

Je vous invite à reprendre contact avec les *signaux de la faim* que vous envoie votre corps. Il n'y a pas que les tiraillements de la faim pour indiquer qu'il est temps de manger. L'irritabilité, le manque de concentration, la fatigue, les tremblements, la nervosité, les étourdissements et les maux de tête sont autant de messages indiquant que l'organisme a besoin de nourriture. Il est donc primordial de détecter ses signaux et de les respecter. En général, mis à part la nuit, vous ne devriez jamais passer plus de cinq heures sans manger.

Vous trouverez ci-dessous une échelle de un à sept vous permettant de définir l'intensité de votre faim. Je vous suggère de l'utiliser au cours des prochaines journées. Chaque fois que vous serez sur le point de manger, prenez quelques secondes pour déterminer l'intensité de votre faim.

Échelle de la faim
Un = je suis rassasiée.
Deux = je ressens une faim à peine perceptible.
Trois = je ressens une faim légère.
Quatre = je ressens une faim modérée.
Cinq = je ressens une faim assez intense.
Six = je ressens une faim très intense.
Sept = je ressens une faim incontrôlable.

Ce faisant, vous réaliserez peut-être que vous mangez lorsque l'intensité de votre faim est très faible, voire inexistante, ce qui risque d'engendrer une surconsommation de nourriture. À l'opposé, vous constaterez peut-être que vous attendez trop avant de manger. En règle générale, il est préférable de manger lorsque votre faim est plutôt modérée, soit entre trois et cinq. Vous vous assurez ainsi d'apporter à votre organisme l'énergie dont il a besoin pour poursuivre ses activités, tout en gardant le contrôle de la qualité et de la quantité de ce que vous consommerez. En effet, si vous attendez souvent d'être à six ou sept pour manger, vous aurez probablement envie de dévorer tout ce qui vous tombe sous la main, ce qui ne facilitera pas votre perte de poids.

Aujourd'hui, prenez soin de vous

Si vous vous êtes déjà pesée cette semaine, laissez la balance dans le placard. Rien ne sert de vous peser chaque jour. Fiez-vous plutôt à la façon dont vous vous sentez dans vos vêtements.

20 janvier

Ne rien ressentir me coupe de la joie de vivre aussi bien que de la douleur.
ROKELLE LERNER

Un jour, j'ai discuté longuement avec Sylvie, une jeune femme qui avait réussi à perdre plus de cent dix livres (50 kg). Elle m'a expliqué qu'une des étapes les plus difficiles mais les plus libératrices qu'elle avait vécue au cours de sa démarche d'amaigrissement avait été de reprendre contact avec ses émotions. Auparavant, elle avait l'habitude de « s'anesthésier » sur le plan émotif. La plupart du temps, elle ne ressentait rien. Et si quelque chose la perturbait, la nourriture faisait office de « calmant ». En cherchant à prendre mieux soin d'elle, Sylvie s'est mise à explorer ses sentiments. Au début, elle n'avait pas la moindre idée de ce qu'elle éprouvait, puis avec le temps et l'aide d'une thérapeute, elle a réussi à reprendre contact avec elle-même. Cette prise de conscience qui s'est effectuée progressivement, Sylvie constate qu'elle a eu un effet déterminant sur sa santé mais aussi son bien-être. Ressentir des émotions pouvait être éprouvant mais aussi extrêmement agréable !

Comme l'explique Melody Beattie : « Ce qui doit nous inciter à ne pas refouler nos sentiments, c'est le fait que la distanciation cause la disparition des émotions positives. On perd la capacité de ressentir les choses. Cela peut parfois représenter un réel soulagement, quand la douleur devient trop forte ou dure depuis trop longtemps, mais ce n'est pas une solution. En dissimulant ses émotions, il arrive qu'on enfouisse par la même occasion ses besoins les plus profonds (celui d'aimer et d'être aimé par exemple), qu'on ne sache plus se sentir proche des gens ; en d'autres termes, qu'on ne connaisse plus l'intimité. On perd l'art de jouir des bonnes choses de la vie. »

Être en santé et bien dans notre peau implique que nous soyons en contact constant avec notre corps, mais aussi avec nos émotions. C'est sur ces deux choses que nous allons travailler aujourd'hui.

Posez une action pour respecter vos signaux internes

Je vous invite à reprendre contact avec vos *signaux de satiété*. De la même façon qu'il peut être utile d'utiliser une échelle de la faim avant de manger, il peut être très intéressant de mesurer l'*intensité de sa satiété* après un repas.

Échelle de la satiété
Un = j'ai faim.
Deux = je suis légèrement rassasiée.
Trois = je suis plutôt rassasiée.
Quatre = je suis parfaitement rassasiée.
Cinq = j'ai un peu trop mangé.
Six = j'ai vraiment trop mangé.
Sept = je me sens nauséeuse tellement j'ai mangé.

Idéalement, à la fin d'un repas, vous devriez être « parfaitement rassasiée » (soit à quatre sur l'échelle). Si vous vous retrouvez fréquemment avec des valeurs de un à trois, une vingtaine de minutes après un repas, il est probable que vous ne mangez pas suffisamment pour combler vos besoins. À l'opposé, si votre niveau de satiété se retrouve souvent autour de six ou sept après un repas, il est possible que vous ayez de la difficulté à interpréter vos signaux de satiété ou à les respecter. Si tel est le cas, essayez de vous servir de plus petites portions. Au besoin, mesurez-les afin de vous assurer qu'elles respectent les recommandations en matière de nutrition.

Il serait aussi une excellente chose de manger votre repas plus lentement qu'à l'habitude. Cela vous permettra de prêter attention aux signes indiquant que vous avez assez mangé, comme la sensation de votre estomac qui se distend progressivement. Vous pourrez aussi remarquer qu'à mesure que le repas avance, votre intérêt pour la nourriture s'atténue progressivement. Il s'agit là d'un autre moyen employé par votre corps pour vous montrer qu'il est de plus en plus rassasié. Vous constaterez aussi qu'avec chaque bouchée avalée, vous vous sentez un peu plus repue et satisfaite. Ces signaux de votre corps sont déclenchés, entre autres, par la sécrétion d'une hormone appelée cholécystokinine. La cholécystokinine est l'hormone de la satiété. Lorsque vous ressentez ces signaux physiologiques, c'est que votre corps vous indique qu'il en a assez. Prenez alors l'habitude de terminer votre repas, même si vous n'avez pas vidé votre assiette.

Aujourd'hui, prenez soin de vous

Être attentive à ce que nous ressentons est une façon de nous respecter et de prendre soin de nous. Lorsqu'une émotion vous traversera aujourd'hui, prenez quelques instants pour vous demander ce que vous ressentez exactement (tristesse, colère, amertume, contentement, fierté, etc.). Puis essayez de ressentir cette émotion plutôt que de la neutraliser.

21 janvier

Les désirs non comblés sont des forces dangereuses.
SARAH TARLETON COLVIN

Une équipe britannique a constaté que lorsqu'on met des femmes en présence d'une pizza bien chaude, toutes salivent. Mais celles chez qui la réaction est la plus forte sont celles qui restreignent leur alimentation de peur de prendre du poids[6]. Ces femmes luttent, sur une base quotidienne, pour ne pas succomber à la tentation!

Il est normal de faire des choix lorsqu'on veut atteindre un poids-santé. On ne peut tout simplement pas manger n'importe quoi, en quantités illimitées, et demeurer en santé. Mais notre existence ne peut pas non plus être une lutte perpétuelle.

La vie mérite d'être vécue, appréciée, savourée.

C'est pourquoi, pour qu'elle soit agréable et efficace, notre démarche nécessite une attitude flexible et non une approche du « tout ou rien ». Pour éviter de craquer et de se défoncer dans la nourriture, il m'apparaît essentiel d'inclure de temps à autre dans notre menu des mets que nous affectionnons tout particulièrement, même s'ils sont riches en calories. D'ailleurs, des travaux effectués par une équipe de l'Université Laval montrent que les femmes qui s'imposent un contrôle rigide de leur alimentation sont en fait plus grasses que celles qui ont une attitude plus souple[33]. Nous verrons donc, au fil des mois, comment changer notre alimentation sans nous emprisonner dans des comportements rigides. D'ici là, que faire la prochaine fois que vous aurez réellement envie de manger de la pizza?

Servez-vous une pointe, asseyez-vous et dégustez-la en savourant chaque bouchée.

Posez une action pour respecter vos signaux internes

Gardez dans votre sac à main ou votre voiture des fruits, une bouteille d'eau, une portion de noix ou une barre granola riche en fibres. Si la journée est plus longue que prévue, vous aurez une collation-santé à portée de la main.

Aujourd'hui, prenez soin de vous

Invitez une amie à prendre l'air en votre compagnie. Que diriez-vous d'aller explorer ensemble un nouveau quartier, à pied, ou d'enfiler vos patins et de vous amuser à la patinoire du quartier? Allez-y! Habillez-vous chaudement et confortablement. Vous serez contentes de l'avoir fait! Bon, je vous laisse. La piste de ski de fond derrière chez moi m'appelle.

22 janvier

Les choses qui importent le plus ne doivent pas être à la merci de celles qui importent le moins.
GOETHE

Vous retrouvez-vous souvent, à dix-sept heures, devant un frigo à moitié vide et sans aucune idée de ce que vous allez préparer pour le souper? Vous considérez-vous comme trop occupée pour vous relaxer? Vous arrive-t-il fréquemment de ne pas réussir à insérer trente minutes d'exercice dans votre journée?

Si vous avez répondu par l'affirmative à l'une ou l'autre de ces questions, et que vous cherchez néanmoins à atteindre votre poids-santé, il vous faudra peut-être revoir vos priorités! Pour réussir à atteindre votre poids-santé, vous devez impérativement faire passer vos choix-santé *en premier :*

- Choisissez à l'avance quelques idées de souper et faites votre épicerie en conséquence;
- Réservez-vous chaque jour des moments de détente et ne laissez rien interférer avec ces « mini-vacances »;
- Première chose le matin, déterminez le moment de la journée où vous irez faire de l'exercice. Inscrivez-le dans votre agenda et respectez cet engagement comme tout autre rendez-vous important.

En prenant l'habitude de faire passer vos choix-santé en premier, vous verrez comme en peu de temps vous récolterez des résultats encourageants.

Posez une action pour respecter vos signaux internes

Que vous cuisiniez une sauce à spaghettis, un bœuf bourguignon ou une soupe-repas, préparez le double de la recette pour les lunchs du lendemain ou congelez l'excédent pour un prochain repas.

Aujourd'hui, prenez soin de vous

Ne sous-estimez jamais les vertus toniques d'une petite escapade en plein air! Ressortez vos skis de fond ou chaussez une paire de raquettes et voyez comme l'air frais et le travail musculaire feront des merveilles pour votre moral.

23 janvier

Chaque être humain a, comme Socrate, un ange gardien;
et sages sont ceux qui obéissent à ses signaux.
S'il ne nous dit pas toujours ce qu'il faut faire,
il nous met toujours en garde
contre ce qu'il ne faut pas faire.

LYDIA M. CHILD

Tout au long de la journée, notre corps nous envoie des messages. Lorsque nos paupières deviennent lourdes, que nos pensées ne sont plus claires et que nous nous mettons à bâiller, nous savons qu'il est temps d'aller dormir. Après un long moment d'immobilité, lorsque nos jambes deviennent ankylosées et qu'elles «fourmillent», nous savons qu'il est temps de bouger. Lorsque nous nous mettons à grelotter dans une pièce mal chauffée, nous interprétons ce signal comme étant le moment d'aller nous chercher un chandail supplémentaire ou de monter le chauffage. Ces messages que nous envoie notre corps visent à maintenir un précieux équilibre physiologique. Lorsque nous y répondons adéquatement, par exemple, en allant nous coucher lorsque nous nous sentons fatiguées, nous aidons notre corps à maintenir cet équilibre et à demeurer en santé.

En général, nous avons tendance à écouter la plupart de ces signaux physiologiques et à y répondre adéquatement. Cependant, il en va autrement des signaux de faim et de satiété que nous envoie notre organisme. Pour diverses raisons, nous, les femmes, avons perdu contact avec ces signaux. À force de suivre des régimes, nous en sommes venues à combattre la faim et à outrepasser leurs signaux de satiété. Nous faisons tout à l'envers ! Conséquemment, nous vivons un paradoxe : nous ne mangeons pas même lorsque nous avons faim et nous continuons de manger même lorsque nous sommes rassasiées !

Pour mener une vie saine, et maintenir un poids sain, il est impératif que nous reprenions contact avec notre corps. Et une bonne façon de commencer est d'apprendre à respecter les messages de satiété qu'il nous envoie.

Posez une action pour respecter vos signaux internes

Ne laissez pas le contenu de votre assiette déterminer la quantité de nourriture que vous allez manger. Si vous vous sentez rassasiée, repoussez votre assiette même si elle n'est pas terminée. Souvenez-vous que le but principal de l'alimentation est de répondre à un besoin physiologique. Lorsque ce besoin est comblé, et que vous n'avez plus faim, il est temps de passer à autre chose.

Aujourd'hui, prenez soin de vous

Accordez-vous quelques minutes, pendant votre bain ou votre douche, pour vous frictionner des orteils au cou à l'aide d'une brosse douce pour le corps. Une fois rincée et épongée, enduisez votre peau d'une lotion hydratante. Ce traitement vous donnera l'impression de revivre !

24 janvier

Peu importe où j'amène mes invités,
il semble qu'ils préfèrent ma cuisine.
DICTON D'ORIGINE ALLEMANDE

Des arômes réconfortants, une conversation animée, un bon repas qui réchauffe le cœur et l'esprit. Voilà qui nous réjouit et nous rappelle que la cuisine devrait être un lieu où règnent la joie, la vie et le partage, plutôt que le contrôle et la culpabilité.

Aujourd'hui, prenez le temps de préparer pour vous et vos proches un repas sain et savoureux. Mettez de côté vos préoccupations et concentrez-vous sur le plaisir d'être en bonne compagnie. Dégustez chaque bouchée. Appréciez les échanges. N'est-ce pas merveilleux de suspendre le temps ainsi ? En cultivant une atmosphère détendue au moment des repas, vous enseignerez à vos enfants que la nourriture n'est pas qu'une question de calories mais bien une source de vie et la cuisine, un point de rassemblement privilégié.

Posez une action pour respecter vos signaux internes

Je vous suggère de poser votre fourchette entre chaque bouchée. Si vous préférez, vous pouvez aussi manger de la main gauche si vous êtes droitière. Le but de cet exercice, vous l'avez deviné, est de vous faire manger plus lentement. Lorsque nous mangeons plus lentement, nous prenons pleinement conscience de la saveur et de la texture des aliments, ce qui rend l'expérience beaucoup plus satisfaisante. Cela nous donne aussi la chance de bien percevoir les signaux que nous envoie notre organisme pour signifier qu'il est rassasié.

La satiété résulte de deux types de signaux physiologiques. Des signaux « volumétriques », indiquant que notre estomac se remplit, et des signaux « nutritifs », signalant que nos intestins ont détecté les nutriments ingérés[32]. Au fur et à mesure que le repas avance, ces messages s'intensifient. Le fait de manger lentement donne le temps à ces deux types de signaux d'être perçus par notre cerveau. Il devient alors plus facile de déceler et de respecter nos signaux de satiété et, conséquemment, de maintenir un poids-santé.

Aujourd'hui, prenez soin de vous

Sortez une nappe fraîche, de jolis verres et, pourquoi pas, quelques bougies. Votre repas prendra instantanément une allure de fête qui ne manquera pas de vous réjouir. Comme le fait si justement remarquer M.F.K. Fisher : « Tout moment où nous mangeons est sacré. Nous devrions en faire un rituel et une cérémonie, plutôt que de simplement ingurgiter des aliments pour survivre. »

CINQUIÈME PRINCIPE
HONOREZ VOTRE ENGAGEMENT

25 janvier

Le secret de la victoire, c'est la continuité.
AUGUSTIN GUILLERAND

Les individus qui réussissent à intégrer de nouvelles habitudes (aliments moins gras, contrôle flexible de l'alimentation et saine gestion du stress) pendant la première année de leur démarche sont beaucoup plus susceptibles de maintenir leur poids à long terme que ceux qui n'ont pas acquis ces habitudes au cours de la même période[38].

Un des buts de ce livre est justement de vous aider, au fil des mois, à intégrer certains comportements sains à votre routine. En m'accompagnant dans cette démarche, vous aurez toutes les chances d'acquérir au bout de l'année des outils qui vous aideront à maintenir votre perte de poids *à vie*.

Posez une action pour honorer votre engagement

Sortez marcher. Vous augmenterez votre dépense énergétique et, si vous êtes ménopausée, le fait de devenir physiquement active réduira de trente à cinquante pour cent vos risques de maladies cardiovasculaires[1]. Une fois par semaine, pourquoi ne pas prendre l'habitude de marcher en compagnie de votre conjoint? Il pourrait s'agir là d'une occasion privilégiée pour vous deux de discuter et de vous mettre en forme ensemble.

Aujourd'hui, prenez soin de vous

Je vous invite à enfiler de jolis vêtements à votre taille, plutôt que de camoufler votre corps sous des survêtements trop grands et sans forme. Ce peut être l'occasion idéale d'aller faire un tour dans les magasins et de profiter des soldes de janvier. Choisissez avec soin la coupe et la couleur de vos vêtements. Au besoin, faites-vous aider dans les boutiques. Quel que soit notre poids, nous méritons de porter des vêtements qui soient à la fois confortables et beaux.

26 janvier

Ce n'est pas la force, mais la persévérance,
qui fait les grandes œuvres.
SAMUEL JOHNSON

Un minimum de trente minutes d'exercice, trois fois par semaine.

C'est habituellement la recommandation que font les professionnels de la santé en matière d'activité physique. Le problème, c'est que pour certaines personnes sédentaires depuis des années ou très obèses, ces recommandations représentent un objectif souvent inaccessible. Comme elles ne peuvent faire que quelques minutes d'exercice à la fois, bien des femmes qui ont de la difficulté à marcher en raison de leur poids se découragent, croyant ne pas avoir ce qu'il faut pour mener une vie plus active. C'est en pensant à elles que j'ai mis au point mon concept « d'entraînement par récompenses de cinq minutes », dont je parle dans mon livre *Maigrir pour la vie*.

L'idée de départ est de commencer à voir l'activité physique comme *une récompense que l'on s'offre* plutôt que comme un devoir ou une punition que l'on subit. L'exercice nous détend, nous rend plus fortes, nous aide à maintenir un poids-santé en plus de raffermir notre corps. C'est toute une récompense !

Si vous êtes très sédentaire, tout ce que vous avez à faire est d'intégrer à votre semaine non pas trois séances de trente minutes d'exercice, mais bien *une séance de cinq minutes d'exercice chaque jour*. Vous avez bien lu, cinq minutes ! Il vaut mieux faire cinq minutes d'exercice chaque jour que rien du tout. Si cela vous intéresse, vous pouvez prendre le temps d'inscrire vos blocs de cinq minutes d'activité physique dans votre journal de bord ou sur votre calendrier. Au fur et à mesure que vous vous sentirez bien avec cette routine, vous n'aurez qu'à ajouter une nouvelle récompense de cinq minutes d'exercice à votre semaine. Et ainsi de suite. Prenez le temps de vous habituer à votre nouveau niveau d'activité physique avant de passer à une étape supérieure. Il vaut mieux aller plus lentement et progresser continuellement que de fonctionner en dents de scie.

Si vous êtes déjà active, le concept « d'entraînement par récompenses de cinq minutes » peut aussi vous être utile. Vous n'avez qu'à vous offrir quelques récompenses de cinq minutes d'exercice additionnelles par semaine ou, encore, à incorporer à votre routine des blocs de cinq minutes d'exercice à intensité plus élevée.

Persévérez ! Un jour, les petits changements que vous aurez fini par incorporer dans votre routine deviendront visibles pour tous.

Posez une action pour honorer votre engagement

Consommez au moins deux portions complètes de produits laitiers, que ce soit sous forme de lait, yogourt, fromage, pouding ou sous une autre forme.

Aujourd'hui, prenez soin de vous

Récompensez-vous en faisant au moins un bloc de cinq minutes d'exercice.

27 janvier

On ne voit bien qu'avec le cœur.
L'essentiel est invisible pour les yeux.
ANTOINE DE SAINT-EXUPÉRY

« Que se passerait-il si nous brisions tous les miroirs et que nous voyions notre vrai visage ? » s'interroge Elsa Gidlow.

Excellente question.

Comme nous le fait si sagement observer Sarah Ban Breathnach, nous passons des années à nous poser la question « Est-ce que je suis belle ? », quand, en réalité, la vraie question devrait être : « Est-ce que je me sens belle ? » « Ainsi, ajoute-t-elle, nous passons des années à nous concentrer sur l'éclat de l'emballage extérieur, quand en réalité, la beauté et la transformation personnelle devraient commencer par une vie intérieure intense et satisfaisante. »

Aujourd'hui, je vous encourage à vous joindre à moi et à prendre un peu de temps pour cultiver cette vie intérieure intense et satisfaisante dont parle Mme Ban Breathnach. Vous pouvez y parvenir de multiples façons, que ce soit en effectuant des choix plus audacieux et plus créatifs au cours de la journée, en prenant du temps pour faire des activités que vous aimez particulièrement ou, encore, en nourrissant des relations chaleureuses avec vos proches. Ces quelques gestes ne changeront probablement rien à notre poids, mais ils donnent de la saveur à notre quotidien et nous permettent de nous sentir mieux dans notre peau. Et c'est là le point de départ de toute transformation personnelle.

Posez une action pour honorer votre engagement

Je vous suggère d'inclure dans votre menu une recette à base de légumineuses. Les légumineuses telles que les pois chiches, les lentilles, les haricots rouges ou blancs ne contiennent pratiquement aucun gras et sont une excellente source de protéines, de fibres, de vitamine B et de zinc. Pour une recette ultra-rapide, ajoutez simplement une boîte de haricots blancs à une soupe aux légumes. Vous aurez une soupe nutritive et rassasiante. Pour d'autres idées, je vous invite à consulter mes recettes à la fin de ce livre.

Aujourd'hui, prenez soin de vous

Serrez quelqu'un que vous aimez dans vos bras ou prenez la main de votre conjoint pendant que vous regardez la télévision ou marchez avec lui. En plus d'être agréables, ces gestes chaleureux pourraient aussi nous aider à mieux gérer le stress. En effet, Karen Grewen, chercheuse à l'Université de la Caroline du Nord, a examiné l'impact d'un bref contact chaleureux sur la réponse physiologique de sujets soumis à une tâche stressante[20]. En observant plus de quatre-vingt-dix couples, son équipe a constaté que ceux qui avaient regardé une vidéo pendant dix minutes en tenant la main de leur partenaire puis l'avaient serré dans leurs bras pendant vingt secondes avaient connu une hausse moins élevée de leur pouls et de leur pression artérielle lorsqu'on leur avait demandé de parler en public que ceux qui n'avaient pas eu un tel contact.

Aujourd'hui, administrez-vous une dose de ce calmant naturel. Ne vous en faites pas, il n'y a pas d'effets secondaires !

28 janvier

Les pensées que nous choisissons d'entretenir en nous
sont les instruments qui nous servent
à tisser la trame de notre vie.
LOUISE L. HAY

Au cours de la journée, je vous invite à prêter attention à votre discours intérieur ainsi qu'à votre attitude en général.

En prenant le pouls de vos pensées tout au long de la journée, je suis persuadée que vous pourrez détecter certains schémas. Avez-vous tendance à prendre la vie du bon côté ? à conserver une attitude positive ? Ou plutôt à mettre l'accent sur vos malheurs ? à vous autocritiquer ? Dans quel état d'esprit passez-vous le plus clair de votre temps ?

Vous voyez où je veux en venir ? L'énergie que nous consacrons à nourrir nos pensées les fait croître, quelles qu'elles soient. Lorsque nous entretenons des pensées positives, optimistes et bienveillantes, nous incarnons et émanons cet état d'esprit. À l'opposé, si nous passons le plus clair de notre temps à entretenir des pensées négatives, corrosives, accablantes, nous nous imprégnons de cet état d'esprit et tendons à agir en conséquence.

Nos pensées sont « les instruments qui servent à tisser la trame de notre vie ». Autant les choisir avec soin.

Posez une action pour honorer votre engagement

Je vous invite à prendre quinze minutes au cours de la journée pour planifier quelques repas. Si vous avez besoin d'inspiration, pourquoi ne pas sortir la circulaire de la semaine ? Cela vous donnera des idées et vous pourrez réaliser des économies en planifiant vos repas en fonction des aliments qui sont en vedette cette semaine.

Aujourd'hui, prenez soin de vous

Efforcez-vous de limiter vos remarques négatives au cours de la journée, même s'il ne s'agit que d'un commentaire sur le temps qu'il fait. Ces petites remarques apparemment inoffensives affectent néanmoins notre humeur et celle de notre entourage. En vous efforçant d'entretenir des pensées agréables et bienveillantes, vous cultiverez votre tranquillité d'esprit.

29 janvier

Me voici devant vous, ferme comme un roc,
portant sur mes épaules tout le poids du monde.
Tandis que vous passez dans ma vie, regardez,
mais pas de trop près, car je crains
de mettre à jour mon moi vulnérable.

DEIDRA SARAULT

Tant de femmes, y compris moi-même, comprennent toute la détresse qui se dégage de ces mots. Peut-être ne suis-je pas la seule à avoir passé les trois dernières fins de semaine à monter un dossier dans ses moindres détails, à avoir accepté de cuisiner des muffins-santé pour la fête de l'école ou de donner quelques heures cette semaine pour une organisation bénévole.

De l'extérieur, nous semblons avoir le contrôle, être magnanimes, compétentes. Nous aimerions sauver le monde et prenons sur nos épaules la détresse et l'angoisse de tous ceux que nous cherchons à aider. Nous y croirions presque, si ce n'était de temps à autre de ces crises de larmes ou de ces vagues d'épuisement qui déferlent et nous rappellent que tout cela est bien fragile. Contrairement à ce que nous croyons, cette construction que nous échafaudons à force « d'exploits » ne possède en rien la force et la stabilité du roc. À bien y penser, elle tient davantage de la façade que de la fondation.

Je réalise peu à peu que si nous voulons vraiment accéder à une vie plus heureuse et équilibrée, il nous faut laisser tomber notre masque et apprivoiser notre vulnérabilité. Cela ne signifie pas nécessairement tout laisser tomber, mais simplement accepter le fait que nous ne pouvons pas tout faire. Loin de constituer une faiblesse ou une faille, le fait de reconnaître notre vulnérabilité nous apaise et nous lie aux autres. Assis sur des bases solides et authentiques, nos rapports avec nous-même et avec notre entourage ne peuvent que s'assainir.

Posez une action pour honorer votre engagement

Enfilez vos vêtements les plus chauds et joignez-vous à moi pour une marche d'une trentaine de minutes dans le quartier.

Aujourd'hui, prenez soin de vous

Si vous avez dérogé de votre menu-santé au cours de la journée, rien ne sert de vous torturer l'esprit et de culpabiliser. Tournez tout simplement la page et passez à autre chose. Vous ferez des choix plus sains au prochain repas.

30 janvier

Seuls les revers donnent à l'homme
sa pleine force d'attaque.
STEFAN ZWEIG

Comme bien des femmes, vous avez peut-être appris que votre cholestérol était trop élevé. Si tel est le cas, j'espère que vous avez reçu l'information nécessaire pour mieux comprendre vos résultats. Sinon, j'ai pensé résumer pour vous quelques notions de base.

Tout d'abord, vous n'êtes pas seule dans cette situation ! Environ trente pour cent des Canadiens d'âge mûr auraient un taux de cholestérol total trop élevé[29]. Par ailleurs, comme aucun symptôme n'accompagne cet état, il a été estimé que trente-huit pour cent des personnes obèses auraient un problème de cholestérol non diagnostiqué[13].

Votre diagnostic ne vous enchante sûrement pas, mais le bon côté est que vous avez la chance de connaître l'existence de ce problème et d'agir pour améliorer la situation. Voyons tout d'abord quelques notions qui vous aideront à mieux comprendre vos résultats.

1. **Votre cholestérol total**. Ce chiffre tient compte de différents lipides dans votre sang (la norme : 2.3 - 5.8 mmol/L ou 88 - 224 mg/dL). Connaître son cholestérol sanguin total est une bonne chose, mais il est encore plus important de connaître les résultats détaillés de l'analyse, c'est-à-dire vos taux de cholestérol *LDL*, de cholestérol *HDL* et de *triglycérides*. Grâce à ce bilan complet de votre cholestérol, votre médecin sera en mesure d'évaluer avec plus de précision votre risque de développer une maladie cardiovasculaire et de déterminer si des mesures s'imposent.

2. **Le cholestérol LDL** (LDL), ou lipoprotéines de basse densité, est de loin la composante la plus importante du cholestérol. Le cholestérol

LDL est considéré comme « mauvais », car lorsqu'il se retrouve en grande quantité dans le sang, il entraîne la formation de plaques de cholestérol sur les parois des artères du cœur ou du cerveau. Ces plaques favorisent le durcissement des artères (athérosclérose) et entraîne leur rétrécissement, ce qui augmente les risques de maladies cardiovasculaires. Pour les personnes qui n'ont aucun facteur de risque pour les maladies cardiovasculaires, ou qui n'en ont qu'un seul, la valeur recommandée est de 4.1 mmol/L ou moins. Pour ceux qui présentent deux facteurs de risque ou plus, la valeur est de 3.3 mmol/L ou moins, tandis que pour les individus ayant des problèmes cardiaques, les médecins recommandent de maintenir les LDL à 2.5 mmol/L ou moins. Parmi les facteurs de risque, notons le tabagisme, l'hypertension artérielle, le diabète, une histoire familiale de maladie cardiovasculaire, l'âge (être âgé de plus de quarante-cinq ans pour l'homme ou être ménopausée chez la femme).

3. **Le cholestérol HDL** (HDL), ou lipoprotéines de haute densité, représente quant à lui le « bon » cholestérol (la norme chez les femmes : 1.0 - 2.0 mmol/L ou 38 - 77 mg/dL). Le cholestérol HDL achemine le mauvais cholestérol (LDL) vers le foie où il sera éliminé plutôt que de s'accumuler dans les artères. Un taux élevé de cholestérol HDL aide à prévenir les maladies cardiaques, mais cette protection n'est efficace que si le taux de cholestérol LDL est normal.

4. **Les triglycérides** (TG) sont des matières grasses que l'on retrouve dans le sang (la norme : 0.5 - 1.8 mmol/L ou 44 - 160 mg/dL). Bien que notre foie en fabrique une certaine quantité, les triglycérides proviennent surtout de notre alimentation. Leur concentration augmente après un repas, surtout si celui-ci est riche en glucides simples (ex. friandises, alcool et boissons gazeuses). Un taux élevé de triglycérides augmenterait nos risques de maladies cardiovasculaires.

En fonction de vos résultats, votre médecin pourra vous recommander d'apporter certains changements à vos habitudes de vie. Parmi les plus efficaces, notons l'adoption d'une alimentation riche en fibres, en fruits et légumes, légumineuses et noix, ainsi que la pratique régulière d'une activité physique. Si ces modifications s'avèrent insuffisantes, votre médecin vous prescrira un médicament pour normaliser votre taux de cholestérol. La détection de votre hypercholestérolémie peut être une occasion pour vous d'agir concrètement afin d'améliorer votre santé. En suivant les recommandations de votre médecin et en mettant en pratique les suggestions de ce livre, vous mettrez toutes les chances de votre côté.

Encore une chose. Je vous encourage à prendre en note (peut-être dans votre journal?) les résultats de vos prises de sang (cholestérol total, LDL, HDL et TG). Vous aurez là une façon concrète de suivre vos progrès dans le temps.

Posez une action pour honorer votre engagement

Ressortez une cassette vidéo d'exercices que vous aimez et suivez l'entraînement proposé. Si vous n'en possédez pas ou si vous êtes fatiguée de toujours voir la même, pourquoi ne pas aller faire un tour à la bibliothèque ou au vidéoclub pour emprunter une nouvelle cassette? Vous pourrez ainsi varier le style de vos entraînements (tae-boe, danse aérobique, power yoga, pilates, etc.) mais aussi leur intensité. Ce type d'entraînement maison est idéal lorsque les conditions météorologiques ne se prêtent pas à la marche ou pour apporter un peu de variété à notre programme d'exercice.

Aujourd'hui, prenez soin de vous

Ménagez-vous un peu de temps pour vous adonner à une activité créatrice. «Au milieu de nos préoccupations quotidiennes, il nous faut trouver la sève qui nourrira notre âme créative», nous rappelle Sark. Et je suis de tout cœur avec lui. Pour vous, c'est peut-être de jouer du piano, de faire de l'aquarelle ou de vous plonger dans la couture qui vous nourrit. Pour ma part, encadrer une jolie image, teindre une table ou réaménager un coin de la maison sont des activités qui me procurent beaucoup de plaisir et me permettent d'exprimer mon côté artistique.

Allez-y! Je suis persuadée que l'artiste en vous n'attend qu'une invitation de votre part.

31 janvier

Faites que la douleur de ne pas changer devienne si réelle, si intense, que vous ne pourrez plus hésiter.

ANTHONY ROBBINS

Dans notre quête du bonheur, nous explique le Dr Michel Cabanac, professeur à la Faculté de médecine de l'Université Laval, nous sommes naturellement attirés par les sources de plaisir, sensuels, intellectuels, spirituels. Cette quête du plaisir est une motivation très puissante et bien connue qui nous fait rechercher activement les situations agréables et importantes pour l'équilibre de l'organisme. Cependant, comme l'explique ce chercheur dans son ouvrage *La quête du plaisir*[7], l'évitement des déplaisirs est aussi une puissante source de motivation – une autre façon d'accéder au bien-être. Le désir d'éviter une source de déplaisir, de souffrance ou d'inconfort, peut nous motiver à adopter certains comportements plutôt que d'autres et à fournir les efforts nécessaires pour parvenir à ce but. Par exemple, c'est la crainte de développer un cancer du poumon qui a motivé Lucie à cesser de fumer. L'idée de se voir atteinte de cette maladie lui donne la motivation et la force nécessaires pour abandonner le tabagisme et modifier ses habitudes.

Dans cette perspective, il peut être utile de nous rappeler de temps en temps les désagréments associés à l'obésité. En maintenant nos saines habitudes, jour après jour, gardons à l'esprit que nous nous évitons toute cette souffrance.

Posez une action pour honorer votre engagement

Je vous suggère de consommer, au choix, soit une portion de lait écrémé de plus qu'à l'habitude (maximum trois), soit un fruit de plus. Voici pourquoi. Des scientifiques québécois ont constaté, après un suivi de six ans auprès de deux cent cinquante personnes, que celles qui, au cours de cette période, avaient augmenté leur consommation de fruits et de lait (écrémé ou partiellement écrémé) étaient aussi celles qui avaient gagné le moins de poids[15]. N'auriez-vous pas envie de faire également partie de ces statistiques ?

Aujourd'hui, prenez soin de vous

Je vous encourage à planifier une journée «de femmes» avec quelques-unes de vos meilleures amies. Prévoyez vous réunir bientôt au chalet ou à l'appartement de l'une d'entre vous, pour jaser librement, préparer un bon repas et vous relaxer. Ces moments de complicité où nous pouvons nous confier, rire et nous détendre entre amies sont un véritable remontant pour l'esprit. Ne vous en privez pas.

Février

Le bonheur doit sûrement ressembler
à un après-midi de février
passé à discuter près du feu.

Trois délicieuses recettes vous sont proposées :

Salade d'épinards au fromage et à l'orange, p. 540
Porc aux pommes et patates douces, p. 541
Crêpes moelleuses aux bananes, p. 542

PREMIER PRINCIPE
ENDOSSEZ LE CHANGEMENT

1er février

L'amour de soi est le seul régime qui donne des résultats durables.
JENNY CRAIG

Quels sont les ingrédients essentiels d'une démarche d'amaigrissement ? Tout le monde vous le dira :

- Une alimentation saine ;
- Une vie plus active.

Le reste est accessoire. Croit-on.

Plus je progresse dans ma vie professionnelle et plus je suis persuadée que nous procédons à l'envers en matière de perte de poids. Nous disons aux gens ce qu'il faut manger, nous leur recommandons de faire davantage d'exercice, mais nous ne nous préoccupons pas de la façon dont ils recevront l'information sur le plan personnel. Nous mettons la charrue avant les bœufs.

Pourquoi apprendre à cuisiner des mets-santé, pourquoi déployer des efforts pour intégrer de l'exercice dans notre routine si, au départ, nous ne sommes pas convaincues de notre propre valeur ? Tous ces efforts ne seront soutenus par rien et s'écrouleront devant les premières difficultés de parcours. L'*amour de soi* est un ingrédient que nous négligeons souvent d'inclure dans une démarche saine d'amaigrissement. Et pourtant, il s'agit là d'un ingrédient essentiel à chaque étape de notre cheminement :

- L'amour de soi comme **point de départ** : pour prendre la décision de changer, il est nécessaire de s'aimer et de se respecter ;
- L'amour de soi comme **carburant** : en cours de route, durant les périodes difficiles, le fait de nous aimer inconditionnellement nous aide à surmonter les obstacles et à faire les choix qui s'imposent ;
- L'amour de soi comme **destination** ultime : à quoi bon être mince si nous ne nous aimons pas en tant que *personne* ? La quête d'un

poids-santé devrait nécessairement s'accompagner d'une croissance personnelle visant l'acceptation et l'appréciation de soi.

Aujourd'hui, gardons à l'esprit que l'amour de soi n'est pas optionnel dans la quête d'un poids-santé. C'est la condition de base essentielle.

Posez une action pour endosser le changement

Vous n'aimez pas boire du lait mais désirez néanmoins augmenter votre apport en calcium? Le lait écrémé en poudre peut constituer un supplément pratique et facile à intégrer dans divers aliments : muffins, céréales chaudes, poudings, potages, etc. Une cuillérée à soupe (15 ml) comble huit pour cent de l'apport quotidien en calcium et fournit de surcroît trois grammes de protéines pour seulement vingt-huit calories.

Aujourd'hui, prenez soin de vous

Efforcez-vous de laisser quelques cases complètement libres dans votre agenda. Ces petites pauses vous procureront repos et tranquillité, que vous soyez au bureau ou à la maison.

2 février

Je veux que vous vous excitiez à la pensée
de la personne que vous êtes, de ce que vous êtes,
de ce que vous avez et de ce qui est encore possible.
Je veux vous insuffler la conviction
que vous pouvez vous rendre encore bien plus loin.

VIRGINIA SATIR

Vos mots nous font l'effet d'une brise rafraîchissante, chère madame Satir, un véritable baume sur le cœur. Certains matins, quand nous nous levons, tout ce que nous voyons dans le miroir, c'est ce qui ne va pas : les cheveux ternes, les rides, les cernes, les bourrelets. Et nous avons désespérément besoin que quelqu'un croie en nous et en notre potentiel.

En commençant par nous-même.

Aujourd'hui, laissons Virginia Satir, psychothérapeute et grande défenderesse de l'estime de soi, nous prendre par la main et, le temps d'une journée, nous accompagner sur le chemin de la santé et du bien-être. Imprégnons-nous de ses mots d'encouragement. Et dans les moments de doute, laissons cette femme forte nous insuffler la conviction que nous pouvons nous rendre encore bien plus loin.

Posez une action pour endosser le changement

Pensez à augmenter votre consommation d'eau au cours de la journée. Pour ma part, depuis que je commence ma journée en buvant un verre d'eau et que j'en bois un chaque fois que je fais une pause, j'en suis arrivée à boire six verres d'eau chaque jour. Une nette amélioration depuis le début de l'année!

Aujourd'hui, prenez soin de vous

Au cours de la journée, lorsqu'une pensée négative surgit au sujet de votre apparence (ex. « Je n'arrête pas de grossir. Je suis incapable de réussir quoi que ce soit. »), je vous encourage à la remplacer par des mots positifs et réconfortants, tels : « Chaque jour je prends soin de moi et me respecte davantage » ou encore : « En prenant soin de moi, je deviens chaque jour plus belle et plus forte. » Sentez-vous la différence que ces phrases peuvent faire sur votre estime personnelle ? Ne vous sentez-vous pas déjà un peu plus forte, un peu mieux dans votre peau ?

3 février

Ne vous comparez pas aux autres,
car vous êtes une création unique et merveilleuse.
Laissez vous-même vos belles empreintes dans la neige.
BARBARA KIMBALL

J'aimerais que nous envisagions la possibilité de nous aimer dès maintenant telles que nous sommes, peu importe notre poids. Et je crois qu'aujourd'hui est une excellente journée pour commencer tout en douceur ce travail sur nous-mêmes.

Le processus d'acceptation de soi peut prendre différentes formes et différents rythmes. Pour certaines personnes, ce processus peut être linéaire, avec une progression lente et constante. Pour d'autres, cette progression vers l'acceptation de soi s'effectue par étapes, avec des hauts et des bas. Pour ma part, c'est dans cette catégorie que s'inscrit mon cheminement. Mais peu importe la forme et le rythme que prend cet apprentissage, l'important est qu'il ait lieu. En effet, je suis convaincue que, pour réussir toute démarche visant un plus grand bien-être, il est essentiel que nous valorisions la *personne* que nous sommes. Nous ne sommes pas qu'un corps. Et toute notre identité ne tient pas qu'à notre poids. Nous devons apprendre à nous voir d'abord et avant tout comme une personne à part entière, avec un corps mais aussi des émotions, des rêves, des talents.

Je sais, l'acceptation de soi est loin d'être une chose évidente quand on a passé la majeure partie de sa vie à se dénigrer et à détester son corps. Si vous êtes dans cette situation et que vous avez envie de changer les choses, allez-y tranquillement. Souvenez-vous, les changements durables ne s'opèrent pas du jour au lendemain. De tout petits changements peuvent néanmoins vous aider à créer une relation entièrement neuve avec vous-même. Je suggère, par exemple, que vous placiez une photo de vous que vous aimez tout particulièrement à un endroit où vous pourrez la regarder souvent, comme sur votre réfrigérateur, dans votre bureau ou sur votre table de chevet. Chaque fois que vous passerez devant, vous pourrez, pendant un instant, vous admirer et apprécier cette image de vous-même.

Un autre exercice que vous pouvez essayer est de vous efforcer pendant quelques heures de ne pas vous critiquer. Libérez-vous du poids de votre propre jugement. Savourez simplement le silence. Ce silence apaisera votre esprit et contribuera à rehausser votre estime personnelle.

Par ailleurs, si vous êtes sédentaire et avez développé une image négative de votre corps, le fait de commencer à bouger davantage – ne serait-ce que quelques minutes chaque jour – peut créer une toute nouvelle dynamique dans votre vie. Ces quelques minutes d'exercice quotidien que vous prendrez pour vous feront que vous vous sentirez plus belle, plus forte et plus saine.

Plus nous prendrons soin de nous, plus nous valoriserons la personne unique, intéressante, aimable et digne de respect que nous sommes. La route vers l'acceptation de soi peut être longue. Mais nous avons tout notre temps.

Posez une action pour endosser le changement

Je vous encourage à manger un fruit de plus qu'à l'habitude. En cette période de l'année, les oranges, les clémentines et les pamplemousses sont généralement à leur meilleur. Des études indiquent que les agrumes auraient un effet stimulant sur notre système immunitaire[11,13]. Alors n'hésitez pas à déguster les agrumes en collation, en dessert ou même en salade.

Aujourd'hui, prenez soin de vous

Accordez-vous du temps au cours de la journée pour pratiquer une activité physique que vous aimez. Appréciez votre corps en mouvement. Réconciliez-vous avec lui. Goûtez au plaisir de le renforcer chaque jour un peu plus.

4 février

Le véritable amour de soi est d'autant plus précieux qu'il est rare. L'amour de soi n'est pas de l'égoïsme ou de l'égocentrisme, mais plutôt la création d'un environnement intérieur favorable à l'amélioration de soi.

SUE PATTON THOELE

« On nous vante tellement les mérites de la modestie et de l'effacement de soi, nous dit encore Mme Thoele, que nous sommes mal à l'aise lorsque vient le temps de recevoir l'authentification de notre valeur personnelle. » Je partage votre avis, chère madame Thoele, et j'ajouterais que notre malaise se traduit jusque dans la relation que nous entretenons avec notre corps.

L'insatisfaction par rapport à notre apparence et le recours aux régimes à répétition sont en effet si répandus chez la femme qu'ils sont statistiquement la norme. Malheureusement, ces attitudes négatives engendrent des comportements défaitistes et autodestructeurs chez bon nombre d'entre nous[24]. Obsession de la minceur, dépression, privations, faible estime de soi, recours excessif à la chirurgie esthétique… Nous ne savons tout simplement pas comment prendre soin de notre corps et encore moins comment l'aimer !

Il est toutefois possible de renverser cet état des choses. Et nous pouvons commencer dès maintenant, en accomplissant de petits gestes pour prendre soin de nous et de notre santé.

Posez une action pour endosser le changement

Trouvez un moment pour fouiller dans vos livres de recettes et laissez-vous tenter par un nouveau mets-santé. Je vous suggère de doubler la recette pour vos lunchs de demain ou pour congeler et déguster un soir de semaine.

Aujourd'hui, prenez soin de vous

Soyez fière de votre corps et de votre apparence ! Enfilez des vêtements qui vous mettent en valeur et rehaussent un aspect de votre beauté naturelle.

5 février

Il n'y a pas de hasards, il n'y a que des rendez-vous.
PAUL ÉLUARD

Voyez la lecture de ce livre comme un rendez-vous. Un rendez-vous avec cette personne en santé, confiante et remplie d'énergie qui vous habite et qui ne demande qu'à se développer.

Pour réussir à maigrir, les femmes qui maintiennent à présent leur poids-santé n'ont pas eu à devenir des personnes différentes ou à acquérir des qualités ou des talents nouveaux. Tout ce qu'elles ont fait, c'est développer les qualités qu'elles possédaient déjà. Ces femmes se sont simplement appliquées à utiliser leurs ressources personnelles pour effectuer de nouveaux choix.

Pour maigrir, il n'est donc pas nécessaire de devenir une *nouvelle personne*. Tout ce que nous avons à faire, c'est de *nouveaux choix*. Mais pour y parvenir, nous devons être persuadées que cette personne saine et forte existe en nous et que nous avons la capacité de la mettre en valeur.

Posez une action pour endosser le changement

Engagez-vous à consommer au moins une pomme au cours de la journée. De tous les fruits, ce sont les pommes (rouges et vertes) qui contiennent le plus de quercétine, une substance jouant un rôle positif sur la santé du cœur mais aussi sur la prévention de certains cancers, du diabète et même de l'asthme[3]. Riches en pectine, les pommes contribueraient aussi à abaisser le taux de cholestérol total[19] en agissant comme une éponge qui absorberait une partie du cholestérol et l'éliminerait par le tube digestif[9].

Aujourd'hui, prenez soin de vous

Prenez rendez-vous avec vous-même au cours de la journée et allez marcher. Quand je le fais, je me sens mieux. Et je sais qu'il en sera de même pour vous.

6 février

Je crois que le changement s'insinue souvent en nous quand nous sommes détendus à l'intérieur de nous-même.

SARK

C'est aussi ce que j'avais remarqué.

C'est pourquoi je vous invite à vous amuser plus souvent. Et dehors de préférence. Chaque séance d'exercice en plein air que vous aurez réussi à inclure dans votre semaine vous donnera un sentiment d'intense satisfaction en plus de vous exposer aux effets bénéfiques de la lumière solaire en cette saison froide[6].

Un petit effort! Habillez-vous chaudement et profitez du pouvoir tonifiant de l'hiver. Vous verrez, vous me remercierez une fois rendue dehors. Pourquoi ne pas faire une longue marche avec ceux que vous aimez? De retour à la maison, vous pourriez en profiter pour vous concocter une délicieuse soupe. Vos skis s'empoussièrent dans le garage? Pourquoi ne pas planifier une sortie avec vos enfants pour les initier à ce sport? Votre municipalité organise une fête des neiges? Emmitouflez vos enfants, sortez les luges et allez glisser jusqu'à ce que vos vêtements soient trempés. Vous pourriez aussi en profiter pour fabriquer un bonhomme de neige et lui créer quelques accessoires. Si vous aimez le patin, n'attendez plus! Chaussez-les et renouez avec ce plaisir hivernal. De retour au bercail, enfilez des vêtements secs et confortables, puis dégustez tranquillement un bol de chocolat chaud.

Il est d'autant plus important d'inclure les moments de plaisir et de détente dans votre programme si vous êtes une femme très occupée. Ne laissez pas vos « obligations » du quotidien empiéter sur ces précieuses séances de ressourcement. Comme moi, vous devrez peut-être parfois fournir un petit effort pour vous extirper de votre travail, mais lorsque vous serez dehors, bien au chaud dans vos vêtements à profiter du grand air, vous serez contente de l'avoir fait.

Posez une action pour endosser le changement

Même si vous n'êtes pas une adepte du plein air, je vous encourage à sortir et à consacrer une petite demi-heure à une activité physique extérieure. L'exercice vous revigorera en plus de stimuler l'utilisation de vos réserves adipeuses.

Aujourd'hui, prenez soin de vous

Ne vous pressez pas trop. Au cours de la journée, livrez-vous aux délices du moment présent et tâchez de ne faire qu'une seule chose à la fois.

DEUXIÈME PRINCIPE
DÉTERMINEZ UN OBJECTIF RÉALISABLE

7 février

Lorsque votre attention passe du désir de perdre du poids à celui de créer un espace quotidien pour vous occuper de vous, les chances de réussir à long terme augmentent considérablement.

CHERYL RICHARDSON

Le livre que vous tenez entre les mains vise justement à vous aider à créer cet espace quotidien. Chaque jour, vous et moi accomplissons de petits gestes pour prendre soin de notre corps et de notre esprit, et c'est pourquoi cette démarche est si satisfaisante et efficace.

Lucille Ball a déjà dit : « Aimez-vous d'abord et tout le reste rentrera dans l'ordre. » Et elle avait bien raison. Lorsque nous commençons à nous aimer et à nous respecter, les choix que nous arrêtons dans la vie reflètent cet état d'esprit. Le simple fait d'écrire ce livre m'a permis de renforcer cette croyance personnelle. Chaque jour, j'ai dû me pencher sur une question, des recherches, parfois une citation. Et, inévitablement, cette réflexion m'a amenée à effectuer des gestes concrets pour mieux prendre soin de moi. Imperceptiblement, au fil des quatre années nécessaires à la rédaction de cet ouvrage, ma vie a changé pour le mieux. Et je suis persuadée que vous aussi, depuis le début de cette démarche, avez pu noter des changements positifs dans votre vie.

En élargissant notre horizon et en travaillant à changer nos comportements plutôt que notre apparence, vous et moi goûterons chaque jour un peu plus aux plaisirs infinis d'une vie saine et équilibrée.

Déterminez un objectif réalisable et passez à l'action

Augmentez le nombre de pas que vous faites au cours d'une journée. Dans le cadre d'une étude visant à déterminer l'impact de la marche sur le pourcentage de graisse des femmes, des chercheurs ont constaté que plus le nombre de pas augmentait, plus les femmes étaient minces[14]. Aujourd'hui, dites-vous qu'à chaque pas que vous faites, vous aidez votre corps à se délester des kilos en trop.

Aujourd'hui, prenez soin de vous

Mettez-vous au lit au moins une heure plus tôt qu'à l'habitude. En plus de vous lever fraîche et dispose demain matin, cela vous évitera de grignoter en fin de soirée.

8 février

Si je ne me reconnais pas intérieurement à ma juste valeur,
j'irai chercher extérieurement ma valorisation :
ce qui entraînera des styles d'estime de soi déséquilibrés.

ALINE LÉVESQUE

Une des meilleures façons de développer sa confiance en soi est de vivre des réussites personnelles. Les victoires sur nous-même – petites et grandes – rehaussent notre estime de soi en confirmant que nous possédons toutes les ressources nécessaires pour réaliser nos rêves et atteindre nos objectifs.

En matière d'amaigrissement, une façon de nous assurer de vivre des réussites est de nous fixer des objectifs réalistes. Contrairement à ce que l'on peut croire, un objectif modeste de perte de poids (par exemple, perdre 5 % de notre poids actuel) peut être beaucoup plus « performant » qu'un objectif plus élevé. Des recherches ont en effet révélé que les femmes obèses qui participaient à un programme d'amaigrissement visant une perte de poids modeste perdaient, dans un premier temps, moins de poids que celles ayant pris part à un programme plus ambitieux, mais un an plus tard, ces femmes avaient finalement maigri davantage que les autres[28].

Des objectifs réalistes et relativement faciles à atteindre nous aident à conserver une motivation forte. Et cela peut faire toute la différence au bout de quelques semaines.

Déterminez un objectif réalisable et passez à l'action

Donnez-vous comme objectif, aujourd'hui, de consommer au moins trois portions de produits céréaliers à base de grains entiers. Des études indiquent que ce simple geste pourrait bien diminuer vos risques de développer un diabète de type II[8].

Aujourd'hui, prenez soin de vous

Amusez-vous ! Réservez du temps dans votre programme pour une activité rigolote qui vous fait du bien. Louez une comédie, allez jouer aux quilles en famille, sortez les crayons de couleur et amusez-vous à dessiner ce qui vous passe par la tête, dansez sur un air entraînant, allez jouer dans la neige avec les enfants, invitez une amie qui vous fait rire à prendre un café avec vous. Et voyez comme vous vous sentez bien !

9 février

Nous apprenons que certains comportements ont
des conséquences qui vont à l'encontre du but recherché,
d'autres ont des conséquences bénéfiques.
Nous apprenons que des choix s'offrent à nous.
MELODY BEATTIE

Aujourd'hui, prenez quelques minutes pour étudier votre progression des derniers mois. Regardez vos objectifs en matière d'alimentation mais aussi d'exercice. Certains d'entre eux ont-ils été atteints? Sinon, progressez-vous dans la bonne direction? Ces objectifs sont-ils encore une source de motivation pour vous? Si c'est le cas, vous êtes sur la bonne voie. Vous n'avez qu'à poursuivre dans cette direction.

Si, au contraire, vous sentez que quelque chose ne va pas, que ce soit avec vos objectifs, vos stratégies ou toute autre composante de votre démarche, arrêtez-vous. Essayez de mettre le doigt sur le problème. Se pourrait-il que vous ayez essayé d'aller trop vite ou d'intégrer des changements qui ne vous conviennent pas? Une réorganisation de votre emploi du temps pourrait-elle être bénéfique? Vos objectifs étaient peut-être trop ambitieux? Réajustez-vous. Une baisse de motivation est en cause? Peut-être serait-ce le temps de vous trouver une partenaire d'exercice?

Prenez quelques minutes pour réfléchir à tout cela. Ne vous en faites pas si vous décelez des choses qui clochent dans votre démarche. Au contraire. Lorsque vous aurez découvert ce qui ne va pas, vous pourrez faire les ajustements qui s'imposent. N'hésitez pas à mener des essais. Vous finirez par trouver les habitudes qui vous conviennent et qui fonctionnent bien pour vous.

Déterminez un objectif réalisable et passez à l'action

Mettez bien en vue des fruits sur la table de la cuisine. Des études indiquent que cela pourrait vous aider, vous et votre famille, à augmenter votre consommation de ces précieux alliés du poids-santé[21].

Aujourd'hui, prenez soin de vous

Vous en avez assez des mêmes repas? Brisez la routine en essayant une nouvelle recette-santé.

10 février

Dans les décennies futures, les plus importants facteurs déterminants de la santé et de la longévité seront les choix personnels de chaque individu.

JOURNAL DE L'ASSOCIATION MÉDICALE AMÉRICAINE

Nous devenons ce que nous sommes un choix à la fois, un jour à la fois. La vie que nous menons aujourd'hui et notre état de santé actuel sont en effet le résultat d'une multitude de décisions, petites et grandes, que nous avons prises dans le passé. Nous n'accumulons pas dix, vingt ou cinquante livres (4, 9 ou 23 kg) en trop à cause d'un seul mauvais choix, mais bien en répétant jour après jour, consciemment ou non, les mêmes comportements. Si nous voulons savoir ce que seront notre vie et notre état de santé dans dix ans, nous n'avons qu'à regarder les choix que nous faisons *aujourd'hui*.

Si cette perspective ne vous séduit pas, et que vous sentez le besoin de changer des choses dans votre vie, il n'y a rien de plus simple. Vous n'avez qu'à commencer, aujourd'hui, à effectuer des choix différents. «Commencez par de petites choses», nous recommande Stephanie Marston. «Ne faites pas de grandes déclarations qui vous prédestineront à l'échec. Allez-y simplement. Ne vous engagez qu'aux choses que vous savez honnêtement que vous *pouvez* faire et *ferez*. Autrement, ne le dites pas. Par exemple, au lieu de proclamer : "Je vais faire de l'exercice chaque jour, cette semaine", dites : "Je vais faire de l'exercice quinze minutes aujourd'hui"», nous conseille-t-elle.

Voilà, il me semble, une excellente façon de commencer à opérer des choix plus sains. Lorsque la tâche nous semble insurmontable, lorsque nos buts nous apparaissent trop lointain, nous pouvons toujours trouver un certain réconfort dans le fait que chaque décision que nous prenons, petite ou grande, facile ou difficile, a le pouvoir de changer notre vie. Il nous suffit pour cela de décider d'arrêter des choix différents et de passer à l'action. Ce faisant, nous délaisserons les comportements automatiques et improductifs pour adopter consciemment ceux qui nous mèneront, pas à pas, jour après jour, vers la qualité de vie que nous désirons réellement avoir.

Déterminez un objectif réalisable et passez à l'action

Réduisez la quantité de gras trans que vous consommez. Les gras trans sont formés en industrie par le processus d'hydrogénation dans le but de procurer une texture moelleuse aux aliments et d'allonger leur durée de conservation. Ces gras sont particulièrement nocifs pour notre santé cardiovasculaire. Des études suggèrent que, pour conserver une santé optimale, nous devrions limiter notre consommation de gras trans à *moins de un demi-gramme par jour*[18]. Alors ouvrons l'œil!

En plus de leur impact négatif sur notre système cardiovasculaire, les huiles hydrogénées pourraient même avoir des effets nocifs sur nos capacités intellectuelles! En effet, une toute récente étude menée par Ann-Charlotte Granholm, de la Medical University of South Carolina, indique que les rats à qui l'on avait donné une alimentation contenant dix pour cent d'huile de noix de coco partiellement hydrogénée (riche en gras trans) ont connu une baisse significative de leurs performances cognitives après huit semaines[10]. Lors des tests, les scientifiques ont constaté que ces rats commettaient un plus grand nombre d'erreurs que ceux qui avaient eu une alimentation enrichie en huile de soya sans gras trans.

Pour la santé de votre cœur et peut-être de vos neurones (!), je vous recommande donc de prendre le temps de lire attentivement les étiquettes. Lorsque vous verrez « huile hydrogénée ou partiellement hydrogénée » (ex. huile de coco partiellement hydrogénée), dans la liste d'ingrédients, *c'est que cet aliment contient des gras trans.* Le shortening d'huile végétale en contient, tout comme certaines margarines d'huile végétale. Les gras trans sont présents dans la majorité des biscuits, gâteaux, pâtisseries mais aussi dans le chocolat à tartiner, les frites, le beurre d'arachide, les craquelins, etc.

Un dernier point. Il se peut qu'une étiquette mentionne que l'aliment concerné est exempt de gras trans même si cet aliment contient des huiles hydrogénées. Pourquoi ? Une loi canadienne permet aux fabricants d'indiquer que leur produit ne contient pas de gras trans s'il en renferme moins de un cinquième de gramme par portion, tandis qu'aux État-Unis, cette limite est fixée à un demi-gramme par portion! La seule solution fiable pour éviter de consommer ces acides gras nocifs est donc de lire la liste des ingrédients pour y déceler les huiles hydrogénées et par le fait même la présence de gras trans.

Pour ma part, j'ai réalisé il y a quelques mois que nos craquelins favoris (pourtant faits de blé concassé) contenaient des gras trans, tout comme notre beurre d'arachide et nos pains pita! J'ai donc commencé à faire des choix différents à l'épicerie et j'ai découvert certaines lignes de produits ne contenant pas d'huiles hydrogénées (ex. les craquelins, biscuits, céréales et barres granolas *Vital* de Leclerc).

Ne nous décourageons pas, chère amie, il suffit de garder l'œil ouvert, et le bon!

Aujourd'hui, prenez soin de vous

Lorsque vous vous sentirez devenir improductive au travail, soit parce que vous êtes fatiguée ou que vous essayez de faire trop de choses en même temps, accordez-vous une minipause. Et profitez-en pour essayer ce petit exercice de détente : Tout d'abord, étirez tous vos muscles. Ensuite, prenez une inspiration profonde. Puis expirez lentement par la bouche.

Reprenez au moins deux autres fois. Personnellement, lorsque je prends le temps de faire cet exercice de détente, j'ai l'impression d'« expirer » mes tensions et de m'emplir d'une énergie nouvelle. J'espère qu'il en sera de même pour vous.

11 février

Développez le réflexe, l'instinct, de préserver quelques minutes chaque jour « juste pour vous » : pour vous faire plaisir d'abord ou pour reconnaître vos accomplissements.

ALINE LÉVESQUE

Vos enfants vous réclament, la maison est en désordre, et il y a les leçons de piano de l'aînée à dix-huit heures trente… Comme à moi peut-être, il vous arrive à certains moments de courir dans tous les sens telle une poule sans tête! Se sentir débordée peut être normal quand on a une famille ou de nombreux engagements. L'important est que ce ne soit pas là notre lot quotidien.

Comme nous pourrions toutes bénéficier d'un peu plus de sérénité dans nos vies, je vous suggère de prendre du temps juste pour vous au cours de la journée. Allez faire un tour dehors ou profitez-en pour faire un peu de lecture ou bien quelques minutes de méditation. Durant ces moments de tranquillité, prenez le temps de reconnaître les changements positifs qui s'opèrent en vous et félicitez-vous pour vos accomplissements des dernières semaines.

Je ferai de même de mon côté. Chez moi, il y a une place sur le divan, près du feu, d'où je peux voir mon jardin sous la neige. Je m'y assieds chaque jour une vingtaine de minutes. Et là, entourée de mes plantes, de mes livres et du joyeux jacassement de nos perruches, je me livre à la plus délicieuse et régénératrice des pauses.

Trouvez-vous, vous aussi, un petit coin dans votre maison pour vous détendre et vous ressourcer. Vous verrez comme chaque moment que vous prendrez pour vous, chaque pause que vous ferez au cours de la journée, vous donnera le sentiment de mieux contrôler votre vie. Bien sûr, cela ne fera pas disparaître la pile de vêtements à plier ou le rapport à terminer, mais ces quelques minutes investies dans votre bien-être vous permettront de faire face au reste de votre journée avec un peu plus de calme et de sérénité.

Déterminez un objectif réalisable et passez à l'action

Essayez d'inclure une marche en plein air dans votre programme de la journée. Comme l'a constaté un chercheur canadien, faire de l'exercice dans un environnement froid peut être une stratégie efficace pour perdre du poids. En effet, dans ces conditions, nous brûlons davantage de calories non seulement pour combattre le froid mais aussi parce que nous devons nous déplacer sur une surface enneigée avec des bottes et des vêtements plus lourds[29]. Comme quoi, il n'y a pas que des désavantages aux hivers froids!

Aujourd'hui, prenez soin de vous

Consacrez quelques minutes aux soins de vos lèvres. À cette époque de l'année, nous avons tendance à avoir les lèvres gercées. Gardez à portée de la main un baume à lèvres hydratant dans la poche de votre manteau, dans un tiroir du bureau, de la cuisine ou de votre table de chevet. Pensez aussi à bien les hydrater avant de mettre votre rouge à lèvres.

12 février

Il faut toujours faire ce que l'on ne croit pas pouvoir faire.

ELEANOR ROOSEVELT

Faire la paix avec la nourriture est, pour bon nombre de femmes, quelque chose d'impensable. Certaines d'entre nous entretiennent, souvent depuis des années, une relation d'amour-haine avec la nourriture, les périodes de privation faisant place à des épisodes de laisser-aller. Pour bien des femmes, la nourriture est synonyme de tentation, de souffrance et de calories.

Il est temps que cela change.

Il est temps d'apprendre à remettre la nourriture à sa place. Nous ne pouvons pas l'ignorer, mais elle ne devrait pas être au centre de notre vie non plus. Faire la paix avec la nourriture, c'est reconnaître qu'elle est neutre. Ni bonne ni mauvaise. C'est prendre conscience qu'elle n'a pas de pouvoirs surnaturels (comme un irrésistible pouvoir d'attraction ou le don de sauter dans notre assiette sans notre consentement). La nourriture est neutre. Et nous pouvons toujours choisir nos comportements en sa présence. La nourriture n'est pas non plus juste un paquet de calories prêt à nous faire engraisser en un instant, à l'infini. La nourriture n'est pas l'ennemi numéro un de celles qui veulent perdre du poids. La nourriture nous aide chaque jour à être en santé et bien dans notre corps dans la mesure où nous nous traitons avec respect.

Déterminez un objectif réalisable et passez à l'action

Je vous encourage à essayer une nouvelle recette de poisson. Je vous suggère un poisson en papillote, c'est-à-dire emballé dans une feuille de papier d'aluminium et cuit au four avec des épices, du citron et des légumes. Ce mode de cuisson vous permettra de marier les saveurs et les parfums sans ajouter de gras.

Aujourd'hui, prenez soin de vous

Lorsque vous serez attablée devant votre repas, je vous suggère de prendre d'abord quelques secondes pour regarder les aliments qui se trouvent devant vous. Appréciez leur couleur, leur variété. Sentez leur odeur, leurs textures. Puis commencez à manger en goûtant consciemment chaque bouchée. Tout en mangeant, imaginez que ces aliments sont transformés dans votre corps et vous fournissent toute l'énergie dont vous avez besoin. Efforcez-vous de laisser tomber vos craintes par rapport à la nourriture. Ne comptez pas les calories. Dites-vous simplement que votre corps ne gardera que ce qui lui sera nécessaire et éliminera le superflu. Imaginez votre corps devenant, grâce à cette merveilleuse nourriture, plus fort, plus sain et plus beau.

TROISIÈME PRINCIPE
ABAISSEZ VOTRE POIDS-CONSIGNE

13 février

Je m'emplis de la beauté et de la sérénité de la nature.
Je prends le temps d'apprécier la nature.
J'ai le courage de cerner la beauté, même parmi les souffrances.
SUE PATTON THOELE

Une des choses que j'aime faire l'hiver est de nourrir les oiseaux. Je ne connais pas la plupart des noms de mes petits amis ailés, mais le fait de leur apporter de la nourriture et d'observer leur comportement me procure une joie tranquille qui me fait apprécier la saison froide. Je lis présentement le merveilleux livre *Walden ou la vie dans les bois,* écrit par Henry David Thoreau en 1845, alors qu'il vivait seul dans sa cabane du Massachusetts. Précurseur de la simplicité volontaire, Thoreau nous rappelle combien la beauté de la nature et les plaisirs simples peuvent nous nourrir, dans la mesure où nous sommes disponibles pour les apprécier.

Des oiseaux qui picorent quelques miettes de pain, l'odeur d'une forêt de pin, le bruit de la pluie qui tombe sur le toit, l'image apaisante d'une étendue d'eau, les traces d'une petite bête sur la neige. Dans le tourbillon de nos activités, nous oublions souvent qu'il y a, à portée de la main, une source inépuisable de beauté et de sérénité en la nature, que nous habitions la campagne, la banlieue ou même la ville. Mais pour y avoir accès, il nous faut ralentir le pas. Tendre l'oreille. Faire un effort conscient pour mettre de côté nos problèmes et nos inquiétudes. D'ailleurs, cet effort est toujours largement récompensé.

Pour ma part, j'ai constaté que plus je me « branchais » sur la nature et prenais le temps de l'apprécier, plus j'avais de facilité à gérer mon stress. Le fait d'être consciente de la beauté et de la vie qui m'entourent, le fait de voir le monde tourner à merveille sans moi, m'aide à prendre du recul par rapport à mes difficultés et à mettre les événements en perspective.

Puissiez-vous puiser, vous aussi, dans la nature, réconfort et émerveillement au cours de la journée.

Posez une action pour abaisser votre poids-consigne

Sortez prendre l'air au moins trente minutes, si vous le pouvez. Une marche rapide dans votre quartier vous détendra tout en activant votre métabolisme. Seule ou en famille, prenez le temps d'apprécier le pouvoir vivifiant de l'air qui emplit vos poumons.

Aujourd'hui, prenez soin de vous

Décrochez. Regardez la neige tomber mollement, admirez les dessins du givre sur votre fenêtre, observez les enfants jouer dehors. Cette réserve inépuisable de paix intérieure est à votre disposition, il n'en tient qu'à vous d'y accéder.

14 février

Il n'existe aucune difficulté dont on ne puisse venir à bout
avec l'amour. Aucune maladie que l'amour ne puisse guérir.
Aucune porte que l'amour ne puisse ouvrir.
Aucun abîme qu'un pont d'amour ne puisse franchir.
Aucun mur que l'amour ne puisse abattre.
Et aucun péché que l'amour ne puisse racheter.
Il ne fait aucune différence que le problème soit profondément enraciné.
Que l'avenir paraisse sans espoir. Que l'écheveau semble irrévocablement
emmêlé. Que la faute soit grave. Une expression d'amour
suffira à tout dissoudre. Et si vous pouviez aimer assez,
vous seriez l'être le plus heureux et le plus puissant du monde.

EMMETT FOX

Aujourd'hui, inspirons-nous des propos de ce cher professeur Fox. Et faisons confiance aux pouvoirs curatifs de l'amour. Offrons-nous le plus beau des cadeaux, celui de nous aimer ici, maintenant. Telles que nous sommes.

Posez une action pour abaisser votre poids-consigne

Si vous planifiez d'inclure quelques chocolats dans votre menu de la Saint-Valentin, je vous invite à choisir du chocolat noir. La poudre de cacao qu'il contient est riche en polyphénols, une substance naturelle qui aurait pour effet d'élever notre cholestérol HDL et de diminuer ainsi nos risques de maladies cardiovasculaires[20].

Aujourd'hui, prenez soin de vous

Je vous invite à prendre quelques instants pour vous détendre et, pourquoi pas, faire un peu de méditation. Selon Mary Jane Ott, infirmière au *Dana Faber Cancer Institute* à Boston, lorsqu'elle est pratiquée tous les jours, la méditation aide à développer un calme intérieur et une tranquillité d'esprit qui permettent aux individus de faire face aux divers événements du quotidien, peu importe les circonstances[22]. Si la méditation ne vous est pas familière, vous pouvez apprivoiser cette activité en vous procurant un livre sur le sujet ou une cassette audio. Un narrateur vous guidera dans des exercices de respiration ou de visualisation, souvent au son d'une musique apaisante.

Où que vous soyez, emportez ensuite cette tranquillité avec vous.

15 février

Un régime, c'est la courte période de privations
qui précède une augmentation de poids.
ANONYME

Amusant, non ?

La personne qui a écrit cette phrase n'est cependant pas très loin de la réalité ! Voici pourquoi.

Lorsque nous nous privons de nourriture, notre corps réagit à la perte de poids en modifiant la sécrétion de certaines enzymes favorisant le stockage des graisses. Il cherche ainsi à conserver ses réserves d'énergie. Plus nous limitons les calories, plus nous stimulons ce système de protection de l'organisme, c'est-à-dire le stockage des graisses[4,26]. Il a été démontré que cette réaction physiologique à l'amaigrissement était particulièrement marquée chez la femme[16]. Cela a peut-être à voir avec le fait que les femmes ont tendance à maintenir un pourcentage de graisse plus élevé que les hommes. Notre organisme est en quelque sorte programmé pour reprendre le poids perdu !

Cela ne veut pas dire pour autant qu'il est impossible pour une femme de maigrir. Comme le dit si bien Dominique Loreau : « Le corps est un instrument réglé avec une extrême précision, un instrument qui aime que l'on s'occupe de lui. Il possède un système auto-régulateur qu'il suffit de savoir activer. » Une des façons d'y parvenir est de consommer à chaque repas des aliments provenant de chacun des quatre groupes alimentaires et en quantité suffisante pour vous rassasier. Ce faisant, vous éviterez de plonger votre organisme dans un état de survie, c'est-à-dire en mode « stockage de gras ».

Posez une action pour abaisser votre poids-consigne

Consommez au moins cinq portions de fruits/légumes au cours de la journée et, si possible, au moins trois portions de produits céréaliers de grains entiers (contenant plus de 2 g de fibres par portion). Une étude récente indique que ces aliments, en plus d'être rassasiants, atténueraient le ralentissement du métabolisme souvent observé en phase d'amaigrissement[23].

Aujourd'hui, prenez soin de vous

Ne luttez pas contre la faim.

16 février

Changer un simple comportement peut influencer d'autres comportements et ainsi changer plusieurs choses.

JEAN BAER

Il suffit parfois d'un seul geste pour enclencher une cascade d'événements, une série de changements : un beau jour Patricia décide d'aller à la piscine municipale pour faire quelques longueurs. Elle renoue avec le plaisir de la natation et, quelques semaines plus tard, se joint à un groupe d'aquaforme. Encouragée par les résultats – elle a plus d'énergie et se sent mieux dans sa peau –, elle décide de changer progressivement ses habitudes alimentaires. Elle perd dix-huit livres (8 kg) au cours de l'hiver. Au printemps, une amie l'invite à aller marcher tous les lundis et mercredis avec elle. Patricia accepte ; elle qui jusqu'à récemment était parfaitement sédentaire, la voilà plus en forme que jamais !

Tout comme pour Patricia, un simple comportement a le pouvoir de littéralement changer notre vie. Il s'agit seulement de vouloir changer et de faire l'effort de passer à l'action.

Aujourd'hui, concentrez-vous sur un comportement, une seule habitude que vous aimeriez adopter. Ce peut être aussi simple que de vous lever quinze minutes plus tôt pour faire des exercices au sol ou encore de prendre le temps de vous préparer un lunch-santé pour manger le midi au travail. Personnellement, j'ai remarqué que chaque nouvelle habitude saine que je réussis à intégrer à ma routine me procure un intense sentiment de satisfaction personnelle. J'ai l'impression de surmonter de vieux démons et de reprendre le contrôle de ma vie. Il en sera de même pour vous.

Aujourd'hui, goûtez à cette agréable sensation en adoptant une nouvelle habitude de votre choix. Choisissez celle qui vous attire le plus. Qui sait, ce petit changement dans votre vie peut faire boule de neige et avoir beaucoup plus d'impact que vous ne le croyez ! Si nous demeurons ouvertes au changement, notre évolution ne connaîtra pas de limites.

Posez une action pour abaisser votre poids-consigne

Plutôt que de vous servir à même le sac, le bol ou encore le plat de service, je vous encourage à toujours mettre ce que vous désirez manger dans une assiette. De cette façon, il vous sera beaucoup plus facile de contrôler la quantité de nourriture que vous mangerez.

Aujourd'hui, prenez soin de vous

Plutôt que d'aller marcher seule, pourquoi ne pas inviter une amie à se joindre à vous ?

17 février

Il n'y a pas de petites choses. Les « petites choses » sont les charnières de l'univers.
FANNY FERN

Sur le chemin de la santé et du bien-être, il n'y a pas de petites choses, il n'y a pas de petites victoires. Chaque victoire sur nous-même, aussi petite puisse-t-elle sembler, contribue à notre évolution. Depuis l'arrivée de notre fille Léa, maintenant âgée de six ans, ce concept des petites victoires a pris tout son sens chez nous. Atteinte de dystrophie myotonique, Léa vit avec un handicap physique et intellectuel. Chaque jour, que ce soit en classe, à la maison ou dans le cadre de ses séances d'équitation thérapeutique, notre fille fait des apprentissages. Une étincelle dans les yeux, elle cumule les victoires.

Les spécialistes nous ont répété l'importance de souligner toutes les réussites de Léa. Mais au fond, chaque être humain a besoin de cela. Nous avons tous besoin de sentir que nous progressons, que nous nous améliorons dans divers domaines. En célébrant nos réussites, même les plus petites, nous prenons conscience de notre évolution personnelle. Et cela est extrêmement satisfaisant. Que nous vivions avec un handicap ou non.

C'est pourquoi je vous invite aujourd'hui à célébrer vos réussites. Toutes vos réussites. Pour vous rafraîchir la mémoire, consultez vos notes faisant état de vos mensurations et de votre perte de poids, relisez les pages de votre journal de bord pour y déceler des apprentissages ainsi que l'atteinte de vos objectifs, consultez le calendrier sur lequel vous avez noté vos séances d'entraînement des dernières semaines, ressortez vos vêtements devenus maintenant trop grands. Vous aurez sous les yeux autant de témoignages de votre réussite. « Vous n'avez qu'à reprendre les événements de votre vie pour vous réapproprier votre personne », écrit l'auteure et psychologue Florida Scott Maxwell. Et elle a bien raison.

Plus vous aurez l'habitude de célébrer vos victoires, plus vous prendrez conscience de votre progression. Et plus vous serez motivée à continuer.

Posez une action pour abaisser votre poids-consigne

Je vous invite à augmenter votre travail musculaire en incluant des exercices de musculation dans votre routine. En plus d'ajouter de la variété à votre entraînement, cela pourrait vous aider à atteindre vos objectifs plus rapidement. En effet, des chercheurs ont suivi un groupe de femmes âgées de dix-huit à quarante-quatre ans, non entraînées, à qui l'on avait demandé de faire des exercices de musculation deux fois par semaine. Après douze semaines d'entraînement, ils ont pu constater une augmentation significative de la masse musculaire de ces femmes ainsi qu'une réduction de deux et demi pour cent de leur pourcentage de graisse[5]!

Aujourd'hui, prenez soin de vous

Offrez-vous une récompense pour souligner vos réussites. Voici quelques suggestions pour fêter sans ruiner vos efforts des derniers mois :

- Rendez-vous à votre librairie pour aller chercher le dernier livre de votre auteur favori ;
- Offrez-vous un nouveau parfum ;
- Planifiez une sortie amusante en famille (ex. spectacle, activité sportive, autre) ;
- Achetez un bouquet de fleurs pour votre maison ;
- Offrez-vous un thé exotique (les nouveaux thés verts parfumés à la framboise, au citron ou à la bergamote sont exquis !) ;
- Allez passer l'après-midi chez une amie rien que pour jaser ;
- Louez un film « de filles » ;
- Réservez un après-midi pour vous adonner à votre passe-temps favori ;
- Demandez à votre conjoint ou à vos adolescents de préparer le souper ;
- Prenez rendez-vous chez l'esthéticienne ;
- Lisez votre revue favorite au lit après avoir pris un bain aromatique.

Vous méritez bien ces petits plaisirs, alors savourez-les sans culpabilité !

18 février

Faire de l'ordre dans la maison est ma prière ;
quand j'ai terminé, ma prière est exaucée.
Me pencher, me courber et nettoyer purifient
mon corps mieux qu'une prière.
JESSAMYN WEST

Pour être honnête avec vous, jusqu'à récemment, je considérais le ménage comme une corvée et une perte de temps dans ma vie. Je m'en tenais au strict minimum et réservais ce type d'activité pour les occasions spéciales, c'est-à-dire la visite. Nul besoin de dire que je me retrouvais souvent à faire subir à ma famille le « syndrome du stress pré-visite », qui se caractérise par une crise de panique, une agitation extrême et une tendance à proférer des menaces en agitant aspirateur, vadrouille et produits nettoyants en direction des êtres vivants présents dans la maison. Depuis la dernière année, je suis heureuse d'annoncer qu'il y a eu progrès en la matière. En effet, j'ai appris à déployer des efforts pour garder la maison plus propre et mieux rangée sur une base régulière. Nettoyer la cuisine, faire un peu de rangement dans le salon ou dans mon bureau est même devenu pour moi – et je n'aurais jamais cru que je pourrais dire cela un jour – quelque chose de nécessaire. La vue de ces espaces de travail dégagés et fonctionnels me repose l'esprit.

Une autre chose qui me motive à faire une certaine dose de travaux ménagers chaque jour est que cela représente une occasion de bouger ! Passer l'aspirateur, frotter quelques armoires, laver un plancher, faire du rangement dans la maison sont des occupations qui activent notre métabolisme et nous font brûler des calories[17]. Quand j'ai passé quelques heures immobile à l'ordinateur, cet exercice est le bienvenu !

Aujourd'hui, si vous vous retrouvez devant un plancher sale ou une baignoire à récurer, dites-vous qu'il s'agit là d'une excellente occasion d'augmenter votre dépense énergétique !

Posez une action pour abaisser votre poids-consigne

Je vous suggère de consommer une portion de légumineuses au cours de la journée. Faible en gras, riche en protéines et en fibres, elles sont un excellent choix pour les personnes désireuses de perdre du poids. Personnellement, j'aime bien l'hoummos, une savoureuse tartinade à base de pois chiches. Vous avez envie d'y goûter? Vous n'avez qu'à réduire en purée au robot culinaire une boîte de pois chiches (rincés et égouttés), auxquels vous aurez ajouté de l'ail et une cuillère à soupe de jus de citron (au besoin, ajoutez un peu d'eau pour obtenir la consistance désirée). L'hoummos est délicieux servi sur un pain pita de blé entier avec de la laitue, sur des craquelins de blé entier ou même servi en trempette avec des crudités.

Aujourd'hui, prenez soin de vous

Prenez un petit dix minutes pour mettre un peu d'ordre autour de vous. Faites-le pour l'exercice, mais aussi pour votre tranquillité d'esprit.

QUATRIÈME PRINCIPE
APPRENEZ À RESPECTER VOS SIGNAUX INTERNES

19 février

Les sentiments habitent en nous comme une rivière et traversent notre conscience comme un courant sans fin. Ils passent à travers la crainte, la tristesse, la honte et la colère pour se changer en joie, en délire, en exubérance et enjouement. À tout moment, nous pouvons toucher et découvrir ce que nous ressentons. En affirmant nos sentiments, nous les transformons en langage audible et nous découvrons l'articulation des émotions constamment sous-jacentes dans notre vie.

DAPHNE ROSE KINGMA

Le chemin du bien-être est parsemé d'apprentissages et d'expériences qui nous font évoluer. Sur cette route, nous apprenons, entre autres, à reconnaître les émotions qui nous habitent. Le témoignage ci-dessous, tiré du livre *Se libérer de ses dépendances*, illustre bien cette prise de conscience qui vient avec l'adoption d'un mode de vie plus sain : « Quand j'ai arrêté de me droguer avec les sucreries et le chocolat, j'ai revécu ce que j'avais traversé en arrêtant de fumer, un affolement complet face à des sentiments que je ne reconnaissais pas. Moi qui prétendais n'avoir jamais été jalouse, j'ai d'un seul coup été envahie par la colère et la honte un jour où j'ai rencontré mon ex avec sa nouvelle petite amie. Et il a fallu que d'autres me disent que c'était de la jalousie pour m'en rendre compte ! »

Le fait de refouler ses émotions (qu'elles soient positives ou négatives) peut engendrer des états de détresse pendant lesquels certaines femmes ont tendance à « manger leurs émotions ». Plus nous sommes en mesure de mettre des mots sur nos émotions, plus il nous est possible de les vivre sainement, c'est-à-dire de les exprimer, de les laisser aller, de les extérioriser ou de les partager, et ce, sans avoir recours à la nourriture.

C'est pourquoi je vous incite, dans la mesure du possible, à mettre des mots sur les émotions que vous éprouverez au cours de la journée. Lorsque vous vous sentirez envahie ou traversée par une émotion, prenez quelques instants pour faire le point. Ce que vous ressentez ressemble-t-il à :

- de la colère,
- de l'ennui,
- de la haine,
- de l'impatience,
- de la nostalgie,
- de la peur,
- de la tristesse ?

Ou encore à :

- du désir,
- du contentement,
- du plaisir ?

Quelle que soit l'émotion que vous éprouverez à ce moment-là, ne cherchez pas à la « contrôler », essayez simplement de l'identifier.

Posez une action pour respecter vos signaux internes

Assurez-vous de consommer au moins *deux portions complètes* de produits laitiers au cours de la journée. Une tasse de lait (250 ml), deux onces (50 g) de fromage ou trois quarts de tasse (175 ml) de yogourt constitue *une portion* de lait ou de produits laitiers tandis qu'une demi-tasse (125 ml) de pouding à base de lait ou une tasse (250 ml) de fromage cottage ne représente qu'*une demi-portion*!

Aujourd'hui, prenez soin de vous

Si vous avez la larme facile ou les nerfs à fleur de peau, plutôt que de vous mettre quelque chose sous la dent, donnez un coup de fil à une amie ou à un membre de votre famille. Bien souvent, quelques minutes d'un contact chaleureux suffisent pour nous réconforter et nous aider à reprendre le dessus.

20 février

On ne sait jamais ce qui est assez
avant d'avoir connu ce qui est plus qu'assez.
WILLIAM BLAKE

Manger, jour après jour, la quantité de nourriture qui correspond à nos besoins est une habileté qui est à la portée de la majorité des gens. Cependant, pour certaines d'entre nous, particulièrement celles qui sont au régime depuis des années ou qui souffrent de désordres alimentaires comme la boulimie, le développement de cette habileté peut nécessiter un apprentissage plus long. Si vous êtes dans cette situation et que vous avez de la difficulté à déterminer quelle quantité de nourriture vous convient à chaque repas, ne désespérez pas. En vous accordant du temps et en procédant par essais et erreurs, vous finirez par reconnaître les signaux de faim et de satiété et apprendrez à y répondre adéquatement.

Pour vous guider dans cette tâche, vous aurez peut-être envie de faire appel à une diététiste ou à une psychologue spécialiste des troubles alimentaires. Leurs conseils et les exercices qu'ils vous suggéreront peuvent être d'une grande utilité pour reprendre contact avec votre corps et ses besoins. Vous pouvez aussi échanger avec d'autres femmes qui sont passées par là, lire sur le sujet, assister à des conférences et mettre en pratique les suggestions que je propose chaque mois dans la section « Posez une action pour respecter vos signaux internes » du présent ouvrage.

Apprendre à manger ni trop ni trop peu est quelque chose que vous pouvez réussir à faire. Il suffit de vous accorder du temps et de l'attention.

Posez une action pour respecter vos signaux internes

N'attendez pas d'être complètement affamée avant de manger, car vous risquez de consommer plus de nourriture que nécessaire. Au cours de la journée, mangez à des heures raisonnables. Il s'agit là d'une façon concrète de respecter votre corps et de l'aider à maintenir naturellement un poids sain.

Aujourd'hui, prenez soin de vous

Lorsque vous avez envie d'une boisson sucrée, plutôt que d'opter automatiquement pour une boisson gazeuse, je vous suggère d'essayer le cocktail de canneberge. En plus de posséder des vertus protectrices contre le cancer[7] et contre les infections urinaires[15], les canneberges contribueraient à diminuer nos risques de maladies cardiovasculaires en ralentissant la progression de l'athérosclérose, cette déposition de cholestérol et de lipides sur la paroi interne de nos vaisseaux sanguins[25], et en augmentant notre taux de bon cholestérol (HDL)[27].

21 février

Nous n'arrêtons pas de jouer parce que nous vieillissons,
nous vieillissons parce que nous arrêtons de jouer.
HERBERT SPENCER

Je venais tout juste d'écrire cette citation tout à l'heure, quand le téléphone a sonné. C'était un voisin et ami qui partait faire une balade en skis de fond dans les collines du village. Âgé de presque soixante-dix ans, ce cher Michael mène avec son épouse une vie très active et nous allons parfois marcher ensemble. Pendant un instant, j'ai hésité à l'accompagner parce que je désirais avancer l'écriture de mon livre. Mais la journée était si belle ! J'ai finalement décidé de m'aérer l'esprit et d'aller jouer dehors. Mes skis m'attendaient près de la porte et je suis allée rejoindre mon partenaire d'exercice.

Quelle bonne décision je venais de prendre ! Le soleil faisait scintiller tout autour de nous une neige immaculée et légère. Tout en bavardant, nous avons gravi ces lumineuses collines, conscients de vivre dans une des plus belles régions qui soient. D'en haut, la vue du mont Orford au loin était superbe. Au retour, nous avons dévalé les pâturages en direction du village.

Une heure de pur plaisir.

Nous sommes retournés ensuite chacun à nos occupations, à la fois détendus et remplis d'énergie. Quand je pense que j'ai failli rater cette occasion de m'amuser!

Posez une action pour respecter vos signaux internes

Dégustez des quartiers de pamplemousse rose, quelques clémentines ou, si vous préférez, un délicieux jus d'orange maison. Les agrumes (pensons aussi aux tangelos, tangerines, citron, limes, etc.) sont une excellente source de vitamine C, ils contiennent également des limonoïdes et des flavonoïdes, des composés qui nous aideraient à lutter contre les maladies, dont certains types de cancers[12]. En choisissant les fruits frais plutôt que leur jus, vous bénéficierez en plus du pouvoir rassasiant des fibres qu'ils contiennent.

Aujourd'hui, prenez soin de vous

Allez jouer dehors vous aussi! Si vous le pouvez, incluez vos enfants dans cette activité physique. Non seulement vous brûlerez des calories tout en vous amusant, mais vous montrerez à vos enfants l'importance de prendre soin de leur corps et de leur santé.

22 février

Simplement, les mots que vous utilisez pour décrire votre expérience deviennent votre expérience.

ANTHONY ROBBINS

Aujourd'hui, j'aimerais attirer votre attention sur le discours intérieur que vous entretenez au cours de votre journée. Que vous dit votre «voix intérieure» lorsque vous venez de faire une bonne action? Est-ce : «Super! Je savais que j'en étais capable!» ou plutôt : «J'aurais pu faire encore mieux»? Lorsque vous venez de commettre une erreur, avez-vous tendance à dire : «Ce sont des choses qui arrivent, je vais tâcher d'apprendre de cette expérience» ou plutôt : «J'ai tellement honte de moi ! » ? Enfin, si vous pensez changer des choses dans votre vie, vous direz-vous : « J'ai en moi toutes les ressources pour atteindre mes objectifs » ou avez-vous plutôt tendance à penser : « Je ne réussirai jamais » ?

Charles Wright a déjà dit : « Je pense au moi que je décris comme étant fabriqué de mots. Il se reconstruit sans cesse à partir de mots. » Et je partage son avis. Entretenir un discours intérieur négatif non seulement est accablant, cela cultive un état d'esprit qui nuit à l'atteinte de nos objectifs les plus chers. À l'inverse, nourrir des pensées bienveillantes à notre égard et parler de soi en termes positifs nourrit notre estime personnelle et facilite notre croissance. « À l'instant présent, vous avez le pouvoir de changer les croyances qui vous limitent et de planter consciemment les graines pour le futur que vous avez choisi, nous dit Serge Kahili King. En changeant votre façon de penser, vous changez votre expérience. »

Retenons bien cette pensée.

Posez une action pour respecter vos signaux internes

Ne mangez pas un aliment riche en gras ou en sucre si vous ne l'aimez pas vraiment. Choisissez seulement les aliments que vous trouvez délicieux et dégustez chaque bouchée.

Aujourd'hui, prenez soin de vous

Tout au long de la journée, choisissez des expressions positives pour parler de vous ou de vos activités. Lorsqu'une pensée accablante surgit dans votre esprit, efforcez-vous de la remplacer par une affirmation positive et réconfortante. Par exemple, si vous vous surprenez à penser : « Je ne serai jamais capable de maigrir », essayez de remplacer cette pensée par : « Chaque jour j'adopte des comportements sains et, étape par étape, je perds mon surplus de poids » ou quelque chose de similaire. Lorsque vous vous entendrez dire : « Je déteste mon corps », essayez de changer cette pensée pour quelque chose de plus constructif tel que : « Mon corps mérite le respect. Chaque jour j'en prends soin et je me sens de plus en plus belle. » Au début, il vous faudra peut-être fournir des efforts pour transformer votre discours intérieur et entretenir des pensées positives, mais à force de le faire, cela vous viendra plus naturellement.

23 février

Je me demande parfois comment tous ceux qui n'écrivent pas, ne composent ni ne peignent, parviennent à échapper à la folie, à la mélancolie et à la peur panique qui sont inhérentes à la condition humaine.

GRAHAM GREENE

Si vous ne vous souvenez pas de la dernière fois où vous vous êtes amusée en vous consacrant corps et âme à une activité de loisir, il serait temps de remédier à cette situation. Ne pensez-vous pas ? Il est tellement satisfaisant de s'adonner à une activité qui nous passionne ! Le temps file sans que nous nous en rendions compte et nous avons l'impression – tout absorbées que nous sommes dans cette tâche – de réaliser une dimension presque spirituelle de notre être.

Alors, voyons un peu... Qu'est-ce qui vous ferait plaisir ? Êtes-vous du genre manuel ? Auquel cas, vous aurez peut-être envie de vous mettre au tricot (tout comme Julia Roberts et Catherine Zeta-Jones) ou à la peinture, ou encore à la fabrication de vitraux. Si vous êtes plutôt du genre intellectuel, peut-être qu'écrire de la poésie ou encore apprendre à jouer d'un instrument de musique serait une bonne façon pour vous de vous détendre et de vous ressourcer ? Si ce sont plutôt les activités sociales qui vous intéressent, pourquoi ne pas vous joindre à une association ou à un groupe partageant vos intérêts ?

Pour ma part, j'ai toujours aimé bricoler, mais depuis la naissance des enfants, je n'avais tout simplement pas le temps, ni l'énergie. En fait, c'est ce que je croyais. Récemment, alors que je profitais d'une petite heure de calme, j'ai décidé de tapisser le fond d'une armoire ancienne d'un papier peint fleuri. Le résultat a été du plus bel effet et j'ai réalisé à quel point ce genre d'activité me manquait. Contrairement à ce que je me disais inconsciemment depuis les dernières années, ces activités ne représentent pas une « dépense » d'énergie. Au contraire, elles font office de « toniques », de véritables remontants pour l'esprit.

Il faut savoir s'amuser et se détendre dans la vie. En plus d'être reposant, le fait d'occuper sont temps de façon saine et constructive est une excellente façon de tromper l'ennui sans manger.

Posez une action pour respecter vos signaux internes

Réfléchissez quelques secondes avant de mettre la main sur un muffin, une pâtisserie ou une tablette de chocolat. Peut-être n'avez-vous pas besoin de nourriture pour retrouver votre énergie mais plutôt d'une pause ou encore d'une activité agréable et satisfaisante. Auquel cas, le simple fait de vous adonner à votre passe-temps favori, ne serait-ce que quelques minutes, pourra vous aider à retrouver votre vitalité, sans même avoir consommé une seule calorie!

Aujourd'hui, prenez soin de vous

Réservez-vous au moins une demi-heure (une heure serait encore mieux!) au cours de la journée pour vous adonner à votre passe-temps favori. Profitez-en pour vous détendre et vous amuser.

24 février

Cela me semble aller de soi. Pour être fier de soi,
il faut accomplir des gestes dont on puisse être fier.
OSEOLA MCCARTY

Aujourd'hui, je vous invite à effectuer des gestes dont vous serez fière. Pour réussir, pas besoin d'être parfaite. Organisez-vous simplement pour que la *plupart* des choix alimentaires que vous ferez au cours de la journée soient en accord avec les objectifs que vous désirez atteindre. En optant ainsi pour un contrôle flexible de votre alimentation, plutôt qu'en adoptant une attitude rigide (ex. « jamais de desserts »), vous augmenterez vos chances d'atteindre votre poids-santé[30].

Posez une action pour respecter vos signaux internes

Si vous avez tendance à manger de façon compulsive, inspirez-vous de cette manière de procéder de Bill B., auteur du livre *Manger ses émotions*: «[Lorsque] je m'apprête à manger quelque chose de façon compulsive. J'attends à présent une fraction de seconde avant de porter les aliments à ma bouche, un bref instant pendant lequel je peux faire un choix. Je sais que je n'ai pas besoin de manger cela pour survivre alors je ne le mange pas.»

Aujourd'hui, prenez soin de vous

Je vous invite à mettre en pratique l'une des stratégies suivantes :

- Si vous êtes invitée pour un repas, proposez à l'hôtesse de l'aider en apportant un mets-santé.
- Donnez-vous la permission de refuser de la nourriture si vous n'avez plus faim.
- Consommez une collation saine avant de prendre part à un repas de type « buffet ».
- Remplissez toujours la moitié de votre assiette de légumes. L'autre moitié sera consacrée en parties égales aux produits céréaliers et aux viandes et substituts.
- Faites une marche, seule ou en famille, après chaque repas festif.
- Si vous recevez, organisez un menu composé surtout de mets-santé.
- Organisez des sorties en plein air pour bouger en famille ou entre amis (ski de fond, raquette, glissade, patin, etc.) au cours de la journée.
- N'hésitez pas à expliquer à vos proches que vous vous êtes engagée dans une démarche de santé et que vous avez besoin de leur soutien. Qui sait, d'autres voudront peut-être se joindre à vous.

Vous serez fière de l'avoir fait !

CINQUIÈME PRINCIPE
HONOREZ VOTRE ENGAGEMENT

25 février

Aucune grâce extérieure n'est complète si la beauté intérieure ne la vivifie. La beauté de l'âme se répand comme une lumière mystérieuse sur la beauté du corps.

VICTOR HUGO

Aujourd'hui, je vous invite à vous joindre à moi, chère lectrice, afin que nous cultivions notre beauté intérieure. Pour ce faire, nul besoin de recourir à des produits spéciaux ou à la chirurgie. Non, nous procéderons à cette transformation à l'aide d'un seul outil très puissant : une question.

Ce matin, à votre réveil ou lorsque vous vous sentirez calme et reposée, j'aimerais que vous vous posiez la question suivante : De quoi ai-je besoin aujourd'hui ?

Je ferai de même de mon côté.

Laissez les images venir librement. De quoi auriez-vous besoin ? Qu'est-ce qui vous ferait vraiment plaisir ? Une journée de congé ? Un tête-à-tête avec votre conjoint ? Un nouveau défi au travail ? Une séance de câlins avec vos enfants ? Une heure de tranquillité pour avancer votre courtepointe ? Une sortie avec une amie ? Livrez-vous à cette délicieuse rêverie. N'est-il pas agréable de penser à soi un peu pour faire changement ? N'est-ce pas un sourire que je vois sur vos lèvres ? Sarah Ban Breathnach a déjà dit : « Il n'y a pas de femme plus séduisante que celle qui se réalise pleinement. » Il est facile de comprendre pourquoi.

Une fois votre besoin déterminé, il ne vous restera qu'à faire un pas concret dans sa direction. Bien souvent, nous sommes à deux doigts de voir nos vœux exaucés. Tout ce qu'il faut, c'est de prendre la peine de demander. Demander la journée de congé, demander la possibilité de travailler au nouveau projet, demander une heure de tranquillité à vos enfants. Réaliser nos désirs chaque jour exige une certaine dose de courage et de détermination. Mais c'est justement cette passion pour la vie qui a le pouvoir de nous illuminer de l'intérieur.

Posez une action pour honorer votre engagement

Plutôt que de voir l'exercice comme un mal nécessaire ou une obligation, pourquoi ne pas commencer aujourd'hui à considérer l'activité physique comme un de vos soins de beauté quotidiens ? Voyez comme une petite demi-heure de marche, de jogging ou de ski de fond peut colorer vos joues et vous accrocher un sourire aux lèvres pour le reste de la journée.

Aujourd'hui, prenez soin de vous

Faites-vous plaisir, comblez au moins un de vos désirs.

26 février

Je n'ai jamais dit : « Je veux être seule. » J'ai dit : « Je veux qu'on me laisse seule. » Il y a une grande différence.

GRETA GARBO

J'ai l'intime conviction qu'une des meilleures choses qu'une mère de famille puisse faire pour elle est d'exiger qu'on la laisse seule au moins vingt minutes chaque jour. Aucun homme ni enfant ne peut comprendre aussi viscéralement que nous ce que représentent ces quelques minutes de tranquillité et d'attention à soi. C'est pourquoi, si nous ne faisons pas ce genre de requête, croyez-moi, personne dans la maison n'aura l'idée de nous accorder ce répit.

Alors allez-y ! Ne vous sentez pas coupable. C'est une question d'hygiène de vie, de santé mentale. Profitez de ces quelques minutes de liberté pour faire ce qui vous plaît, pour autant que ce soit quelque chose de reposant. Une mère me disait l'autre jour à quel point elle aimait écouter, durant ses pauses solitaires, un CD de relaxation dans lequel on peut entendre des chants d'oiseaux, la pluie dans la forêt, le clapotis d'un lac avec ses grenouilles et le cri lointain d'un huard. Mon amie Jennifer, quant à elle, travaille tranquillement à une courtepointe. Pour ma part, j'aime bien m'installer confortablement dans le salon – après avoir pris soin de fermer les portes – afin d'écouter, ne serait-ce que quelques minutes, une musique inspirante.

Si vous ressentez la moindre culpabilité, dites-vous qu'adopter cette saine habitude sera bénéfique non seulement pour vous mais aussi pour vos enfants. En prenant soin de vous de cette façon, vous leur enseignerez l'importance de s'accorder du temps quotidiennement pour se reposer et se ressourcer.

Posez une action pour honorer votre engagement

Consommez une source de fibres solubles. En plus d'être rassasiantes, ces fibres pourraient vous aider à maintenir un taux sain de cholestérol. En effet, des travaux effectués auprès de deux cent trente-cinq hommes ayant un surplus de poids et un taux de cholestérol trop élevé ont montré que ceux qui avaient consommé une à deux onces (35 à 50 g) de son d'avoine (source de fibres solubles) chaque jour dans le cadre d'un régime amaigrissant faible en gras avaient connu une réduction supérieure de leur cholestérol total ainsi que des LDL en comparaison de ceux qui avaient eu une alimentation faible en gras mais dépourvue de son d'avoine[1].

Outre le son d'avoine, le psyllium (que l'on trouve dans certaines céréales pour le petit-déjeuner telles que les Bran Buds de Kellogg's au psyllium), les légumineuses, et les fruits riches en pectine (pommes, agrumes, fraises) sont riches en fibres solubles. Les diététistes recommandent un apport quotidien de cinq à dix grammes de fibres solubles.

Aujourd'hui, prenez soin de vous

Savourez, sans culpabilité, quelques instants de tranquillité bien mérités. Pour ma part, je viens de prendre le temps d'écouter quelques pièces de la chanteuse soprano Lesley Garrett (dont les délicieux « Barcarolle » et « Pie Jesu ») pendant que mes enfants étaient absorbés par un jeu de société. Cette pause musicale en solitaire a eu l'effet d'un véritable remontant spirituel.

27 février

J'ai dépassé le besoin de souffrir.

EXPRESSION AL-ANON

Si la confusion, les excès et la détresse sont des états qui vous sont plus familiers que le bonheur et la tranquillité d'esprit, il est peut-être temps de lâcher prise sur la souffrance.

En effet, lorsque nous nous retrouvons souvent dans le pétrin ou dans des situations de crise, si après de brèves accalmies notre vie replonge chaque fois dans le chaos et la confusion, il y a lieu de se demander si nous ne sommes pas accrochées au drame et à la souffrance.

Cela peut sembler absurde, car nous croyons toutes rechercher le bonheur. Mais il est possible qu'inconsciemment, nous créions ces situations douloureuses parce qu'une partie de nous ne croit pas avoir droit au bonheur. Peut-être nous plongeons-nous délibérément dans ces situations problématiques parce que nous craignons que notre vie soit dépourvue d'intérêt si elle n'implique pas des drames et de fréquents sauvetages. Cette souffrance chronique est peut-être aussi une façon d'attirer l'attention et la sympathie de notre entourage.

Quoi qu'il en soit, en choisissant ce chemin, nous nous jouons un bien mauvais tour. La souffrance chronique nous maintient dans un état de détresse qui n'est pas compatible avec l'épanouissement personnel. Et tant et aussi longtemps que nous n'aurons pas dépassé le besoin de souffrir, nous attirerons dans notre vie des situations douloureuses.

Est-ce vraiment la vie que nous souhaitons avoir ?

Posez une action pour honorer votre engagement

Essayez d'aller marcher un petit vingt minutes. Voyez si vous pouvez trouver un rythme de marche qui fera s'élever vos pulsations cardiaques. En plus de ses effets positifs sur le système cardiovasculaire, la marche stimule naturellement le transit intestinal, ce qui peut aider à soulager les problèmes de constipation.

Aujourd'hui, prenez soin de vous

Lâchez prise sur la souffrance. Ouvrez-vous à tout ce que la vie a de bon à vous offrir, en commençant par vous réserver au moins une demi-heure pour vous adonner à votre passe-temps favori.

28 février

Si Jeanne d'Arc a changé le cours d'une guerre
avant d'avoir dix-huit ans, vous pouvez bien sortir du lit.
E. Jean Carroll

Nous ne sommes pas toutes appelées à changer le cours de l'histoire, mais nous avons toutes la capacité de changer le cours de notre vie, si tel est notre désir.

Lorsque l'enthousiasme n'est pas au rendez-vous, dites-vous bien que la seule chose qui compte, c'est la journée d'aujourd'hui. Laissez tomber vos attentes. Enlevez-vous de la pression. Tout ce que vous avez à faire au cours des prochaines heures, c'est prendre votre courage à deux mains et vous efforcer de mettre en application les deux recommandations que je vais vous faire pour aujourd'hui.

C'est tout.

Ne vous sentez-vous pas déjà un peu mieux?

Posez une action pour honorer votre engagement

Lorsque vous mangerez au cours de la journée, accordez toute votre attention à votre repas. Lorsque nous mangeons distraitement, nous avons tendance à ne pas être conscientes de la quantité de nourriture que nous ingérons. Les calories (et les kilos) s'additionnent ainsi sans que nous comprenions pourquoi. Pour cette raison, il est préférable de ne pas manger tout en lisant, en conduisant votre voiture, en parlant au téléphone ou en regardant la télévision. De plus, une étude a révélé que les gens qui mangent leur repas en regardant la télévision ont tendance à consommer moins de fruits et de légumes et davantage de gras que ceux qui n'allument pas la télé à l'heure des repas[2].

Aujourd'hui prenez le temps de déguster votre repas tranquillement et sans distraction.

Aujourd'hui, prenez soin de vous

Assurez-vous de boire au moins six verres d'eau.

29 février

Les pages que nous écrivons le matin nous donnent accès à l'autre côté – au-delà de nos peurs, de notre négativité et de nos humeurs. Avant tout, elles nous font cheminer au-delà de la censure – au-delà du babillage que produit la censure, nous trouvons notre espace de quiétude, l'espace où se manifeste la petite voix paisible qui est en même temps celle de notre créateur et la nôtre.

JULIA CAMERON

Si vous n'avez pas encore commencé à écrire dans votre journal de bord, aujourd'hui peut être un excellent moment pour le faire. Même si vous n'avez pas l'habitude d'écrire, je suis persuadée que vous pouvez retirer beaucoup de satisfaction de cette pratique, même si elle n'est pas régulière. L'écriture nous permet de nous exprimer librement, de faire sortir un trop-plein d'émotions et de faire du ménage dans nos idées. Ne vous privez pas de ce précieux outil de croissance personnelle!

Les bienfaits de l'écriture viennent en partie de l'expression créatrice qu'elle implique mais aussi de la prise de conscience issue de ce processus. En effet, lorsque nous prenons le temps de nous relire, nous pouvons parfois détecter des schémas qui reviennent, des liens entre nos émotions et certains comportements. Cette lecture nous permet d'être attentives à nous-mêmes et de prendre conscience de notre cheminement personnel, de nos progrès au fil du temps.

Comme le dit si bien Jules Renard : « Écrire, c'est une façon de parler sans être interrompu. » Alors profitez-en pour exprimer tout ce que vous ressentez, sans vous censurer.

Posez une action pour honorer votre engagement

Enfilez vos chaussures de marche et allez faire votre parcours favori.

Aujourd'hui, prenez soin de vous

Prenez quelques instants au cours de la journée pour exprimer ce que vous ressentez dans votre journal de bord. La vue de ces pages blanches peut être intimidante au début, mais ne cherchez pas à écrire de belles phrases ni même à être cohérente. Débutez. Tout simplement. Écrivez ce que vous éprouvez, ce qui se passe dans votre vie, ce qui vous inquiète ou vous réjouit. Dites-vous que si vous vivez ou ressentez quelque chose, vous êtes aussi capable de l'écrire ! Bientôt, écrire vous viendra plus naturellement. Vous pouvez aussi faire des dessins ou coller des illustrations si le cœur vous en dit. L'important est que votre journal vous plaise et vous soit utile.

Mars

La sève de mars,
tel un élixir de vie,
coule à présent et dans les branches
et dans nos veines.

Trois délicieuses recettes vous sont proposées :

Bouquets de brocoli et de chou-fleur citronnés, p. 543
Filets de truite à l'aneth, p. 544
Biscottis aux amandes et à l'orange, p. 545

PREMIER PRINCIPE
ENDOSSEZ LE CHANGEMENT

1er mars

Le désordre est, tout en demeurant potentiellement dispersion et destruction, inséparable de tout ce qui est création.
EDGAR MORIN

Il y a quelque temps maintenant que nous avons commencé cette démarche ensemble. Comment vous sentez-vous ?

Peut-être avez-vous trouvé un rythme qui vous convient et vous récoltez à présent des résultats encourageants. Si c'est le cas, je vous félicite et vous encourage à maintenir ces nouvelles habitudes dans votre vie. Mais peut-être, au contraire, avez-vous la désagréable impression que tous ces changements ont mis votre vie sens dessus dessous et que vous ne voyez pas très bien où tout cela va vous mener.

Si c'est votre cas, ne perdez pas espoir. Un peu comme l'artiste qui doit d'abord étaler tout son matériel pour peindre ou sculpter, il est normal de mettre un peu de « désordre » dans son train-train quotidien lorsqu'on cherche à se créer une nouvelle vie. Même si votre routine est bouleversée par vos nouvelles habitudes, je vous encourage à persévérer dans votre démarche. Tous vos efforts prendront leur sens si vous prêtez attention aux changements, même minimes, qui s'opèrent en vous et si vous savourez dès maintenant les bienfaits de votre nouveau style de vie.

Aujourd'hui, efforcez-vous de voir au-delà du chaos. Imaginez que chaque action positive que vous entreprenez fait que votre vie est, dès maintenant, plus saine, plus harmonieuse et équilibrée.

Et ce sera le cas.

Posez une action pour endosser le changement

Prenez quinze minutes pour organiser vos repas pour les deux ou trois prochains jours. Choisissez les mets que vous et votre famille aimeriez manger cette semaine et dressez une liste des achats nécessaires pour réaliser ces recettes. Des travaux effectués auprès d'une cinquantaine de femmes obèses qui cherchaient à perdre du poids ont révélé que la plupart d'entre elles n'avaient pas tendance à utiliser une liste d'épicerie lorsqu'elles faisaient leurs achats de nourriture[23].

En prenant le temps de composer une liste des aliments nécessaires pour les repas de la semaine, vous éviterez les « intrus » dans votre garde-manger et vous assurerez d'avoir sous la main tout ce qu'il faut pour préparer des mets sains et savoureux.

Aujourd'hui, prenez soin de vous

Accordez-vous la permission de créer quelque chose de nouveau avec tout ce que cela veut dire de désordre et de dérangement dans votre vie. Si vous devez réorganiser votre horaire pour accorder plus de temps à l'exercice, allez-y ! Si vous désirez consacrer hebdomadairement un après-midi à cuisiner des repas à l'avance pour les soirs de la semaine, faites-le ! Vous aimeriez vous lever plus tôt le matin pour aller marcher ? Pourquoi pas ! La création est parfois douloureuse quand elle bouscule notre train-train quotidien. Mais dites-vous bien qu'elle est le seul moyen par lequel le changement peut s'opérer.

2 mars

J'ai toujours su que j'en viendrais à prendre ce chemin,
mais hier, je ne savais pas que je le ferais aujourd'hui.

NARIHARA

Vous connaissez peut-être des gens dans votre entourage qui disent vouloir à tout prix démarrer leur entreprise ou économiser pour se payer une maison mais, pour toutes sortes de raisons, les économies font toujours défaut et des obstacles empêchent sans cesse la réalisation de leur projet. Pourquoi ?

Comme l'explique Debbie Ford dans son ouvrage *Les vraies questions*, notre comportement reflète ce que nous *valorisons en réalité* (consciemment ou non) et non ce que nous *croyons* valoriser. En d'autres mots, nos actions reflètent toujours plus fidèlement nos motivations profondes que nos paroles ne le font.

Lorsque nous éprouvons continuellement de la difficulté à atteindre un objectif, il peut donc être utile d'analyser notre comportement. En nous livrant à cette introspection, nous pouvons souvent détecter des actions que nous entreprenons et qui, sans que nous nous en rendions compte, nous éloignent systématiquement de notre objectif. Par exemple, en observant de plus près ses habitudes de consommation, la personne qui dit vouloir acheter une maison depuis des années mais qui n'arrive pas à économiser le moindre sou peut réaliser qu'au fond, ce qu'elle valorise davantage, c'est de s'offrir des gratifications à court terme. Ce qui n'est pas nécessairement mal en soi. L'idée n'est pas de juger nos motivations mais de les mettre en lumière.

Il en va de même avec la perte de poids. Si vous avez essuyé des échecs dans le passé en suivant un programme d'amaigrissement sain et équilibré, il est possible que, consciemment ou non, changer votre comportement n'ait pas été une priorité à ce moment-là pour vous. Vous vouliez maigrir, certes, mais vous n'étiez peut-être pas prête *à changer*! En poursuivant cette introspection, vous vous rendrez peut-être compte que vous vous étiez engagée dans une démarche d'amaigrissement pour faire plaisir à quelqu'un d'autre ou, encore, que vous n'étiez tout simplement pas prête à délaisser vos anciennes habitudes. Ce qui, encore une fois, ne pose pas de problème en soi. Le problème, c'est la *méconnaissance* de nos motivations profondes, car c'est elle qui engendre les frustrations et les déceptions. Ainsi, si vous constatez l'existence d'un tel conflit dans vos motivations, rien ne sert de vous culpabiliser. Nous vivons toutes de telles situations à un moment ou un autre de notre vie.

L'important est d'être conscientes de nos motivations afin d'assumer nos choix, quels qu'ils soient.

Posez une action pour endosser le changement

Je vous invite à choisir un pain contenant *au moins deux grammes* de fibres par tranche. Mieux encore, si vous le pouvez, procurez-vous du pain qui contient *trois grammes* de fibres et plus, par tranche. Pour avoir fait ma petite enquête, je sais qu'il en existe quelques variétés dans la plupart des épiceries. Lorsque vous comparerez les étiquettes, assurez-vous que le chiffre indiqué représente la quantité de fibres contenue dans *une seule* tranche de pain. Car bien souvent, les compagnies indiquent les éléments nutritifs contenus dans *deux* tranches. Des travaux entrepris par des chercheurs de la Faculté de médecine de Harvard ont montré que les personnes souffrant d'embonpoint qui ont opté pour des produits céréaliers à grains entiers plutôt que raffinés ont amélioré leur sensibilité à l'insuline. Ce faisant, ces personnes ont pu éviter ou, encore, retarder l'apparition d'un diabète tout en réduisant leurs risques de développer une maladie cardiovasculaire[22].

Personnellement, j'aime beaucoup les pains très denses, riches en grains, tels que le pain aux grains germés de Première Moisson, qui contient plus de quatre grammes de fibres par tranche. Mais comme mon mari et les enfants préfèrent un pain plus moelleux, j'achète aussi des pains un peu plus légers tels que le pain au lin ou le quatorze céréales de Bon Matin, qui contiennent tous les deux trois grammes de fibres par tranche.

Aujourd'hui, prenez soin de vous

Asseyez-vous dans un endroit tranquille de votre demeure et prenez quelques instants pour rentrer en vous-même et réfléchir aux motivations qui vous animent. Demandez-vous s'il existe un décalage entre ces affirmations relatives à ce qui est important pour vous et ce à quoi vous consacrez réellement votre énergie. L'idée n'est pas de poser un jugement sur vos valeurs mais d'apprendre à mieux vous connaître afin d'être en harmonie avec la personne que vous êtes.

3 mars

C'est au moment où nous nous y attendons le moins que la vie nous propose un défi destiné à tester notre courage et notre volonté de changement ; alors, il est inutile de feindre que rien n'arrive ou de se défiler en disant que nous ne sommes pas encore prêts.

PAULO COELHO

Apprendre que nous souffrons d'hypertension, d'un problème cardiovasculaire, de diabète ou de toute autre maladie chronique crée un choc dans notre vie. Une telle nouvelle est souvent difficile à accepter et bouleverse la conception que nous avions de notre corps et de nous-même. Pourquoi cela m'arrive-t-il à moi ? Pourquoi mon corps m'a-t-il joué ce vilain tour ? Quelle sera ma vie à présent ? nous demandons-nous.

Il faut un certain temps pour intégrer la nouvelle et comprendre l'implication qu'aura cet événement dans notre vie. C'est normal. Si vous êtes dans cette situation, vous vivrez peut-être toute une gamme d'émotions durant cette période d'adaptation. Et c'est normal aussi. Prendre le temps d'en discuter en profondeur avec votre médecin peut parfois aider.

Tout comme en parler avec vos proches, lire sur le sujet ou échanger avec d'autres personnes qui vivent la même chose.

Petit à petit, vous apprendrez à mieux connaître ce problème de santé et les traitements qui vous conviennent le mieux. Un jour à la fois, vous tisserez de nouveaux liens avec votre corps et découvrirez de nouvelles façons d'en prendre soin.

Posez une action pour endosser le changement

Plutôt que de simplement « décorer » votre assiette d'un peu de verdure, assurez-vous d'en consacrer la moitié aux légumes.

Aujourd'hui, prenez soin de vous

Je vous encourage à inclure une quinzaine de minutes de méditation dans votre journée. Voyez ce moment de détente comme une occasion de prendre contact avec votre corps, une façon concrète de lui faire du bien.

4 mars

On m'a enseigné que le chemin du progrès n'est ni rapide ni facile.

Marie Curie

Faire les choses correctement prend du temps et des efforts. Ce n'est pas particulièrement agréable de se rappeler cette évidence, mais nous avons souvent la mémoire courte à ce sujet ! Nous voulons toutes atteindre notre poids-santé le plus rapidement possible et sans avoir à changer trop notre style de vie. C'est la raison pour laquelle les régimes miracles ont tant d'adeptes !

Il est important de se rappeler, toutefois, que lorsque nous cherchons à maigrir rapidement, nous bousculons notre corps. Et celui-ci réagit. En effet, lorsque nous retranchons trop de calories à notre menu, une petite structure de notre cerveau appelée *hypothalamus* sonne l'alerte. Une série de mécanismes physiologiques sont alors déclenchés dans le but de nous protéger de cette « famine »[26]. L'un de ces mécanismes est une sécrétion accrue par notre cerveau de NPY, une substance qui ouvre l'appétit[31]. Résultat, nous avons envie de tout dévorer !

Si vous avez l'impression d'avoir toujours faim, c'est peut-être que vous avez trop restreint votre apport alimentaire, et votre corps est en train de réagir pour se protéger. Dans ce cas, vérifiez si le nombre de portions que vous consommez dans chaque groupe alimentaire correspond *au moins* au minimum indiqué pour chacun des groupes (vous trouverez cette information en annexe). Au besoin, ajustez vos portions jusqu'à ce que votre alimentation vous rassasie. Il vous faudra un certain temps pour trouver la quantité d'aliments qui vous permettra à la fois d'être rassasiée et de perdre du poids, mais vos efforts seront récompensés.

Le chemin vers le poids-santé n'est ni rapide ni facile. Mais il existe, croyez-moi. Et il est à la portée de toutes celles parmi nous qui prendront le temps de travailler en harmonie avec leur corps.

Posez une action pour endosser le changement

Engagez-vous à boire au moins deux verres d'eau de plus qu'à l'habitude. Pour vous motiver à boire chaque jour six à huit verres, peut-être aurez-vous envie d'inscrire dans votre journal de bord la quantité d'eau que vous buvez quotidiennement.

Aujourd'hui, prenez soin de vous

Prenez le temps d'insérer au moins vingt minutes d'exercice dans votre journée. Le plus difficile est de prendre la décision de sortir. Allez-y ! Vous vous féliciterez de l'avoir fait !

5 mars

Peu importe si le début paraît petit.
HENRY DAVID THOREAU

« Endosser le changement » implique que nous prenions la responsabilité et l'initiative de nous consacrer aux choses que nous pouvons changer.

Nul besoin de nous engager dans des transformations extrêmes pour obtenir des résultats. L'important est de modifier certaines habitudes, même s'il s'agit de toutes petites choses, et de nous appliquer à maintenir ces changements dans notre vie.

Un des petits trucs que j'ai développé l'année dernière et qui m'aide à maintenir mon poids-santé est que j'ai tout simplement cessé d'acheter des biscuits. Lorsque j'ai envie d'en manger, je dois fournir l'effort de les cuisiner moi-même. Il y en a donc moins souvent dans la cuisine (je suis paresseuse !) et lorsque j'en fais, je peux choisir des ingrédients de qualité. Cette nouvelle habitude bénéficie aussi à mes enfants. En revenant de l'école, ils ne se jettent plus sur le sac de biscuits et se régalent plutôt de crudités, de fruits, d'un petit bol de céréales ou d'une tranche de pain complet tartiné de beurre d'arachide. Ces collations sont saines en plus d'être beaucoup plus économiques.

Un tout petit changement. Un impact significatif sur notre santé.

Posez une action pour endosser le changement

Vous pensez ne pas avoir le temps de préparer le souper ? Plutôt que d'opter pour un repas commercial, procurez-vous de la surlonge de porc et du jus de pomme. En quelques minutes, vous aurez un délicieux repas. Il vous suffit de placer le porc dans un plat allant au four, d'y enfoncer des morceaux d'ail (personnellement j'aime bien en mettre beaucoup !) et de verser une tasse de jus de pomme sur le tout (vous pouvez aussi mettre une petite tranche de bacon, qui ajoutera très peu de calories et beaucoup de saveur au plat). Ne reste plus qu'à saler, poivrer, couvrir et laisser cuire quarante minutes à trois cent soixante-quinze degrés Fahrenheit (190 °C). Je sers ce plat avec des nouilles aux œufs simplement apprêtées avec un peu d'huile d'olive et de l'ail, et une généreuse portion de légumes colorés. Essayez-le !

Aujourd'hui, prenez soin de vous

Tout au long de la journée, prenez conscience des aliments que vous mettez dans votre bouche. Choisissez-les avec soin et voyez ces nutriments comme des molécules de vie qui nourrissent les cellules de votre organisme.

6 mars

Attrape le cheval fougueux de ton esprit.
DICTON ZEN

« Je valorise mon temps. Je choisis de l'utiliser sagement et je ne permets pas que les autres me le volent », affirme avec aplomb Paula Peisner. Ces sages paroles nous rappellent que la façon dont nous choisissons de meubler chaque heure de notre journée est aussi la façon dont nous choisissons de mener notre vie.

Chacune d'entre nous a le pouvoir d'entreprendre de belles et bonnes choses. Nous pouvons aimer, nous épanouir, créer, changer certains aspects de notre vie ou même changer le monde si c'est ce que nous souhaitons. Tout est possible, car nous avons en nous une force capable de tout. Mais le plus souvent, nous n'utilisons qu'une fraction de ce potentiel, car nous dilapidons nos précieuses énergies dans une multitude de projets. Pour vraiment mettre à profit cette source d'énergie inépuisable qui nous habite, il nous faut la canaliser et la mettre au service de nos aspirations profondes. Tant et aussi longtemps que nous choisirons de nous éparpiller dans d'innombrables activités au travail et à la maison, nous devrons nous contenter d'une expérience fragmentée et limitée.

« Vivre veut dire expérimenter – à travers l'action, les sensations, les pensées, écrit Mihaly Csikszentmihalyi dans son ouvrage *Mieux vivre.* Ces expériences se situent dans le temps, si bien que le temps est la dernière ressource dont nous disposions. Année après année, le contenu de nos expériences détermine la qualité de notre vie. L'une des décisions les plus importantes que nous ayons à prendre concerne donc la façon de répartir et d'occuper notre temps. »

Voilà de quoi réfléchir.

En choisissant avec soin la façon dont nous utilisons notre temps, en consacrant tout notre cœur et notre esprit à quelques activités prioritaires, nous décuplerons nos forces et notre efficacité.

Posez une action pour endosser le changement

Ajoutez dix minutes à votre parcours de marche habituel. Comme le rappelle Julia Cameron : « L'endroit où vous marchez compte moins que le fait que vous marchiez. Allez suffisamment loin pendant assez longtemps pour que vous sentiez votre corps et votre esprit se "dénouer". »

Aujourd'hui, prenez soin de vous

Au cours de votre journée, prenez quelques minutes pour mettre vos priorités en ordre.

DEUXIÈME PRINCIPE
DÉTERMINEZ UN OBJECTIF RÉALISABLE

7 mars

Partir en soi c'est beau, la destination compte peu.
C'est beau d'aller vers l'inconnu
par des chemins encore jamais parcourus.
CAVIDAN TUMERKAN

Aujourd'hui, je vous invite à apprécier la route.

Laissez-vous porter par le changement et appréciez les découvertes que vous ferez en chemin. Ne vous préoccupez pas du résultat final ni du moment où vous pensez arriver à cette destination. L'essentiel, tout au long de cette journée, est de jouir du moment présent en sachant que vous avez choisi la bonne voie.

Déterminez un objectif réalisable et passez à l'action

Fixez-vous comme objectif de consommer une portion de poisson, si possible du thon, du saumon, du maquereau ou des sardines. Les acides gras polyinsaturés oméga-3 qu'ils contiennent jouent un rôle important dans la fonction des membranes de nos cellules ainsi que dans le développement du cerveau et de nos yeux. Des études montrent que les oméga-3 pourraient aussi jouer un rôle dans la prévention des maladies cardiovasculaires, de la dépression ainsi que de l'arthrite rhumatoïde[25]. Les poissons entiers rôtis au four avec des herbes et des épices donnent un jus de cuisson sain et savoureux, sans avoir à ajouter de gras. Essayez-les !

Aujourd'hui, prenez soin de vous

Tout en vaquant à vos tâches quotidiennes, appréciez votre travail, quel qu'il soit. Voyez ce labeur – qu'il consiste à tenir votre demeure propre et rangée, à consoler un enfant ou à gérer des employés – comme votre contribution personnelle au monde.

8 mars

Parfois vous pouvez avoir l'impression de faire un pas en arrière,
d'être dans un cul-de-sac, ou de n'avoir fait aucun progrès.
Sachez qu'en ces moments, la vie veut vous enseigner une nouvelle leçon.
Ou une ancienne leçon… encore une fois!

RUTH FISHEL

Ce matin, un ami vient de m'annoncer qu'après *huit années* de travail auprès d'un client potentiel, il vient de décrocher le contrat de ses rêves.

Une collègue, mère de deux garçons, a pris *six ans* pour terminer son baccalauréat en administration.

Le livre que vous avez entre les mains a nécessité près de *quatre ans* de réflexion.

Aujourd'hui, je désire attirer votre attention sur le fait que les projets importants prennent toujours un certain temps pour se réaliser. C'est normal. La route est longue et elle est parsemée d'embûches. Nous pouvons avoir une idée claire de ce que nous désirons atteindre, mais il est rare que le chemin pour s'y rendre soit rectiligne. Entre nous et nos buts, il y a souvent toute une histoire qui doit s'écrire, des leçons qui doivent être intégrées, des apprentissages qui doivent se faire. Et tout cela prend du temps.

Combien de temps?

Tout le temps qui sera nécessaire. Point final.

La vie se charge de nous rappeler que notre volonté à elle seule ne peut dicter le rythme de nos apprentissages. Nous devons donc faire confiance et avancer pas à pas dans la direction souhaitée, que ce soit un diplôme, une vie sans alcool ou un corps en santé. La clé pour rester motivée est de ne pas céder à la tentation de se comparer aux autres mais de chercher, chaque jour, à mettre en lumière nos propres progrès. Personnellement, je trouve réconfortant de me rappeler que ma vie est unique et qu'elle est très bien comme elle est, avec ses détours, ses surprises et parfois ses déceptions. Cette pensée me rassure lorsque je trouve le temps long et que j'ai l'impression de piétiner. Bien souvent, je réalise peu de temps après que j'étais sur le point d'accéder à un tout nouveau palier de développement personnel.

Aujourd'hui, si vous avez l'impression que votre perte de poids fait du « surplace », je vous invite à laisser tomber vos attentes et à vous faire confiance. Prenez un instant pour regarder le bout de chemin que vous avez parcouru depuis les derniers mois, depuis la dernière semaine. Même si le succès « apparent » se fait parfois attendre (ex. chiffres sur la balance), gardez en tête que vous changez néanmoins et évoluez sur d'autres plans pendant ce temps. Laissez le pèse-personne de côté et prêtez plutôt attention aux petits indices démontrant que vous progressez tout de même vers vos objectifs. Voici quelques exemples indiquant une progression même lorsque la perte de poids stagne :

- Vous vous sentez plus énergique.
- Votre tour de taille rapetisse.
- Vos rages de sucre sont moins fréquentes.
- Vous n'avez plus mal aux jambes quand vous marchez.
- Vous êtes moins obsédée par votre poids.
- Vous passez moins de temps à regarder la télévision.
- Vos vêtements vous vont mieux.
- Vous éprouvez maintenant du plaisir à faire votre marche quotidienne.
- Vous vous trouvez plus radieuse sur les photos.
- Vous pouvez jouer plus longtemps avec vos enfants.
- Vous avez plus de facilité à lacer vos chaussures.
- Vous êtes moins essoufflée quand vous montez les escaliers.
- Vous pouvez faire votre journée sans avoir besoin de vous coucher en après-midi.

Vous saisissez ?

La balance ne peut mesurer *tous* les progrès qui s'opèrent en vous. Faites confiance à votre corps et félicitez-vous pour le chemin parcouru. Ces changements ne mentent pas et témoignent d'une réelle progression.

Déterminez un objectif réalisable et passez à l'action

J'ai appris récemment que les femmes qui souffrent d'embonpoint sont moins susceptibles que les autres de faire de l'exercice, tandis que chez les hommes, le surplus de poids ne semble pas affecter leur propension à faire de l'activité physique[6]. Je vous encourage donc à suivre l'exemple de ces messieurs et à laisser tomber vos inhibitions ! Au moment qui vous conviendra, je vous invite à enfiler une tenue confortable et à faire vingt à trente minutes d'exercice au cours de la journée.

Aujourd'hui, prenez soin de vous

Essayez un nouvel aliment.

9 mars

Il est bon d'avoir une destination vers laquelle voyager,
mais c'est le voyage qui importe, au bout du compte.
URSULA K. LE GUIN

J'ai constaté que les objectifs les plus motivants sont ceux qui décrivent non pas le but, *mais les comportements que nous entendons adopter pour atteindre ce but.* C'est pourquoi je vous propose aujourd'hui de revoir vos objectifs selon cette perspective. Ainsi, plutôt que de vous fixer l'objectif suivant : « Je veux perdre trente-cinq livres (16 kg) », essayez de déterminer les habitudes que vous vous engagez à inclure dans votre routine et qui vous aideront à perdre ce surplus de trente-cinq livres (16 kg). Vous pourriez ainsi reformuler votre objectif de la façon suivante : « Pour perdre du poids, je m'engage à consommer au moins cinq portions de fruits et légumes tous les jours et à marcher trente minutes, quatre fois par semaine. » Cette formulation est particulièrement motivante, car elle met l'accent sur l'action et non sur l'intention.

Vous verrez, en déterminant des objectifs spécifiques qui insistent sur le *changement de comportement*, vous insufflerez une vigueur nouvelle à votre démarche et augmenterez vos chances de réussir.

Déterminez un objectif réalisable et passez à l'action

Assurez-vous que la taille des portions que vous vous servez au cours de la journée correspond aux recommandations des diététistes (j'ai placé en annexe une fiche indiquant ce que représente une portion complète pour chacun des quatre groupes alimentaires. Allez la consulter régulièrement!). Des études ont révélé que lorsque nous choisissons des mets plus faibles en gras la plupart d'entre nous avons tendance à nous servir de plus grosses portions, ce qui fait qu'au bout du compte, nous consommons autant de calories et de lipides que si nous avions choisi le mets « régulier »[19]. Dans le doute, il peut donc être utile de mesurer la quantité de nourriture que vous mettez dans votre assiette.

Aujourd'hui, prenez soin de vous

À l'heure du midi, invitez une amie ou une collègue de travail à aller faire une marche revigorante en votre compagnie.

10 mars

Il y a un lien entre le soin qu'on prend de soi-même et le respect qu'on se porte.
JULIA CAMERON

Loin de moi l'idée de vous recommander l'utilisation de substituts de repas dans le but de perdre du poids. Toutefois, si vous n'avez pas le choix, plutôt que de sauter un repas, il peut être utile d'avoir ce type d'aliment sous la main. Voici quelques balises susceptibles de vous aider à faire de meilleurs choix. Votre substitut de repas devrait :

- Être complet et équilibré (15 à 40 % des calories sous forme de protéines, et 30 % ou moins des calories sous forme de lipides) ;
- Être enrichi en vitamines et minéraux (pour combler entre 20 et 40 % de l'apport quotidien recommandé) ;
- Fournir un minimum de deux cent vingt-cinq calories ;
- Être riche en fibres (au moins 5 g de fibres par portion) ;
- Idéalement, être sous forme de barre. En effet, lorsqu'ils sont sous forme de barre, les substituts de repas allongeraient la satiété de deux heures supplémentaires comparativement à ceux qui se présentent sous forme liquide[24].

Si vous en avez la possibilité, complétez avec un verre de lait et un fruit.

Déterminez un objectif réalisable et passez à l'action

Ne sautez aucun repas ! Vous avez besoin d'au moins trois repas par jour pour réussir à atteindre votre poids-santé.

Aujourd'hui, prenez soin de vous

Réservez-vous au moins vingt minutes pour faire des étirements. Au besoin, procurez-vous un livre, une cassette vidéo ou un DVD portant sur le stretching. Personnellement, j'aime bien la cassette vidéo de Josée Lavigueur *La santé par l'étirement.* Cette petite routine d'étirements contribuera à améliorer votre flexibilité ainsi que la mobilité de vos articulations. De tels étirements, s'ils sont pratiqués avant le coucher, peuvent aussi vous aider à passer une nuit de sommeil reposante et à vous lever fraîche et dispose le lendemain matin. En effet, après avoir pris l'habitude de faire régulièrement des exercices d'étirement, des femmes participant à une étude ont démontré une plus grande facilité à s'endormir et ont réduit leur consommation de médicaments favorisant le sommeil[30].

11 mars

Faites en vous-même le tour du propriétaire.
PAUL VALÉRY

Aujourd'hui, je vous invite à prendre quelques instants pour établir le bilan des dernières semaines. Comment se sont-elles passées ? Était-ce facile ? stimulant ? laborieux ? décourageant ? Avez-vous progressé vers vos buts ou plutôt fait du surplace ?

Si les dernières semaines ont été satisfaisantes et que vous avez réussi à maintenir votre plan de match, bravo ! Poursuivez dans cette voie, elle vous convient et vous aidera à atteindre vos objectifs. Si, à l'inverse, vous avez le sentiment de ne pas progresser et que vos anciens comportements reprennent le dessus, la meilleure chose à faire est peut-être de vous arrêter et de dresser le bilan. Vous aviez le sentiment de faire ce qu'il fallait, mais peut-être n'y mettiez-vous pas le cœur ni l'effort suffisant ? Peut-être certains de vos objectifs mériteraient-ils d'être réajustés ? Peut-être aviez-vous mis la barre trop haut ? Se pourrait-il que vous ayez essayé d'incorporer trop de nouveautés d'un seul coup ?

Cette petite introspection vous aidera à prendre conscience de ce que vous vivez en ce moment et à mettre le doigt sur ce qui pourrait être amélioré. Ne vous inquiétez pas si tout ne va pas comme vous l'auriez aimé, il est tout à fait normal de se réajuster en cours de route. Souvenez-vous que la réussite durable naît de notre capacité à affronter les obstacles et à les surmonter.

Aucune journée n'est donc perdue si elle nous aide d'une façon ou d'une autre à atteindre nos objectifs.

Déterminez un objectif réalisable et passez à l'action

Augmentez légèrement l'intensité de votre activité physique. Pourquoi ne pas en profiter pour remplacer votre séance de marche par une dernière sortie de ski de fond ? Le travail des bras augmentera l'intensité de votre entraînement. Pendant vos séances de marche, vous pouvez aussi augmenter l'intensité de votre entraînement en ajoutant quelques pointes de vitesse (marche rapide ou jogging) à votre parcours habituel ou, encore, y inclure quelques montées. En travaillant de temps à autre un peu plus fort, vous augmenterez votre endurance physique et accélérerez votre dépense calorique. Si vous êtes au début de votre ménopause, cet exercice additionnel peut vous être particulièrement bénéfique. En effet, des études effectuées auprès de mille femmes en périménopause ont révélé que le gain de poids observé chez certaines d'entre elles, au cours d'une période de six ans, n'était pas causé par la thérapie hormonale ou par une plus grande consommation de calories mais bien par une *baisse de leur dépense énergétique*[18]. En d'autres mots, les femmes qui prennent le plus de poids au cours de leur ménopause sont celles qui bougent le moins.

Que vous soyez ménopausée ou non, je vous souhaite une bonne séance d'exercice aujourd'hui ! Profitez-en pour vous emplir de l'air vivifiant du printemps qui s'annonce.

Aujourd'hui, prenez soin de vous

Mettez-vous au lit une heure plus tôt qu'à l'habitude.

12 mars

J'aime la personne que je suis en train de devenir.
DIANE CROSBY

Jusqu'à récemment, j'avais la fâcheuse habitude de me fixer des objectifs trop élevés compte tenu des circonstances et de mes responsabilités familiales. Je prenais de trop grosses «bouchées». Je courais plus d'un lièvre à la fois. Au fil des années, et au prix d'un certain travail sur moi-même, j'en suis arrivée à la conclusion suivante : *Je peux faire tout ce qui me plaît dans la vie, mais pas nécessairement tout en même temps, ni tout de suite!*

Simpliste, vous me direz, mais cette constatation a eu un effet très libérateur sur moi. Plus besoin d'échafauder des plans complexes pour réaliser mes multiples projets ou de m'attaquer à plusieurs objectifs en même temps. L'idée est de concentrer mon énergie sur le plus important et d'y aller à petites doses pour le reste. J'aime la personne que je suis en train de devenir! En acceptant de mettre certains projets sur la glace, je me suis retrouvée avec plus de temps pour prendre soin de moi et de ma famille.

Un petit pas pour l'humanité. Un grand pas pour la femme que je suis.

Déterminez un objectif réalisable et passez à l'action

Fixez-vous un micro-objectif. Par exemple, vous pouvez choisir de boire deux verres d'eau de plus qu'à l'habitude, de marcher pour accompagner vos enfants à l'école ou encore de consommer une portion de légumineuses au cours de la journée. Chaque petit geste compte!

Aujourd'hui, prenez soin de vous

Vous vous sentez constamment essoufflée? prise à la gorge par toutes vos obligations? Il est peut-être temps de mettre, vous aussi, quelques projets sur la glace.

TROISIÈME PRINCIPE
ABAISSEZ VOTRE POIDS-CONSIGNE

13 mars

Nous formons, disciplinons et honorons notre corps;
avec le temps, nous pouvons apprendre à lui faire confiance.
MARTHA GRAHAM

Si votre perte de poids connaît présentement une phase de plateau, ne vous inquiétez pas outre mesure. Votre corps est probablement dans une phase de réajustements. Faites-lui confiance. Si vous avez encore un surplus de poids, et que vous poursuivez votre démarche, votre perte de poids s'enclenchera de nouveau dans quelque temps. Soyez patiente et n'apportez aucun changement draconien à vos habitudes. En attendant, une bonne chose à faire dans ces situations est d'apporter de la variété à vos repas ainsi qu'à vos entraînements. Cela peut parfois contribuer à « réactiver » en douceur la perte de poids.

Posez une action pour abaisser votre poids-consigne

Je vous suggère d'inclure un bloc de quinze minutes d'exercices de musculation dans votre journée. Cela apportera un peu de variété à votre programme. On croit souvent à tort que les exercices de musculation doivent être faits à intensité élevée pour donner des résultats. Une étude a révélé, au contraire, que l'effort physique maximal et la fatigue musculaire n'étaient pas nécessaires pour engendrer une augmentation de la force musculaire[8]. Il est donc tout à fait possible de faire de la musculation et d'en récolter les bienfaits, sans que cela n'entraîne de la douleur ou de l'inconfort. Voici un petit exercice musculaire suggéré par Janie Barette, physiothérapeute, pour renforcer vos abdominaux à la maison : asseyez-vous sur une chaise, les jambes allongées, ramenez les genoux vers vous en soulevant les pieds dans les airs (le dos recule un peu), puis allongez de nouveau les jambes, en essayant de ne pas toucher le sol avec les talons.

Aujourd'hui, prenez soin de vous

Consacrez quelques minutes aux soins de votre visage. Vous voudrez peut-être essayer un tonique, un sérum hydratant ou encore un gel nettoyant. Répétez ce rituel de beauté lorsque vous avez envie de vous dorloter ou pour être à votre meilleur. Pour ma part, j'aime bien procéder une fois par semaine à une exfoliation du visage lorsque je suis sous la douche. Cela donne à ma peau une apparence saine. J'applique ensuite une crème hydratante de qualité. Lorsque mon visage est propre et bien hydraté, je me sens plus belle. Et je suis certaine qu'il en est de même pour vous !

14 mars

Je crois qu'accepter que la gratification soit remise à plus tard est un signe de maturité.

PEGGY CAHN

Daniel Goleman, psychologue et auteur de l'excellent ouvrage *L'intelligence émotionnelle,* est aussi de cet avis. « Nulle aptitude psychologique n'est sans doute plus fondamentale que la capacité de résister à ses pulsions », fait-il observer. « C'est d'elle que dépend la maîtrise des émotions, puisque par nature celles-ci déclenchent un besoin impérieux d'agir. [...] La capacité de retarder la satisfaction de ses pulsions détermine le succès de ce que l'on entreprend, qu'il s'agisse de suivre un régime ou de devenir médecin », poursuit-il.

Pour illustrer ce point, Goleman cite dans son livre la célèbre étude de Walter Mischel effectuée dans une garderie de l'Université de Stanford auprès d'un groupe d'enfants de quatre ans[27]. Dans le cadre de cette étude, l'expérimentateur avait placé un bonbon devant chaque enfant et lui avait présenté l'option suivante :

- Soit tu patientes quelques minutes sans manger le bonbon pendant que je vais faire une course et je t'en donnerai un second à mon retour ;
- Soit tu le manges tout de suite, mais tu n'en auras qu'un seul.

Face à ce choix, les deux tiers des enfants avaient été capables d'attendre le retour du chercheur et avaient été récompensés par deux bonbons. Tandis que les autres, plus impulsifs, avaient mangé le bonbon dès le départ de l'expérimentateur.

Que nous apprend cette étude ?

Des choses étonnantes.

La valeur prédictive de cette épreuve est apparue évidente une douzaine d'années plus tard. Les différences psychologiques et sociales entre les enfants impulsifs et les autres étaient devenues spectaculaires. Ceux qui avaient résisté à la tentation étaient devenus des adolescents prêts à affronter la vie en société : efficaces, sûrs d'eux, bons élèves et capables de surmonter les déboires. Plus de dix ans après le test, ils restaient capables de remettre à plus tard une récompense. En revanche, les enfants qui avaient saisi le bonbon, une fois devenus adolescents, avaient tendance à être plus facilement contrariés par leurs déboires, avaient souvent une piètre opinion d'eux-mêmes et de leurs capacités, connaissaient plus de difficultés à l'école et étaient paralysés en cas de tension. Et après toutes ces années, leur comportement demeurait impulsif.

Atteindre notre poids-santé est certainement une quête qui exige de nous que nous soyons capables de remettre la gratification à plus tard. Car en dépit de ce que laissent croire certaines publicités, un corps en santé ne peut être acquis du jour au lendemain. Il nous faut faire preuve de maturité – comme le dit si bien notre amie Peggy Cahn. Et savoir se détourner de certains plaisirs immédiats (ex. aliments, activités sédentaires) afin de pouvoir jouir de la satisfaction d'être plus minces et mieux dans notre peau.

La retenue n'est pas votre point fort? Rassurez-vous. Comme l'explique Daniel Goleman dans son livre, la capacité à maîtriser ses pulsions est une aptitude psychologique qui peut s'acquérir. Par exemple, certaines écoles de New Haven ont développé un système simple pour aider les jeunes à mieux contrôler leurs pulsions. Lorsqu'un enfant est sur le point d'en frapper un autre, de se vexer ou encore de fondre en larmes, on l'encourage à consulter une affichette énumérant les six étapes suivantes :

- Marque un temps d'arrêt, calme-toi et réfléchis avant d'agir.
- Expose le problème et explique comment tu te sens.
- Donne-toi un but positif.
- Imagine un grand nombre de solutions.
- Pense aux conséquences possibles.
- Passe à l'action en appliquant le meilleur plan.

« Cela permet à l'enfant d'adopter une attitude plus mesurée en suivant un ensemble de conseils concrets », explique le psychologue.

Peut-être ces six étapes peuvent-elles nous aider à trouver notre propre moyen de maîtriser nos pulsions? Après tout, il n'est jamais trop tard pour apprendre.

Posez une action pour abaisser votre poids-consigne

Essayez de trouver dans votre quartier une montée que vous pourrez inclure dans votre circuit de marche. Au début, ne vous sentez pas obligée de la gravir au complet, surtout si la pente est raide. Allez-y progressivement et, à chacune de vos séances de marche, gardez en mémoire le plus haut point que vous réussissez à atteindre dans cette côte, afin de suivre vos progrès. En plus d'être un très bon exercice pour le cœur, monter des côtes en marchant est excellent pour tonifier les muscles des fesses!

Aujourd'hui, prenez soin de vous

Avant de céder à l'une de vos pulsions, marquez un temps d'arrêt. Prenez le temps de faire un choix : un petit plaisir immédiat ou un plus grand à long terme?

15 mars

La santé se mesure à l'amour du matin et du printemps.
HENRY DAVID THOREAU

Larry Frank, chercheur à l'Université de Vancouver, a constaté que chaque demi-heure de plus passée dans une voiture se traduit par trois pour cent de risques supplémentaires de devenir obèse[9]. Son équipe a également découvert que les gens qui vivent dans des quartiers regroupant des magasins et des entreprises à distance de marche ont sept pour cent moins de risques d'être obèses. En effet, les hommes vivant dans un quartier uniquement résidentiel pèseraient en moyenne quatre kilos de plus que ceux qui habitent une collectivité comptant des commerces et autres services à distance de marche.

Si vous n'habitez pas dans un quartier qui permet les déplacements à pied, partez à la recherche d'un quartier agréable près de chez vous ou de votre lieu de travail où vous pourrez marcher en toute sécurité.

Posez une action pour abaisser votre poids-consigne

Ajoutez cinq minutes à votre parcours de marche habituel. Tout en marchant, soyez attentive au monde qui vous entoure. Appréciez chaque foulée dans cet air presque printanier et imaginez que chaque pas vous rend plus forte, plus svelte, plus athlétique. Tout en déambulant, gardez à l'esprit ces jolis mots de John Muir : « Le soleil ne brille pas sur nous mais en nous. Les rivières ne coulent pas devant nous, mais à l'intérieur de nous, faisant palpiter, frissonner, vibrer chaque fibre et chaque cellule de la substance de notre corps en les faisant glisser et chanter. »

Aujourd'hui, prenez soin de vous

Pour souligner l'approche du printemps et stimuler votre sens créatif, pourquoi ne pas changer quelques meubles de place dans votre maison ou encore retoucher un peu la décoration ? Vous pourriez profiter de ce réaménagement pour mettre en évidence une de vos créations (coussin, rideaux, aquarelle, etc.) ou une jolie photo de vous. Allez, faites-vous plaisir ! Pour ma part, je viens de remplacer une photo de famille hivernale qui se trouvait sur mon meuble par une autre où je suis entourée de mes enfants dans un magnifique champ de tournesols. Cette image emplit ma petite pièce de soleil et me réjouit chaque fois que mon regard s'y attarde.

16 mars

Les échecs sont au menu de la vie et je ne suis pas la fille à laisser passer un plat.
ROSALIND RUSSELL

J'aime votre attitude, madame Russell !

Même si cela peut parfois sembler difficile, essayons de voir les échecs non pas comme des culs-de-sac ou des obstacles insurmontables mais comme autant d'étapes normales et nécessaires menant à notre réussite. Thomas Edison, le célèbre inventeur, n'a-t-il pas déjà dit que l'invention de l'ampoule avait été pour lui « une réussite en deux mille étapes » ?

Voilà de quoi réfléchir au cours de la journée.

Posez une action pour abaisser votre poids-consigne

Assurez-vous de consommer au moins un gramme de calcium. Des chercheurs ont en effet constaté que les personnes obèses à qui l'on recommande de consommer trois portions de produits laitiers par jour maigrissent, et ce, même si elles consomment le même nombre de calories qu'auparavant[32]. Chez les individus qui suivent un régime amaigrissant, une consommation élevée de produits laitiers (trois portions par jour ou plus) semble amplifier la perte de poids. En effet, une étude indique que la perte de poids chez ces personnes est en moyenne soixante-dix pour cent plus élevée que chez les individus ayant suivi un régime amaigrissant régulier[33].

Sous quelle forme devrions-nous consommer le calcium ? Dans l'alimentation ou en suppléments ? Bien que l'ingestion de suppléments de calcium sous forme de comprimés produise des effets positifs sur la perte de poids, l'effet maximal sur le poids a été observé chez les personnes dont la source principale de calcium provenait *des produits laitiers*[33].

De plus amples études sont nécessaires pour mieux comprendre le rôle que pourrait jouer le calcium sur notre poids. En attendant, je vous recommande de consommer chaque jour au moins les deux portions de produits laitiers recommandées par les diététistes. Souvenez-vous qu'une tasse de lait (250 ml), deux onces (50 g) de fromage ou trois quarts de tasse (175 ml) de yogourt représentent chacun une portion de produits laitiers. Ma fille Élise a mis au point une recette de trempette au yogourt dont nos enfants raffolent. Elle mélange tout simplement du yogourt à la vanille avec un peu de poudre de cacao. Le tout est versé dans des petits bols individuels et chaque enfant « fait trempette » avec des morceaux de fruits. Essayez-le !

Aujourd'hui, prenez soin de vous

Si vous avez le moral à plat aujourd'hui ou si vous vivez des difficultés de parcours, ne gardez pas tout en dedans. Parlez-en à votre conjoint, confiez-vous à une amie, échangez avec quelqu'un qui est déjà passé par là. C'est parfois le meilleur des remontants.

17 mars

Lorsque vous vous entendez dire qu'il est absolument hors de question que vous puissiez prendre un congé, c'est exactement à ce moment-là que vous devez le faire.

JENNIFER LOUDEN

Aujourd'hui, pensez à vous ménager du temps pour vous détendre.

Bien manger et faire de l'exercice régulièrement sont deux éléments essentiels d'une vie saine et équilibrée, mais nous ne pouvons prétendre prendre soin de nous si nous n'incluons pas, quotidiennement, des moments de détente et de repos dans notre programme. Pour accéder à une santé et à une qualité de vie meilleures, il est donc important, chaque jour, de soigner et de respecter notre corps mais aussi notre esprit. Cela est d'autant plus crucial dans le contexte dans lequel nous vivons. Bon nombre d'entre nous doivent en effet s'acquitter d'une multitude de rôles et de responsabilités : mère, travailleuse, épouse, chef de famille, étudiante, aidante naturelle, etc. Le stress qui en découle est considérable et affecte bien des aspects de notre santé psychologique et physique. En effet, le stress chronique serait impliqué dans quantité de problèmes de santé tels la dépression, les douleurs chroniques, certains problèmes cardiovasculaires, respiratoires, métaboliques et gastro-intestinaux[11,13,21].

Apprendre à gérer sainement et efficacement le stress présent dans notre vie n'est donc pas un luxe mais bien une question de survie physique et psychologique.

Posez une action pour abaisser votre poids-consigne

Augmentez le nombre de pas que vous faites au cours de la journée. Une étude récente montre qu'en général les femmes qui accumulent dix mille pas par jour ont un poids-santé[29]. Ne vous découragez surtout pas si vous êtes loin de ce compte. Un tel objectif est une bonne cible mais peut être irréaliste pour bien des femmes sédentaires. C'est pourquoi je suggère de chercher plutôt à augmenter chaque jour le nombre de pas que vous faites. Si vous réussissez à atteindre la recommandation de dix mille pas par jour, tant mieux. Si ce n'est pas le cas, vous serez néanmoins gagnante, car vous deviendrez progressivement de plus en plus active et en meilleure forme.

Pour tenir le compte, procurez-vous un podomètre. Fixé à votre ceinture, ce petit appareil peut être porté toute la journée, ce qui vous permet de comptabiliser le nombre total de pas effectués dans vos déplacements. Certains modèles indiquent aussi la distance parcourue et le nombre de calories brûlées.

Aujourd'hui, prenez soin de vous

Vous vous sentez éparpillée ? dépassée par les événements ? Je vous suggère de procéder à une bonne « épuration » de votre agenda au cours de la journée. Pour ce faire, ménagez-vous quelques minutes où vous pourrez être tranquille. Essayez de découvrir les activités (professionnelles, personnelles, sociales, etc.) que vous pourriez tout simplement éliminer ou, au besoin, remettre à plus tard. Tout comme moi, je suis persuadée que vous en trouverez quelques-unes. Le sentiment de légèreté que j'en retire est absolument essentiel pour mon corps et mon esprit. Et je sais qu'il en sera de même pour vous.

« Il est temps qu'il y ait une révolte en faveur de la vie et de la plénitude », nous dit Aldous Huxley. Je suis tout à fait d'accord avec lui mais en attendant, épurons notre agenda, chère amie, épurons !

18 mars

Dans notre société, nous sommes affamés spirituellement – non pas sous-alimentés, mais mal nourris.

CAROL HORNING

La nourriture ne peut remplir tous les vides. Si certains pans de notre existence nous semblent vides de sens, si nous ressentons le besoin d'être mieux nourries sur les plans émotif ou spirituel, il faut prendre conscience que jamais les aliments ne pourront combler ce type de besoins. Lorsque nous nous sentons perdues, seules ou en quête d'un sens à notre vie, ce n'est pas au fond d'un sac de biscuits que nous trouverons nos réponses, comme vous le savez. Si nous voulons jouir d'une vie riche, équilibrée et satisfaisante, il nous faut faire l'effort d'identifier nos besoins essentiels et d'aller chercher ce qu'il faut pour les combler.

Peut-être ressentez-vous, en ce moment, certains vides dans votre vie. Si tel est le cas, qu'est-ce qui, à votre avis, pourrait les combler ? Vous nourrir sur les plans émotif et spirituel ? Se pourrait-il que ce soit de vous joindre à un groupe de gens sympathiques qui partagent votre intérêt pour l'horticulture ou le jazz? Avez-vous envie d'approfondir votre vie spirituelle? de donner du temps à une fondation? Sentez-vous le besoin de travailler moins? de voyager et de découvrir le monde? Ou encore de renouer les liens avec votre famille?

Aujourd'hui, posez-vous la question : « De quoi aurais-je besoin pour me sentir mieux nourrie? » Et voyez où cette réflexion vous conduit.

Posez une action pour abaisser votre poids-consigne

Lorsque vous irez marcher aujourd'hui, portez votre attention sur vos muscles en travail. Sentez-les se contracter et se relâcher. Gardez à l'esprit que même si vous ne transpirez pas en faisant de l'exercice, vous en retirez des bienfaits. Voyez à travers ce mouvement une façon d'activer votre corps et votre métabolisme.

Aujourd'hui, prenez soin de vous

« Inventez votre monde. Entourez-vous de gens, de sons, de couleurs et de travail qui vous nourrissent », recommande Sark. Aujourd'hui, je vous encourage à suivre son sage conseil. Ménagez-vous au moins une heure pour vous adonner à une activité qui vous nourrira sur le plan émotif ou spirituel.

QUATRIÈME PRINCIPE
APPRENEZ À RESPECTER VOS SIGNAUX INTERNES

19 mars

La tranquillité de l'âme provient
de la modération dans le plaisir.
DÉMOCRITE

Si tout comme moi vous avez de la difficulté à résister à certains aliments quand vous les avez sous les yeux (par exemple le chocolat et les chips…), cessez de vous torturer en gardant ces tentations à la maison. Personnellement, je trouve qu'il est infiniment plus facile de me passer de ces aliments la plupart du temps que de chercher à me contrôler en leur présence. J'ai donc réglé le problème en choisissant de ne pas en garder à la maison. À l'occasion, lorsque j'ai vraiment envie de cette gâterie, j'en achète un petit format et le déguste sans remords.

Aujourd'hui, donnez-vous une chance, vous aussi ! Ne vous torturez pas en conservant à la maison des aliments qui vous font « perdre les pédales ». En ayant sous les yeux une variété d'aliments sains et nutritifs, vous prendrez bientôt l'habitude d'effectuer des choix plus sains et en retirerez une grande satisfaction.

Posez une action pour respecter vos signaux internes

Si vous avez un petit creux, mangez ! Un yogourt auquel vous aurez ajouté une demi-tasse de bleuets, des bâtonnets de carottes servis avec une trempette, un petit bol de céréales multi-grains, quelques craquelins tartinés de fromage à la crème sont tous d'excellents choix de collation. En répondant à cet appel de votre estomac, vous fournirez à votre corps l'énergie dont il a besoin pour poursuivre ses activités jusqu'au prochain repas.

Aujourd'hui, prenez soin de vous

Si vous avez vraiment envie de manger une gâterie, efforcez-vous d'effectuer un voyage spécial pour vous en procurer une portion individuelle. De la même façon, s'il vous prend l'envie de manger du fast-food, ne commandez pas depuis l'auto. Faites l'effort de vous lever et d'aller passer votre commande à l'intérieur du restaurant. Vous aurez une sélection plus grande sous les yeux et aurez la possibilité de faire des choix plus éclairés.

20 mars

C'est dans l'acceptation de notre vulnérabilité
que réside notre guérison.
BERNIE SIEGEL

Une équipe de chercheurs québécois a démontré que certains gènes présents chez neuf pour cent des personnes augmenteraient l'appétit. En effet, un gène en particulier (gène muté de la neuromédine-bêta) activerait la sécrétion d'une hormone qui joue un rôle dans la faim et la tendance à surconsommer de la nourriture. L'étude a révélé que sur une période de six ans, les sujets porteurs de ce gène avaient gagné deux fois plus de masse grasse que les autres participants[5]. Selon Luigi Bouchard, membre de cette équipe, ces résultats révèlent une composante génétique du comportement alimentaire menant à l'obésité et suggèrent que certaines personnes ressentent naturellement plus souvent la faim que d'autres. Il ne croit toutefois pas que cette explication génétique vienne servir d'excuse aux personnes obèses. Au contraire, M. Bouchard considère que le fait de connaître leur condition génétique pourra éventuellement inciter ces individus à adopter des comportements qui leur permettront d'en contrer les effets négatifs.

Je crois aussi que c'est la façon la plus constructive de voir les choses. Prendre conscience de nos zones de vulnérabilité, quelles qu'elles soient, ne devrait pas nous décourager d'entreprendre des changements dans la vie. Il suffit de changer une chose à la fois et de procéder à son propre rythme.

Posez une action pour respecter vos signaux internes

Au cours de votre prochain repas, je vous encourage à entrer en contact avec vos sens. Tout en mangeant, ressentez cette agréable chaleur dans votre ventre et sentez votre estomac se distendre progressivement. Prêtez aussi une attention particulière à la saveur des aliments et au plaisir que vous ressentez. À mesure que le repas avance, percevez-vous certains changements subtils, par exemple que le plaisir de manger s'atténue progressivement ? Toutes ces sensations sont des messages, des signaux, que vous envoie votre corps pour vous dire qu'il est rassasié et qu'il est temps de terminer votre repas.

Ne vous en faites pas si vous avez de la difficulté au début à détecter le moment où vous avez mangé suffisamment. Avec la pratique, vous développerez votre acuité sensorielle et détecterez de plus en plus facilement le moment où vous serez rassasiée.

Aujourd'hui, prenez soin de vous

Habillez-vous confortablement et sortez faire une balade d'au moins vingt minutes dans votre quartier.

21 mars

Croire qu'une brouette de légumes cuits à l'eau remplace avantageusement une rondelle de foie gras ou une petite tranche de gâteau au chocolat est typique de l'idéologie boulimique : il s'agit de se remplir, de se bourrer, dans l'espoir de masquer une faim qui n'est pas que de nourriture, de combler un manque d'une autre nature, sans grand rapport avec la faim corporelle.

GÉRARD APFELDORFER

S'il vous est déjà arrivé de manger tout un sac de petites carottes quand ce qui vous faisait réellement envie était un morceau de camembert, vous comprenez probablement ce que veut dire le Dr Apfeldorfer.

Adopter des habitudes saines ne signifie pas bannir les plaisirs gustatifs. Au contraire. Avoir de saines habitudes alimentaires implique que nous soyons en contact avec nos sens et que nous éprouvions du plaisir à manger. Contrairement à ce que laissent croire certains programmes d'amaigrissement, il est aberrant de ne fonder nos choix que sur le contenu en gras ou en calories d'un aliment ou encore sur la quantité « permise ». Cela entraîne une quête presque obsessionnelle visant à trouver les aliments qui permettent de manger la plus grande quantité pour le plus petit nombre de calories. La quantité, la quantité, la quantité !

Pourquoi nous « bourrer » d'un aliment qui ne nous tente pas vraiment simplement parce qu'il est peu calorique ?

Aujourd'hui, plutôt que de faire du « remplissage » en recherchant systématiquement le plus faible contenu en calories, je vous invite à baser vos choix sur les qualités nutritives de l'aliment et sur le plaisir que vous aurez à le manger.

Posez une action pour respecter vos signaux internes

Attendez de ressentir la faim avant de manger.

Aujourd'hui, prenez soin de vous

Rien ne sert de culpabiliser ou de vous tourmenter si vous consommez à l'occasion des aliments plus riches. Au contraire ! Profitez pleinement de ces occasions et dégustez chaque bouchée. Ce n'est pas un repas plus calorique ou une journée festive de temps à autre qui anéantira votre démarche de santé. L'important, pour réussir, est de faire des choix de santé la *plupart* du temps.

22 mars

La guérison est un sentier à suivre…
non une arrivée soudaine.
SANDRA BIERIG

Vous connaissez le film *28 jours, en sursis*? Celui dans lequel Sandra Bullock et ses acolytes jouent le rôle de toxicomanes en cure de désintoxication? J'aime bien ce film. Une scène en particulier, celle où l'un des patients demande au thérapeute combien de temps il devra attendre avant de recommencer à avoir une relation amoureuse. Peut-être l'avez-vous en tête. L'intervenant fait cette recommandation au patient : « En sortant d'ici, procure-toi une plante et occupe-t-en pendant un an. Si au bout d'un an ta plante est en bonne santé, tu pourras ensuite avoir un animal de compagnie. Et si au bout de deux ans cet animal se porte bien, tu seras probablement prêt pour entretenir une relation saine. » Bien sûr, ce n'est pas la réponse que l'homme voulait entendre. Mais il n'en reste pas moins que le cheminement vers la santé se fait par étapes. Et il est essentiel de maîtriser une étape avant de passer à la prochaine.

Cela peut paraître long, mais pour certaines d'entre nous aux prises avec des problèmes d'abus de nourriture depuis des années, adopter des habitudes de vie saines exige un important travail sur soi. Le fait de se précipiter dans une séquence de changements ou de sauter des étapes n'accélérera pas ce processus. Les changements en profondeur ne peuvent se faire qu'avec *le temps*.

Aujourd'hui, assurez-vous de maîtriser une habitude avant d'en ajouter une nouvelle à votre programme.

Posez une action pour respecter vos signaux internes

Je vous recommande de vous servir une salade ou une soupe en entrée. Les recherches de Barbara Rolls, spécialiste du comportement alimentaire et professeure à l'Université de Pennsylvanie, montrent que lorsque nous consommons une entrée au volume élevé mais faible en calories (ex. une soupe ou une salade), nous avons tendance à manger moins pour le reste du repas[17].

Aujourd'hui, prenez soin de vous

Félicitez-vous pour vos progrès. Si vous avez perdu du poids, et que vous avez l'impression que ce n'est pas grand-chose, allez soulever l'équivalent de ce que vous avez déjà perdu, que ce soit un sac de cinq livres (2 kg) de farine ou un dix livres (4 kg) de pommes de terre. Sentez bien dans vos mains ce que représente cette masse que jadis vous portiez toute la journée avec vous. Vous sentez-vous à présent un peu plus légère ? Et ce n'est qu'un début !

23 mars

Je mérite repos et détente. Je prends le temps de refaire le plein d'énergie en me reposant et en me détendant. Je parviens à mieux m'aimer et à mieux aimer mes proches lorsque je suis fraîche et dispose.

SUE PATTON THOELE

Échéanciers impossibles. Perfectionnisme. Désir d'en faire toujours plus. Ces sources de stress font augmenter notre « pression interne » et déclenchent chez plusieurs d'entre nous une tendance à utiliser la nourriture comme soupape d'échappement.

Éviter ce genre de situations est donc la première étape. Le fait de se fixer des délais raisonnables pour tout ce que nous entreprenons est une condition essentielle si nous désirons limiter les sources de stress dans notre vie. Par ailleurs, comme nous ne pouvons éliminer toute forme de stress de notre existence, il est important de développer des habitudes qui nous permettront de mieux y faire face.

La méditation est un outil qui peut s'avérer très efficace lorsque nous nous sentons dépassées par les événements et que nous craignons une escalade de notre pression interne. Nul besoin d'y consacrer des heures ou de s'installer dans une position inconfortable pour accéder aux bienfaits de la méditation. Vous n'avez qu'à vous ménager un peu de temps dans un endroit tranquille pour vous recueillir et faire le vide. Méditer peut devenir essentiel pour certaines personnes qui cheminent vers la santé, comme l'illustre ce témoignage tiré du livre *Se libérer de ses dépendances*: « C'est devenu une hygiène de vie pour moi, aussi importante que de me laver. J'ai besoin de prendre chaque jour rendez-vous avec moi-même, un moment de calme et d'écoute intérieure qui me ressource, me redonne de l'énergie pour affronter les difficultés quotidiennes. Dans cet état-là, on contacte les valeurs profondes qui vont dans le sens de la vie, de l'amour au sens large, celles qui aident à retrouver le désir de vivre, à condition qu'on veuille bien aller explorer cette partie de soi. »

Aujourd'hui, prenez, vous aussi, un peu de temps pour vous recueillir et évacuer vos tensions.

Posez une action pour respecter vos signaux internes

Évitez d'acheter à l'avance des friandises pour Pâques. Si vous êtes un tant soit peu comme moi, vous pourriez ouvrir le paquet « juste pour goûter » et vous retrouver à Pâques avec un sac vide !

Aujourd'hui, prenez soin de vous

Retirez-vous dans un lieu paisible où vous pourrez tranquillement faire le point sur votre journée ou simplement apprécier la quiétude du moment. Pour ma part, je viens de passer la dernière demi-heure assise dans les collines de Hatley. L'air y était si bon et la vue de ces prairies si apaisante, que j'en suis revenue complètement reposée et ragaillardie. En prenant l'habitude de vous réserver du temps régulièrement pour vous détendre, vous verrez que vous serez moins tentée d'apaiser vos tensions par la nourriture.

24 mars

Aujourd'hui je renoncerai au besoin excessif que j'ai de recevoir l'approbation de tous. Dans l'environnement dominateur et de dépendance de la maison où j'ai grandi, ma sécurité affective reposait sur le fait que je devais plaire à mes parents. J'ai ainsi appris à distinguer chez eux le moindre signe de désapprobation et à me faire dicter ma conduite. En conséquence, je ressens encore la présence d'un petit enfant effrayé qui me pousse à dire et à faire des choses en vue d'obtenir les faveurs de mes proches.

ROKELLE LERNER

Que nous ayons vécu une enfance difficile ou une enfance choyée, il est nécessaire, à un moment ou un autre, de devenir autonome et de prendre la responsabilité de nos choix même si cela entraîne certaines frictions dans la famille, notre couple ou au travail. Nous ne pouvons avoir une vie heureuse et autonome si nous cherchons continuellement à recevoir l'approbation de tous. Ce n'est tout simplement pas possible.

« Connaissez vos limites, nous dit Melody Beattie. Sachez quand dire *non*. Il y aura peut-être quelques personnes qui s'offenseront des limites que vous fixez, mais ce sont habituellement celles qui tentent de vous contrôler ou de vous manipuler. Certains collègues bien-pensants peuvent vous dire que vous êtes égoïste, mais votre responsabilité finale est à votre propre égard. Cette responsabilité consiste aussi à savoir comment et quand imposer vos limites. » Tout est là.

Bien des femmes qui cherchent à perdre du poids m'ont dit avoir de la difficulté à faire connaître leurs limites et à se faire respecter. Elles craignent de dire non, ne veulent pas déplaire. Peut-être êtes-vous aussi dans cette situation et agissez-vous dans le but de mériter la faveur des gens autour de vous. Si c'est le cas et que vous désirez vous sentir mieux dans votre peau, il faudra apprendre à vous fixer des limites et à les faire connaître de votre entourage. En devenant chaque jour plus authentique, en renonçant peu à peu au besoin excessif de recevoir l'approbation de tous, vous vous libérerez d'un lourd fardeau. Vous découvrirez qu'il est infiniment plus satisfaisant de vivre une vie authentique, même si cela doit déplaire à quelques-uns, que de passer sa vie à adopter des compromis dans l'espoir de plaire à tout un chacun.

Posez une action pour respecter vos signaux internes

Si on vous offre de la nourriture et que vous n'avez pas faim, refusez poliment mais fermement.

Aujourd'hui, prenez soin de vous

Fermez la télévision une demi-heure plus tôt que d'habitude et profitez-en pour aller marcher. Ce faisant, vous diminuerez vos risques de surconsommer de la nourriture. En effet, plus on passe de temps devant la télévision, plus on mange[28]! En remplaçant une demi-heure de télévision par une promenade, vous pourrez plus facilement garder le contrôle de ce que vous mangez tout en améliorant votre condition physique.

CINQUIÈME PRINCIPE
HONOREZ VOTRE ENGAGEMENT

25 mars

Pour qu'une lampe demeure allumée, il faut y verser de l'huile.
MÈRE TERESA

Comme je l'explique dans mon livre *Maigrir pour la vie*, pour réussir à maintenir notre perte de poids, il faut garder à l'esprit que l'agent de changement n'est ni la nourriture ni l'exercice. C'est *nous*. *Nous* sommes le moteur central de tout changement dans notre vie et en investissant dans notre développement et notre croissance personnelle, nous nous outillons pour réaliser *tous* nos objectifs, que ce soit d'atteindre notre poids-santé, de le maintenir ou de réaliser tout autre projet cher à notre cœur. Plus nous investirons dans notre bien-être et notre développement personnel, plus nos ressources seront grandes et plus nous surmonterons avec aisance les obstacles qui se présenteront inévitablement sur notre chemin.

Pour cette raison, il m'apparaît essentiel que nous nous ressourcions fréquemment tant sur les plans physique, intellectuel et émotionnel que sur le plan spirituel, et ce, quels que soient nos objectifs dans la vie.

Aujourd'hui, je vous invite donc à miser sur votre « formation continue » en recherchant toutes les occasions de vous cultiver et d'apprendre. Assistez à des conférences, participez à des ateliers ou à des séminaires sur les sujets qui vous intéressent, lisez des classiques, cultivez votre vie spirituelle, partez à la découverte de saveurs culinaires inusitées, explorez de nouvelles façons de bouger telles que la danse, le yoga ou les arts martiaux.

En nourrissant les diverses dimensions de votre personne, vous ferez bien plus que maintenir un poids sain. Vous maintiendrez une *vie* saine.

Riche, équilibrée et satisfaisante.

Posez une action pour honorer votre engagement

Assurez-vous de consommer deux véritables portions de produits laitiers (désolée, le nuage de lait dans votre café ne compte pas pour une!). Une étude récemment publiée par une équipe de l'Université de la Californie a révélé que trente et un pour cent des femmes obèses qui suivaient fréquemment des régimes amaigrissants présentaient une diminution de la masse osseuse les rendant plus vulnérables aux fractures. Plus elles avaient suivi de régimes, plus leur masse osseuse était faible[1]. N'hésitez pas à mesurer vos portions de produits laitiers afin de vous assurer qu'elles soient suffisantes.

Aujourd'hui, prenez soin de vous

Pourquoi ne pas tenter l'expérience du tai chi taoiste? Par ses mouvements lents et gracieux, le tai chi taoiste s'adresse à des participants de tous âges et vise à restaurer et à maintenir la santé en développant la force, la flexibilité, et en améliorant l'équilibre et la circulation sanguine. Certains décrivent le tai chi comme une forme de mouvement méditatif. Selon les adeptes de cette discipline, la concentration et l'attention au moment présent qu'elle exige permettraient au corps et à l'esprit de se revitaliser tout en se délestant des tensions.

26 mars

Le sens de la vie c'est justement de s'amuser avec la vie.
MILAN KUNDERA

Nombreuses sommes-nous à avoir des réticences à nous laisser aller, à être spontanées. Comme si nous craignions de perdre le contrôle de quelque chose, nous nous cantonnons dans nos habitudes et optons la plupart du temps pour le « connu ». Bien à l'abri des mauvaises surprises, nous ne réalisons pas que nous sommes aussi à l'abri de la vie et de ses plaisirs.

Aujourd'hui, amusez-vous avec la vie. Renouez avec vos plaisirs d'enfance ou découvrez un nouveau passe-temps. Faites une sortie amusante avec une amie ou avec vos enfants. Faites ressortir votre petit côté aventurier en improvisant, créant, explorant à votre goût. S'abandonner à la vie exige une certaine dose de confiance et de détachement mais nous récompense par l'incomparable sensation d'être terriblement vivante. Laissez-vous aller. Vous verrez!

Pour ma part, lorsque je veux me détendre et m'amuser, je renoue avec ma passion d'enfance : les chevaux. Lorsque je brosse un cheval, le monte sans selle dans mon champ ou explore une manœuvre avec lui, j'ai l'impression de jouer et cela me fait le plus grand bien. Pendant ces courts moments où le temps semble suspendu, je ne suis plus une mère, ni une épouse, ni une scientifique. Je ne suis que moi-même, libre de tous soucis et savourant chaque instant.

« On met longtemps à devenir jeune », a dit Pablo Picasso. Et plus je vieillis, plus je comprends ce qu'il veut dire.

Posez une action pour honorer votre engagement

Amusez-vous à l'extérieur. Une marche vivifiante, une petite séance de jogging ou encore quelques dernières descentes à ski vous aideront à garder la forme et la bonne humeur mais pourraient aussi contribuer à vous conserver jeune d'esprit! En effet, le fait d'être actif physiquement retarderait la dégénérescence des capacités cérébrales due au vieillissement[7].

Une autre bonne raison pour aller jouer dehors souvent!

Aujourd'hui, prenez soin de vous

Consacrez au moins une demi-heure – une heure serait encore mieux – à une activité amusante de votre choix.

27 mars

Faisons la moitié du travail. Le reste se fera tout seul.
JEAN COCTEAU

Dites-vous que le plus difficile est de mettre le changement en branle et de réorganiser votre quotidien autour de vos nouvelles habitudes. Une fois que cette étape sera maîtrisée, vous aurez toutes les chances de conserver à long terme vos nouvelles habitudes et votre nouveau poids. Des recherches suggèrent en effet que plus le temps avance, plus il devient facile de maintenir sa perte de poids. C'est du moins ce qui ressort d'une étude menée par des chercheurs de l'Université de Pittsburgh qui ont observé un groupe de près de mille personnes qui avaient réussi à perdre au moins trente livres (14 kg) – en moyenne soixante livres (27 kg) – et à maintenir cette perte depuis au moins deux ans. En les interrogeant, ces scientifiques ont constaté que les participants qui maintenaient leur perte de poids depuis plus longtemps (cinq ans et plus) utilisaient à présent un moins grand nombre de stratégies pour contrôler leur poids qu'au début et disaient devoir fournir moins d'efforts pour garder leur poids[16].

Ne laissez personne vous décourager en vous disant que le plus difficile reste à venir. Si vous avez choisi de nouvelles habitudes qui vous plaisent et s'intègrent bien à votre quotidien, tout ce que vous aurez à faire pour maintenir votre perte de poids, c'est de poursuivre dans la même direction.

Un jour à la fois.

Posez une action pour honorer votre engagement

Au cours de la journée, prenez le temps de comparer la valeur nutritive indiquée sur les étiquettes des aliments que vous achetez. Souvenez-vous que la liste des ingrédients suit un ordre décroissant. Le premier ingrédient sur la liste est donc celui qui se retrouve en plus grande quantité dans cet aliment. Ainsi, les biscuits qui contiennent comme ingrédients : « farine de blé, son de blé, sucre... » contiennent moins de sucre que ceux dont les ingrédients apparaissent de cette façon sur l'étiquette : « farine de blé, sucre, son de blé... »

Une autre chose. Lorsque vous n'êtes pas certaine de ce que représente une portion d'un aliment préparé, vérifiez sur l'étiquette. Par exemple, il peut arriver que sur un emballage individuel contenant deux biscuits soit inscrit cent cinquante calories par portion. Cependant, en lisant attentivement les détails sur l'étiquette, vous vous rendrez peut-être compte qu'il s'agit là du nombre de calories pour *un seul* biscuit !

Aujourd'hui, prenez soin de vous

Gâtez-vous en égayant votre maison ou votre bureau de fleurs en pot qui sont présentement dans les étalages des magasins. De jolies tulipes, des jacinthes parfumées ou des primevères aux couleurs vives apporteront une bouffée d'air printanier où que vous les mettiez.

28 mars

Tu as vu clair au moment de te mettre en route,
ne reviens pas sur tes pas maintenant que tu n'y vois plus.

LUDOVIC GIRAUD

Sur le chemin du poids-santé, toutes sortes d'embûches peuvent survenir. Les phases de plateau ou le regain de poids sont des exemples d'obstacles qui se retrouvent sur notre route et qui peuvent nous faire douter de nous. Nos émotions peuvent alors prendre le dessus et nous plonger dans un brouillard d'incertitude. Ai-je fait le bon choix ? Suis-je capable de réussir ? Y a-t-il d'autres voies qui seraient plus rapides ? Telles sont les questions qui peuvent alors nous tourmenter. Dans ces moments, souvenez-vous de ceci. Nos émotions fluctuent. Elles changent d'heure en heure. Lorsque nous nous servons uniquement de nos émotions pour nous guider, nous risquons de tourner en rond au lieu de nous diriger vers nos objectifs. Dans des moments de doute et de confusion, j'ai vu tant de femmes abandonner leurs nouvelles habitudes saines pour sauter sur le prochain régime miracle !

La santé et le respect de soi sont des valeurs sûres. Laissez-les vous guider. Modifier nos habitudes de vie est une voie progressive qui s'étend sur plusieurs mois, voire quelques années. Si vous gardez ces valeurs bien en vue, elles éclaireront votre route et vous aideront à prendre de saines décisions tout au long du chemin. Vous progresserez ainsi avec plus d'assurance et d'efficacité vers vos objectifs.

Posez une action pour honorer votre engagement

Tenez-vous loin des produits commerciaux qui visent à couper l'appétit. Apprenez plutôt à vous servir des aliments qui rassasient naturellement et sainement, tels les fruits et légumes, les soupes et les protéines.

Aujourd'hui, prenez soin de vous

Incluez une marche de trente à quarante minutes dans votre journée. Cela vous aidera à garder la forme et... le sourire! En effet, les femmes qui font régulièrement de l'exercice auraient tendance à être généralement de meilleure humeur que celles qui sont sédentaires[14].

29 mars

En cette époque où l'inflation a pris des proportions alarmantes, où la menace d'une guerre nucléaire apparaît comme un danger sérieux, où la criminalité est à la hausse et où le chômage constitue un phénomène persistant, on a demandé à cinq cents personnes, lors d'un sondage, ce qu'elles craignaient le plus au monde, et cent quatre-vingt-dix ont répondu que leur plus grande crainte était de grossir.

KIM CHERNIN

Quand j'ai lu ce passage dans le livre *À dix kilos du bonheur* de Danielle Bourque, franchement, je ne savais pas trop s'il fallait rire ou pleurer. Quelle aberration!... Ce n'est que lorsque nous sommes mises en face de notre obsession de la minceur que nous pouvons réellement reconnaître son impact néfaste sur notre jugement et notre capacité à mettre les choses en perspective.

Il est temps que nous prenions du recul et que nous laissions davantage la raison s'imposer en ce qui a trait au «dossier poids». Nos préoccupations quant à notre tour de taille devraient nous pousser à agir pour prendre soin de notre corps et de notre santé plutôt que de nous plonger dans une angoisse autodestructrice.

Aujourd'hui, gardons à l'esprit que notre poids ne représente qu'une fraction de tout ce que nous sommes. Il revient à chacune de nous de replacer les choses en perspective et de faire de notre vie une expérience satisfaisante qui dépasse largement les frontières de notre corps.

Posez une action pour honorer votre engagement

Je vous suggère de consommer une portion de fruits de plus qu'à l'habitude. Les recherches du Dr Walter Willett et de son équipe de Harvard lui ont permis de constater que les individus qui consomment *quatre portions de fruits* par jour présentent moins de risques de développer un cancer ou une maladie cardiovasculaire[20]. De plus, Willett a démontré que les femmes qui augmentaient leur consommation de fruits et de légumes avaient tendance à prendre moins de poids en vieillissant que celles qui en consommaient peu[12].

Aujourd'hui, prenez soin de vous

Sortez marcher au grand air. Tout en vous promenant, prenez de profondes inspirations en gonflant lentement votre ventre, puis expirez progressivement. Ce petit exercice vous oxygénera à fond et vous détendra.

30 mars

Personne ne m'avait dit que le changement
était si difficile et si solitaire.
JOAN GILBERTSON

Trouver du temps pour faire de l'exercice est un obstacle majeur pour la plupart des femmes qui aimeraient mener une vie plus active. Le manque d'intérêt pour l'activité physique et la fatigue chronique sont d'autres difficultés de parcours qui viennent souvent mettre un frein à nos ardeurs. Heureusement, nous parlons aisément de ces problèmes et il est facile de trouver du soutien et des conseils nous permettant de surmonter ces difficultés. Cependant, il existe une autre difficulté que les femmes éprouvent souvent lorsqu'elles cherchent à être plus actives, mais elles demeurent bien souvent muettes à ce sujet. Il s'agit de l'incontinence urinaire.

Personne n'en parle, mais l'incontinence urinaire est un problème avec lequel vivent de très nombreuses femmes, soit dix à cinquante-cinq pour cent des femmes âgées de quinze à soixante-quatre ans[4]. Plusieurs facteurs peuvent être impliqués dans ce problème, mais il semble que les accouchements et les épisiotomies, de par les dommages musculaires et neuromusculaires qu'ils entraînent, seraient à l'origine de la plupart des cas d'incontinence urinaire à l'effort[2,10]. Par ailleurs, l'obésité chez la femme provoque une pression accrue sur les muscles du périnée (région musculaire située entre la vulve et le rectum), ce qui peut aussi causer des problèmes d'incontinence urinaire[15].

La majorité des femmes aux prises avec ce problème affirment que l'incontinence urinaire nuit à leur qualité de vie. Comme le problème s'intensifie à l'effort, bon nombre d'entre elles évitent les activités physiques. Certains scientifiques croient d'ailleurs que l'incontinence urinaire pourrait expliquer, en partie, le fait que les femmes soient moins actives que les hommes[3].

Heureusement, il existe des solutions. Si vous éprouvez un problème d'incontinence urinaire à l'effort, sachez que des exercices visant à renforcer les muscles du périnée peuvent aider à enrayer ou réduire le problème chez plusieurs femmes. N'hésitez pas à vous les faire expliquer par votre médecin ou un physiothérapeute. Si ces exercices ne s'avèrent pas efficaces pour vous, sachez qu'il est toujours possible d'utiliser des serviettes hygiéniques spécialement conçues pour l'incontinence urinaire lorsque vous faites de l'activité physique ou, encore, d'avoir recours à une chirurgie correctrice.

Être une femme comporte son lot de contrariétés. Il demeure néanmoins possible de s'adapter aux inévitables changements de notre corps et de vivre, malgré tout, une vie saine et active.

Posez une action pour honorer votre engagement

Prenez quelques minutes pour laver et couper une variété de légumes que vous pourrez manger en crudités le midi ou en collation de retour du travail ou de l'école. Pour ma part, j'aime bien les bâtonnets de carottes, de céleri et de courgette, les poivrons et le chou-fleur. Accompagnez vos crudités d'une trempette maison (ex. mélangez 3/4 tasse [200 ml] de yogourt nature, 1/4 tasse [50 ml] de mayonnaise, du sel d'oignon et de la poudre de curry) et vous aurez là un goûter sain, à faible indice glycémique, dont toute la famille raffolera.

Aujourd'hui, prenez soin de vous

Réservez trente minutes dans votre horaire pour aller marcher. Si vous avez un baladeur, pourquoi ne pas le prendre avec vous ? Voyez cette activité comme une agréable façon de vous détendre tout en tonifiant vos muscles.

31 mars

Le Créateur, en obligeant l'homme à manger pour vivre,
l'y invite par l'appétit et l'en récompense par le plaisir.
ANTHELME BRILLAT-SAVARIN

Ce cher gastronome du XVIIIe siècle avait bien raison ! Le plaisir de manger est un besoin physiologique auquel il est tout à fait normal et sain de succomber. En y regardant de plus près, on peut constater que le plaisir de manger est beaucoup plus grand que le simple fait de mettre de la nourriture dans sa bouche. Il s'étend à toute l'expérience de s'alimenter, comme nous le décrit si bien ici la diététiste Louise Lambert-Lagacé : « J'ai […] constaté que dans ma vie le plaisir se limitait rarement à la simple dégustation d'un aliment. J'ai découvert que je ressens déjà un grand plaisir à faire de belles trouvailles au marché : verdures exceptionnellement fraîches et croustillantes, fruits mûrs et parfumés, épices ou fines herbes de qualité, poissons qui sentent la mer ou pain de grains encore tout chaud. Lorsque je consulte des livres de recettes, je salive et j'ai aussi du plaisir. À table, le goût de l'aliment frais bien préparé et bien relevé me réjouit, mais le couvert, l'ambiance et la compagnie ajoutent une dose de plaisir que je trouve fort appréciable. Pour moi, le plaisir de manger, c'est en quelque sorte un cadeau que je m'offre en achetant de beaux et bons aliments, en les apprêtant et en les servant avec soin. C'est un rituel que je respecte le plus souvent possible. »

Aujourd'hui, partageons nous aussi ce rituel.

Posez une action pour honorer votre engagement

Cultivez votre motivation à faire de la marche. Pour cela, je vous suggère d'apporter une variante à votre parcours de marche. Explorez par exemple un nouveau quartier ou effectuez votre parcours habituel en sens inverse. Parfois ces simples changements peuvent nous faire voir notre environnement d'un œil nouveau et apprécier davantage notre routine. La marche peut être plus qu'une simple activité physique. Comme le fait remarquer Dan Millman : « Tout en saluant vos voisins ou en admirant les changements de luminosité dans la nature, vous faites d'une promenade une expérience spirituelle. » Au cours de votre marche, efforcez-vous de garder vos sens en éveil ; voyez comme le soleil chauffe doucement votre visage ; écoutez le bruit de la glace qui fond et le pépiement joyeux des mésanges ; humez l'odeur retrouvée de la boue ; appréciez ce bain de lumière, cette connexion avec votre environnement. En demeurant attentive aux plaisirs de la marche, vous ferez de cette activité une expérience motivante, riche de sens.

Aujourd'hui, prenez soin de vous

Prenez quelques minutes additionnelles au marché pour choisir les plus beaux fruits et légumes, les coupes de viande les plus appétissantes, les pains les plus savoureux. Faites-vous plaisir. Ralentissez. Appréciez.

Le plaisir, c'est la vie !

Avril

Il pleut sur avril
et son cortège printanier.
La nature, luisante, s'étire,
s'éveille doucement.

Trois délicieuses recettes vous sont proposées :

Salade de lentilles à l'avocat, p. 546
Saumon simple et savoureux, p. 547
Muffins aux grains entiers et aux bleuets, p. 548

PREMIER PRINCIPE
ENDOSSEZ LE CHANGEMENT

1er avril

Ainsi, chacun est encouragé à «devenir» ce qu'il est réellement. Il faut donc être soi-même, vivre selon sa nature, et celui qui agit avec sincérité en s'appliquant à sa tâche connaîtra, grâce à cet accomplissement, une sérénité enjouée.

RALPH WALDO EMERSON

Même si parfois il nous entraîne en terrain inconnu, nous ne devrions pas craindre le changement. En nous laissant guider par ce que nous sentons être notre vraie nature, nous ne pouvons que changer pour le mieux et «devenir» un peu plus la personne que nous sommes en réalité. Pour parvenir à cette croissance personnelle, il nous faut parfois faire confiance à la vie et entreprendre des modifications radicales, parfois simplement laisser le temps agir et permettre au changement de s'insinuer, imperceptiblement, dans notre existence.

Peu importe la nature ou le rythme des changements que nous choisissons d'apporter à notre vie, lorsque nous agissons avec sincérité, le fossé existant entre ce que nous sommes au plus profond de nous et ce que nous projetons s'amenuise. Nous retirons de cette concordance un merveilleux sentiment d'authenticité, d'équilibre et de force intérieure.

Aujourd'hui, soyons nous-même et agissons avec sincérité. Appliquons-nous à cette noble tâche, chère amie, et au besoin apportons les modifications nécessaires. En vivant selon notre nature, en apprenant à respecter la personne que nous sommes vraiment, peut-être en arriverons-nous à goûter, nous aussi, cette sérénité enjouée dont parle Emerson.

Posez une action pour endosser le changement

Variez vos sources de protéines en préparant une recette à base de poisson. Je ne suis pas une grande amatrice de poisson (au grand désespoir de mon mari!), mais je m'efforce d'en cuisiner de temps à autre depuis que j'en connais les bienfaits pour la santé. J'ai pensé vous présenter ici la délicieuse recette de truite à la crème sure de mon amie Johanne (mère de deux jeunes garçons, épouse du coach de soccer et adepte de yoga!).

Pour quatre personnes, vous aurez besoin de :

Une livre et demie (750 g) de filets de truite; deux cuillères à thé (10 ml) de beurre; une cuillère à soupe d'huile (15 ml) ; quatre échalotes; deux pincées de cerfeuil; une tasse (250 ml) de crème sure; trois quarts de tasse (175 ml) de chapelure.

Chauffez l'huile et la moitié du beurre dans un poêlon, puis faites-y revenir légèrement les échalotes. Retirez-les de la poêle. Faites saisir les filets de truite, salez et poivrez. Déposez-les ensuite sur du papier d'aluminium et étendez les échalotes et le cerfeuil sur le tout. Recouvrez d'une feuille d'aluminium et mettez au four à quatre cents degrés Fahrenheit (205 °C) environ dix minutes. Découvrez le poisson, versez la crème sure et recouvrez le tout de la chapelure préalablement mêlée au reste de beurre. Terminez en faisant brunir sous le grill.

Délicieux servi avec du riz brun et une belle salade!

Aujourd'hui, prenez soin de vous

Si une des habitudes recommandées dans ce livre ne convient pas à votre nature, laissez-la tomber. Remplacez-la par une autre qui correspond mieux à votre personnalité ou à vos goûts.

2 avril

Il me semble que j'ai toujours attendu quelque chose de meilleur – quelquefois pour voir le meilleur m'échapper.

DOROTHY REED MEDENHALL

« Je serai bien dans ma peau quand j'aurai perdu vingt-cinq livres (11 kg)... »

« Quand je serai plus mince, je commencerai à chercher un emploi... »

« Je m'inscrirai aux cours de danse quand j'aurai perdu un peu de poids... »

Peut-être vous reconnaissez-vous dans ces affirmations? Si c'est le cas, vous n'êtes pas la seule. Des scientifiques ont constaté qu'un nombre important de femmes mettent en attente leur carrière mais aussi leur vie sociale et amoureuse, jusqu'à ce qu'elles aient perdu du poids[4]. Le problème avec ce mode de pensée est qu'il existe toujours une possibilité que nous n'atteignions pas notre objectif de perte de poids. Qu'arrive-t-il alors ? Notre bien-être pourra toujours attendre, tout comme l'emploi et le programme d'exercice ! Même résultat si la perte de poids s'étend sur quelques années. Il faudra donc attendre tout ce temps pour être heureuse !

La question que je vous pose aujourd'hui est la suivante : Votre bien-être peut-il attendre si longtemps ?

Je ne crois pas. Et vous ?

Aujourd'hui, peu importe votre poids, je vous invite à passer à l'action et à réaliser vos rêves plutôt que de les regarder comme des mirages qui s'éloignent au fur et à mesure que vous avancez. Ne laissez pas le meilleur de votre vie vous échapper ! Comme nous le rappelle Danielle Bourque : « La vie ne commence pas dans dix kilos. Il y a longtemps qu'elle est commencée. Qu'attendez-vous pour sauter dans le train en marche ? »

Posez une action pour endosser le changement

Fractionnez votre apport calorique en plusieurs repas au cours de la journée. Selon une étude, pour un même nombre de calories consommées au cours de la journée, les personnes qui ont pris quatre ou cinq repas (ex. trois repas et deux collations) auraient tendance à être plus minces que celles qui consomment l'ensemble de leurs calories en un ou deux repas[24].

Aujourd'hui, prenez soin de vous

Le bonheur ne se vit qu'au présent. Pourquoi ne pas commencer à le vivre dès maintenant ? Regardez attentivement autour de vous et prenez un instant pour nommer au moins cinq choses pour lesquelles vous pouvez être reconnaissante en ce moment.

3 avril

Aujourd'hui je vivrai pleinement ; je me jetterai tête première dans l'aventure qu'est la vie. Je n'esquiverai pas les risques. Depuis trop longtemps ma vie se caractérise par l'ennui issu de la routine. En cherchant la sécurité, je me suis encroûtée dans une routine qui finit par ressembler à une tombe. Aujourd'hui, je veux explorer et élargir mes frontières sur les plans physique, mental et spirituel. Je veux éprouver l'euphorie provenant de mes nouvelles expériences.

ROKELLE LERNER

Depuis les deux dernières années, je suis le témoin d'une métamorphose qui s'opère chez une voisine. De timide et renfermée, j'ai vu cette jeune mère devenir progressivement plus souriante, épanouie et sûre d'elle au fur et à mesure qu'elle adoptait une alimentation plus saine et se délestait de son surpoids. Au fil des mois, j'ai vu Nancy troquer ses survêtements pour des vêtements plus seyants, changer de coiffure, allonger sa marche quotidienne et même rénover sa maison ! À présent allégée de près de quatre-vingts livres (36 kg), j'ai l'impression qu'elle est devenue une nouvelle personne. Non parce qu'elle est plus mince, mais parce qu'elle a commencé à prendre soin d'elle et a découvert une toute nouvelle joie de vivre.

Aujourd'hui, accueillez, vous aussi, le changement. Explorez les possibilités qui s'offrent à vous. Et foncez !

Posez une action pour endosser le changement

Je vous invite à ajouter une cuillère à soupe (15 ml) de graines de lin moulues à votre menu. Riches en acides gras essentiels de type oméga-3 et en fibres solubles, elles vous aideront à garder un cœur en santé[3,6]. Vous pouvez ajouter les graines de lin entières à vos muffins, pains et gâteaux, mais la meilleure façon d'en retirer tous les bienfaits nutritifs est de les consommer moulues. Vous pourrez alors les ajouter aux céréales, au yogourt, aux laits frappés et dans les mélanges à crêpes. Évitez toutefois d'en moudre une trop grande quantité à l'avance, car les substances nutritives s'oxydent après quelques jours. Gardez les graines moulues au réfrigérateur ou au congélateur.

Aujourd'hui, prenez soin de vous

Prenez en note dans votre journal de bord ce que vous mangez au cours de la journée et le nombre de minutes que vous consacrez à l'exercice. Faites-en une activité la plus attrayante possible en utilisant une variété de crayons de couleurs et, si vous voulez, des autocollants (pourquoi pas ?!). Si le cœur vous en dit, ajoutez des citations ou des images qui vous inspirent et vous motivent à poursuivre votre démarche.

4 avril

La pitié est le sentiment le plus mortel
qui puisse être offert à une femme.
VICKI BAUM

S'apitoyer sur son sort est l'une des attitudes les plus contre-productives que nous puissions adopter. Cet apitoiement nous offre un semblant de réconfort dans lequel nous nous réfugions, bien à l'abri des changements et des efforts qui pourraient vraiment changer les choses. « Mes deux parents sont obèses, je ne pourrai jamais maigrir... Si je décide de perdre du poids, je serai toujours obligée de me priver, pauvre de moi ! »... Bien souvent, nous nous laissons emporter par nos émotions et oublions d'analyser les choses rationnellement. Même si nos parents étaient obèses, nous pouvons néanmoins vivre plus sainement et perdre du poids. Même si nous changeons notre alimentation, nous pouvons quand même manger à notre faim, aller au restaurant et mener une vie intéressante !

Pour grandir et évoluer, nous devons cesser de nous apitoyer sur notre sort et d'agir en victime. Un style de vie sain n'est pas une privation ! C'est plutôt le contraire qui est le cas. En effet, manger n'importe quoi et manger n'importe quand sont des choix *qui nous privent* d'une vie riche et satisfaisante ainsi que d'une apparence saine. C'est ça, la réelle privation !

Posez une action pour endosser le changement

Tout comme le font les Méditerranéens, je vous encourage à consommer fréquemment *des noix.* En plus de contribuer à prévenir les maladies cardiovasculaires, comme l'a découvert le Dr Willett[18], la consommation quotidienne de noix, contrairement à ce que l'on pourrait croire, faciliterait la perte de masse grasse. En effet, une équipe de chercheurs[31] a observé des patients obèses qui suivaient un régime amaigrissant *contenant le même nombre de calories* mais qui était soit riche en amandes (84 g/jour), soit riche en glucides (et faible en gras). Après vingt-quatre semaines, les deux groupes ont perdu du poids, mais le groupe ayant suivi un régime riche en amandes en avait perdu davantage (en moyenne une perte de 18 % du poids initial contre 11 %). De plus la réduction du tour de taille a été supérieure chez les sujets ayant eu l'alimentation riche en amandes (14 % contre 9 % chez les autres), ainsi que la perte de masse grasse (30 % contre 20 %). Au cas où cela vous intéresserait, une portion d'amandes équivaut à une trentaine de grammes environ, soit une petite poignée.

Aujourd'hui, prenez soin de vous

Ménagez-vous quelques minutes de tranquillité pour remplir votre journal de bord. Notez-y ce que vous mangez au cours de la journée et le temps consacré à l'exercice. Si vous en avez envie, prenez quelques instants pour décrire aussi les obstacles que vous avez affrontés dernièrement et ce que vous avez fait pour les surmonter. Cela vous procurera un agréable sentiment de satisfaction personnelle.

5 avril

Rien ne peut changer si rien ne change.
EARNIE LARSEN

Êtes-vous le genre de personne qui doit d'abord lire plusieurs livres sur un sujet ou suivre des cours avant d'entreprendre quelque chose dans ce domaine? Hésitez-vous longtemps avant de plonger dans la nouveauté? Avez-vous l'impression qu'il y a toujours une autre étape à franchir avant de vous lancer? Si tel est le cas, et que vous vous sentez frustrée de remettre à plus tard vos projets ou l'atteinte de vos objectifs, il est peut-être temps de changer, tout simplement.

Plutôt que d'aborder le changement comme une montagne à franchir d'un seul bond, prenez l'habitude de fractionner le projet en multiples étapes. Ne vous laissez pas intimider (et paralyser) par l'ampleur de la tâche à accomplir. Concentrez-vous sur une seule étape à franchir. Chaque nouveau projet dans la vie doit débuter quelque part. Ce peut être de donner un coup de téléphone, de s'inscrire à une première rencontre ou de mettre les pieds pour la première fois dans un centre de conditionnement physique.

Alors, allez-y! Ne craignez rien. Vous êtes capable d'apporter des changements dans votre vie et de vous lancer dans de nouveaux projets. Tout ce que vous avez à faire, c'est de procéder une étape à la fois. Allez-y, je vous regarde!

Posez une action pour endosser le changement

Augmentez votre consommation de légumes. Une façon toute simple de le faire est de prendre dix minutes pour préparer à l'avance des crudités pour vos lunchs et vos collations. Lavez et apprêtez des tomates-cerises, du poivron, des radis, des carottes ou tout autre légume de votre choix. Mettez-les bien en vue dans le frigo pour que tous les membres de la famille puissent se servir. Pour ma part, le truc que j'ai trouvé afin d'augmenter notre consommation de légumes a été de nous abonner au service de livraison de légumes et fruits biologiques de nos amis Thérèse et Russell Pocock, de la Ferme Sanders à Compton. Comme nous recevons régulièrement une quantité importante de légumes, je m'efforce de tous les utiliser avant la prochaine livraison (que vous habitiez la campagne, la banlieue ou une grande ville, il y a une ferme biologique près de chez vous qui peut vous faire découvrir ses fruits et légumes! Visitez le site : www.equiterre.org).

À vous de trouver ce qui fonctionne le mieux pour vous.

Aujourd'hui, prenez soin de vous

Osez faire une chose nouvelle qui contribuera à améliorer votre santé ou votre bien-être.

6 avril

C'est dans la connaissance des conditions authentiques de notre vie qu'il nous faut puiser la force de vivre et des raisons d'agir.

SIMONE DE BEAUVOIR

Aujourd'hui, je vous pose trois questions. Trois questions qui, personnellement, m'aident à puiser la force de mener chaque jour une vie plus saine et plus équilibrée. Les voici. J'espère qu'elles vous aideront, vous aussi, à poursuivre votre réflexion :

- Si je ne me respecte pas, pourquoi les autres le feraient-ils ?
- Si je n'exprime pas mes besoins, comment pourront-ils être comblés ?
- Si je ne prends pas soin de moi, qui d'autre le fera ?

Posez une action pour endosser le changement

Je vous encourage à aller marcher au moins vingt-cinq minutes. Pour ajouter un peu de variété, je vous suggère la séquence suivante : cinq minutes à vitesse peu élevée, suivies de quinze minutes d'un pas plus rapide puis de cinq minutes de retour au calme. Si vous le désirez, prenez en note dans votre journal de bord le nombre de minutes que vous avez consacrées à l'exercice au cours de la journée.

Aujourd'hui, prenez soin de vous

Voici quelques exemples d'actions concrètes que vous pouvez entreprendre au cours de la journée et qui vous aideront à vous respecter et à prendre soin de vous :

- Refuser de vous engager dans un nouveau projet qui risque de vous épuiser ;
- Vous donner la permission de revenir sur une décision, même si cela risque de décevoir quelqu'un ;
- Au restaurant, commander ce qui sera bon pour vous plutôt que de choisir la même chose que les autres ;
- Prendre congé de la famille pour quelques heures afin de pratiquer une activité avec une amie ;

- Choisir une activité physique à votre goût (aérobie, yoga, leçons de tango ou autre), peu importe ce que les autres vont en penser ;
- Donner votre opinion même si d'autres ne la partagent pas ;
- Faire des pauses régulières au travail, même si les autres n'en font pas.

À vous de choisir !

DEUXIÈME PRINCIPE
DÉTERMINEZ UN OBJECTIF RÉALISABLE

7 avril

On ne remarque jamais le chemin parcouru ;
on ne voit que ce qui reste à faire.
MARIE CURIE

Et c'est pourquoi nous avons tant de difficulté à rester motivées !

Il nous faut apprendre à nous retourner de temps à autre pour apprécier le chemin parcouru. Prendre contact avec nos réussites, nos progrès. Il est si facile de l'oublier et de garder les yeux rivés sur tout ce qui reste à faire. On nous a habituées toutes jeunes, lorsque nous vivions une réussite, à ne pas nous asseoir sur nos lauriers. Non, madame ! On nous rappelait gentiment qu'il fallait retrousser nos manches et poursuivre notre route – et avec le sourire, s'il vous plaît ! Le problème est que nous manquons parfois de carburant – appelez cela de l'énergie, de l'inspiration, de la motivation – et régulièrement il nous faut refaire le plein. Pour cela, la meilleure façon est de reconnaître et d'apprécier à leur juste valeur non seulement les résultats obtenus mais aussi les efforts que nous avons investis dans notre développement personnel.

L'idée n'est pas de nous complaire dans l'autosatisfaction et le narcissisme (nous en serions incapables de toute façon, même si nous le voulions). Je suggère simplement que nous prenions le temps de nous retourner pour apprécier le chemin parcouru. Et la couronne de lauriers ? Prenons le temps d'admirer ce symbole de notre victoire. Après, nous serons libres de la poser sur notre tête et de continuer notre route.

Déterminez un objectif réalisable et passez à l'action

Je vous invite à mettre un nouvel aliment au menu. Par exemple, pourquoi ne pas découvrir la saveur et la texture des pousses de luzerne? En plus d'être riche en substances anti-cancérigènes, la luzerne est, tout comme les fèves de soya et les pois chiches, une excellente source de saponines, une substance qui s'attache au cholestérol dans le système digestif et nous aide ainsi à l'éliminer[5]. Une portion de pousses de luzerne correspond à une tasse (250 ml). Délicieux en salade ou en garniture dans les pitas.

Aujourd'hui, prenez soin de vous

Prenez le temps de savourer tous vos bons coups de la semaine. Par exemple, vous avez peut-être marché pour aller au travail, choisi un pain plus riche en fibres, essayé une nouvelle recette ou, encore, bu plus d'eau qu'à l'habitude. Chacune de ces actions est un succès en soi et mérite d'être appréciée.

8 avril

Ma déclaration d'estime de soi :

Je suis moi. Dans le monde entier, il n'y a personne exactement comme moi. Il y a des personnes qui ont certaines parties comme moi, mais aucune n'a pour résultat quelqu'un d'identique à moi. Donc, tout ce qui vient de moi est authentiquement mien parce que moi seule le veux bien.

VIRGINIA SATIR

Et vous, quelle serait *votre* déclaration d'estime personnelle?

Comment, en quelques mots, pourriez-vous définir votre propre valeur? En quoi êtes-vous unique? Qu'aimez-vous en vous? Quels sont les compliments qu'on vous fait le plus souvent? En quoi contribuez-vous de façon unique au monde? Faites ce petit exercice. Notez ensuite votre déclaration d'estime de soi dans votre journal de bord.

Relisez-la souvent.

Déterminez un objectif réalisable et passez à l'action

Mesurez vos portions afin de vous assurer qu'elles correspondent aux recommandations des diététistes. Une étude très intéressante montre à quel point nous avons de la difficulté à estimer la quantité de nourriture et de calories que nous ingérons. Des chercheurs de l'Université d'Albany ont servi une portion de crème glacée à un groupe de personnes, obèses et non obèses, et leur ont demandé d'estimer le nombre de calories ainsi que la quantité ingérée. Peu importe leur poids, les participants ont tous eu tendance à sous-estimer le nombre de calories et à surestimer la quantité consommée[1]. Cette étude révèle à quel point nous ne pouvons pas nous fier à notre impression lorsqu'il s'agit des portions et qu'il peut être très efficace de mesurer nos aliments pendant quelque temps pour « nous éduquer ».

Aujourd'hui, prenez soin de vous

Tout en préparant votre déclaration d'estime personnelle, gardez en tête ces propos encourageants de Sharon Wegscheider-Cruse : « Toute personne qui a la volonté de travailler pour parvenir à l'estime de soi mérite grandement cette estime et toutes les bonnes choses qui en découlent. »

9 avril

La grande majorité d'entre nous passons notre vie à courir,
trop affairés et trop empressés pour nous rendre à pied où que ce soit.
Assaillis par les problèmes et les difficultés, nous avons l'impression
que la marche est une perte de temps frivole, un gaspillage
de notre précieux temps. La question « Mais quand aller marcher ? »
devient un problème supplémentaire, une question additionnelle
qui vient s'ajouter à notre esprit occupé. Mais la vérité,
c'est que la marche détient les solutions que nous cherchons.

JULIA CAMERON

Nous avons une capacité étonnante à nous refuser ce qui nous ferait le plus grand bien !

Aujourd'hui, investissons quelques minutes de notre précieux temps afin d'apprécier les bienfaits de la marche sur notre humeur et notre productivité. « La marche permet une ouverture, ajoute Julia Cameron. Elle nous nourrit. Pas après pas, elle nous donne une nourriture pour l'âme qui nous sustente lorsque nous travaillons à modeler et remodeler notre vie. » Voyons comment ce simple outil peut alléger notre quotidien et nous aider à trouver des solutions et à être plus créatives.

Déterminez un objectif réalisable et passez à l'action

Je vous invite à consommer un repas à base de poisson. Pour un repas simple et délicieux, combinez une cuillère à soupe d'huile d'olive (15 ml), une cuillère à soupe de jus de citron (15 ml) et une gousse d'ail réduite en purée. Badigeonnez de cette préparation quatre filets de thon ou de saumon et faites griller le tout. Servez avec une salade et une portion de pâtes ou de riz.

Aujourd'hui, prenez soin de vous

Allouez-vous quelques minutes de plus et faites comme cette chère Julia, rendez-vous à pied quelque part. Le simple fait de marcher régulièrement peut abaisser le taux de cholestérol, et ce, même chez les marcheurs qui ne suivent pas de régime particulier[20]. Voilà une façon bien concrète de se faire du bien !

10 avril

On ne se débarrasse pas d'une habitude en la jetant par la fenêtre.
Il faut lui faire descendre l'escalier marche par marche.

MARK TWAIN

Soyons réalistes.

Si nous entretenons une habitude depuis des années, il n'est pas raisonnable de penser que nous allons nous en défaire en quelques jours. Afin de réussir, il nous faut du temps pour progresser en douceur. Mais, surtout, il nous faut aborder le changement d'habitudes comme un processus positif et constructif. Plus précisément, il nous faut trouver une habitude positive pour remplacer celle que nous désirons laisser tomber. Ainsi, nous travaillerons à intégrer un nouveau comportement qui sera bénéfique pour nous plutôt que de lutter contre une mauvaise habitude. Vous verrez, c'est beaucoup plus motivant.

Ainsi, plutôt que de vous dire : « Je veux cesser de manger des chips devant la télévision », vous pourriez dire : « À partir de maintenant, je choisis de manger des fruits en regardant la télévision. » Vous pourriez aussi remplacer la phrase suivante : « Je veux manger moins souvent au restaurant » par : « J'apporte mon lunch plus souvent au bureau. » Enfin, plutôt que d'affirmer : « Je veux passer moins de temps devant l'ordinateur », il serait probablement plus stimulant de dire : « Je me réserve du temps chaque midi pour aller marcher. » Vous voyez un peu ?

Procédez ainsi pour chaque comportement que vous aimeriez changer mais, surtout, ne travaillez qu'une seule habitude à la fois.

Déterminez un objectif réalisable et passez à l'action

Choisissez *une seule* nouvelle habitude que vous aimeriez intégrer à votre routine et passez à l'action ! Voici quelques exemples :

- Cuisiner davantage la fin de semaine et congeler les portions supplémentaires ;
- Commencer à déjeuner tous les matins ;
- Apporter un lunch au travail ;
- Préparer une nouvelle recette-santé par semaine ;
- Boire six verres d'eau par jour ;
- Marcher tous les jours, beau temps, mauvais temps ;
- Tenir un journal de bord ;
- Toute autre habitude que vous auriez envie d'intégrer à votre vie.

Aujourd'hui, prenez soin de vous

Je vous encourage à vous mettre au lit une heure plus tôt que d'habitude.

11 avril

Avoir des limites, ça ne complique pas la vie ;
au contraire, les limites simplifient la vie.
MELODY BEATTIE

Bien souvent, si nous ne réussissons pas à intégrer une habitude saine dans notre vie, c'est que nous devons revoir notre *organisation.*

Il y a quelque temps, une mère de famille me disait ne pas avoir le temps de prendre le petit-déjeuner avec ses filles avant de les conduire à la garderie. En discutant avec elle, je me suis rendu compte qu'elle préparait leurs lunchs à la hâte le matin. Je lui ai suggéré de les faire plutôt la veille, à l'heure de la collation ou tout de suite après le souper. Cette simple ré-organisation de son temps lui permet à présent de prendre le temps de manger le matin en compagnie de ses filles.

Une bonne organisation matérielle peut aussi faire une différence dans notre qualité de vie. Par exemple, si vous êtes équipée de grands chaudrons, de plats allant au four de grande capacité et d'une variété de plats de plastique, il vous sera plus facile et agréable de cuisiner des mets-santé en grosses quantités et de congeler les portions excédentaires par la suite. Si vous prenez le temps de planifier quelques repas et d'acheter les ingrédients nécessaires pour les préparer, cela vous permettra aussi de manger régulièrement des repas sains et équilibrés.

Aujourd'hui, prêtez une attention particulière à l'organisation de votre vie. Voyez si vous pouvez apporter quelques ajustements qui seraient bénéfiques à votre santé ou à votre bien-être.

Déterminez un objectif réalisable et passez à l'action

Essayez d'augmenter le nombre de pas que vous ferez au cours de la journée. Pour y parvenir, vous pouvez stationner l'auto un peu plus loin de l'entrée du centre commercial ou du bureau, accompagner vos enfants à pied à l'école, promener le chien deux fois plutôt qu'une ou, encore, faire de plus nombreux trajets entre la voiture et la maison pour rapporter vos paquets. Chaque pas compte !

Aujourd'hui, prenez soin de vous

Allouez-vous un certain nombre de minutes pour exécuter une tâche, que vous soyez au bureau ou à la maison. Lorsque le temps sera écoulé, que le travail soit terminé ou non, accordez-vous une pause.

12 avril

Nous devons accomplir des gestes chaque jour
pour réaliser nos rêves, n'eussions-nous
que quinze minutes sur vingt-quatre heures à y consacrer.
SARAH BAN BREATHNACH

Au début de cette année, je vous ai encouragée à mettre par écrit vos petits et grands rêves. Vous vous en souvenez ? Pour vous rafraîchir la mémoire, allez relire ce que vous aviez écrit à ce sujet. Allez-y, je vous attendrai ici.

Dites-moi à présent : Certains de vos rêves en matière de santé et de bien-être se sont-ils déjà concrétisés ? D'autres sont-il encore en cours de réalisation ? Si le processus de concrétisation est plus long que vous ne l'aviez imaginé, ne vous en inquiétez pas. Réaliser ses rêves ne tient pas de la course mais plutôt de la création. Chaque jour, nous apportons une nouvelle pièce qui s'ajoute à l'ensemble. Le tout prendra forme en temps voulu. L'important est d'y consacrer quelques minutes le plus régulièrement possible.

Lorsque j'ai entrepris l'écriture de ce livre, j'avais encore deux enfants à la maison avec moi (et trois à l'école). Chaque soir, après avoir bordé toute ma petite marmaille, ramassé les jouets et mis un peu d'ordre dans la cuisine, je montais à mon bureau y travailler quelques minutes. Quelques minutes, c'est tout ce que je pouvais faire, tellement j'étais vidée. Mais au moins j'avançais. Cette courte période de création me nourrissait et me procurait la sensation de travailler activement à la concrétisation d'un de mes rêves.

Aujourd'hui, même si vous êtes fatiguée, je vous encourage à prendre quelques minutes pour accomplir un geste concret qui vous rapprochera d'un rêve ou d'un objectif qui vous est cher. Alors, allez-y ! Écrivez une page de ce livre pour enfants que vous rêvez de publier, commencez l'entraînement qui vous mènera à votre premier marathon, consacrez vingt minutes à la préparation d'un délicieux mets-santé…

Accrochez-vous à vos rêves. Ils méritent d'être réalisés.

Déterminez un objectif réalisable et passez à l'action

Ajoutez un bloc de cinq ou dix minutes à votre séance habituelle d'exercice.

Aujourd'hui, prenez soin de vous

Consacrez au moins quinze minutes de votre journée à une activité qui vous aidera à concrétiser un rêve qui vous est cher. Voyez le temps que vous consacrez à vos rêves et à leur réalisation comme une façon de prendre soin de vous.

TROISIÈME PRINCIPE
ABAISSEZ VOTRE POIDS-CONSIGNE

13 avril

Ce n'est pas en faisant les choses que l'on aime,
mais en aimant celles que l'on doit faire
qu'on découvre les bénédictions de la vie.

JOHANN VON GOETHE

Là est le secret.

Tous les efforts que vous déployez pour changer vos habitudes de vie vous paraîtront beaucoup moins lourds si vous êtes consciente des bienfaits que vous en retirez. Un de ces bienfaits est de prévenir, ou du moins, de retarder l'apparition du diabète[15,27].

Au Canada, près de cinq pour cent de la population âgée de vingt ans ou plus a reçu un diagnostic de diabète[10]. Chez les soixante à soixante-quatorze-ans ans, c'est douze pour cent des individus. Des spécialistes estiment toutefois que *près de trente pour cent* des cas de diabète ne sont pas diagnostiqués[11].

Cela signifie que des milliers d'entre nous présentent déjà une certaine résistance à l'insuline, mais ne le savent pas. Si ces personnes ne modifient par leur style de vie, elles développeront fort probablement un diabète de type II.

Heureusement, vous et moi pouvons agir pour éviter cette maladie. Une étude américaine a montré que le fait de manger plus sainement et de faire davantage d'exercice pouvait réduire l'incidence de ce type de diabète de *cinquante-huit pour cent*[8] ! Lorsque vous sentez votre motivation faiblir, souvenez-vous qu'en adoptant de saines habitudes vous faites beaucoup plus que perdre du poids, vous investissez dans votre santé et votre bien-être pour les années à venir.

Posez une action pour abaisser votre poids-consigne

Consommez au moins deux portions de produits céréaliers de *grains entiers*. Des études indiquent que plus nous en mangeons, moins nous risquons de devenir diabétiques[23,28].

Si d'aventure il vous prenait l'envie d'essayer un nouvel aliment à base de grains entiers, je vous suggère le *kashi*, un mélange de céréales entières (avoine, riz brun, seigle, blé, triticale, sarrasin, orge) et de graines de sésame, que l'on peut acheter dans les magasins d'alimentation naturelle. Une fois cuit, ce mélange est excellent, semble-t-il, dans les recettes de pilaf (sorte de risotto avec légumes et viande). En ce qui me concerne, je consomme le kashi comme céréale chaude ou froide le matin, avec du lait ou du yogourt.

Aujourd'hui, prenez soin de vous

Réservez-vous au moins une demi-heure pour faire un peu de lecture, installée dans votre coin favori.

14 avril

Il me semble que nos trois besoins fondamentaux
– nourriture, sécurité et amour – sont si intimement reliés
que nous ne pouvons penser à l'un sans penser aux autres.
M.F.K. FISHER

Dès notre naissance, nous avons appris à associer la nourriture avec la sécurité affective. Là où il y avait du lait chaud, il y avait aussi de l'amour ! Même après que nous avons été sevrées du lait maternel, la nourriture, préparée avec amour par notre mère, nourrissait autant nos ventres que notre âme. C'est pourquoi, au fil du temps, notre cerveau a enregistré ce puissant message :

nourriture = sécurité et amour

Au fur et à mesure que nous grandissions, cependant, nous avons appris à développer nos ressources personnelles afin de ne plus rechercher extérieurement (dans la nourriture, par exemple) une source de réconfort et un sentiment de sécurité. Cela nous permet, durant les moments difficiles, de trouver en nous-mêmes les ressources pour nous apaiser.

Cela dit, je ne crois pas que nous devrions nous priver de nos aliments favoris simplement parce qu'ils nous procurent un certain réconfort. La clé est de ne pas rechercher *systématiquement* le réconfort dans la nourriture. Si c'est ce que vous avez tendance à faire, vous voudrez peut-être essayer de développer votre habileté à vous réconforter et à vous apaiser *de l'intérieur*. Une façon d'y parvenir est d'adopter, durant les moments difficiles, un discours intérieur bienveillant plutôt qu'une attitude critique. Avec le temps, cette voix intérieure se fera plus rassurante et votre besoin de rechercher des solutions extérieures pour vous apaiser deviendra moins pressant.

Posez une action pour abaisser votre poids-consigne

Sortez marcher au moins trente minutes au cours de la journée. Si vous êtes en période de ménopause, l'exercice régulier vous aidera à éviter ou à limiter le gain de poids. De plus, il semble que le fait d'être active physiquement contribuerait à prévenir les problèmes d'hypertension, de diabète et de maladies cardiovasculaires qui ont tendance à apparaître à ce stade de la vie des femmes, en plus de réduire la consommation de médicaments et d'augmenter l'espérance de vie[9]. Nous aurions tort de nous en passer!

Aujourd'hui, prenez soin de vous

Gardez à l'esprit ces mots de Ruth Fischel : « Vous trouverez votre force en vous-même, dans les profondeurs de votre être que vous n'avez encore jamais osé regarder. Sachez que vous possédez tout ce dont vous avez besoin pour accomplir aujourd'hui tout ce qu'il y a de bon et de bien dans votre vie. » N'y a-t-il pas dans ces paroles quelque chose d'infiniment réconfortant?

15 avril

Si nous ne prenons pas soin de notre corps,
où allons-nous habiter ?
ANONYME

Bonne question.

Pour celles qui seraient intéressées à habiter leur corps encore quelque temps, il pourrait effectivement être une bonne idée d'en prendre soin. Maintenir un poids sain est d'ailleurs une excellente façon de le faire. Cela nous permet non seulement d'allonger notre espérance de vie, mais aussi de prévenir l'apparition de problèmes de santé qui affectent notre qualité de vie. L'arthrite est l'un d'eux.

Des études indiquent que les femmes qui accumulent un surplus de poids avant l'âge de quarante ans risquent beaucoup plus de développer un problème d'arthrite du genou que celles qui ont maintenu un poids-santé[7]. En effet, l'excès de poids entraînerait une usure prématurée des genoux et des chevilles.

Par ailleurs, bien que quarante-quatre pour cent des personnes souffrant d'arthrite soient obèses (contre 26 % maintenant un poids-santé), une étude a révélé que moins de la moitié des professionnels de la santé recommandaient à leurs patients obèses et arthritiques de perdre du poids[19]. Cela est d'autant plus étonnant qu'il a été démontré que le fait de perdre du poids contribuait à prévenir l'arthrite et même à en soulager les symptômes[21].

Aujourd'hui, dites-vous que les efforts que vous consacrez à atteindre votre poids-santé seront autant de façons de prendre soin de vous et de vos précieuses articulations. Plus vous serez mobile, plus vous le resterez !

Posez une action pour abaisser votre poids-consigne

Ne faites pas partie des soixante pour cent de Canadiennes qui sont inactives[22] ! Je vous encourage aujourd'hui à accumuler trente minutes d'exercice au cours de la journée. Même si vous êtes très occupée ou que vous avez des enfants en bas âge, vous pouvez y arriver ! Une amie m'expliquait récemment que plutôt que de subir un autre régime, elle avait décidé de s'abonner à un centre de conditionnement physique pour femmes. Deux fois par semaine, cette jeune mère de cinq enfants (âgés d'un an à dix ans) va conduire ses petits d'âge préscolaire chez sa mère, le temps de s'entraîner. Le samedi, son mari prend la relève avec les enfants. Elle me disait que depuis qu'elle avait inclus cette nouvelle routine dans sa vie elle se sentait beaucoup plus énergique et en santé. Je suis convaincue qu'il en sera de même pour vous.

Aujourd'hui, prenez soin de vous

À quand remonte votre dernier autoexamen des seins? Plus d'un mois? Alors, il est temps d'y voir. En effet, dès l'âge de vingt ans, nous devrions procéder à cet examen chaque mois afin de repérer toute anomalie. Le fait de détecter une masse cancéreuse précocement augmente significativement nos chances de guérison en cas de cancer du sein. Je vous encourage donc à prendre soin de votre corps en procédant régulièrement à l'examen de vos seins.

La façon de procéder est la suivante : au cinquième ou sixième jour de vos règles, examinez vos seins dans le miroir pour vérifier d'abord leur symétrie, leur contour, leur taille. Notez tout changement de forme, de couleur ou de texture, toute rougeur ou rétraction du mamelon ou de la peau, de même que tout écoulement suspect. Ensuite, levez le bras du côté du sein examiné et, à l'aide de l'autre main, palpez votre sein, les doigts bien à plat (ex. sein droit, main gauche). Commencez en partant du mamelon, en faisant des mouvements circulaires de plus en plus grands. Prenez soin de palper jusqu'à l'aisselle où se trouvent une série de ganglions. Passez ensuite à l'examen de l'autre sein. Les structures normales du sein sont petites et plutôt lisses et mobiles, tandis que les masses suspectes ont tendance à être plus texturées et moins mobiles. Signalez à votre médecin toute anomalie, aussi minime soit-elle.

L'autoexamen des seins permet de déceler un cancer quand la bosse devient palpable alors que la mammographie peut détecter des lésions encore non palpables. Si vous êtes âgée de cinquante à soixante-neuf ans, la mammographie est recommandée aux deux ans. Si vous avez des antécédents familiaux de cancer du sein et êtes âgée de moins de cinquante ans, demandez à votre médecin s'il serait indiqué de passer une mammographie de référence.

En adoptant un style de vie sain et en prenant l'habitude d'examiner nos seins régulièrement, nous augmentons nos chances de vivre en santé longtemps!

16 avril

Ce que nous faisons aujourd'hui, en ce moment,
aura un effet cumulatif sur tous nos lendemains.
ALEXANDRA STODDARD

Cette affirmation est vraie autant pour les comportements nocifs que pour ceux qui nous aident à rester en santé. En effet, de la même façon que les petites frites par-ci et les deuxièmes boules de crème glacée par-là ont fini par se transformer en poignées d'amour, nous pouvons, à force de petites marches par-ci et de deuxièmes portions de légumes par-là, renverser ce processus.

Le gain de poids n'est rien d'autre que le résultat de petits *excès* caloriques. À l'opposé, la perte de poids n'est rien de plus que le fruit de petits *déficits* caloriques.

À nous de choisir, chaque jour, quel sera l'effet cumulatif sur nos lendemains.

Posez une action pour abaisser votre poids-consigne

Consommez un fruit de plus qu'à l'habitude. Pour ma part, je me suis régalée aujourd'hui avec une orange juteuse, une excellente prune, une pomme (à ce moment de l'année je préfère les Royal Gala, qui sont toujours croquantes et juteuses) et un pamplemousse rose bien sucré. Et vous ?

Aujourd'hui, prenez soin de vous

Dans un endroit paisible, prenez quelques instants pour écrire toutes les petites et grandes choses qui ont changé pour le mieux depuis le début de votre cheminement vers la santé.

Félicitez-vous pour les progrès accomplis.

17 avril

Le temps est une création de l'esprit.
Dire « Je n'ai pas le temps » est comme dire « Je ne veux pas... »
LAO-TSEU

Se réserver du temps pour faire de l'exercice est une excellente façon de prendre soin de soi. D'ailleurs, la plupart des gens qui font régulièrement de l'exercice disent se sentir, en général, plus détendus et plus énergiques[13]. J'ai tendance à croire que le fait d'être actives physiquement nous permet aussi d'apprécier davantage notre corps et nous encourage à le respecter.

Mais ce n'est pas toujours évident de trouver le temps. Je le sais. Après la naissance de mes jumeaux, j'ai compris assez vite que pour demeurer active, il fallait que je fasse de l'exercice *avec* mes bébés, car le soir j'étais trop fatiguée pour bouger. Des amis m'ont donné leur poussette double et j'ai commencé à marcher, marcher, marcher... Je peux vous affirmer que cette poussette a largement contribué à ma santé physique et mentale! Durant les mois les plus froids, j'avais pris l'habitude de faire une séance d'exercice durant la sieste des bébés. Je faisais alors une routine de « work-out » devant la télévision ou encore des exercices de musculation au sol. Aujourd'hui, mes enfants sont tous à l'école, mais l'écriture de ce livre et mes engagements communautaires me prennent plusieurs heures chaque jour. Cependant, comme l'exercice est une priorité pour moi, je trouve le moyen d'en faire la plupart des jours de la semaine.

Et je sais que vous pouvez faire de même!

Posez une action pour abaisser votre poids-consigne

Assurez-vous de consommer suffisamment de protéines (au moins 50 g/jour). En effet, les repas riches en protéines activeraient la thermogénèse post-prandiale (combustion des calories après un repas) de façon beaucoup plus marquée que ne le font les repas riches en glucides ou en lipides[30]. La thermogénèse post-prandiale est la quantité d'énergie que nous brûlons après un repas pour assurer la digestion et l'absorption des nutriments. Elle représente en général dix pour cent de toutes les calories que nous brûlons au cours de la journée. Des études ont montré que le contenu de notre repas influence l'intensité de cette thermogénèse. Par exemple, une augmentation de un pour cent de notre apport en protéines augmenterait de deux dixièmes pour cent notre thermogénèse postprandiale. En d'autres mots, lorsque nous consommons un repas riche en protéines, nous brûlons davantage de calories.

Toutefois, nul besoin de vous tourner vers les suppléments alimentaires pour combler vos besoins. Si vous consommez tous les jours au moins deux portions de viandes/substituts, votre apport en protéines devrait être suffisant.

Aujourd'hui, prenez soin de vous

Habillez-vous confortablement et allez faire une longue marche dans ce paysage printanier. Dites-vous que cette marche est votre soin de beauté!

18 avril

En cette saison printanière de l'année, quand l'air est doux et plaisant, ce serait une injure à la nature et vraiment dommage de ne pas aller dehors voir sa magnificence et partager sa façon de relier le ciel et la terre.

JOHN MILTON

Aujourd'hui, laissez-vous inspirer par la nature. Sa vitalité. Sa capacité à se renouveler.

Aucune d'entre nous n'est trop affairée pour ne pas pouvoir prendre quelques instants afin de profiter de la douceur du printemps! Chaussez vos bottes de caoutchouc et traversez les flaques d'eau qui se présenteront sur votre chemin, respirez à fond les odeurs de la terre, observez les jeux des oiseaux. Ces délicieuses minutes en plein air sont comme de mini-vacances pour le corps et l'esprit.

Posez une action pour abaisser votre poids-consigne

Pendant votre marche, profitez-en pour faire travailler vos muscles abdominaux. Contractez-les en retenant votre ventre pendant quelques secondes, puis relâchez en expirant. Refaites cet exercice plusieurs fois au cours de votre balade.

Aujourd'hui, prenez soin de vous

Je vous invite à vivre l'expérience du silence. Fermez d'abord la télévision ou la radio. Laissez de côté votre livre ou ce que vous êtes en train de faire pour les vingt prochaines minutes. Profitez de ce moment pour vous détendre et libérer votre esprit. Si des pensées surviennent, laissez-les simplement repartir sans vous y attarder. J'ai remarqué que le fait de passer du temps en plein air, à observer la nature, facilite cette expérience.

Essayez-le. Vous m'en donnerez des nouvelles.

QUATRIÈME PRINCIPE
APPRENEZ À RESPECTER VOS SIGNAUX INTERNES

19 avril

Changer de compulsion, c'est comme changer de cabine sur le Titanic.

ADAGE NARCOTIQUES ANONYMES

J'ai vu plusieurs femmes décider de perdre du poids et, quelque temps après, recommencer à fumer. Ce phénomène est bien connu des spécialistes de l'obésité[12]. Pour bon nombre d'entre elles, la cigarette compense les aliments qu'elles ne mettent plus dans leur bouche. Ce que la nourriture apportait comme soulagement, c'est maintenant la cigarette qui l'offre. Et il en va de même avec divers autres comportements compulsifs. Voici un témoignage tiré du livre *Se libérer de ses dépendances* qui illustre bien ce phénomène : « Pour arrêter de boire, je me suis mise à grignoter des bonbons, à boire des sodas : j'ai remplacé par le sucre. Et je suis devenue boulimique. Jusqu'à ce que j'apprenne que le sucre provoque des crises d'hypoglycémie comme l'alcool, c'est-à-dire un état de mal-être permanent, des moments de panique, et le besoin de toujours en reprendre pour essayer de se calmer. Sans compter les kilos : je ne pouvais plus me supporter, j'avais honte de moi, autant qu'avant. J'en venais à regretter l'alcool. »

« Que ce soit une compulsion à prendre soin d'autrui, à contrôler, à travailler ou à manger des tartes aux pacanes, les comportements compulsifs visent au départ l'arrêt de la douleur », nous explique Melody Beattie. « Bien que les comportements compulsifs puissent nous aider temporairement à éviter les sentiments ou les problèmes, poursuit-elle cependant, ils n'arrêtent pas la douleur. Ils en créent davantage. » Évidemment, ni vous ni moi ne souhaitons cela. C'est pourquoi je vous invite aujourd'hui à être attentive à ces comportements autodestructeurs. Si vous constatez que vous êtes en train d'échanger la compulsion alimentaire pour une autre, que ce soit la cigarette, l'alcool ou le travail excessif, prenez conscience que ces comportements vont à l'encontre du but recherché, c'est-à-dire un plus grand bien-être.

N'hésitez pas à en parler à des gens qui peuvent vous aider : des proches, des professionnels, des groupes d'entraide. Ce simple geste peut vous aider à vous « sortir du *Titanic* » et à entamer un processus de guérison et de croissance personnelle.

Posez une action pour respecter vos signaux internes

Ne coupez pas trop les lipides (gras) dans votre alimentation. De plus en plus d'études montrent que lorsque nous cherchons à perdre du poids et à maintenir un poids-santé une certaine quantité de gras est importante dans notre alimentation (env. 23 à 30 % des calories)[25]. En effet, en plus de donner de la saveur aux aliments, le gras ralentit la digestion, ce qui nous permet de demeurer rassasiées plus longtemps après le repas.

Aujourd'hui, prenez soin de vous

Enfilez une tenue confortable et allez faire un tour dehors, rien que pour le plaisir de profiter de l'air printanier.

20 avril

Suis-je prêt à désapprendre mes tensions ?

AMY DEAN

Bon nombre d'entre nous entretenons la conviction que « détente » et « laisser-aller » sont synonymes. Nous sommes persuadées que rien ne sera fait si nous ne sommes pas tendues ou stressées. Alors nous serrons les dents, baissons la tête et fonçons vers la réunion de parents, les vacances dans le Sud, les courses à l'épicerie… « Peu importe le plaisir, pourvu que ce soit fait ! » semble être devenu le mot d'ordre.

Je ne sais pas pour vous, mais ma définition d'une vie équilibrée, saine et satisfaisante ne correspond pas à cette image de la femme qui carbure au stress. Comment pouvons-nous aspirer à une qualité de vie meilleure si nous passons le plus clair de notre temps à courir, les sourcils froncés ? si nous choisissons de manger devant l'ordinateur ? si nous préférons faire des heures supplémentaires plutôt que d'aller marcher ? Personnellement, je n'ai pas envie que mes journées se résument à une longue liste de « choses à faire ». Non, madame ! J'attends beaucoup plus de la vie ! Plus de plaisir, plus de bons moments, plus de sérénité et plus de joie de vivre dans mon quotidien. Et je suis prête à parier que je ne suis pas la seule.

Aujourd'hui, que diriez-vous de lâcher prise face à la tension ?

« Allez lentement, respirez et souriez », recommande le moine Thich Nhat Hahn. À voir son air reposé et confiant, j'ai envie de suivre son conseil. Vous et moi ne serons probablement jamais mises en nomination pour le prix Nobel de la paix comme lui l'a été, mais je suis persuadée qu'en adoptant une attitude plus détendue et en cultivant notre paix intérieure nous pourrons accomplir de belles et bonnes choses dans notre vie.

Posez une action pour respecter vos signaux internes

Au restaurant, n'hésitez pas à demander une assiette pour partager le plat principal avec la personne qui vous accompagne.

Aujourd'hui, prenez soin de vous

Ménagez-vous du temps pour vous détendre au cours de la journée. Pourquoi ne pas en profiter pour sortir une chaise longue et une couverture et vous laisser chauffer par le soleil printanier ?

21 avril

La compulsion, lorsqu'elle s'empare de moi, me donne la sensation de devenir un corps sans tête, puisque je ne suis plus capable de raisonner. Comme si mon corps se vengeait des traitements que je lui fais subir, parce que le reste du temps, je deviens une tête sans corps. Une énorme tête qui pense et qui parle.

TÉMOIGNAGE ANONYME tiré de *Se libérer de ses dépendances*

De ma propre expérience et de ce que j'ai pu constater dans mon travail, une des pierres angulaires de la guérison d'un comportement compulsif (quel qu'il soit) est le développement d'une relation harmonieuse entre la tête et le corps, c'est-à-dire entre les émotions et les comportements.

À partir du moment où nous prenons conscience de l'existence d'un comportement compulsif dans notre vie, de sa cause (le désir de faire cesser la souffrance) et de son effet pervers (encore plus de souffrance), nous pouvons nous ouvrir à de nouveaux comportements. Un des plus bénéfiques est probablement d'apprendre à vivre nos émotions plutôt que de les refouler. Comme l'explique Daniel Goleman, psychologue : « Le fait de pouvoir identifier ses émotions est la clé de voûte de l'intelligence émotionnelle. [...] Quiconque est aveugle à ce qu'il ressent est à la merci de ses sentiments. Par contre, les personnes qui en sont capables conduisent mieux leur vie et perçoivent plus clairement les répercussions intimes de leurs décisions personnelles [...] »

En devenant attentives aux sentiments qui nous habitent et en apprenant à les respecter, nous créons progressivement un lien conscient entre nos émotions et notre comportement. Une attitude saine, bienveillante et respectueuse envers nos émotions se traduira invariablement par des comportements sains, bienveillants et respectueux envers nous-mêmes. Mais pour cela, il faut garder à l'esprit que nous sommes toujours libres de choisir. Nous ne sommes pas des boules d'émotions, des esclaves de nos pulsions. Nous pouvons, en tout temps, nous libérer de nos schémas automatiques et choisir nos comportements.

Posez une action pour respecter vos signaux internes

Je vous invite à consommer un repas à base de légumineuses. Rassasiantes, riches en fibres et en protéines et faibles en gras, les légumineuses sont des alliées extraordinaires de la perte de poids. Mais des études indiquent qu'elles pourraient aussi favoriser la longévité. En effet, les peuples reconnus pour leur longévité sont aussi de grands consommateurs de légumineuses. Les Japonais consomment ainsi de grandes quantités de soya, les Suédois de haricots et de pois secs, tandis que les Méditerranéens mangent fréquemment des lentilles, des pois chiches et des haricots blancs. Les résultats d'une équipe de chercheurs indiquent d'ailleurs une réduction de sept à huit pour cent du taux de mortalité pour chaque tranche de vingt grammes de légumineuses consommées chaque jour[2]!

Aujourd'hui, prenez soin de vous

Au cours de la journée, essayez à quelques reprises d'entrer en contact avec vos émotions. L'idée n'est pas de vous plonger dans une analyse en profondeur mais simplement de vous « tâter le pouls », de savoir ce que vous ressentez.

22 avril

À force de se soumettre à des régimes amaigrissants,
on apprend systématiquement à se baser sur ce qui est écrit
sur sa liste d'aliments « permis » et à ignorer ce que nous dit,
puis nous crie, puis nous hurle notre organisme.

DANIELLE BOURQUE

Il fut un temps, au début de la vingtaine, où j'étais tellement obsédée par la crainte de grossir que je n'osais pas prendre la moindre bouchée de chocolat. J'entretenais la peur insensée que mon corps allait transformer ces quelques grammes de chocolat en kilos de graisse. Pendant trois ans, je n'en ai donc pas mangé un seul morceau.

Puis un beau jour, je me suis rendu compte que j'en avais assez de ma liste d'aliments « interdits ». Lorsque j'en ai eu envie, je me suis acheté une tablette de chocolat à mon goût et je l'ai mangée. Comme je n'avais pas soudainement pris vingt kilos, je me suis dit que ce n'était peut-être pas la fin du monde après tout. Je me suis aperçue, à ce moment là, que plus je me privais d'un aliment, plus j'en étais prisonnière. Avec le temps, j'ai donc décidé de ré-apprivoiser toute la gamme des aliments, même les plus « engraissants ». Paradoxalement, cela m'a permis de développer une relation beaucoup plus saine avec la nourriture.

À présent, lorsque j'ai vraiment envie d'un aliment et que j'ai faim, j'en mange. Et pour cette raison, je considère que je suis probablement maintenant – à trente-six ans et mère de cinq enfants – plus en santé dans ma tête et dans mon corps qu'à l'âge de vingt ans !

Posez une action pour respecter vos signaux internes

Faites confiance à votre corps. Il vous dictera la quantité de nourriture dont il a besoin.

Aujourd'hui, prenez soin de vous

Si vous envisagez d'inclure un peu de jogging dans votre séance de marche, je vous recommande de vous procurer de véritables chaussures de course et un soutien-gorge de qualité pour le sport (personnellement, j'aime bien les modèle croisés dans le dos). Votre entraînement sera beaucoup plus confortable.

23 avril

Un visage souriant constitue la moitié du repas.
PROVERBE LETTON

Comme bien des femmes, je trouve parfois difficile de maintenir une atmosphère agréable au moment des repas[17]. Le verre de lait renversé. *Encore une fois.* La petite dernière qui insiste pour venir manger en tutu. Les grands qui se disputent à table... Tout un défi, en effet. Auquel s'ajoute celui de vouloir servir des repas sains à notre famille. Personnellement, je n'ai pas trouvé de recette magique pour faire de chaque repas un moment agréable et reposant, mais j'ai remarqué que lorsque je prends le temps de cuisiner à l'avance, je suis beaucoup plus détendue quand vient l'heure de se mettre à table. Et je sais qu'il s'agit là d'une excellente chose pour tout le monde !

Posez une action pour respecter vos signaux internes

Une petite astuce pour ralentir votre grignotage : utilisez votre main non dominante (ex. main gauche si vous êtes droitière) pour vous servir et pour manger. Vous deviendrez plus consciente de vos gestes et de la quantité de nourriture que vous mettrez dans votre bouche.

Aujourd'hui, prenez soin de vous

Réservez une demi-heure dans votre programme afin de préparer à l'avance au moins un repas pour la semaine. Enfilez des chaussures confortables et un tablier, mettez vos préoccupations de côté et faites jouer votre musique favorite. En ce moment, j'écoute Jeffrey Foucault me chanter la pomme, pendant que mijote ma ratatouille niçoise, et je souris d'aise de savoir que mon souper de demain est déjà prêt.

24 avril

La nourriture n'est pas seulement quelque chose que nous mangeons. C'est un rappel incessant que nous sommes mortels, reliés à la terre, que nous avons faim et que nous avons des besoins. Nous sommes liés par un besoin impératif biologique qui nous renvoie constamment vers la terre, les plantes, les animaux et l'eau vive pour nous réapprovisionner. Manger est la vie. Chaque fois que nous mangeons, l'âme poursuit son voyage sur la terre. Avec chaque bouchée de nourriture avalée, une voix dit : «Je choisis la vie. Je choisis de manger, car j'aspire à quelque chose de plus.»

MARC DAVID

Lorsque nous nous privons de nourriture, nous nous privons de la vie et de son énergie vitale.

Pas étonnant que les régimes soient de véritables éteignoirs.

En choisissant de nous nourrir d'aliments sains et nutritifs, nous faisons triompher la vie – la santé et le bien-être – sur l'obsession de la minceur. À chaque bouchée, nous aussi pouvons dire : «Je choisis la vie. Je choisis de manger, car j'aspire à quelque chose de plus.»

Posez une action pour respecter vos signaux internes

Si vous ressentez le besoin de manger en soirée (souvent en regardant la télévision), planifiez votre menu de la journée en conséquence. Ainsi, cette collation ne sera pas un surplus de calories, mais fera partie intégrante de votre menu de la journée. Dans la mesure du possible, essayez de limiter les aliments riches en soirée et optez plutôt pour un choix de santé.

Des chercheurs du Michigan ont récemment suggéré à un groupe d'individus ayant tendance à manger en soirée de consommer une portion de céréales avec du lait écrémé (1 h 30 après leur souper) plutôt que leur collation habituelle. Les résultats de cette étude indiquent que, sans s'en rendre compte, les participants ont retranché en moyenne près de *quatre cents calories* à leur ration quotidienne ! Après quatre semaines, ce simple changement de comportement a fait perdre deux livres (1 kg) aux sujets de cette étude[29]. Comme quoi il n'est pas nécessaire de laisser tomber la collation du soir pour perdre du poids. Il s'agit simplement de faire des choix plus judicieux.

Aujourd'hui, prenez soin de vous

Prenez le temps de préparer un petit-déjeuner équilibré et de le déguster tranquillement en famille.

CINQUIÈME PRINCIPE
HONOREZ VOTRE ENGAGEMENT

25 avril

Si tu trouves une route sûre, suis-la longtemps.
PROVERBE NIGÉRIEN

Peut-être avez-vous regagné du poids récemment. Si c'est le cas, prenez quelques instants pour analyser la situation des dernières semaines. Se pourrait-il que vous soyez plus stressée qu'à l'habitude ? que vous ayez sauté quelques séances d'entraînement ou grignoté davantage ?

Peut-être avez-vous bu moins d'eau qu'à l'ordinaire ou, encore, arrondi quelque peu vos portions? Prenez le temps de réfléchir à tout cela.

Au terme de cette analyse, si vous constatez qu'il y a des choses que vous pouvez améliorer, faites-le. Ne vous culpabilisez pas, essayez simplement de revenir à vos habitudes dès aujourd'hui. Si vous ne décelez aucun changement dans vos habitudes ces derniers temps, et que vous avez néanmoins repris un peu de poids, persévérez. Laissez le temps faire son œuvre. Votre corps est peut-être tout simplement en train de traverser une période de réajustements.

Posez une action pour honorer votre engagement

Incluez une séance d'exercice de type cardiovasculaire dans votre programme (ex. marche rapide, vélo, jogging, danse aérobique). Si vous avez tendance à souffrir de migraines, cette habitude pourrait vous aider à en soulager les symptômes[16].

Aujourd'hui, prenez soin de vous

Consacrez au moins une demi-heure à une activité de votre choix qui vous détend et vous aide à refaire le plein d'énergie.

26 avril

Je considère la santé comme un de nos biens les plus précieux. Mais je ne la tiens pas pour acquise. Je la traite comme une valeur presque irremplaçable; je la dorlote, la cultive et la protège pour en tirer le plus de bénéfice, le plus longtemps possible.

LOUISE LAMBERT-LAGACÉ

Il nous arrive parfois de compenser un manque de vitalité par un grignotage incessant. C'est ce que m'a fait remarquer une amie biologiste qui avait pris du poids récemment. En analysant de plus près ses habitudes des derniers mois, cette mère de deux adolescentes avait constaté qu'elle dormait moins depuis un certain temps (elle avait un important dossier à préparer). Espérant contrer sa fatigue, elle avait pris l'habitude de grignoter au cours de la journée pour rehausser son niveau d'énergie.

Mais, en fin de compte, cela ne rehaussait pas son entrain, seulement les chiffres sur la balance.

En prenant soin de tous les aspects de votre santé, sommeil y compris, vous créerez des conditions favorables à l'atteinte de votre poids-santé.

Posez une action pour honorer votre engagement

Réservez les « cafés latte » pour des occasions spéciales. Ces cafés sont délicieux et très en vogue ces temps-ci, mais la plupart sont riches en gras et en sucre. Des recherches indiquent que les amatrices de « cafés latte » qui en boivent deux ou trois par semaine consomment en moyenne deux cent trois calories – et une once (32 g) de sucre – de plus chaque jour que celles qui n'en boivent pas[26].

Aujourd'hui, prenez soin de vous

Préparez-vous à passer une bonne nuit de sommeil. Mettez-vous au lit assez tôt afin de profiter d'au moins huit heures de repos et n'apportez pas de lecture obligatoire à terminer au lit (rapport, étude, etc.). Enfin, assurez-vous que la température de votre chambre à coucher n'est pas trop élevée. Ces précieuses heures de repos permettront à votre corps de se régénérer et de refaire le plein de vitalité.

27 avril

L'ingrédient le plus indispensable de toute bonne cuisine maison, c'est l'amour envers ceux pour qui vous cuisinez.

SOPHIA LOREN

Lorsque j'ai eu une semaine très chargée, soit en raison de l'écriture ou de conférences que j'ai eues à donner, je me lance invariablement dans une vague de création culinaire. Je ressens le besoin irrésistible de me reconnecter avec la vraie vie, c'est-à-dire la famille, le quotidien, la nourriture maison. J'en profite alors pour essayer des recettes un peu plus élaborées ou tout simplement pour cuisiner avec mes enfants. Ils aiment cela. Et moi aussi.

Les résultats ne sont pas toujours des plus concluants, mais le processus de choisir une recette ensemble, d'enfiler nos tabliers et de préparer les ingrédients, nous permet de passer de très agréables moments. Bien sûr, il y a les petites disputes habituelles, pour décider qui va casser l'œuf ou lécher la cuillère, mais cela n'enlève rien au caractère ressourçant de cette activité. Il fait tellement bon prendre son temps et préparer avec soin des petits plats pour ceux qu'on aime !

Posez une action pour honorer votre engagement

Garnissez votre assiette d'aliments ayant au moins quatre couleurs différentes. Voici une recette savoureuse de patates douces « frites » qui vous permettra d'ajouter de la couleur et une multitude de nutriments à votre menu. Lavez, puis coupez deux grosses patates douces non pelées dans le sens de la longueur, en six quartiers, puis enduisez-les du mélange suivant : une cuillère à soupe (15 ml) d'huile d'olive, une pincée de poudre d'ail et de sel. Faites cuire le tout au four à trois cent soixante-quinze degrés Fahrenheit (190 °C) pendant environ vingt-cinq minutes en tournant à la mi-cuisson. Vos enfants en raffoleront !

Aujourd'hui, prenez soin de vous

Je vous encourage à prendre le temps de cuisiner au cours de la journée. Mettez-y tout votre cœur. Faites-le pour ceux que vous aimez. Faites-le pour vous.

28 avril

Une vie intègre constitue à mes yeux la source majeure de notre valeur personnelle. Je rejette en effet les théories énoncées par certains ouvrages grand public et selon lesquelles notre valeur intrinsèque ne dépendrait que de notre état d'esprit. Nul ne peut trouver de véritable paix intérieure en adoptant simplement une attitude positiviste. Il faut savoir vivre en harmonie avec nos vraies valeurs.

STEPHEN COVEY

Être intègre ne signifie par être parfaite, mais être fidèle à soi-même et à ses objectifs. Lorsque nous déployons les efforts nécessaires pour retourner à nos bonnes habitudes après quelques écarts, nous faisons preuve d'intégrité. L'intégrité s'exprime aussi par notre capacité à délaisser certains plaisirs immédiats au profit de plaisirs différés. Par exemple, lorsque nous résistons à la tentation de passer une autre heure sur Internet et décidons plutôt d'aller faire de l'exercice. Nous choisissons alors d'agir en fonction de nos objectifs et de nos valeurs (atteindre un poids-santé) au lieu de céder aux tentations et aux occasions qui se présentent. Notre comportement reflète une série de choix conscients reflétant nos valeurs profondes et non une série de gestes impulsifs.

Rien ne sert de vous morfondre si vous n'avez pas suivi votre programme à la lettre cette semaine. Vous pouvez toujours décider, dès maintenant, de reprendre la situation en main et de vous appliquer à suivre le but que vous vous êtes fixé. C'est aussi cela, vivre en harmonie avec ses vraies valeurs.

Posez une action pour honorer votre engagement

Je vous invite à préparer une recette à base de légumineuses. Lorsque j'ai un reste de riz, j'aime bien préparer une salade composée de pois chiches et de riz, agrémentée de céleri en dés, de quelques carottes râpées, d'un peu d'oignon haché finement et de persil frais. J'assaisonne le tout avec un peu d'huile d'olive, de vinaigre de vin rouge et de sel. C'est délicieux, rapide, économique et nourrissant. Essayez-le!

Aujourd'hui, prenez soin de vous

Pourquoi ne pas profiter du soleil et de l'air printanier en effectuant quelques travaux d'extérieur? Chez nous, lorsque la neige fond, nous découvrons une épaisse couche de sable et de petit gravier sur toute la bordure de notre propriété. Jusqu'à récemment, j'ai toujours considéré le nettoyage de notre parterre comme une corvée désagréable et frustrante. Mais cette année, j'ai décidé de voir le temps passé à ratisser, pelleter et manier la brouette comme une occasion de faire de l'exercice et, donc, de prendre soin de moi. L'expérience a été beaucoup plus motivante! Aujourd'hui, dites-vous que le temps que vous consacrez à enlever les branches mortes qui traînent par terre, à nettoyer vos plates-bandes ou à ratisser le gazon est du temps que vous consacrez à votre santé!

29 avril

Trois choses rafraîchissent le cœur et délivrent du chagrin : l'eau, les fleurs, la beauté féminine.

PROVERBE SANSKRIT

Aujourd'hui, chère amie, j'aimerais que nous nous fassions le plaisir de nous offrir ces trois simples choses.

Tout d'abord, *des fleurs.*

À quand remonte la dernière fois où vous vous êtes fait le plaisir de vous acheter des fleurs ?

Trop longtemps, j'en suis certaine. Je vous promets que le petit bouquet de jonquilles ou de tulipes que vous oserez vous procurer (à quelques dollars dans certaines épiceries) égayera avec tant d'ardeur votre cuisine ou votre table de travail que vous vous demanderez pourquoi vous ne l'avez pas fait plus tôt. Si vous avez la chance d'avoir un jardin, vous voudrez peut-être prendre quelques minutes pour l'explorer, question de voir si quelques crocus ou jacinthes ne seraient pas sur le point d'éclore. Placez vos fleurs dans un petit vase, bien en vue, et laissez leur éclat printanier vous rafraîchir le cœur.

Posez une action pour honorer votre engagement

L'eau nous désaltère, nous rafraîchit et contribue au bon fonctionnement de notre organisme, tout en réduisant nos risques de développer des calculs rénaux, certains cancers ou même des problèmes de poids[14]. Voilà pourquoi je vous encourage à boire six à huit verres *d'eau* au cours de la journée. Personnellement, j'ai constaté que le fait de boire de l'eau à la température de la pièce m'incitait à en consommer davantage. J'ai donc en permanence un contenant d'eau sur le comptoir de ma cuisine et je me sers aussi souvent que possible. Peut-être voudrez-vous en faire autant.

Aujourd'hui, prenez soin de vous

Mettez en valeur votre *beauté naturelle.* Pourquoi attendre une occasion spéciale pour refaire cette jolie coiffure qui met en valeur la forme de votre visage ou pour porter ce chemisier qui vous va à ravir? Aujourd'hui est une excellente journée pour vous sentir belle.

30 avril

Nos valeurs sont, pour beaucoup d'entre nous, axées sur l'aspect matériel et ce fait génère de grandes insatisfactions dans notre existence : en effet, nous ne sommes pas nourris de l'intérieur par ce mode de vie. Nous cherchons dès lors à combler ce vide immense qui prend naissance, là, au creux de nos entrailles.

MICHÈLE LEMIEUX

Est-il possible qu'une des raisons pour lesquelles nous mangeons plus que nécessaire soit que nous menons une vie qui ne nous « nourrit pas de l'intérieur » ? Se pourrait-il que nous soyons affamées affectivement? intellectuellement? spirituellement? Se pourrait-il que nous cherchions, par l'entremise de la nourriture, à « combler ce vide immense qui prend naissance, là, au creux de nos entrailles » ?

Si tel est le cas, la cause du problème ne se trouve évidemment pas dans la nourriture que nous mangeons mais bien dans les *raisons qui nous poussent à la manger.* Ce sont ces raisons que nous devons explorer, chacune à notre rythme et à notre façon, si nous désirons développer une relation plus saine avec la nourriture et espérons maintenir notre poids-santé.

Posez une action pour honorer votre engagement

Avant de mettre de la nourriture dans votre bouche, faites une courte pause pour vous interroger sur vos motivations. Posez-vous cette question : « En ce moment précis, la nourriture est-elle un moyen de nourrir mon corps ou plutôt une façon de combler un vide dans ma vie? » Agissez ensuite en conséquence.

Aujourd'hui, prenez soin de vous

Consacrez une petite heure ou, mieux encore, une demi-journée à une activité de votre choix qui vous nourrira sur le plan physique, émotionnel, mental ou encore spirituel. Pratiquer votre sport favori, prendre un repas avec une amie, assister à un spectacle en famille, vous accorder du temps pour méditer ou prier, ou encore lire un bon roman, ne sont que quelques exemples d'activités « nourrissantes » que vous pouvez inclure dans votre journée.

Mai

Les matins de mai
lorsqu'ils illuminent les tendres verdures
sont comme autant de perles de rosée
qui lavent les yeux
et rafraîchissent l'âme.

Trois délicieuses recettes vous sont proposées :

Cari de pois chiches à la pakistanaise, p. 549
Orge en salade avec asperges et crevettes, p. 550
Biscuits à l'avoine et aux canneberges, p. 551

PREMIER PRINCIPE
ENDOSSEZ LE CHANGEMENT

1er mai

Ce n'est pas parce que je suis un vieux pommier
que je donne de vieilles pommes.
FÉLIX LECLERC

Peu importe notre âge ou notre condition physique, nous pouvons toujours faire quelque chose pour améliorer notre santé. J'en ai eu la preuve il y a quelques temps alors que je donnais une conférence à l'intention des diabétiques. Depuis le début de ma présentation, j'avais remarqué une jolie dame à la chevelure blanche, assise à l'avant. Installée dans son fauteuil roulant, elle posait de nombreuses questions, désireuse de mieux comprendre l'impact de l'embonpoint sur son diabète et cherchant à connaître tous les détails d'une alimentation saine et équilibrée. J'étais impressionnée par son dynamisme et sa motivation à améliorer son état de santé. Cette femme était si remplie de joie de vivre! Après la conférence, elle est venue me rejoindre pour discuter davantage et m'a demandé si mon livre était disponible en braille. Elle était aveugle.

L'exemple de cette femme illustre bien qu'il est toujours possible, peu importe notre âge ou notre condition physique, d'accomplir des gestes concrets pour améliorer notre santé. Il n'y a pas de date de péremption sur notre capacité à changer! Si c'est ce que nous désirons, nous pouvons améliorer notre qualité de vie quelles que soient les circonstances.

Posez une action pour endosser le changement

Ajoutez un bloc de cinq minutes d'exercice à votre routine habituelle.

Aujourd'hui, prenez soin de vous

Dressez une liste d'activités qui n'ont pas trait à la nourriture et auxquelles vous pourrez vous adonner durant les moments de solitude. Ce peut être des activités de détente (ex. lire un bon livre, méditer), un loisir (ex. jardiner, pratiquer votre sport favori) ou toute autre tâche vous procurant un sentiment de satisfaction (ex. mettre à jour votre correspondance, ranger la maison, compléter un projet de rénovation ou de décoration). Dès que l'envie de grignoter vous prendra, choisissez une activité sur votre liste et passez à l'action ! Vous verrez qu'après quelques minutes, vous ne penserez probablement plus à manger.

2 mai

Il ne faut pas toujours tourner la page, il faut parfois la déchirer.

ACHILLE CHAVÉE

Il faut parfois faire table rase pour mieux repartir à neuf. En effet, afin de maigrir une fois pour toutes, certaines femmes vont choisir de faire un ménage draconien de leur garde-manger ; d'autres prendront la décision de ne plus fréquenter certains restaurants, d'autres encore préféreront limiter leurs contacts avec les gens de leur entourage qui ont une attitude négative face à leur démarche. Ces changements leur permettent de recommencer du bon pied et de créer un environnement favorable à leur épanouissement.

Il est parfois nécessaire de déchirer la page, plutôt que de la tourner. Aujourd'hui, si vous sentez que cela pourrait vous être bénéfique, n'hésitez pas à le faire !

Posez une action pour endosser le changement

Vous avez l'habitude de prendre la voiture pour aller faire vos courses ? Aujourd'hui, je vous encourage à y aller à pied. Vous habitez trop loin et devez prendre l'auto pour faire vos achats ? Plutôt que de garer votre voiture tout près de l'entrée du centre commercial, choisissez un espace de stationnement plus éloigné. Chaque pas compte !

Aujourd'hui, prenez soin de vous

Assurez-vous de consommer au moins un fruit riche en vitamine C. Les agrumes frais ou en jus en sont d'excellentes sources, tout comme les fraises et le cantaloup. La vitamine C est l'une des principales vitamines anti-oxydantes de l'organisme. Elle stimulerait le système immunitaire[7] et aiderait l'organisme à absorber le fer[21]. Consommer des aliments riches en vitamine C est d'autant plus important si vous fumez, car les radicaux libres présents dans la fumée de cigarette détériorent cette vitamine[22].

3 mai

Mon expérience m'a au moins appris ceci : si une personne chemine avec confiance dans la direction de ses rêves et essaie de vivre la vie qu'elle a imaginée, elle trouvera un succès inespéré dans un délai raisonnable.

HENRY DAVID THOREAU

Aujourd'hui, je vous encourage à cheminer dans la direction de vos rêves et à poursuivre avec confiance votre démarche.

Ne vous préoccupez pas trop des résultats.

Il est important de se fixer des buts et de chercher avec passion à les atteindre, mais en même temps, il faut savoir se détacher des résultats (ex. chiffres sur la balance). En effet, lorsque notre bonheur et notre bien-être sont rattachés *à nos actions et à notre cheminement*, plutôt qu'au résultat final, nous avons l'immense satisfaction de les vivre chaque jour. C'est la différence entre entretenir des rêves et entretenir des attentes. Vous vous souvenez? Nous en parlions le 1er janvier.

Au cours de la journée, appliquez-vous tout simplement à suivre le plan que vous vous êtes fixé. Faites votre séance d'exercice et préparez-vous trois bons repas équilibrés.

Le reste suivra.

Posez une action pour endosser le changement

Ces vingt dernières années aux États-Unis, la consommation de gras n'a cessé de chuter, mais étonnamment la prévalence de l'obésité, elle, n'a fait qu'augmenter. C'est ce qu'on appelle le paradoxe américain. Selon Walter Willett, professeur à l'Université de Harvard, réduire la consommation de gras n'est pas nécessairement la meilleure solution. En effet, certaines études montrent que les régimes contenant une quantité plus élevée de gras sont parfois plus efficaces pour perdre du poids[25]. Plutôt que de rechercher systématiquement les aliments faibles en gras, je vous encourage plutôt à rechercher des aliments savoureux (parfois une plus petite portion suffit) et *à augmenter votre consommation de fruits et de légumes*. Vous bénéficierez ainsi de la saveur que le gras confère aux aliments tout en ayant une alimentation riche en fibres, connue pour faciliter le maintien d'un poids-santé[10].

Aujourd'hui, prenez soin de vous

N'oubliez pas d'inclure une séance d'activité physique dans votre emploi du temps. De mon côté, je vais faire un tour à bicyclette. Et vous?

4 mai

Il n'existe pas de recette, de formule ou de guide pour prendre soin de soi. Chacun de nous a un guide au fond de lui. Nous devons nous poser une question : Que dois-je faire pour me préoccuper de moi de façon aimante et responsable? Nous devons ensuite écouter la réponse. Prendre soin de soi n'est pas tellement difficile. La partie la plus difficile est de faire confiance à la réponse et d'avoir le courage d'obéir une fois que nous l'avons entendue.

MELODY BEATTIE

Tout à l'heure, je discutais avec un menuisier venu effectuer des travaux à la maison. En plus d'essayer de satisfaire la forte demande pour des travaux de rénovation en cette période de l'année, il m'a expliqué qu'il devait s'occuper de son épouse souffrant d'un cancer et en outre soutenir son beau-frère aux prises avec la même maladie. Il était au bord de l'épuisement. «Prenez soin de vous, monsieur Côté, lui ai-je suggéré après l'avoir écouté. Parce que personne d'autre ne le fera.» Il a levé les yeux et pendant un instant a laissé les outils qu'il était en train de ranger dans son camion. «Ça me fait beaucoup de bien, ce que vous venez de me dire, m'a-t-il répondu. J'ai besoin qu'on me rappelle de prendre soin de moi!» a-t-il ajouté en souriant.

Monsieur Côté n'est pas le seul dans cette situation. En fait, la plupart d'entre nous devons apprendre à prendre soin de nous. Idéalement, cet apprentissage devrait se faire dès notre tout jeune âge. Mais en réalité, il se fait bien souvent à la dure, lorsque nous sommes sur le point de craquer et que notre santé ne tient plus qu'à un fil.

Aujourd'hui, n'attendez pas d'être au bord de l'épuisement pour vous reposer et vous ressourcer. Ménagez-vous du temps pour vous adonner à une activité régénératrice. Si, comme la majorité des femmes, vous vous sentez coupable de consacrer du temps juste pour vous, sachez que prendre soin de vous ne vous rendra que plus disponible aux autres.

Alors, ne laissez pas la culpabilité freiner votre élan et abandonnez-vous à ce plaisir bien légitime.

Posez une action pour endosser le changement

Gardez une jolie bouteille d'eau d'au moins un litre sous vos yeux à la maison ou au travail. Donnez-vous comme objectif de la terminer avant la fin de la journée.

Aujourd'hui, prenez soin de vous

Prenez quelques instants pour découvrir ce qui vous ferait vraiment plaisir et qui, en même temps, serait bon pour vous. Pour ma part, j'ai constaté que les activités suivantes avaient un effet régénérateur sur moi et m'aidaient à retrouver mon point d'équilibre : me reposer dans un bain à la lavande; border mes enfants; écouter leurs confidences; faire une marche avec mon mari; m'occuper de mes chevaux; faire le tour de mon jardin; composer des bouquets de fleurs et les disposer dans la maison; lire un bon livre; prier; marcher; rire; cuisiner rien que pour le plaisir; m'allonger pour écouter de la musique; m'emplir de la vue des montagnes; m'asseoir sur une plage, pieds nus dans le sable, et regarder mes enfants jouer dans les vagues; bouquiner dans une librairie; regarder un bon film en famille; boire un délicieux thé; jaser avec une bonne amie.

À votre tour maintenant!

5 mai

Vraiment, je ne comprends pas ce que je fais;
je ne fais pas ce que je veux, mais ce que je hais, je le fais.

SAINT PAUL, Épître aux Romains, VII, 15

Nous savons que certains comportements sont incompatibles avec la santé et le bien-être. Nous savons que lorsque nous cédons à ces comportements destructeurs, nous nous éloignons de notre but et nous nuisons à notre santé.

Nous savons tout cela.

Ce que souvent nous ne savons pas, c'est *pourquoi* nous le faisons malgré tout. Les psychologues disent que si nous maintenons un comportement (même nuisible), c'est que, d'une façon ou d'une autre, il nous procure des bienfaits. C'est parfois difficile à croire, mais en y regardant de plus près, on réalise qu'en effet des comportements en apparence nuisibles peuvent offrir certains « bienfaits » à la personne qui les maintient. Voici trois exemples en rapport avec la nourriture :

- Le fait pour une personne de « manger ses émotions » peut être une façon de « survivre » psychologiquement en évitant la souffrance.
- Certaines personnes obèses ne s'imposent pas de limites vis-à-vis de la nourriture car, pour elles, le plaisir de jouir des aliments dépasse nettement la satisfaction de maintenir un poids-santé.
- Certaines femmes choisissent inconsciemment de prendre du poids pour éviter les relations amoureuses et les déceptions possibles.

Comme nous le savons, ces bienfaits sont souvent de courte durée et n'empêchent pas les conséquences négatives de s'accumuler : problèmes de santé, détresse psychologique, faible estime de soi, etc.

La compulsion alimentaire et l'habitude de manger ses émotions sont des thèmes qui reviendront fréquemment au cours des prochains mois, car ils touchent un grand nombre de femmes. Mon rôle dans le cadre de ce livre ne sera pas d'apporter des réponses à ces questions d'ordre psychologique mais plutôt de les mettre en lumière et de voir en quoi elles ont un impact sur notre poids. Si vous en ressentez le besoin en cours de route, vous pourrez explorer ces questions plus en profondeur avec des gens en qui vous avez confiance : votre famille, une amie, un groupe de soutien ou encore un thérapeute.

L'important sera de ne pas vous culpabiliser, mais d'agir pour améliorer la situation afin qu'elle devienne plus tolérable ou acceptable à vos yeux.

Posez une action pour endosser le changement

Prenez le temps de vous préparer un délicieux repas-santé à la maison. Ce simple geste pourrait bien faire une différence significative sur votre poids. En étudiant les habitudes alimentaires d'un groupe de femmes, des chercheurs ont constaté, en effet, que celles qui mangeaient plus souvent à la maison étaient plus minces que celles qui mangeaient plus fréquemment au restaurant[3]. Évidemment, lorsque nous préparons nous-mêmes nos repas, il est beaucoup plus facile de contrôler la qualité de notre alimentation et la taille des portions.

Aujourd'hui, prenez soin de vous

Soyez bienveillante envers vous-même. Comme le dit si bien Stephanie Marston : « Le changement se produit plus facilement à partir d'une base faite d'acceptation et de soutien. Une relation engagée et affectueuse avec vous-même est essentielle. La seule façon de vous créer une vie que vous aimerez est d'y aller un geste aimant et compatissant à la fois. » Si vous perdez le contrôle face à la nourriture aujourd'hui, ne culpabilisez pas outre mesure. Agissez envers vous-même comme vous le feriez avec une bonne amie. Puis, tournez la page.

6 mai

Il y a ceux qui font que les choses arrivent,
il y a ceux qui regardent les choses arriver,
et il y a ceux qui se demandent ce qui a bien pu arriver.
ANONYME

Chaque fois que nous pensons que le problème vient des autres (ex. mon mari n'aime pas la cuisine-santé) ou de l'extérieur (ex. le centre de conditionnement physique est trop loin), c'est cette pensée même qui constitue le problème. Nous donnons le contrôle de la situation à quelque chose ou à quelqu'un d'autre que nous. Ne voyant pas notre part de responsabilité dans le problème, nous ne voyons pas non plus la nécessité de changer. Mais comme l'explique si bien Shakti Gawain : « L'énergie de soi reste emprisonnée aussi longtemps que les gens se concentrent sur les autres comme responsables de leur problème et de sa solution. »

Aujourd'hui, je vous invite à adopter une attitude proactive. Une telle attitude implique que vous preniez des initiatives mais, d'abord et avant tout, que vous deveniez responsable de votre propre vie et de vos comportements. Ce faisant, vous serez en mesure d'agir sur des éléments sur lesquels vous avez du contrôle, telles vos habitudes de vie. « Vous mettez fin à l'autosabotage et prenez votre vie en charge lorsque vous prenez la responsabilité des choix que vous faites et des gestes que vous posez », nous rappelle Dan Millman.

Et il a bien raison.

Posez une action pour endosser le changement

Au cours de la journée, prenez quelques minutes pour identifier une de vos habitudes qui semble nuire à votre démarche d'amaigrissement. Le but n'est pas de vous culpabiliser de ce comportement, mais simplement d'en prendre conscience. Voyez ensuite de quelle façon vous pourriez le remplacer par un autre qui vous serait bénéfique.

Aujourd'hui, prenez soin de vous

Plutôt que d'aller marcher avec votre vieux pantalon de coton ouaté, offrez-vous de bons vêtements conçus pour la marche et l'entraînement. Un beau coupe-vent, un survêtement de qualité ou encore des chaussures de marche toutes neuves vous motiveront à les porter et à les utiliser souvent pour faire de l'exercice.

DEUXIÈME PRINCIPE
DÉTERMINEZ UN OBJECTIF RÉALISABLE

7 mai

Il n'y a aucune recette pour devenir une mère parfaite,
mais il y a mille et une façons d'être une bonne mère.

JILL CHURCHILL

Aujourd'hui, lorsque vous irez marcher, prenez conscience des propriétés énergisantes de l'exercice. Sentez son effet bienfaisant sur votre corps et votre humeur. En devenant une femme active qui apprécie l'exercice, non seulement vous en retirerez d'innombrables bienfaits personnels, mais vous deviendrez aussi un modèle positif pour vos enfants.

Déterminez un objectif réalisable et passez à l'action

Peu importe votre emploi du temps, je vous encourage à choisir d'y inclure une séance de marche. Lorsque vous irez marcher, prêtez attention à votre corps en mouvement. Vos bras qui se balancent, vos jambes qui vous propulsent à chaque pas, votre poitrine qui se gonfle d'air. À chaque inspiration, imaginez vos poumons se remplir de millions de molécules d'oxygène qui vous revitalisent. Dites-vous que, grâce à la marche, vous faites circuler davantage d'oxygène dans les différentes parties de votre corps et activez ainsi la vie dans toutes vos cellules.

Aujourd'hui, prenez soin de vous

Accordez-vous une pause en compagnie de vos enfants. Que ce soit pour une petite sieste, une séance d'étirements ou tout simplement pour déguster tranquillement une collation, montrez-leur comme il fait bon prendre soin de soi. Vous n'avez pas d'enfants ? Accordez-vous un peu de temps en bonne compagnie.

8 mai

Un crayon à mine et un rêve peuvent vous mener n'importe où.
JOYCE A. MYERS

Je lisais l'autre jour un article dans lequel l'auteure expliquait avoir trouvé dans les affaires de son défunt père une note qui l'avait beaucoup émue. Sur ce bout de papier, avait été écrit des décennies plus tôt par la main de son père :

Je vais élever ces enfants en leur donnant de bonnes valeurs. Je vais finir de payer la ferme, même si je dois travailler quatorze heures par jour. En 1965, j'aurai fini de payer mes dettes et serai propriétaire d'un nouveau ranch.

Cette déclaration, il l'avait écrite quelque temps après que sa femme l'eut quitté, le laissant seul pour élever leurs quatre enfants. Il s'est avéré qu'en temps voulu, cet homme courageux a réussi à atteindre chacun des objectifs qu'il s'était fixés.

Ce qui m'impressionne dans ce récit, c'est que bien avant que soient popularisées les techniques de motivation, cet homme avait instinctivement saisi l'importance de formuler clairement ses rêves et ses objectifs pour qu'ils se réalisent.

Aujourd'hui, pourquoi ne pas nous inspirer de son exemple ?

Déterminez un objectif réalisable et passez à l'action

Allez marcher au moins trente minutes au cours de la journée. S'il pleut, ne laissez pas le mauvais temps vous empêcher d'agir. Munissez-vous d'un imperméable et d'un grand parapluie et sortez apprécier la nature humide et tranquille.

Aujourd'hui, prenez soin de vous

Installez-vous confortablement et prenez quelques minutes pour visualiser un objectif ayant trait à votre santé ou à votre bien-être et qui vous tient à cœur. Efforcez-vous d'en créer une image ou une idée claire. Je vous suggère ensuite d'inscrire cet objectif dans votre journal de bord ou sur un bout de papier que vous garderez bien en vue. Si vous préférez, réalisez un collage de photos ou d'images qui représentent ce à quoi vous aspirez. Relisez régulièrement cette phrase ou jetez un coup d'œil sur votre image. Le fait de vous imprégner de votre objectif vous aidera à rester motivée et à effectuer, chaque jour, les choix qui vous en rapprocheront.

9 mai

Il ne s'agit pas de s'interdire toute perspective d'avenir, tout projet. Mais de concevoir des objectifs accessibles un jour à la fois. Cette stratégie du pas à pas s'avère indispensable à l'arrêt de la compulsion. [...] Si j'ai envie de rechuter, je peux me dire que je le ferai tout à l'heure, ou demain. En attendant, l'obsession passe.

FRÉDÉRIQUE DE GRAVELAINE ET PASCALE SENK

Certaines femmes choisissent de noter à l'avance dans leur journal alimentaire leur menu de la journée afin de ne plus avoir à y penser par la suite. Lorsque arrive le temps de la collation ou du repas, elles savent exactement ce qu'elles doivent manger et en quelle quantité. En discutant avec elles, j'ai compris que cette façon de s'encadrer les aidait à ne plus penser continuellement à la nourriture, en plus de leur donner l'assurance d'atteindre leurs objectifs quotidiens en matière d'alimentation.

Que nous soyons ou non aux prises avec la compulsion alimentaire, il est important de se fixer des objectifs accessibles un jour à la fois.

Libérées de la pression de devoir régler les problèmes de toute une vie, nous pouvons alors nous concentrer sur les vingt-quatre prochaines heures.

En vous fixant chaque jour quelques objectifs atteignables, vous aurez en main un plan qui vous permettra d'éviter les choix impulsifs au cours de la journée. Nul besoin de vous inquiéter des prochains jours ou des semaines à venir. Tout ce que vous avez à faire est de suivre votre plan de match une journée à la fois.

Pas de grands bouleversements, juste de petits changements graduels et constants.

Déterminez un objectif réalisable et passez à l'action

Mettez à votre menu au moins une portion (1/2 tasse ou 125 ml) de légumes verts, comme le brocoli. En plus d'être faible en calories et riche en vitamines, le brocoli contient plusieurs substances qui nous protégeraient naturellement contre le cancer[5,26]. Une façon simple et délicieuse de mettre du brocoli au menu est d'ajouter quelques petits bouquets légèrement cuits à la vapeur à un plat de rotinis ou de linguinis dans lequel on aura pris le soin d'incorporer quelques tomates en morceaux, un filet d'huile d'olive et de l'ail. Une fois le tout bien remué, garnir de fromage râpé.

Aujourd'hui, prenez soin de vous

Jetez un coup d'œil à vos objectifs en matière d'alimentation, d'exercice ou de gestion du stress. Vous semblent-ils trop ambitieux ? Votre expérience est-elle motivante ou, au contraire, décourageante ? Atteignez-vous régulièrement certains d'entre eux ? Si ce n'est pas le cas, il est peut-être temps de revoir vos objectifs et, au besoin, de les réajuster pour qu'ils soient plus facilement réalisables sur une base quotidienne.

10 mai

Je suis consciente de mes limites et je les honore.
Je m'accorde la permission de mener une vie plus simple.
Je m'accorde le temps d'accomplir les choses qui me valorisent.

SUE PATTON THOELE

La raison pour laquelle tant de femmes sont si souvent découragées lorsqu'elles cherchent à maigrir est qu'elles essaient de faire trop de choses, trop bien. Suivre leur menu à la lettre, ne rater aucune séance d'exercice, cuisiner les repas de la semaine à l'avance et remplir chaque jour leur journal de bord. Tout cela en gardant le sourire ! Évidemment, la barre est trop haute et au bout de quelques semaines, ces femmes pleines de bonne volonté s'épuisent. La recherche de la perfection, plutôt que d'être une source de motivation, est le plus souvent une source d'anxiété, d'obsession et de dépression.

Il est temps d'agir autrement. De renverser la vapeur. Aujourd'hui, tendons vers la simplicité et le plaisir. Faisons en sorte que notre journée soit satisfaisante en appréciant à sa juste valeur le fruit de nos efforts. Comme le remarque si justement Sarah Ban Breathnach : « Quand le Créateur eut terminé son œuvre, Il dit que tout cela était "bon", non pas "parfait". Voilà de quoi nous faire réfléchir. »

Effectivement, il y a là matière à réflexion. Nous pouvons prendre conscience de nos limites et les honorer sans pour cela compromettre notre réussite. Au contraire. Cela nous permet de trouver notre propre rythme et de le respecter.

Déterminez un objectif réalisable et passez à l'action

Je vous encourage à consommer au moins une portion de légumes verts tels que le brocoli (1 portion = 1/2 tasse ou 125 ml) ou des épinards (1 portion = 1 tasse d'épinards crus ou 500 ml). En plus d'être faibles en calories et riches en fibres, les légumes verts contiennent en abondance des substances protectrices telles la lutéine et la zéaxanthine, des substances qui protègent la santé de nos yeux[19]. Pour gagner du temps, j'achète des sacs de jeunes épinards pré-lavés que j'ajoute en quantité dans les salades, les soupes, les plats de pâtes et même… les jus. Eh oui ! Si vous avez envie de tenter l'expérience, versez une tasse de jus d'orange dans un mélangeur, ajoutez une poignée de feuilles d'épinards (c'est bizarre, je le sais, mais faites-moi confiance). Liquéfiez le tout jusqu'à consistance homogène.

Vous aurez un délicieux jus vert, regorgeant de substances nutritives. J'ai trouvé cette recette inusitée dans le livre *Variez les couleurs dans votre assiette* et l'ai fait goûter dans la classe de mes jumeaux de neuf ans. Les enfants ont adoré et en ont redemandé !

Aujourd'hui, prenez soin de vous

Accordez-vous un peu de temps au cours de la journée pour faire une chose que vous aimez et qui vous valorise.

11 mai

L'estime de soi est la conscience de la valeur personnelle que la personne se reconnaît dans différents domaines. C'est une attitude fondamentale et nos croyances qui nous permettent de gérer le stress, de relever des défis et de nous adapter à diverses réalités. Le mot « conscience » est central dans cette définition. Ce n'est pas la valeur comme telle qui est en cause, mais bien la conscience de celle-ci. Il y a beaucoup d'adultes qui manifestent de belles qualités, compétences et talents, que tout le monde reconnaît, mais qui ressentent une faible estime d'eux-mêmes tout simplement parce qu'ils n'en sont pas conscients ou parce qu'ils déprécient leurs qualités ou leurs forces. L'élément central se trouve dans le processus de « conscientisation »

GERMAIN DUCLOS

Il y a quelque temps, je suis allée assister à une conférence de Germain Duclos ayant comme thème le développement de l'estime de soi chez l'enfant vivant des difficultés. Ce psychoéducateur et orthopédagogue, éminemment sympathique, nous a fait comprendre que nous pouvions participer au développement d'une saine estime de soi chez notre enfant en accomplissant des gestes tout simples. Voici quelques-unes de ses suggestions :

- Lui montrer qu'il nous arrive, à nous aussi, de commettre des erreurs et que c'est normal ;
- L'inviter à trouver lui-même les solutions à certains problèmes qu'il éprouve ;

- Le féliciter pour les gestes positifs qu'il a eu l'initiative d'effectuer;
- Le soir, au moment de le border, lui nommer trois choses bien qu'il a faites au cours de la journée.

Des gestes si simples mais qui pourtant semblent faire toute la différence. Comme le dit si bien M. Duclos, « l'élément central se trouve dans le processus de "conscientisation"» et en tant que parent, nous pouvons aider nos enfants à développer cette conscience de leur valeur personnelle. Cependant, rien ne nous empêche de le faire pour nous aussi. Notre propre estime de nous-mêmes mérite aussi d'être nourrie.

Déterminez un objectif réalisable et passez à l'action

Mettez une portion d'amandes (environ une vingtaine) à votre menu. Les noix sont rassasiantes en plus d'être riches en protéines, en fibres et en acides gras monosaturés. De plus, des travaux indiquent que la consommation quotidienne d'amandes pourrait contribuer à abaisser le taux de cholestérol total et à augmenter les HDL (bon cholestérol)[13].

Aujourd'hui, prenez soin de vous

Je vous invite à prendre conscience de vos « bons coups » de la journée; la marche que vous avez faite à l'heure du midi, la portion de légumes supplémentaire que vous avez mangée au souper, le temps que vous avez consacré à remplir votre journal de bord. Félicitez-vous pour ces initiatives.

12 mai

Attendre quelqu'un ou attendre que quelqu'un rende ma vie plus riche ou plus pleine ou plus satisfaisante, c'est vivre dans un état constant de suspension, et je manque tous ces autres moments qui passent. Ils ne reviendront jamais pour me permettre de les vivre à nouveau.

KATHLEEN TIERNEY CRILLY

Aujourd'hui, je vous invite à prendre la décision de ne plus vivre dans un « état constant de suspension ». N'attendez pas à demain pour être mieux dans votre peau, ni à la semaine prochaine ni au moment où vous aurez atteint votre poids-santé. Votre bonheur, pas plus que le mien, ne peut attendre. Et il ne dépend certainement pas des autres. Comme le dit si bien Paramahansa Yogananda : « Plus vous dépendez des circonstances extérieures pour être heureux, moins vous faites l'expérience du bonheur. » Je ne sais pas pour vous, mais moi, j'ai envie d'être heureuse *maintenant.*

Souvenons-nous que la vie file, que nous en jouissions ou pas. Je propose que nous la saisissions au passage et en tirions, à chaque instant, une expérience riche et satisfaisante. Qu'en pensez-vous ?

Déterminez un objectif réalisable et passez à l'action

Je vous suggère de mettre en évidence vos accessoires d'entraînement ou, du moins, de les ranger dans un endroit facile d'accès. Le fait de voir mes accessoires d'entraînement me donne toujours le goût de les utiliser. Je suis persuadée qu'il en sera de même pour vous. Vous pourriez, par exemple :

- Mettre vos bottes de marche bien en vue près de la porte (plutôt que dans le fond du placard d'entrée) ;
- Sortir le banc de musculation du sous-sol et, si possible, le placer dans une pièce plus près de vos activités quotidiennes. Je suis certaine que vous irez plus volontiers faire un petit dix minutes de musculation que si vous devez descendre au sous-sol pour faire une « vraie » séance de musculation d'une demi-heure ;
- Installer votre exerciseur (vélo d'excercice, tapis roulant ou autre) en vue dans une pièce agréable ;
- Placer vos petits haltères près de la télévision. En écoutant les nouvelles ou durant les pauses commerciales, vous n'aurez qu'à étirer le bras pour les prendre et faire quelques minutes de musculation ;
- Sortir votre bicyclette du garage et la ranger à portée de la main.

Ces petites modifications à votre environnement peuvent faire toute la différence.

Aujourd'hui, prenez soin de vous

Si votre liste de choses à faire ne cesse de s'allonger au cours de la journée et que cela empiète sur votre temps d'exercice, prenez quelques instants pour analyser la situation calmement. *Toutes* ces choses doivent-elles absolument être faites aujourd'hui ? Certaines activités, j'en suis persuadée, peuvent être remises à plus tard sans aucune conséquence.

Souvenez-vous que votre bien-être, lui, ne peut pas l'être.

TROISIÈME PRINCIPE
ABAISSEZ VOTRE POIDS-CONSIGNE

13 mai

Vous aimez la liberté ? Elle habite la campagne.

ANDRÉS BELLO

Aujourd'hui, laissez-vous inspirer par la simplicité et la sérénité qui se dégagent d'un joli paysage. Pour ce faire, mettez la main sur une image qui représente une scène inspirante. Pour certaines personnes, ce sera une plage agrémentée de quelques cocotiers, pour d'autres, un paysage de montagnes ou encore une prairie verdoyante. Quelle qu'elle soit, gardez cette image à portée de la main ou imprimez tous les détails de cette délicieuse scène dans votre esprit et retournez-y en pensée lorsque vous aurez besoin de vous détendre.

Le pouvoir apaisant de la nature est à notre portée où que nous soyons. Il suffit parfois d'un peu d'imagination pour nous transporter dans un lieu où règnent le calme et la sérénité.

Posez une action pour abaisser votre poids-consigne

Prenez une bouteille d'eau avec vous et assurez-vous d'en boire tout le contenu avant la fin de la journée.

Aujourd'hui, prenez soin de vous

Ménagez-vous quelques minutes au cours de la journée pour profiter de l'extérieur, ne serait-ce que pour vous asseoir sur un banc au cours de votre pause. Prenez le temps d'admirer le vert tendre des nouvelles feuilles et de respirer l'air printanier. Si vous avez la chance d'avoir un petit coin de terrain bien à vous, pourquoi ne pas en profiter pour faire pousser quelques légumes ? Deux ou trois plants de tomates-cerises, un plant de courgettes et quelques laitues pourront vous offrir une abondance d'aliments frais cet été. Et de multiples occasions de savourer des moments paisibles.

14 mai

Une chose triste de ce monde, c'est que les actes qui exigent le plus de vous sont habituellement ceux dont les autres n'entendront jamais parler.

ANNE TYLER

Un jour, à l'occasion d'un Salon du livre, une lectrice est venue me rencontrer pour avoir des conseils. Elle travaillait de nuit et voulait maigrir mais trouvait difficile d'adopter de saines habitudes alimentaires dans ces circonstances. Je ne m'étais jamais attardée à ce problème spécifique et lui ai promis de faire quelques lectures sur ce sujet.

Mes recherches m'ont permis de constater que les personnes qui ont des horaires variables (jour/nuit) sont plus souvent obèses que celles qui ont un horaire régulier de jour[15].

Par ailleurs, les recherches indiquent que les travailleurs de nuit ont des habitudes alimentaires particulières. Ils consomment plus fréquemment des repas froids que les travailleurs de jour et mangent davantage en fonction de leur disponibilité que de leur appétit. Les travailleurs de nuit consomment aussi plus fréquemment des collations. Enfin, les travailleurs de nuit anticipent avec moins d'enthousiasme leur repas que les travailleurs de jour et se sentent aussi plus souvent « ballonnés » après avoir mangé[24]. Ces informations mettent en lumière les « défis alimentaires » particuliers que doivent relever les travailleurs de nuit.

Si vous êtes dans cette situation, je vous suggère de commencer en choisissant un seul comportement alimentaire que vous aimeriez modifier. Par exemple, ajouter un fruit à votre repas ou, encore, apporter un repas chaud et léger, comme une soupe à base de légumineuses. Une autre idée pourrait être de remplir un journal alimentaire pendant quelques jours. Il vous serait alors plus facile de détecter les modifications que vous pourriez apporter à votre alimentation.

Posez une action pour abaisser votre poids-consigne

Mangez une portion de fruit ou de légume de plus qu'à l'habitude.

Aujourd'hui, prenez soin de vous

Si vous travaillez de nuit, ce qui est très exigeant pour l'organisme, l'important est de ne pas vous imposer des objectifs trop élevés. En procédant en douceur, vous devriez être en mesure d'améliorer progressivement votre santé et votre bien-être.

15 mai

Je ne pense pas que l'on puisse remettre la méditation jusqu'au moment où l'on aura déménagé ou rangé le garage.

EKNATH EASWARAN

Moi non plus. C'est pourquoi, si vous ne l'avez pas déjà fait, je vous suggère de commencer dès maintenant à vous réserver une portion de chaque jour – ne serait-ce que cinq minutes matin et soir – pour vous recueillir et vous délester de vos tensions. Vous voudrez peut-être appeler cette pause « méditation », mais peut-être préférerez-vous parler de prière, de moment de relaxation ou encore de ressourcement. Certaines personnes appellent cela tout simplement « faire le vide ». Quoi qu'il en soit, ces précieuses minutes de détente vous permettront de vous recentrer tout en vous emplissant d'une force tranquille.

« La méditation n'a pas à être un dur labeur », nous rappelle Thich Nhat Hanh. Nul besoin de chercher l'illumination ou de prendre la position du lotus pour pouvoir apprécier les bienfaits de la méditation. « Laissez simplement votre esprit et votre corps se reposer comme un animal dans la forêt », suggère encore le moine bouddhiste. Certaines femmes que je connais méditent tout en marchant. D'autres préfèrent le faire au réveil, juste avant de sortir du lit. D'autres encore choisissent de s'installer dans un fauteuil confortable, pour faire le vide, les yeux fermés.

Vous découvrirez bientôt ce qui est le plus confortable et agréable pour vous.

Posez une action pour abaisser votre poids-consigne

Je vous encourage à apporter un peu de variété dans votre entraînement physique. Lorsqu'il est toujours soumis au même entraînement, notre corps devient plus efficace et finit par brûler moins de calories pour le même exercice[6]. En variant de temps à autre vos activités physiques (par exemple en troquant votre marche quotidienne pour une séance de vélo ou de natation), vous stimulerez votre organisme à utiliser davantage d'énergie.

Aujourd'hui, prenez soin de vous

Réservez-vous dix minutes pour une petite pause méditative. Profitez de ce moment paisible pour respirer profondément et calmement. Vous oxygénerez les cellules de votre corps tout en vous libérant plus efficacement de vos tensions. « Lorsque nous nous recueillons régulièrement dans le silence, en particulier le matin, nos journées s'illuminent de l'intérieur », fait remarquer Marianne Williamson. Et je partage tout à fait son avis.

16 mai

Si tu hésites à demander ton chemin, tu te perdras.
PROVERBE MALAIS

Nous, les femmes, n'avons habituellement pas peur de demander notre chemin lorsque nous nous égarons en voiture. Ce qui est une excellente chose. Cela nous évite bien des pertes de temps et des crises de nerfs.

Il devrait en être de même pour notre démarche d'amaigrissement. Dans les moments de doute, de difficulté ou de découragement, il ne faut pas hésiter à demander de l'aide aux personnes que nous apprécions. À leur parler de ce que nous vivons. À leur demander conseil.

Aujourd'hui, si vous aviez l'impression de tourner en rond, ne restez pas seule avec vos difficultés. Un petit coup de fil, une visite, un courriel, une conversation amicale peuvent parfois faire toute la différence.

Posez une action pour abaisser votre poids-consigne

Assurez-vous de consommer au moins deux portions complètes de viande ou d'un substitut, sachant qu'*une portion* de ce groupe peut être constituée de deux onces (50 g) de viande ou de poisson, d'une demi-tasse (125 ml) de légumineuses cuites, d'un tiers de tasse (75 ml) de tofu ou encore d'un œuf.

Aujourd'hui, prenez soin de vous

Entourez-vous de femmes avec qui vous vous sentez bien. Si vous avez la chance d'habiter près de votre sœur, allez prendre un café avec elle. Sinon, que diriez-vous d'aller marcher avec vos partenaires d'entraînement ou encore de rendre visite à une bonne amie? Appréciez leur soutien et voyez comme ces relations chaleureuses peuvent vous aider à maintenir le cap.

17 mai

Œuvrez dans la joie et dans la paix, sachant que les pensées justes et les efforts constants entraîneront inévitablement des résultats précis.

JAMES ALLEN

Même si tous les efforts que vous déployez pour adopter de nouvelles habitudes de vie ne vous permettent que de maintenir votre poids actuel, ce sera un gain pour votre santé.

Des travaux portant sur la santé du cœur montrent en effet qu'il vaut mieux maintenir un poids stable – même si l'on a de l'embonpoint – que de prendre du poids[12]. Après un suivi de quinze ans, les résultats indiquent que même s'ils avaient de l'embonpoint, c'est seulement trois virgule six pour cent des individus ayant maintenu leur poids qui ont développé le syndrome métabolique (hypercholestérolémie, hypertension, résistance à l'insuline), tandis que ce chiffre s'élève à dix-huit pour cent chez les individus ayant gagné du poids au cours de la même période.

Aujourd'hui, dites-vous que rien de ce que vous faites pour améliorer vos habitudes de vie n'est fait en vain. Chaque geste positif de votre part se traduit inévitablement par un gain pour votre santé et votre bien-être.

Posez une action pour abaisser votre poids-consigne

Au moment qui vous convient, allez faire une marche. Si vous êtes à la maison avec votre bébé, je vous encourage à sortir la poussette et à aller explorer un nouveau quartier. Vous êtes au travail ? Profitez de vos pauses ou de votre heure de dîner pour faire un peu d'exercice, tout comme ces employées du Centre hospitalier universitaire de Sherbrooke où je vais régulièrement avec ma fille. Pendant l'heure du dîner et aux heures de pause on peut voir des dizaines de femmes s'adonner à la marche rapide aux abords de l'hôpital. Un modèle inspirant !

Aujourd'hui, prenez soin de vous

Fermez votre téléphone cellulaire pendant l'heure de votre repas. Voilà une façon simple de vous offrir une heure de tranquillité.

18 mai

Le bonheur est la récompense de nos efforts,
une fois que l'on connaît les ingrédients essentiels du bonheur
– des goûts simples, un certain degré de courage, un peu d'oubli de soi,
l'amour du travail et, par-dessus tout, une conscience tranquille.
Le bonheur n'est pas un rêve vague, j'en suis maintenant certaine.

George Sand

Mener une vie saine n'est pas non plus un rêve vague, une utopie. Il suffit de s'efforcer de faire chaque jour des gestes dont nous pouvons être fières pour récolter des résultats bien concrets : un corps en santé et débordant d'énergie ! Intégrer une séance d'exercice le matin, cuisiner quelques mets à l'avance ou planifier des repas sains et nourrissants pour la semaine sont quelques exemples de petits gestes qui font toute la différence.

Chaque jour, il n'en tient qu'à nous de décider si maintenir notre poids-santé sera un rêve ou une réalité.

Posez une action pour abaisser votre poids-consigne

Enfilez vos chaussures de marche et sortez ! Si vous en avez la chance, profitez-en pour faire une balade en montagne ou en forêt. (Un petit truc pour éviter l'apparition d'ampoules lorsque vous chaussez des bottes de marche : portez toujours deux paires de chaussettes minces plutôt qu'une paire plus épaisse. La friction se fera ainsi entre les deux chaussettes plutôt qu'entre la chaussette et la peau de votre pied.) En allant marcher au mont Orford cette semaine, j'ai croisé un groupe très sympathique composé d'hommes et de femmes de tous âges. Il s'agissait d'un club de marche qui se rencontrait chaque dimanche au pied d'une montagne pour une randonnée amicale. Peut-être existe-t-il un club de ce genre près de chez vous ?

Aujourd'hui, prenez soin de vous

Réservez-vous au moins une demi-heure – une heure serait encore mieux – pour une activité qui vous rend heureuse. Pour ma part, dès que j'ai terminé ce texte, je vais me retirer dans mon jardin. J'ai quelques fleurs à mettre en pots et des vivaces à diviser et à transplanter. Effectuer ces tâches sans précipitation est pour moi une activité des plus satisfaisantes. Et vous, chère amie, qu'allez-vous faire pour vous amuser aujourd'hui ?

QUATRIÈME PRINCIPE
APPRENEZ À RESPECTER VOS SIGNAUX INTERNES

19 mai

Sans émotions, il est impossible de transformer
les ténèbres en lumière et l'apathie en mouvement.

CARL GUSTAV JUNG

Comme l'explique Michelle Larivey, psychologue et auteure du livre *La puissance des émotions*, « Il est souhaitable que nous cernions avec précision notre expérience émotionnelle, car cela est indispensable pour la faire évoluer. Il est par exemple impossible d'aller loin dans la compréhension de ce qui se passe en nous si nous nous limitons à des expressions vagues telles *Ça va, C'est cool, Je me sens super, Je me sens mal.* Pour que notre expérience émotionnelle évolue, il est nécessaire qu'elle prenne forme dans notre conscience. C'est en la nommant précisément au moment où elle émerge que nous permettons au processus de s'enclencher. Ensuite, c'est en ressentant notre émotion que nous pouvons avancer dans la compréhension de ce que nous vivons. Ce n'est donc qu'en faisant l'expérience de nos émotions que nous pouvons compléter les boucles du processus émotionnel. C'est pourquoi il est si important de savoir les reconnaître et d'être capable de les nommer avec précision », conclut-elle.

L'attendrissement, la colère, le contentement, le désir, l'ennui, la haine, l'impatience, la nostalgie, la peur, le plaisir et la tristesse sont de « vraies » émotions, nous précise Mme Larivey, tandis que l'angoisse et la culpabilité, comme plusieurs autres expériences émotionnelles, ne seraient pas des émotions mais bien des effets de la *répression* émotionnelle.

Aujourd'hui, plutôt que de tenter de réprimer nos émotions, essayons de les vivre.

Posez une action pour respecter vos signaux internes

Consommez plus de fibres ! En plus de vous rassasier, une augmentation de dix grammes de votre consommation quotidienne de fibres peut réduire de vingt-sept pour cent vos risques de décéder d'une maladie coronarienne[16] ! Pour une santé optimale, nous devrions consommer chaque jour de vingt-cinq à trente-cinq grammes de fibres (1 oz).

Aujourd'hui, prenez soin de vous

Tout au long de la journée, essayez d'identifier les émotions que vous ressentirez. Il est réconfortant de constater que lorsque nous nous efforçons de regarder nos émotions en face, elles ont moins d'emprise sur nous et nous pouvons les *vivre* plutôt que les *subir*.

20 mai

Cela commence avec la force de dire non. Accepter que je ne peux pas faire plaisir à tout le monde, prendre mes distances avec ma famille, arrêter de prêter de l'argent à n'importe qui et de donner mes livres avant d'avoir fini de les lire! Prendre le pouvoir de dire non m'aide à accepter les refus. Je découvre que je peux faire des reproches à mes amis... Qu'une distance peut exister sans que quelqu'un soit nécessairement rejeté, moi ou l'autre.

TÉMOIGNAGE ANONYME tiré de
Se libérer de ses dépendances

Pour notre santé physique et mentale, il faut apprendre à dire non de temps à autre. Non aux excès de zèle altruiste, non à certaines demandes excessives de notre entourage, et pour certaines d'entre nous, apprendre à dire non aux personnes qui nous offrent de la nourriture. Ce dernier « non » semble particulièrement difficile à prononcer. En effet, des études montrent que chez les femmes obèses qui cherchent à perdre du poids, rares sont celles qui font le choix de refuser la nourriture qu'on leur offre[17]. Si vous éprouvez cette difficulté, parlez-en à votre entourage plutôt que de lutter en silence. Ainsi, vos proches pourront vous aider en évitant de vous proposer continuellement des amuse-gueules ou une deuxième portion de dessert. Par ailleurs, si vous sentez que vous avez suffisamment mangé, et que quelqu'un vous offre néanmoins de la nourriture, apprenez à dire simplement « non merci ».

Ces deux petits mots vous procureront un intense sentiment de soulagement et vous verrez qu'il vous sera de plus en plus facile de les prononcer.

Posez une action pour respecter vos signaux internes

Lorsque vous serez à table, avalez complètement chaque bouchée avant d'en prendre une nouvelle. Vous ralentirez ainsi la cadence et savourerez davantage votre repas.

Aujourd'hui, prenez soin de vous

Pour chaque oui que vous prononcerez, permettez-vous un non. Vous verrez que vous ne serez plus la même d'ici quelques semaines!

21 mai

Lorsqu'on découvre ce petit endroit calme et tranquille qui se cache en chacun de nous, on peut se rendre compte qu'il constitue la base qui nous permettra de sortir du doute, de l'indécision, de la maladie, de la culpabilité et de toute autre forme de programmation qui nous amenaient à poser des actes confus ou encore à ne pas agir.

HALLIE IGLEHART

Le problème, c'est que nous n'allons pas le visiter souvent, ce petit endroit calme et tranquille. Plutôt que de partir à la découverte de ce refuge intérieur, de cette oasis de paix, nous préférons souvent chercher à l'extérieur un moyen de nous apaiser, de nous évader. Pour bon nombre d'entre nous – et je ne fais pas exception –, cette évasion prend la forme d'une hyperactivité compulsive. Nous nous démenons toute la semaine puis, lorsque arrive la fin de semaine, plutôt que de souffler, nous partons courir les magasins à la recherche de LA paire de chaussures parfaite ou de la petite commode pour l'entrée. S'il reste un peu de temps, nous organisons des sorties!

Si vous avez récemment cessé de manger de façon compulsive, vous vous êtes peut-être plongée dans une agitation semblable. Comme nous l'expliquent Frédérique de Gravelaine et Pascale Senk : « La tentation est grande, au moment d'abandonner sa drogue de choix, de se précipiter dans l'hyperactivité. Ne serait-ce que pour meubler tout ce temps libre soudain disponible. Mais, nous mettent-elles en garde, l'agitation est une fuite, une autre façon de quitter la réalité. » En effet, cette hyperactivité nous permet de nous évader et d'oublier pendant quelques heures les tensions qui nous habitent. Mais, au fond, elle va à l'encontre de ce que nous recherchons désespérément, c'est-à-dire une plus grande tranquillité d'esprit.

Aujourd'hui, je vous invite à ralentir le pas et à entrer en contact avec ce petit endroit calme et tranquille qui vous habite. Peut-être est-il bien caché pour le moment. Mais, assurément, il existe.

Posez une action pour respecter vos signaux internes

Attendez de ressentir la faim avant de manger. Ce faisant, vous apprécierez davantage la saveur des aliments et votre repas en sera d'autant plus satisfaisant.

Aujourd'hui, prenez soin de vous

Ne mettez rien de spécial à votre programme et remettez à plus tard les courses non essentielles. Ménagez-vous plutôt du temps pour savourer la journée qui passe et vous adonner à des activités apaisantes. En apprenant à meubler votre temps d'activités régénératrices, telles que la marche, la méditation, la visualisation, les loisirs créatifs, l'écriture de votre journal de bord ou n'importe quelle autre, vous verrez comme vous reprendrez contact avec cette partie de vous qui vous nourrit et vous apaise.

22 mai

J'ai commencé à me rendre compte que l'attente est un art, que l'attente accomplit des choses. L'attente peut être très très puissante. Le temps est précieux. Si vous attendez deux ans, vous pouvez parfois réaliser une chose que vous n'auriez pas pu faire aujourd'hui, même si vous aviez travaillé très fort.

DENNIS WHOLEY

Pour certaines d'entre nous, atteindre leur poids-santé sera l'affaire de quelques mois, pour d'autres, ce périple se poursuivra un an ou deux, peut-être plus. Cela peut paraître long en comparaison des promesses d'amaigrissement véhiculées dans les publicités. Mais, si l'on y regarde de plus près, ces années consacrées à la quête d'une santé et d'un bien-être meilleurs représentent peut-être l'un des plus beaux cadeaux que l'on puisse s'offrir.

Même si l'attente peut parfois sembler interminable au cours des périodes où la perte de poids ralentit ou stagne carrément, il faut garder à l'esprit que nous poursuivons notre cheminement. Nous continuons d'évoluer même si les chiffres sur la balance, eux, demeurent inchangés. Relation plus saine avec notre corps, organisation plus efficace, estime de soi plus positive, goût accru pour l'exercice, meilleure compréhension de nos émotions sont quelques-unes des dimensions qui peuvent continuer de s'épanouir même lorsque la perte de poids connaît une phase de plateau.

Pour garder le moral au cours de ces périodes transitoires, il est essentiel de croire que la récompense ne se trouve pas au bout du tunnel (poids-santé), mais bien dans le cheminement et l'évolution personnelle qui s'effectuent en nous chaque jour. Chaque jour qu'il nous est donné de vivre s'accompagne d'un apprentissage ayant le pouvoir d'enrichir notre existence. Si le chemin vers notre poids-santé s'avère un peu plus long, ne sera-t-il pas d'autant plus riche?

C'est du moins ce que je crois.

Au cours de ces phases de plateau où notre corps a besoin de temps pour opérer des réajustements métaboliques et hormonaux, nous pouvons en profiter pour écrire davantage dans notre journal de bord, pour prendre soin de nous et chercher le soutien de notre famille et de nos amis. Ce peut aussi être le moment idéal pour renouer avec des activités favorites délaissées depuis quelque temps ou encore développer de nouveaux intérêts à l'extérieur de la maison.

Si nous nous donnons le temps de changer physiologiquement et psychologiquement, nous récolterons bien plus qu'un corps allégé. Transformées de l'intérieur vers l'extérieur, nous goûterons les fruits d'une vie saine et authentique.

Posez une action pour respecter vos signaux internes

Prenez un moment pour analyser les situations qui vous poussent à manger en réponse à des signaux *externes.* Ces situations conditionnent en quelque sorte ce que vous allez manger, et ce, même si elles n'ont rien à voir avec votre état physiologique. Vous mangez non pas parce que vous avez faim (signal interne), mais bien parce que vous en avez pris tout simplement l'habitude. Voici quelques exemples de stimuli externes pouvant vous inciter à manger même lorsque vous n'avez pas faim :

- Sentir l'odeur de la nourriture qui se dégage d'un restaurant ou du coin boulangerie de l'épicerie;
- S'asseoir pour regarder la télévision;
- Au retour du travail, ouvrir d'emblée le frigo;
- Se faire proposer de la nourriture;
- Conduire la voiture;
- Se retrouver en compagnie d'autres personnes (ex. réunion, fête);
- Voir de la nourriture (ex. vitrine d'une pâtisserie, recettes dans les revues, nourriture sur le comptoir, publicités).

Si vous vous savez sensible à ces stimuli, essayez de les éviter pendant quelque temps ou voyez de quelle façon vous pouvez apprendre à « leur dire non ».

Aujourd'hui, prenez soin de vous

Gardez espoir! Si la lenteur de votre progression vous décourage, souvenez-vous que c'est peut-être justement parce que votre cheminement s'étire qu'il vous apportera des cadeaux inespérés.

23 mai

Le corps est plus sage que la personne qui l'habite.
ERICA JONG

Migraines récurrentes, maux de dos ou de ventre chroniques, obésité morbide, ulcères d'estomac, sinusites qui ne finissent plus de guérir, herpès buccal, pression artérielle élevée, infections à répétition… Autant de façons pour notre corps de crier à l'aide, de nous faire savoir qu'il est au bout du rouleau.

Pourtant, ce n'est pas faute de nous avoir prévenues! Notre corps est un ami résistant et particulièrement conciliant et ce n'est qu'après nous avoir envoyé une multitude de messages restés sans réponses (parfois pendant des années) qu'il finit par prendre les grands moyens pour se faire entendre de nous. Épuisé par nos excès et craignant pour sa vie, notre corps doit alors utiliser la force pour nous obliger à ralentir et à entendre raison. En effet, ce n'est souvent qu'en nous clouant au lit qu'il peut espérer nous faire prendre conscience que quelque chose ne va pas dans notre vie. Comme le dit si bien Jacques Salomé : « Ce qui ne peut se dire avec des mots se dit avec des maux. »

Aujourd'hui, souvenons-nous que notre corps est sensible et intelligent. Il sait ce qui est bon pour nous et ce qui ne l'est pas. Lorsqu'il nous envoie des messages indiquant qu'il est temps de ralentir ou de lâcher prise, ayons la sagesse de lui faire confiance.

Posez une action pour respecter vos signaux internes

Je vous incite à ajouter à vos céréales du matin deux cuillérées à soupe de graines de lin fraîchement moulues. Vous resterez rassasiée plus longtemps au cours de l'avant-midi et bénéficierez d'un apport en isoflavones, un type de phytoestrogènes pouvant avoir des effets positifs sur la santé des femmes, particulièrement en période de ménopause[20].

Aujourd'hui, prenez soin de vous

Ménagez-vous quelques minutes pour faire une pause et réfléchir aux messages que vous envoie votre corps depuis quelques semaines ou même quelques mois. Votre santé est-elle optimale? Ou êtes-vous plutôt ennuyée par des problèmes de santé récurrents? Si tel est le cas, demandez-vous s'il y a lieu d'apporter certains changements à votre vie.

24 mai

La santé d'un homme consiste essentiellement dans l'harmonie du corps, de l'âme et de l'esprit, dans leurs relations mutuelles et leurs relations avec leur environnement.

WILLIAM JAMES

Bon nombre de femmes ayant un surplus de poids n'aiment pas aller chez le médecin. Le fait d'avoir pris du poids depuis la dernière visite, la crainte de devoir se peser ou la peur de se faire dire qu'on doit maigrir sont des raisons qui font que certaines parmi nous évitent d'aller voir leur médecin ou retardent la prise d'un rendez-vous[4].

Peut-être avez-vous les mêmes réticences et retardez-vous votre visite. Si c'est le cas, je vous encourage néanmoins à le faire. Voici pourquoi. En plus de permettre au médecin de détecter précocement un problème de santé, ces visites peuvent vous être très utiles pour suivre vos progrès. En effet, si vous faites régulièrement un bilan de santé, vous pourrez suivre vos progrès «physiologiques» (cholestérol total, HDL, LDL, triglycérides, pression artérielle, glycémie à jeun, tour de taille, etc.). En comparant vos résultats en cours d'année, vous pourrez suivre l'évolution de votre santé. Cela peut être très encourageant, car il arrive fréquemment que de telles améliorations soient perceptibles même lorsque la perte de poids plafonne.

Alors, un petit effort! Prenez ce rendez-vous et n'hésitez pas à demander le soutien de votre médecin. Il ne pourra que vous encourager à poursuivre vos efforts pour améliorer vos habitudes de vie.

Posez une action pour respecter vos signaux internes

Lorsque vous ne ressentez plus de plaisir à manger un aliment ou que sa saveur devient carrément désagréable, mettez fin à votre repas. Votre corps vous envoie le message que ses besoins sont comblés.

Aujourd'hui, prenez soin de vous

Pour cultiver l'harmonie de votre corps, de votre âme et de votre esprit – si essentielle à la santé, selon M. James –, je vous encourage, au cours de la journée, à vous retirer du monde quelques instants. Que ce soit pour déguster une tasse de thé au soleil, pour écouter un peu de musique confortablement installée dans votre fauteuil préféré ou pour lire le journal tranquillement, ces précieux moments vous appartiennent. Profitez-en. Je ferai de même de mon côté.

CINQUIÈME PRINCIPE
HONOREZ VOTRE ENGAGEMENT

25 mai

[...] c'est ce qu'on appelle l'apprentissage. Soudainement, vous comprenez quelque chose que vous aviez compris toute votre vie, mais d'une manière différente.

DORIS LESSING

Un jour, dans le cadre d'une conférence, j'ai comparé nos réserves de graisse à un garde-manger. J'expliquais que lorsque nous nous privons de nourriture, notre corps se protège au cours des jours suivants en remplissant son « garde-manger », c'est-à-dire ses réserves de graisse. J'ajoutais qu'à l'inverse, lorsque nous avons une alimentation saine et équilibrée et mangeons à des heures régulières, notre corps ne cherche plus à se constituer d'aussi importantes réserves puisque ses besoins sont comblés adéquatement tout au long de la journée. Il peut donc se défaire progressivement de son surplus de gras en sachant qu'il reçoit, à intervalles réguliers, toute la nourriture dont il a besoin pour vivre.

À la fin de ma présentation, une jeune femme est venue me rencontrer, les yeux brillants d'excitation : « Je viens de comprendre pourquoi je n'arrive pas à maigrir même en mangeant de la salade ! » m'a-t-elle dit, visiblement soulagée par sa découverte. « C'est justement *parce que* je me prive, que mon corps s'accroche à ses réserves de graisse ! »

Je n'aurais pas pu mieux dire.

Posez une action pour honorer votre engagement

Assurez-vous de consommer trois repas sains et satisfaisants et, au besoin, complétez avec une ou deux collations. Faites confiance à votre corps. En lui fournissant chaque jour une quantité saine de nourriture, vous l'inciterez à se délester progressivement de son « garde-manger ambulant ».

Aujourd'hui, prenez soin de vous

Mettez de côté au moins vingt minutes rien que pour vous. Profitez-en pour faire un peu de stretching ou de yoga. Vous vous sentirez plus détendue et rajeunirez même votre système cardiovasculaire ! En effet, il semble que la pratique régulière du yoga ralentirait la détérioration du système cardiovasculaire due au vieillissement[2]. Alors, pourquoi s'en priver ?

26 mai

Je meurs de soif, au bord de la fontaine.
CHARLES D'ORLÉANS

À certains moments de notre vie, il arrive que nous ressentions une « faim » que nul aliment n'arrive à apaiser. Jour après jour, nous cherchons refuge dans la nourriture, mais une sorte de vide, un sentiment de manque chronique persiste. Cette « faim » nous fait croire qu'il manque quelque chose à notre vie, à notre bonheur. Alors, nous tournons en rond en essayant de combler ce vide avec une bouchée de plus, quand en réalité ce qui fait défaut dans la plupart des cas, c'est une appréciation sincère de tout ce que nous possédons déjà :

- La vie ;
- Un corps qui nous permet de vivre, de travailler, de nous déplacer, de jouer et de savourer les plaisirs de la vie ;
- Une famille ;
- L'amour de nos proches ;
- Un toit ;
- De la nourriture sur notre table.

Aujourd'hui, prenons conscience que si nous tenons pour acquises les choses importantes de notre vie, toute la nourriture de la Terre ne saurait combler ce vide.

Posez une action pour honorer votre engagement

Je vous encourage à consommer une source de fibres solubles au cours de la journée, tel le son d'avoine. En plus d'être rassasiantes, les fibres contenues dans le son d'avoine pourraient être bénéfiques pour votre pression artérielle. Une étude effectuée auprès de personnes démontrant un début d'hypertension a révélé que le fait de consommer quotidiennement huit grammes de son d'avoine pouvait contribuer à normaliser leur pression artérielle après douze semaines[8]. Vous pouvez ajouter le son d'avoine à vos pains, gâteaux, crêpes ou muffins. Personnellement, j'aime bien aussi le servir sous forme de céréale chaude.

Aujourd'hui, prenez soin de vous

Faites entrer la gratitude dans votre quotidien. Pour ce faire, ménagez-vous quelques instants au cours de la journée afin de prendre en note, sur papier ou mentalement, toutes les bonnes choses qui enrichissent votre vie en ce moment. Tout ne se présente pas toujours comme nous l'aurions souhaité, j'en conviens. Mais le fait de prendre l'habitude d'exprimer de la reconnaissance pour les richesses présentes dans notre vie a le pouvoir de nous apaiser et de nous réconforter comme aucun aliment ne saurait le faire.

27 mai

Emprisonné dans chaque homme gras,
un homme maigre fait des signes désespérés pour qu'on le libère.
CYRIL CONNOLLY

Une étude récente indique qu'une façon de libérer la personne mince en nous est de passer moins de temps assise ! En effet, des travaux publiés dans la réputée revue *Science* indiquent que les personnes obèses passent en moyenne, chaque jour, deux heures de plus à rester assises que celles qui maintiennent un poids-santé. Étonnamment, le fait de perdre du poids ne modifie pas ce comportement, ce qui pousse les chercheurs à croire qu'il s'agirait là d'un comportement biologiquement déterminé. Les personnes grasses seraient « naturellement moins actives » que les autres. Ce qui reste à vérifier.

En attendant, ne baissons pas les bras ! Selon les scientifiques, si ces personnes utilisaient ces deux heures pour pratiquer une activité debout, sans pour autant que ce soit de « l'exercice », elles pourraient augmenter leur dépense énergétique quotidienne de trois cent cinquante calories[11] ! Alors, pourquoi ne pas commencer dès maintenant !

Prenez quelques instants pour calculer le nombre d'heures que vous passez à rester assise, que ce soit dans le cadre de votre travail ou pendant vos loisirs. Essayez de retrancher une heure de ce total. Le simple fait de vous activer à quelques tâches ménagères, ou tout simplement à faire la même chose debout, augmentera votre dépense énergétique.

Posez une action pour honorer votre engagement

Consommez un produit à base de soya. Vos artères vous remercieront ! Des études indiquent en effet que lorsqu'on prescrit un régime riche en soya à des personnes qui ont un taux de cholestérol élevé, on peut observer chez elles une baisse du taux de cholestérol total ainsi que des triglycérides[23].

Pour augmenter votre consommation de soya, vous pouvez essayer une des nombreuses boissons à base de soya en vente dans la plupart des épiceries, des fèves de soya grillées ou encore du tofu. Vous ne savez pas comment l'apprêter ? Voici une recette ultra-simple de garniture à sandwich à base de tofu. Elle m'a été donnée, il y a bien longtemps, par un ami avec qui j'avais planté des arbres pendant tout un été. Depuis, cette recette m'a permis de nourrir bien des petits ventres affamés! Il suffit d'écraser à la fourchette du tofu, d'y ajouter un peu de mayonnaise faible en gras, une pointe de moutarde de Dijon, un peu d'aneth frais haché (ou de la ciboulette), du sel et du poivre. Mélangez bien le tout et servez entre deux tranches de pain de grains entiers grillées avec de la laitue.

Aujourd'hui, prenez soin de vous

Réservez-vous du temps pour aller marcher en bonne compagnie. Une de mes amies a réalisé récemment que ses deux garçons de quinze et dix-sept ans aimaient beaucoup marcher avec elle. Ils vont donc faire une promenade tous les trois chaque fin de semaine.

28 mai

Et je voyais ce paradoxe : plus on est fragile, plus on est costaud.
Plus on est condamné, plus on trouve des ressources,
même s'il faut descendre au plus profond de soi pour les atteindre.

PHILIPPE DJIAN

Vous avez peut-être regagné du poids ces derniers temps ou recommencé à « manger vos émotions » ? Si tel est le cas, vous vous sentez peut-être découragée, sur le point de tout lâcher…

Si cela peut vous apporter un certain réconfort, sachez que, où que vous soyez et quelles que soient les circonstances qui prévalent en ce moment dans votre vie, d'autres femmes ont déjà vécu des difficultés similaires aux vôtres. Si vous interrogez celles qui parmi nous ont réussi à atteindre leur poids-santé, vous pourrez constater que la plupart ont dû faire face à divers obstacles au cours du processus de perte de poids (phases de plateaux interminables, conjoint récalcitrant, regain de poids, problèmes de santé, compulsion alimentaire, etc.). Malgré tout, elles ont survécu. Mieux encore, elles sont resplendissantes! Peu importe les difficultés, elles savent à présent qu'elles ont ce qu'il faut pour les surmonter. Écoutez ce qu'elles ont à dire, cela vous inspirera.

J'ai constaté que c'est souvent à la suite d'un passage difficile que nous en apprenons le plus sur nous-même et que nous effectuons le plus de progrès, comme s'il fallait toucher le fond pour mieux remonter. Durant ces moments éprouvants, accrochez-vous à votre programme et à vos saines habitudes. Soyez bienveillante envers vous-même. Offrez-vous des périodes de repos, cuisinez vos repas-santé favoris et marchez chaque jour. Et si cela peut vous aider, voyez ce passage difficile comme une occasion de découvrir l'étendue de vos ressources personnelles.

Posez une action pour honorer votre engagement

Je vous suggère de consommer une portion (1/2 tasse ou 125 ml) de délicieuses asperges fraîches. Faibles en calories mais riches en saveur, elles sont une excellente source de folate, une vitamine qui contribuerait à la prévention du cancer et des maladies cardiovasculaires[18]. Les asperges fraîches sont faciles à trouver dans les épiceries à ce moment de l'année. Vous pouvez les faire cuire à la vapeur et les déguster nature ou, encore, les agrémenter, comme le fait ma belle-mère, d'un délicieux mélange de mayonnaise (1 c. à thé ou 5 ml) et de vinaigre balsamique (quelques gouttes). Bon appétit!

Aujourd'hui, prenez soin de vous

Pas besoin de fréquenter les spas luxueux pour prendre soin de son corps et profiter des propriétés relaxantes de l'eau chaude. Lorsque vous serez sous la douche, prenez un instant pour visualiser vos soucis glissant sur votre peau. Imaginez qu'en ruisselant sur votre corps, l'eau chaude vous déleste progressivement de toutes vos tensions, vous laissant dispose et rafraîchie. Terminez avec quelques soins douillets pour votre peau. Cette petite séance de relaxation vous donnera l'impression de renaître!

29 mai

Il n'y a pas de personnes sans ressources. Il y a seulement des états d'esprit où l'on se retrouve sans ressources.

ANTHONY ROBBINS

L'atteinte de nos objectifs dépend bien plus souvent de notre attitude que des circonstances. Nous le savons, et nous n'aimons pas entendre cela ! Car adopter un état d'esprit productif implique bien souvent que nous fassions un travail sur nous-même. Pour certaines d'entre nous, ce travail consistera à abandonner le rôle de victime. En effet, comment espérer une progression si nous croyons que notre problème de poids est la faute de nos parents ou de notre conjoint, amateurs de fast-food ? Tant et aussi longtemps que nous remettrons notre réussite entre les mains d'autres personnes ou nous appuierons sur les circonstances pour déterminer notre comportement, nous nous sentirons victimes de la situation et essuierons des échecs.

Aujourd'hui, je vous invite à cultiver un état d'esprit qui facilitera l'atteinte de vos objectifs. Un bon début pourrait être de découvrir un de vos comportements ayant contribué à votre gain de poids. Puis, de voir de quelle façon vous pourriez modifier ce comportement.

Posez une action pour honorer votre engagement

Votre taille s'épaissit ? Insérez au moins trente minutes d'exercice dans votre programme. Des recherches indiquent qu'il s'agit là d'une excellente façon de perdre de la masse grasse dans la région abdominale[14]. Pourquoi ne pas en profiter pour ressortir votre bicyclette ou aller faire une marche en famille ?

Aujourd'hui, prenez soin de vous

Assurez-vous de consommer suffisamment de protéines au cours de votre journée. Nos besoins correspondent à un peu moins d'un gramme de protéines par kilo de notre poids-santé. Si votre poids-santé est d'environ soixante kilos (132 lbs), vous devriez consommer à peu près soixante grammes (2 oz) de protéines par jour et davantage si vous êtes très active.

30 mai

Dis-moi ce que tu manges, je te dirai ce que tu es.
ANTHELME BRILLAT-SAVARIN

« Ce que je mets dans mon assiette est comme une métaphore de mon rapport avec la vie, nous expliquent Frédérique de Gravelaine et Pascale Senk. Selon que j'en attends de l'énergie pour créer, du plaisir à partager avec les autres, des compensations à mes problèmes ou une façon de me détruire, de me mépriser. » Et je pense que nous pouvons toutes dire la même chose.

Aujourd'hui, attardez-vous au contenu de votre assiette. Les aliments que vous choisissez de manger semblent-ils refléter votre désir de mener une vie saine ou plutôt une façon de vous punir ?

Posez une action pour honorer votre engagement

Apportez votre lunch plutôt que d'aller au restaurant. Les adultes consommeraient en moyenne vingt-neuf pour cent de leurs repas en dehors de la maison[9]. Cela représente près d'un repas sur trois ! En choisissant d'apporter un lunch plutôt que d'aller au restaurant, vous pourrez contrôler plus facilement la qualité de votre repas et la quantité de nourriture que vous mangerez.

Aujourd'hui, prenez soin de vous

Accordez-vous du temps pour pratiquer une activité physique à votre goût. Si vous souffrez d'hypertension, il s'agit probablement d'une des meilleures choses que vous puissiez faire pour prendre soin de vous. L'exercice abaisse significativement la pression artérielle. Si, en plus de faire de l'exercice, vous perdez du poids, cet effet positif sur la pression artérielle peut tripler[1] ! L'essentiel est de commencer quelque part : une petite sortie à vélo après le souper, quelques longueurs de piscine le matin, une marche de dix minutes sur l'heure du dîner. Comme le fait si justement remarquer Friedrich Engels : « Un gramme d'action vaut mieux qu'une tonne de théorie. »

En effet, et c'est parfois tout ce qu'il faut pour commencer à changer une vie.

31 mai

Je suis bien dans ma peau, elle est juste à ma taille.

AUTEUR INCONNU

L'autre jour, j'ai reçu un courriel d'une femme dans la trentaine, très obèse, qui me disait avoir hâte de maigrir pour pouvoir commencer à s'aimer. Elle avait essayé tous les régimes, les jeûnes et les produits à la mode mais avait essuyé des échecs à répétition. Même son père, pensant probablement l'aider, ne cessait de lui répéter qu'elle ne trouverait jamais un conjoint avant d'avoir perdu du poids. La pauvre! Pas surprenant qu'elle ait adopté au fil des années des comportements aussi nocifs, l'image qu'elle avait de sa personne et de son corps était si négative!

Si nous maintenons un certain poids, c'est en partie parce qu'il correspond à un ensemble de croyances et de valeurs que nous véhiculons. Prendre conscience que nous sommes là où nous devrions être, en ce moment, est très libérateur. Bien que cela puisse sembler paradoxal, c'est en acceptant ce que nous sommes, avec nos forces mais aussi nos faiblesses et nos manques, que nous ouvrons la porte au changement.

Pour nous libérer de nos comportements nuisibles, nous devons d'abord apprendre à respecter la personne que nous sommes présentement. Ensuite, et seulement à cette condition, nous pourrons adopter durablement des habitudes plus saines, en accord avec nos nouvelles croyances.

Posez une action pour honorer votre engagement

Je vous encourage à explorer de nouvelles façons de bouger. N'attendez pas d'avoir perdu du poids! Le yoga, les exercices de type « Pilates » (de nombreux livres, vidéos et DVD les présentent), le massage et le tai chi sont des activités qui nous font prendre contact avec notre corps et peuvent nous aider à l'apprécier davantage. Osez les essayer dès maintenant, n'attendez pas d'avoir perdu du poids!

Aujourd'hui, prenez soin de vous

Lorsque vous laverez vos cheveux aujourd'hui, faites-le avec soin et attention. Cela vous détendra. Choisissez un shampooing qui convient à votre type de cheveux et qui rehaussera leur beauté naturelle. Tout en le faisant mousser, imaginez que votre chevelure devient encore plus belle, plus brillante et plus saine. Profitez-en pour vous appliquer un traitement revitalisant. Se prodiguer des soins avec attention et douceur est une façon de respecter son corps et sa personne.

Juin

Les classes sont à présent silencieuses.
Les nuits sont douces.
Les fraises abondent.
Juin est parmi nous.

Trois délicieuses recettes vous sont proposées :

Salade de thon aux haricots blancs, p. 552
Escalopes de poulet parfumées à l'estragon, p. 553
Mousse aux fraises, p. 554

PREMIER PRINCIPE
ENDOSSEZ LE CHANGEMENT

1er juin

Quand je m'arrête assez longtemps pour sentir le parfum des roses,
je vois généralement la beauté et toutes ces choses
que nous pouvons partager.

MORGAN JENNINGS

Aujourd'hui, je vous invite à ralentir le pas. À savourer le temps qui passe.

Je sais, vous êtes occupée, et moi aussi. Personne n'a le temps de faire ces choses-là. Mais avons-nous vraiment le choix ? Entre le travail, les repas à préparer, les devoirs à superviser et la salle de bains à rénover, quand allons-nous prendre le temps de vivre ? Durant nos deux semaines de vacances ? À notre retraite ?

Je ne pense pas.

Aujourd'hui, prenez le temps d'apprécier les douceurs de la vie et tout ce qu'elle a de bon à vous offrir. Si vous en avez l'occasion, procurez-vous un exemplaire de l'excellent livre *Éloge de la lenteur* de Carl Honoré et voyez comme le fait de ralentir la cadence vous rendra plus disponible aux petits plaisirs du quotidien. Après tout, si vous vous efforcez d'adopter de nouvelles habitudes et de cheminer vers la santé, n'est-ce pas pour mieux jouir de la vie pendant qu'elle passe ?

Posez une action pour endosser le changement

Ajoutez cinq minutes à votre parcours de marche habituel. Tout en marchant, soyez attentive au monde qui vous entoure. Appréciez l'air frais qui gonfle votre poitrine et imaginez que chaque pas vous rend plus forte, plus svelte et plus athlétique.

Aujourd'hui, prenez soin de vous

Partez à la recherche d'un endroit à l'extérieur où vous pourrez vous recueillir le plus souvent possible au cours de cette belle saison. Si vous avez la chance d'avoir votre propre jardin, installez-y une chaise confortable à l'abri des regards indiscrets et faites-en votre sanctuaire personnel. Sinon, un banc de parc ou une table de pique-nique sur votre lieu de travail peuvent aussi très bien faire l'affaire. Il y a plusieurs années, alors que je travaillais dans un hôpital, je m'éclipsais chaque midi pour aller manger paisiblement dans un parc, entourée de grands arbres et de quelques écureuils fureteurs. Contrairement à la cafétéria bondée, cet endroit me permettait de me détendre et de refaire le plein d'énergie. Lorsque je retournais travailler, j'étais reposée et prête à redonner le meilleur de moi-même. Je suis convaincue qu'une petite visite de votre coin paisible vous procurera les mêmes bienfaits. Fermez les yeux, laissez le soleil vous chauffer et vous offrir son énergie. Savourez pleinement ces instants de calme et rapportez-les avec vous lorsque vous rentrerez pour poursuivre vos activités.

2 juin

La capacité de s'élever au-dessus de la tentation
est l'essence même de la liberté.
SCOTT PECK

Être libre ne signifie pas nécessairement faire « tout ce que l'on veut, quand on veut » ou « manger n'importe quoi, n'importe quand ». Être libre, c'est d'abord et avant tout avoir la capacité de *choisir ses comportements* et non simplement d'obéir à des pulsions.

La vraie liberté, nous y goûtons chaque fois que nous prenons une décision qui va dans le sens de nos aspirations profondes. Aussi petite soit-elle. Lorsque nous décidons d'aller au travail à bicyclette plutôt qu'en voiture, par exemple, nous exerçons cette liberté, tout comme lorsque nous refusons une deuxième part de dessert.

Aujourd'hui, goûtez à la satisfaction de choisir ce qui sera bon pour vous.

Posez une action pour endosser le changement

Ce soir avant d'aller au lit, préparez vos vêtements d'exercice et mettez-les bien en vue. Au réveil, cela ne vous prendra que quelques instants pour les enfiler et vous retrouver dehors à profiter de l'air frais du matin.

Aujourd'hui, prenez soin de vous

Réservez dans votre programme de la journée une quinzaine de minutes pour épurer votre garde-robe. Débarrassez-vous des vêtements qui sont maintenant trop grands pour vous ou que vous n'aimez plus. Ne gardez que ceux qui vous vont bien et vous mettent en valeur. Ce petit ménage vous allégera l'esprit et vous facilitera la tâche la prochaine fois que vous chercherez à vous faire belle.

3 juin

Je ne sais pas pourquoi j'en suis encore
À me dire : voici ce qu'il faut faire,
Quand tout, motifs et volonté, force et moyens,
Me poussent à l'accomplir…

SHAKESPEARE, *Hamlet*

Y a-t-il quelque chose que vous pourriez faire qui améliorerait votre bien-être ou votre santé et que vous remettez à plus tard ? Par exemple, ce rendez-vous avec votre médecin pour vérifier votre cholestérol ou votre abonnement au centre de conditionnement physique du coin ? Qu'en est-il de ces chaussures de marche que vous vouliez vous procurer ? Attendent-elles toujours ? Et la ligue amicale de tennis, le numéro de téléphone traîne-t-il encore sur votre comptoir ?

Aujourd'hui, n'attendez plus ! Passez à l'action ! Accomplissez au moins une chose qui attend depuis longtemps et qui sera bonne pour vous. Vous méritez de vous sentir mieux et bien dans votre peau. Alors ne faites pas attendre votre bien-être plus longtemps. Allez-y !

Vous verrez, vous vous demanderez pourquoi vous n'avez pas agi plus tôt !

Posez une action pour endosser le changement

Essayez un nouveau légume tel que le topinambour, le bok choï, les betteraves jaunes ou encore la bette à carde. Combinez ce nouveau légume à d'autres que vous connaissez et garnissez au moins la moitié de votre assiette de ce mélange. En explorant de nouvelles saveurs, vous élargirez l'éventail des possibilités à chaque repas.

Aujourd'hui, prenez soin de vous

Si vous en avez la possibilité, je vous invite à créer une plate-bande ou un potager. Vous habitez en appartement? Il existe peut-être un jardin communautaire près de chez vous. Sinon, il est tout à fait possible de cultiver une variété de fleurs, de fines herbes et même de légumes dans des pots. Le jardinage est l'une des rares activités que nous pouvons pratiquer à tout âge et qui nous permet de combiner à la fois créativité, travail physique et détente. Certains professionnels de la santé lui prêtent même des vertus thérapeutiques. En effet, l'« horticulture thérapeutique », peu connue mais déjà pratiquée par certains professionnels de la santé, vise à promouvoir la santé, l'autonomie et le bien-être, au moyen du travail avec les plantes et autres végétaux. Certaines études indiquent que cette activité pourrait même améliorer les habiletés sociales et l'estime de soi[33]! Par ailleurs, d'autres travaux de recherche montrent que le jardinage, parce qu'il implique un travail musculaire et une dépense énergétique accrue, serait une excellente façon de réduire les risques de maladie cardiaque[17]. Pour toutes ces bonnes raisons, je vous invite à vous initier aux plaisirs de cette merveilleuse activité physique cet été.

4 juin

Les vents du changement soufflent dans notre vie, parfois doucement, parfois comme une tempête tropicale. Oui, nous avons des abris – le temps de nous adapter à un autre mode de vie, le temps de retrouver notre équilibre, le temps d'apprécier les récompenses. Nous avons le temps de reprendre notre souffle.

MELODY BEATTIE

Il y a maintenant un moment que nous cheminons ensemble. Comment allez-vous? Les vents du changement soufflent-ils doucement sur votre vie ou avez-vous plutôt l'impression d'être au cœur d'une tempête tropicale?

Si vous vous sentez présentement bousculée par votre nouveau style de vie, ne soyez pas inquiète. N'oubliez pas que vous avez toujours le contrôle. Vous pouvez en tout temps contrôler *la nature* des changements que vous désirez opérer dans votre vie et vous pouvez contrôler *le rythme* auquel s'effectueront ces changements.

Désirant perdre du poids et être en meilleure santé, une femme que je connais a décidé, dans la même semaine, de modifier son alimentation, de cesser de fumer et de faire de l'exercice chaque jour. Même si son intention était louable, il est évident que «la marche était trop haute». De fait, elle a recommencé à fumer après deux jours et s'est vite rendu compte qu'il n'était pas réaliste, pour le moment, de faire de l'exercice sept jours sur sept. Après quelques semaines d'ajustements, elle a choisi de marcher deux ou trois fois par semaine et de manger davantage de fruits et de légumes. Elle fume toujours et son poids est resté sensiblement le même, mais ces changements positifs lui ont permis d'acquérir de la confiance en elle et de se construire une base solide. Cette femme est maintenant prête à prendre le temps qu'il faut pour modifier ses habitudes de vie et je suis convaincue que son attitude lui fera connaître de belles réussites.

Chaque fois que vous en sentez le besoin, n'hésitez pas, vous non plus, à reprendre votre souffle et à vous réajuster. Gardez toujours à l'esprit que ce que nous recherchons est *la progression* et non la perfection.

Posez une action pour endosser le changement

Remplacez une portion de viande rouge par une portion de viande blanche. Bien que les gens qui mangent de la viande rouge plusieurs fois par semaine dans le cadre d'un programme d'amaigrissement semblent perdre autant de poids que ceux qui n'en consomment pas[18], des études indiquent que les individus qui consomment quatre fois plus de viande blanche que de viande rouge font partie du groupe présentant les plus faibles risques de maladies chroniques[22], probablement en raison du contenu plus faible en gras saturés de la viande blanche.

Aujourd'hui, prenez soin de vous

Tout au long de la journée, souvenez-vous que ce qui compte, c'est la progression et non la perfection.

5 juin

Mon Dieu, donnez-moi la sérénité d'accepter les choses
que je ne peux changer;
le courage de changer les choses que je peux;
la sagesse d'en connaître la différence.
REINHOLD NIEBUHR

La plupart d'entre nous entretenons l'illusion que nous pouvons contrôler le comportement d'autrui, le résultat de nos actions, et même notre corps. Chaque jour, sans nous en rendre compte, nous déployons des quantités phénoménales d'énergie à tenter de contrôler des gens ou des événements et à nous inquiéter pour des choses qui vont peut-être se produire. Cette quête incessante – et perdue d'avance – n'a rien à voir avec la persévérance et la pro-activité, mais tout à voir avec l'autoflagellation.

La réalité est que nous avons beau nous accrocher de toutes nos forces à ce semblant de contrôle, notre volonté n'a rien à voir là-dedans. Certaines choses se produiront, avec ou sans notre consentement. Point final. Plus vite nous aurons compris cela, plus vite nous pourrons consacrer nos précieuses énergies à des activités productives et bienfaisantes pour nous. Et mieux nous nous porterons.

Posez une action pour endosser le changement

Nous n'avons pas de contrôle sur le moment où arrivera notre ménopause; cependant, nous pouvons adopter des comportements qui contribueront à diminuer certains désagréments associés à cette période de notre vie, en l'occurrence l'athérosclérose. L'athérosclérose est le durcissement et l'épaississement de la couche interne des artères. L'arrivée de la ménopause accélère ce phénomène, ce qui entraîne une hausse des risques de maladies cardiaques. Heureusement, il est possible d'agir pour améliorer la situation. En effet, des travaux effectués auprès de trois cent cinquante femmes en période de ménopause ont révélé que celles qui avaient adopté une alimentation saine et un programme d'exercice avaient ralenti de façon significative la progression de l'athérosclérose[34]. Aujourd'hui, je vous encourage à faire au moins trente minutes de votre activité physique favorite. Nous n'avons peut-être pas de contrôle sur les changements hormonaux associés à la ménopause, mais nous pouvons néanmoins optimiser notre état de santé à cette étape de notre vie.

Aujourd'hui, prenez soin de vous

Ménagez-vous une vingtaine de minutes au cours de la journée pour vous reposer en toute tranquillité. Profitez-en pour vider votre esprit et vous délester de toute tension.

6 juin

Soyez toujours une version de première qualité de vous-même plutôt qu'une version de deuxième qualité de quelqu'un d'autre.
JUDY GARLAND

Lorsque nous désirons changer notre mode de vie et décidons de perdre du poids, il peut être très tentant de nous trouver des « modèles ». Des femmes minces, apparemment en bonne santé, à qui nous aimerions ressembler. Qu'elles soient des connaissances ou des personnalités connues, ces femmes nous inspirent et nous motivent à poursuivre nos changements positifs, ce qui est très bien. Toutefois, il est important que ces femmes demeurent une simple source de motivation pour nous et ne se transforment pas en « idoles » à qui nous voudrions ressembler coûte que coûte.

La plupart du temps, nous ne connaissons rien de leurs habitudes de vie (qui peuvent ne pas être aussi saines que l'on croit) et nous ne savons certainement rien de leur bagage génétique. Nous aurions beau manger comme elles et faire autant d'exercice, il est probable, malgré tous nos efforts, que nous n'aurions jamais un corps semblable. Ces femmes ont un poids-consigne qui leur est propre, un visage et un corps uniques et une personnalité propre à elles.

Et vous savez quoi?

Nous aussi.

Il est temps que nous consacrions notre énergie créatrice à *notre* développement. Au fond, ce que nous cherchons à reproduire, ce sont des *comportements sains* et non la vie d'une autre femme. Ce que nous aimerions être, c'est une version de première qualité de nous-mêmes et non une version de deuxième qualité de quelqu'un d'autre. N'est-ce pas?

Alors, qu'attendons-nous pour valoriser la personne que nous sommes et l'aider à atteindre *son* propre potentiel?

Posez une action pour endosser le changement

Échangez dans votre menu au moins deux portions de produits céréaliers raffinés (ex. pain blanc, céréales pour déjeuner faibles en fibres, riz blanc) contre deux portions à base de grains entiers (ex. pain multigrains ou de blé entier contenant 3 g de fibres ou plus par portion, céréales pour déjeuner riches en fibres, riz brun).

Aujourd'hui, prenez soin de vous

Faites-vous belle et osez vous mettre en valeur. Pourquoi ne pas enfiler cette robe qui vous va si bien ou encore relever vos cheveux pour dégager votre nuque ? Même si vous passez la journée à la maison, coiffez-vous et portez des vêtements confortables que vous aimez. Ces petites attentions sont excellentes pour le moral.

DEUXIÈME PRINCIPE
DÉTERMINEZ UN OBJECTIF RÉALISABLE

7 juin

Il est aussi absurde de regretter le passé que d'organiser l'avenir.

ROMAN POLANSKI

Tout ce que nous avons, c'est le présent.

Pour vivre sainement et ne pas nous imposer de stress inutile, nous devons apprendre à lâcher prise sur les pans de notre vie que nous ne pouvons pas contrôler. Nous ne pouvons plus rien pour ce qui est passé, et ne pouvons pas non plus agir sur l'avenir.

Le seul contrôle que nous puissions exercer concerne les choix que nous faisons *en ce moment.*

Déterminez un objectif réalisable et passez à l'action

Ajoutez une portion de fruits (1/2 tasse ou 125 ml) à votre petit-déjeuner. Pour ma part, je raffole des petits fruits congelés que l'on trouve maintenant sur le marché. Ils sont délicieux en toutes saisons et si faciles à utiliser. Le matin, je garnis mon gruau d'une bonne portion de bleuets (décongelés quelques secondes au micro-ondes) ou j'ajoute de savoureuses framboises à mes céréales. Essayez-les vous aussi!

Aujourd'hui, prenez soin de vous

Si vous trouvez que maintenir vos nouvelles habitudes est trop difficile, ne lâchez pas aujourd'hui. Vous pourrez toujours le faire demain si c'est encore ce que vous désirez.

8 juin

C'est dans la tête qu'on est beau [...]. Cette affirmation est fausse, insultante et remplie de condescendance, surtout quand elle est prononcée, comme c'est souvent le cas, par quelqu'un qui correspond aux critères esthétiques. C'est dans le corps qu'on est beau, c'est d'ailleurs là seulement, l'esthétique n'exigeant aucune ampleur personnelle, rien d'autre que la surface, l'apparence. Mais c'est à travers l'ensemble de notre personne que nous avons du charme, cet ensemble incluant notre corps, un corps affirmé, qui s'affiche tel qu'il est, qui accentue ses forces plutôt que de camoufler ses limites.

DANIELLE BOURQUE

«[...] c'est à travers l'ensemble de notre personne que nous avons du charme, *cet ensemble incluant notre corps...*» Avec cette phrase, Danielle Bourque met le doigt sur un point sensible. Bon nombre d'entre nous croyons que nous pouvons avoir du charme *en dépit* de notre corps et *malgré* nos rondeurs, quand au fond notre charme émane de l'ensemble de notre personne, enveloppe charnelle comprise!

«[...] un corps affirmé, qui s'affiche tel qu'il est, qui accentue ses forces plutôt que de camoufler ses limites.» Personnellement, j'aspire à cette liberté et travaille à me l'approprier. Nous sommes toutes habituées, à divers degrés, à camoufler nos limites physiques. Nous déployons des trésors d'imagination pour dissimuler notre culotte de cheval, nos poignées d'amour, nos bras un peu trop dodus.

Et si nous faisions l'inverse?

Si nous consacrions plutôt notre énergie vitale à mettre nos forces en valeur ? à souligner les points forts de notre apparence ? Qu'arriverait-il si nous affichions notre corps tel qu'il est ? tout simplement, sans honte et sans artifice ? Vous comme moi, serions infiniment plus heureuses et nous le savons. Alors, qu'attendons-nous ?

Déterminez un objectif réalisable et passez à l'action

Je vous encourage à consommer au moins deux portions complètes de produits laitiers. En plus de faciliter le maintien d'un poids-santé[23], une alimentation riche en produits laitiers pourrait aussi réduire les risques de maladies cardiovasculaires[14]. Enfin, tant chez l'homme que chez la femme, une consommation élevée de calcium (>1000 mg/jour) abaisserait le cholestérol total et les LDL (mauvais cholestérol), diminuant ainsi les risques de maladies cardiovasculaires[14].

Une délicieuse façon d'incorporer des produits laitiers à notre menu est de déguster un « lassi », une boisson nous venant de l'Inde. En voici une recette toute simple, mise au point par un ami ayant visité ce pays. Mettez dans un récipient autant de yogourt à la vanille que d'eau froide, ajoutez quelques cuillérées de jus de citron, mélangez le tout et servez avec beaucoup de glaçons. Délicieusement rafraîchissant !

Aujourd'hui, prenez soin de vous

Au cours de la journée, tâchez de consacrer plus d'énergie à mettre en valeur vos plus beaux attributs qu'à camoufler les parties de votre corps que vous aimez moins.

9 juin

J'ai encore des mauvais jours, mais ce n'est rien.
Auparavant, j'avais des mauvaises années.
ANONYME

Lorsque je suis découragée et que j'ai l'impression de ne pas progresser dans certains domaines de ma vie, je m'adonne à un petit rituel qui ne manque jamais de renouveler mon enthousiasme. Je ressors mes vieux agendas que je conserve depuis une dizaine d'années et je les feuillette tranquillement, étudiant attentivement ces tranches de ma vie. Grâce à ces notes manuscrites, je retrouve les événements qui m'ont façonnée : naissances, projets communautaires, réussites professionnelles, déménagements. Mais aussi, tous ces petits gestes qui ont teinté mon quotidien : séances d'entraînement, suivi de ma perte de poids post-partum, listes d'épicerie, objectifs personnels et professionnels. Certaines pages sont noircies d'inscriptions qui se chevauchent : « rapport urgent à remettre », « rendez-vous chez le médecin pour les jumeaux », « dossier important à analyser », « les Fortin viennent souper ce soir », « réunion de parents à l'école »... et me rappellent le degré de stress que je vivais il y a quelques années et qui maintenant ne fait plus partie de ma vie.

Ce retour dans le temps me fait toujours beaucoup de bien. Consulter ces témoins de ma vie me permet de mettre les choses en perspective et de prendre conscience de mon évolution des dernières années.

Je vous invite à prendre, vous aussi, quelques instants pour dresser le bilan des derniers mois. À l'aide du calendrier, de votre agenda ou de votre journal de bord, partez à la recherche de tous vos succès, petits et grands. Décelez les indices de votre perte de poids, bien sûr, mais aussi toutes ces autres choses dont vous pouvez être fière. Par exemple :

- Les nouvelles activités physiques que vous avez adoptées ;
- Les recettes que vous avez essayées ;
- Les changements positifs que vous avez apportés à votre emploi du temps ou à votre organisation ;
- Les améliorations que vous avez notées à l'égard de votre condition physique ou de votre niveau de stress ;
- Toute autre forme de progrès.

Aujourd'hui, prenez conscience du chemin parcouru et savourez cette progression.

Déterminez un objectif réalisable et passez à l'action

Si vous avez envie d'augmenter votre endurance physique, je vous suggère de prendre un petit haltère dans chaque main pour aller faire votre marche (au début, une charge d'une livre dans chaque main sera probablement suffisante).

Aujourd'hui, prenez soin de vous

Ménagez-vous quelques minutes de tranquillité pour reconnaître et apprécier votre cheminement. Cette petite pause vous rappellera le bien-fondé de votre démarche.

10 juin

Les câlins apaisent à la fois le corps et l'âme ; ils sont un besoin vital de l'être humain. Nous avons grandement besoin d'être touchés et que notre peau, la soyeuse enveloppe de notre être, miraculeusement fine, soit caressée et chérie. C'est l'un des besoins de l'enfance qui vous reste à l'âge adulte, d'autant que la plupart d'entre nous n'ont pas été suffisamment caressés, embrassés, étreints ou tout simplement touchés avec affection. Nous voulions nous pelotonner contre notre mère pour y être en sécurité, que notre père nous porte dans ses grands bras puissants, mais la chose ne s'est pas produite suffisamment. Nous ne nous sommes pas assez assis sur leurs genoux, ils ne nous ont pas assez flatté le dos ou le ventre, ne nous ont pas assez chatouillé les pieds, nos cous n'ont pas reçu suffisamment de baisers à notre goût.

DAPHNE ROSE KINGMA

Si nous voulons poursuivre notre chemin vers la santé et le bien-être, il nous faut comprendre que la nourriture ne pourra jamais remplacer ces gestes affectueux qui ne sont jamais venus. Il nous faut prendre conscience qu'un *besoin d'affection* ne peut être comblé *que par de l'affection*, qu'elle vienne de nos parents, de notre conjoint, de nos enfants ou, encore, de nos amis.

Déterminez un objectif réalisable et passez à l'action

Essayez de boire un verre d'eau de plus qu'à l'habitude. En prenant chaque gorgée de ce précieux liquide, voyez-le hydrater vos cellules, purifier votre corps et vous apporter la santé et le bien-être.

Aujourd'hui, prenez soin de vous

Si vous ressentez le besoin d'être touchée ou étreinte, dites-le ! La plupart du temps, même les êtres qui nous sont chers n'ont aucune idée de nos besoins. Parfois, un simple geste d'affection peut mettre un baume sur nos tourments ou, encore, nous faire sentir vivantes et appréciées. Si vous êtes célibataire, vous voudrez peut-être faire comme certaines femmes seules qui ont décidé d'incorporer un massage à leur routine afin de se sentir touchées sur une base régulière. Si vous prenez soin de combler régulièrement votre besoin d'être touchée, il est possible que vous vous tourniez moins souvent vers la nourriture pour combler ce vide.

11 juin

Le bonheur est une petite chose que l'on grignote,
assis par terre, au soleil.
JEAN GIRAUDOUX

Par la fenêtre de ma cuisine, je regarde mes deux petites filles de cinq et six ans qui jouent tranquillement dehors. Léa est pieds nus et porte un diadème de princesse, Roxane a enfilé une robe et de grosses bottes de caoutchouc. Accroupies dans l'herbe, elles concoctent une «soupe» de leur cru composée de cailloux, d'une poignée de sable, d'eau puisée dans la petite piscine et de quelques feuilles de pissenlits. Elles sont insouciantes et savourent, sans le savoir, quelques instants d'un bonheur tranquille. J'admire cette qualité qu'ont les enfants de goûter le moment présent. Alors que j'allais retourner à mes occupations, leur joie paisible m'inspire. Moi aussi, j'ai envie de savourer la vie comme on déguste son dessert préféré, à la petite cuillère, en souriant intérieurement.

C'est décidé. Tout à l'heure, je sortirai le parasol et nous mangerons toutes les trois sur une nappe près du ruisseau. Mais avant, j'irai m'asseoir dans l'herbe pour regarder mes filles jouer et grignoter, en leur compagnie, un petit instant de bonheur.

Le reste pourra attendre.

Déterminez un objectif réalisable et passez à l'action

Je vous encourage à renouer avec une activité physique que vous n'avez pas pratiquée depuis longtemps ou, mieux encore, à découvrir un nouveau sport. Osez chausser des patins à roues alignées avec une amie, adonnez-vous à la marche en forêt, ressortez votre maillot de bain et allez faire trempette dans un lac d'eau fraîche, inscrivez-vous à une leçon de tennis ou partez à la découverte d'une nouvelle piste cyclable. Cette petite aventure vous redonnera de l'énergie, vous verrez!

Aujourd'hui, prenez soin de vous

Ce matin, je vous invite à sortir du lit quelques minutes plus tôt pour savourer un moment de douce tranquillité. Profitez-en pour faire un tour dans votre jardin avant d'aller au bureau ou de commencer votre travail à la maison. Tout en déambulant, imprégnez-vous des odeurs de la végétation et du matin. Sentez le soleil caresser doucement votre visage et attardez-vous quelques instants à écouter le chant matinal des oiseaux. Si nous prenons la peine d'y être attentives, ces moments de solitude apaisante peuvent nous emplir d'une quiétude qui nous suivra toute la journée.

12 juin

Être en santé, c'est s'aimer tel qu'on est, dans tous les moments successifs de la vie… C'est s'aimer avec ses manques, son manque d'amour de soi et des autres, ses refus de s'ouvrir, son plaisir à le faire.

GUY CORNEAU

On peut avoir une bonne condition physique et maintenir un poids sain, mais pouvons-nous prétendre être en santé si nous ne nous aimons pas inconditionnellement, avec tous nos manques et nos faiblesses? La santé ne devrait-elle pas aussi être fonction de notre bien-être et de notre pleine acceptation de ce que nous sommes?

C'est du moins ce que je crois.

Plus le temps passe et plus je découvre cette dimension de la santé. Plus jeune, le fait de soigner mon alimentation et de faire beaucoup d'exercice me semblaient être suffisants. Mais bien sûr, en vieillissant, je réalise que ces deux dimensions n'ont qu'un pouvoir limité sur la qualité de nos jours si elles ne sont pas accompagnées d'un cheminement visant la pleine acceptation de la personne que nous sommes.

Ce périple vers l'acceptation de soi s'échelonne, pour la plupart d'entre nous, sur plusieurs étapes. Il se caractérise bien souvent par une succession d'allers-retours entre l'acceptation de soi et le rejet, l'épanouissement et le repli sur soi. On avance, on recule, on piétine. Apprendre à s'accepter et à s'aimer inconditionnellement prend du temps. Du moins, c'est ce que je constate dans ma vie personnelle. Ce n'est qu'à force de poser un regard bienveillant sur nous-mêmes – malgré nos failles et nos manques –, que nous pouvons espérer nous épanouir pleinement et vivre en santé. Alors autant commencer tout de suite.

Aujourd'hui, je vous invite à réfléchir à cette nouvelle dimension de la santé qui n'exige, pour se développer, aucun programme d'entraînement ou d'alimentation spéciale mais plutôt une dose constante de bienveillance, d'humilité et de compassion, comme le fait remarquer ici Louise Hay : « Lorsqu'on s'aime réellement, qu'on s'approuve tel que l'on est, tout fonctionne dans la vie. C'est comme de petits miracles surgissant de partout. »

Déterminez un objectif réalisable et passez à l'action

Pour dessert, servez de délicieuses tranches de melon bien frais.

Aujourd'hui, prenez soin de vous

Si vous avez envie de changement ces temps-ci, pourquoi ne pas en profiter pour apporter quelques modifications à votre décoration ? En ce qui me concerne, j'ai constaté qu'une des façons les plus efficaces et les moins coûteuses d'opérer une véritable transformation de ma décoration intérieure, était de repeindre une pièce. J'ai moi-même récemment bénéficié des effets thérapeutiques d'une « opération peinture » et c'est pourquoi je vous la propose ! En effet, après avoir passé les dernières années à écrire sur une table dans un coin de ma chambre à coucher (entre les classeurs et les boîtes de vêtements hors saison), j'ai finalement hérité d'une pièce bien à moi pour y installer mon bureau. J'ai rapidement diagnostiqué un problème de couleur (le beige soutenu éteignait complètement cette petite pièce déjà sombre) et je suis passée à l'action. Mon traitement ? Un gallon de peinture jaune crème (« crème douce » de Benjamin Moore, pour être plus précise) qui l'a instantanément remplie d'une lumière dorée. Quelques fleurs, des photos, un tapis de fibres naturelles et mes précieux livres ont complété l'aménagement de mon univers de travail qui est à présent très confortable et inspirant !

Avec l'été qui approche, pourquoi ne pas tenter, vous aussi, l'expérience d'une nouvelle couleur chez vous ?

TROISIÈME PRINCIPE
ABAISSEZ VOTRE POIDS-CONSIGNE

13 juin

C'est en faisant de tout petits choix que nous vivons vraiment. Un petit choix n'entraîne qu'un petit changement. Mais ce n'est qu'en effectuant d'infimes changements, des changements si insignifiants que personne ne les remarque, que nous pouvons espérer nous transformer.

LÉON TOLSTOÏ

J'aurais aimé être l'auteure de ces trois phrases! À elles seules, elles résument l'essence de cet ouvrage, expriment le fond de ma pensée. Je ne pense pas, cher monsieur Tolstoï, que vous ayez écrit ces mots en pensant à l'amaigrissement, et c'est justement pourquoi ces quelques mots ont tant de portée. En effet, il est réconfortant de constater que le processus de changement – qu'il s'agisse de cesser d'abuser de l'alcool, d'apprendre à combattre sa timidité ou encore de manger plus sainement – suit une trajectoire universelle. Toute transformation, si elle se veut permanente, ne peut s'effectuer qu'à travers le temps et *de l'intérieur vers l'extérieur*.

Ainsi, tout commence avec le désir réel de changer. C'est ce désir, cette intention profonde, qui teinte nos nouveaux choix à travers lesquels peut s'opérer le changement. Le pouvoir de transformation de cette motivation interne est tellement puissant que certaines personnes ayant endossé le changement ont, à mon avis – et sans même avoir encore perdu un seul gramme –, davantage changé que d'autres ayant maigri à l'aide d'un régime « miracle ». Avec le temps, imperceptiblement, les petits choix successifs naissant d'un désir profond de changer entraîneront nécessairement des manifestations visibles pour l'entourage. Les gens se mettront tout à coup à remarquer notre air radieux, notre corps plus sain, notre énergie.

Chercher à changer notre corps sans être passée au préalable par une transformation interne est, à mon avis, une entreprise stérile. Comme le dit si bien Louise Hay : « Chaque conséquence extérieure est l'expression naturelle d'un modèle intérieur. Combattre seulement la conséquence extérieure ou le symptôme est une perte d'énergie et cela contribue souvent à augmenter les problèmes. »

Aujourd'hui, je vous invite à prendre conscience du processus de transformation qui s'opère *en* vous. Assurez-vous que les choix que vous ferez au cours de la journée, aussi petits puissent-ils paraître, traduisent cette motivation qui vous anime et illustrent votre désir de faire les choses différemment. Voyez chacun de vos choix comme une occasion d'exprimer la nouvelle personne que vous devenez.

Posez une action pour abaisser votre poids-consigne

Une façon des plus agréables d'incorporer davantage d'exercice dans votre routine est de jardiner. Vous hésitez encore à vous initier à ce plaisir? La hantise de devoir entretenir une autre parcelle de votre environnement – en plus de la salle de jeu, de la salle de bains familiale et de la litière du chat – vous fait fuir les centres de jardinage? Eh bien, j'ai une petite suggestion à vous faire. En fait, trois. Je ne peux m'empêcher de les partager avec vous parce que le jardinage accomplit des merveilles pour ma santé physique et mentale et je sais qu'il en sera de même pour vous. Voici donc mes trois suggestions pour faire votre entrée en douceur dans le merveilleux monde de l'horticulture :

1. **Plutôt que de vous lancer dans la création (et l'entretien) de plates-bandes, optez pour la culture en pots.** Les potées fleuries sont d'une simplicité enfantine à réaliser et à entretenir et peuvent donner lieu à des aménagements charmants qui égayeront balcons, terrasses et marches d'entrée. Parmi mes fleurs favorites pour cet usage se trouvent les géraniums (que je combine à l'allysum), les capucines, la verveine et les surfinias. Amusez-vous!

2. **Si vous avez la moindre parcelle de terrain ensoleillé, offrez-vous un rosier.** Je ne parle pas ici des variétés fragiles (ex. hybrides « thé ») qui exigent des soins délicats sans même nous récompenser de leur parfum. Non, non, je vous parle de ce que je considère comme la Cadillac (ou plutôt, devrais-je dire, la « 4 X 4 ») des rosiers. Après quelques expériences frustrantes, j'ai découvert, il y a quelques années, les variétés « Explorateur ». Il s'agit d'une gamme de rosiers rustiques, très résistants aux maladies et qui ne demandent aucune protection hivernale. Ces petites merveilles vous gratifieront de plus, tout l'été, d'une abondance de fleurs parfumées. Satisfaction garantie!

3. **Dotez-vous d'un minijardin de fines herbes.** Que ce soit près de votre fenêtre de cuisine, sur votre balcon ou sur un coin de la terrasse, ne vous passez pas de l'incomparable plaisir de cultiver vos propres fines herbes. Le simple fait de cueillir quelques tiges odorantes de votre basilic, de votre ciboulette ou de votre coriandre vous donnera envie d'essayer de nouvelles recettes, juste pour les utiliser. En plus d'embellir votre milieu de vie, dites-vous que jardiner vous aidera à maintenir un métabolisme bien actif!

Aujourd'hui, prenez soin de vous

Lorsque vous irez marcher aujourd'hui, pensez à protéger vos yeux et votre peau des rayons nocifs du soleil. Pour ce faire, portez toujours des lunettes de soleil lorsque vous sortez pour une séance d'entraînement en plein air et enduisez votre peau d'un écran solaire pour limiter les risques de cancer. En gardant votre épiderme bien hydraté, vous contribuerez aussi à retarder les effets du vieillissement sur votre peau[11].

14 juin

L'important est de savoir prendre toutes les choses calmement.

MICHAEL FARADAY

Peut-être êtes-vous présentement en train de remplir des boîtes en vue de votre déménagement qui approche ou de compléter les préparatifs pour vos vacances à la mer ou au camping.

Si vous êtes comme moi, ces préparatifs peuvent prendre l'allure d'une véritable catastrophe naturelle et vous drainer autant d'énergie que l'ascension du mont Blanc en solo. Votre routine est perturbée et à mesure que la date fatidique approche, vous voyez votre agenda se surcharger d'annotations surlignées en jaune, du style : « vider et nettoyer le réfrigérateur », « appeler Denise pour les fleurs et le courrier », « ne pas oublier les pompes d'asthme » ou encore « démonter les lits superposés » et « appeler Steve pour sortir le divan et la bibliothèque ». De tout repos, quoi!

Si vous vivez présentement ce type de cataclysme organisationnel et désirez néanmoins conserver votre santé physique et mentale, le moment est venu de suivre ce conseil : simplifiez, simplifiez, simplifiez ! Voyagez léger, débarrassez-vous des objets inutiles et préparez des repas simples. Je ne suis certainement pas un modèle de sérénité organisationnelle, mais lorsque j'ai la présence d'esprit de mettre en pratique ce sage conseil, je m'en porte toujours beaucoup mieux.

Peut-être son application vous épargnera-t-elle, à vous aussi, quelques tensions inutiles.

Posez une action pour abaisser votre poids-consigne

À travers le brouhaha des préparatifs, réservez-vous un peu de temps pour aller marcher, ne serait-ce que pour vous détendre.

Aujourd'hui, prenez soin de vous

Si votre routine est perturbée par un déménagement, des vacances ou des rénovations majeures, visez le maintien plutôt que la perte de poids pour les prochains jours. Cela vous enlèvera une pression inutile.

15 juin

La différence entre les papas et les mamans ?
Les mamans ne s'asseyent pas pour manger le dîner.

PAROLE D'ENFANT

Rien ne sert de courir.

Aujourd'hui, malgré les échéances, les responsabilités et les soucis, prenez le temps de ralentir le pas et d'apprécier la journée qui passe. Arrêtez quelques minutes pour saluer une amie. Caressez le chien. Écoutez votre émission de radio favorite. Dégustez votre repas. *Assise.*

Lorsque nous nous efforçons de *vivre* et non pas seulement d'accomplir une série de tâches, nous réalisons que le bonheur et le bien-être sont juste ici. Et qu'ils n'attendent que d'être savourés. Pour ma part, avant de me mettre au travail, j'ai pris quelques minutes ce matin afin de confectionner un bouquet de lupins pour ma salle à manger. Ce petit geste m'a permis de m'arrêter un moment et d'apprécier le monde autour de moi. Ce fut bref mais bon. Et je compte bien renouveler l'expérience.

Aujourd'hui, je vous invite à vous joindre à moi. Ralentissons le pas toutes les deux et voyons ce que nous découvrirons de beau et de bon sur notre route.

Posez une action pour abaisser votre poids-consigne

Prenez quelques minutes pour noter dans votre journal ce que vous mangez au cours de la journée. Cette simple habitude pourrait bien être la clé de votre succès. En effet, des chercheurs ont demandé à des femmes qui avaient réussi à perdre du poids quelle était l'habitude qui les avait le plus aidées à maigrir, et la majorité d'entre elles ont répondu que c'était de noter soigneusement la quantité et le type d'aliments qu'elles consommaient au cours de la journée[28]. Tout ce que vous avez à faire, c'est de prendre quelques minutes pour écrire.

Aujourd'hui, prenez soin de vous

Prenez le temps de vous asseoir confortablement pour manger, même s'il ne s'agit que d'une collation.

16 juin

Les roses anglaises remplissent le jardin d'une profusion de couleurs et de parfums ; nos portes et nos fenêtres ouvertes laissent les effluves enivrants de la saison nous envelopper et investir la maison.

SYDNEY A. SYKES

Aujourd'hui, savourez les plaisirs de cette douce saison. Ouvrez les fenêtres et laissez entrer le soleil et l'air frais du matin dans votre demeure. Prenez un café au lait sur votre balcon, suspendez une lessive sur votre corde à linge, lisez le journal sur une terrasse. Si vous en avez la chance, apportez un petit bouquet de fleurs pour parfumer votre bureau. Vous avez de l'énergie? Pourquoi ne pas réaménager une pièce pour profiter davantage des plaisirs de l'été? Votre lit, par exemple, ne pourrait-il pas prendre place près de la fenêtre? Vous profiteriez ainsi d'une douce brise et du chant des oiseaux. Ces petites douceurs de la vie nourrissent notre corps et notre esprit. Pour être en santé, nous avons aussi besoin de cela.

Pour votre bien-être, prenez la décision de vous réserver une portion de *chaque jour*. Voyez ce moment comme des minivacances que vous vous offrez quotidiennement. Certaines femmes que je connais aiment se lever quinze minutes plus tôt que le reste de la maisonnée pour profiter du matin et planifier calmement leur journée. D'autres préfèrent faire une marche en soirée pour se détendre. D'autres encore aiment lire dans leur bain.

Et vous? Qu'aimez-vous faire lorsque vous avez quelques minutes rien que pour vous?

Posez une action pour abaisser votre poids-consigne

Je vous suggère d'inclure une source de protéines dans chacune de vos collations. De petites quantités de protéines de source animale (ex. œuf, produits laitiers, viande), consommées dans le cadre d'une collation, enrichissent notre alimentation, car ces aliments sont souvent d'excellentes sources de vitamine A, de vitamine B-12, de riboflavine, de calcium, de fer et de zinc[26]. Les collations ne sont pas que de simples coupe-faims. Elles font partie intégrante d'une saine alimentation et nous aident à combler nos besoins nutritionnels.

Aujourd'hui, prenez soin de vous

Au cours de la journée, ménagez-vous une petite demi-heure pour vous adonner à l'activité de ressourcement de votre choix. Savourez chaque minute de ce plaisir bien mérité.

17 juin

Vivre, cela prend trop de temps aux gens.

JAROSLAW IWASZKIEWICZ

On me demande souvent comment je fais pour mener de front ma vie familiale, mon activité professionnelle et mon implication bénévole. Je réponds que c'est parce que je me repose plus que les autres. C'est vrai! Chaque jour, je me réserve du temps pour me ressourcer et me libérer de toutes les tensions. Lire un bon livre, écouter de la musique, jardiner, méditer, marcher ou faire du vélo sont parmi mes activités de prédilection. Chaque semaine, je consacre aussi du temps à des activités qui me permettent de refaire le plein d'énergie et de me détendre en famille. Que ce soit à pratiquer une activité physique, à regarder un film ou à cuisiner ensemble, ces moments sont très précieux pour nous. Finalement, plusieurs fois par année, ma famille et moi prenons du temps pour nous détendre, visiter de nouveaux lieux ou nous amuser ensemble.

Tout cela prend du temps. Et, à première vue, ne semble pas très productif. En fait, bien des gens que je côtoie considèrent ces moments de repos et de ressourcement comme une pure perte de temps. Pour ma part, j'ai réalisé qu'ils étaient absolument essentiels à ma santé et à mon équilibre. Étonnamment, j'ai constaté que ce style de vie me permettait d'accomplir davantage tout en travaillant moins. Lorsque je me ressource sur une base régulière, mes pensées sont plus claires et créatives, je suis plus détendue avec ma famille, mon alimentation est plus saine et je dors mieux. La vie perd son allure de course contre la montre et devient une expérience satisfaisante, qui me nourrit en profondeur.

Je suis certaine qu'il en est de même pour vous.

C'est pourquoi je vous encourage, aujourd'hui, à investir un peu de temps dans une activité de ressourcement. Profitez-en et savourez chaque instant de bien-être et de satisfaction que ce moment vous procure. Vous verrez comme cette habitude augmentera non seulement votre qualité de vie mais aussi votre productivité.

Posez une action pour abaisser votre poids-consigne

Participez à une activité physique modérée de votre choix. Vos chances d'atteindre votre poids-santé seront aussi bonnes que si vous pratiquez une activité physique plus vigoureuse. En effet, des chercheurs de l'Université de Fukuoka au Japon ont suivi soixante femmes obèses dans la cinquantaine qui participaient à un programme d'amaigrissement combinant une saine alimentation et un programme d'exercice soit modéré, soit vigoureux[32]. Leurs résultats ont montré que celles qui avaient suivi un programme d'exercice modéré (danse aérobique à faible impact) avaient perdu autant de poids et amélioré de façon similaire leur capacité cardiovasculaire que celles qui avaient fait un exercice plus vigoureux (jogging ou cyclisme).

Aujourd'hui, prenez soin de vous

Au travail, même si vous êtes très occupée, pensez à faire des pauses régulières. Si vous avez de la difficulté à prendre quinze minutes consécutives, pensez à faire des minipauses à chaque heure[12]. Les pauses régulières sont aussi importantes si vous êtes à la maison. Que ce soit après avoir mis le souper au feu, entre deux brassées de linge sale ou après avoir nettoyé la cage de l'oiseau, prenez quelques instants pour vous. Retirez vos chaussures et prélassez-vous sur une chaise longue ou invitez vos enfants à s'allonger avec vous dans l'herbe pour regarder le soleil jouer dans les arbres. Nous pouvons passer nos journées à courir ou à profiter de la vie. À nous de choisir.

18 juin

Ce sont des choses à quoi les femmes pensent beaucoup, des années, et qui font le lit de leur pensée quand les enfants sont petits : comment leur éviter le mal. Et cela, pour presque toujours n'aboutir à rien.

MARGUERITE DURAS

Que ce soit à l'école, dans le cadre de mes conférences ou par courriel, de nombreuses femmes me demandent quelle est la meilleure façon d'éviter à leur enfant de devenir obèse. Lorsque je leur demande ce qu'elles font présentement pour y parvenir, la plupart me répondent qu'elles imposent des limites à la consommation de certains aliments (ex. junk food) ou expliquent à l'enfant l'importance de ne pas trop manger pour ne pas engraisser. Le problème avec ces méthodes est qu'elles mettent l'accent sur la restriction alimentaire (et la privation qui en découle) et sur le contrôle externe (l'enfant apprend à se fier à ce que ses parents disent plutôt qu'à ses signaux de satiété). Ce qui, bien souvent, ne fait qu'exacerber le problème.

Ce que je vais affirmer va peut-être vous étonner, mais la meilleure chose à faire *est de ne rien dire et de ne pas intervenir.* Laissez vos enfants choisir la quantité de nourriture qui leur semble la bonne pour eux. Des études montrent que, bien qu'inconscients du processus régulateur, les enfants sont naturellement très sensibles aux signaux de satiété et les respectent davantage que les adultes[1]. En fait, plus les parents restreignent la quantité de nourriture que mangent leurs enfants, plus ceux-ci ont tendance à être gras[2,5,6]. Une des hypothèses expliquant ce phénomène est que le contrôle des parents brouillerait en quelque sorte les signaux de satiété de l'enfant. Ce dernier apprend progressivement à se fier à des signaux externes (ex. la quantité de nourriture suggérée par ses parents) plutôt qu'aux messages que lui envoie son corps. Les parents n'étant pas toujours présents aux côtés de l'enfant pour lui dicter la quantité de nourriture appropriée, celui-ci est dépourvu de repères lorsque vient le temps de déterminer lui-même la quantité de nourriture adéquate pour lui.

L'autre chose importante est de *choisir soigneusement les aliments qui entrent dans votre maison.* Plus il y aura d'aliments riches en gras et en sucre disponibles chez vous, plus les enfants (et les adultes) en mangeront. Comme on ne peut manger ce qui n'est pas là, la solution est de vider vos armoires et votre frigo des aliments qui ne sont pas sains. Il sera d'autant plus facile pour votre enfant de maintenir un poids-santé s'il peut choisir librement parmi divers aliments qui sont bons pour la santé[21]. Cela éliminera du même coup le besoin pour vous de « faire la police » au moment des collations et des repas.

Posez une action pour abaisser votre poids-consigne

Mettez bien en vue sur le comptoir ou la table une variété d'aliments sains (ex. fruits, crudités). Cela vous aidera, vous et votre famille, à atteindre et à maintenir un poids-santé. Le fait de rendre plus difficilement accessibles les aliments riches en calories nous porte à nous tourner vers d'autres sources de nourriture plus facilement accessibles[8]. Appliqués à la vraie vie, ces résultats suggèrent que si l'on place un panier de fruits ou un bol de crudités bien en vue et faciles d'accès, les gens auront tendance à choisir ces aliments plutôt que ceux qui sont plus « engraissants » et rangés à un endroit difficile d'accès.

Une autre information intéressante qui découle de cette étude est qu'après un certain temps, les participants exposés aux aliments sains se sont mis à choisir naturellement les fruits et légumes pour collation plutôt que les aliments gras ou sucrés[8]. Comme quoi un simple réaménagement de la cuisine peut avoir un effet sur notre santé! Quand vous aurez une minute, allez faire une petite inspection de votre cuisine (ou de toute autre pièce où vous entreposez de la nourriture). Quels sont les aliments que vous voyez en premier? Les biscuits ou les fruits?

Aujourd'hui, prenez soin de vous

Faire de l'exercice est une excellente façon de prendre soin de soi. Je vous encourage donc à en faire aujourd'hui, autant que possible avec vos enfants. Que ce soit pour une balade à vélo ou pour une marche vivifiante, ils seront ravis de vous accompagner. Votre exemple est le message le plus puissant que vous puissiez leur envoyer. Si vous êtes active et prenez soin de vous, vos enfants le feront naturellement eux aussi. Comme le dit si bien Kathleen Casey Theisen : « La plupart des enfants entendent ce que vous dites ; quelques enfants font ce que vous dites ; mais tous les enfants font ce que vous faites. »

QUATRIÈME PRINCIPE
APPRENEZ À RESPECTER VOS SIGNAUX INTERNES

19 juin

Avant de goûter quoi que ce soit, rendez grâce.
RABBI AKIVA

Nous oublions parfois que la nourriture que nous avons sur notre table est le fruit du labeur de nombreuses personnes. En effet, si nous pouvons bénéficier de tous ces aliments pour préparer un bon repas, c'est grâce au travail coordonné d'un ensemble d'individus : les agriculteurs et leurs employés chargés des champs ou de l'élevage, les transporteurs, les ouvriers à l'usine d'empaquetage, les épiciers, etc. Quand on prend conscience de cette véritable chaîne humaine qui assure notre survie, notre sac d'épinards pré-lavés nous apparaît tout à coup un peu plus précieux !

En toutes saisons, nous avons accès à une abondance d'aliments sains pour nous nourrir et nourrir nos familles. Il y a de quoi être reconnaissantes. Aujourd'hui, prenons conscience que tout ce qu'il nous reste à faire pour boucler la boucle, c'est de nous efforcer d'apprêter ces fruits de la terre pour en récolter tous les bienfaits. N'est-ce pas là un extraordinaire privilège ?

Posez une action pour respecter vos signaux internes

Garnissez votre assiette de fruits et de légumes ayant au moins quatre couleurs différentes. Certains spécialistes du comportement animal croient que si plusieurs espèces de primates perçoivent une variété de couleurs, c'est pour faciliter la recherche de fruits colorés dans le feuillage[30]. Ces animaux savent que la couleur, c'est la santé! En effet, une assiette garnie d'aliments frais, aux couleurs vives et variées, non seulement est agréable à regarder, elle nous indique aussi que notre repas renferme une variété de nutriments.

Aujourd'hui, prenez soin de vous

Avant de commencer à manger, prenez un instant pour apprécier la nourriture qui est devant vous.

20 juin

J'avais trente-cinq ans la première fois que je me suis opposé à ma mère et que j'ai refusé d'entrer dans ses jeux de manipulations. J'avais très peur et j'arrivais à peine à croire que c'était bien moi qui agissais ainsi. J'ai découvert que je n'avais pas à être méchant. Je n'avais pas à provoquer de discussion. Par contre, je pouvais dire ce que je voulais dire et ce que j'avais besoin de dire pour prendre soin de moi. J'ai appris que je pouvais m'aimer et me respecter tout en me souciant de ma mère, mais comme je le voulais, pas comme elle le voulait.

TÉMOIGNAGE ANONYME tiré de
Savoir lâcher prise

Prendre soin de sa vie, c'est aussi apprendre à se fixer de saines limites. Pour soi et pour les autres. En exprimant clairement nos besoins et nos limites dans le cadre de nos relations amoureuses, amicales ou professionnelles, nous ne faisons pas qu'extérioriser nos désirs profonds, nous informons notre entourage de ce qui est acceptable à nos yeux. En d'autres mots, en nous traitant nous-même avec respect, nous enseignons aux autres à agir de la même façon envers nous.

Posez une action pour respecter vos signaux internes

Je vous encourage à inclure une portion de noix dans votre menu. Elles vous aideront à rester rassasiée plus longtemps au cours de la journée. Par ailleurs, elles sont riches en acides gras monoinsaturés, un élément protecteur contre les maladies cardiovasculaires. Une alimentation contenant une ration quotidienne de pacanes aurait pour effet d'abaisser le cholestérol total, les LDL (le « mauvais » cholestérol) et les triglycérides, tout en augmentant les HDL (le « bon » cholestérol)[24,29]. Une portion de pacanes correspond à une once (30 g), soit une petite poignée.

Aujourd'hui, prenez soin de vous

N'hésitez pas au cours de la journée à exprimer les besoins que vous ressentez. Faites-vous un cadeau en les communiquant, même si ce n'est pas toujours facile. Souvenez-vous qu'exprimer ses besoins n'est pas un acte d'égocentrisme mais bien une forme essentielle de respect envers soi-même.

21 juin

Les enfants ne naissent pas avec une estime de soi bonne ou mauvaise : ils se forment une image d'eux-mêmes basée largement sur la façon dont ils sont traités par les personnes significatives pour eux : leurs parents, leurs enseignants, leurs pairs.

COOPERSMITH

Une étude américaine menée auprès de fillettes âgées de huit à treize ans et de leurs mères a fait ressortir trois points que je trouvais importants :

- Les filles qui s'identifient à leur mère ont tendance à avoir une estime d'elle-même plus positive, elles souffrent aussi moins souvent de troubles alimentaires et d'insatisfaction à l'égard de leur image corporelle.
- Les mères ayant une bonne estime d'elles-mêmes ont tendance à avoir des filles présentant aussi une saine estime d'elles-mêmes.

- Les fillettes qui avaient une piètre opinion de leur image corporelle avaient une mère qui croyait que le corps de leur fille ne correspondait pas ou correspondait peu aux canons de beauté ou à ce que les garçons recherchaient[9].

Si je diffuse cette information, ce n'est pas pour que les mères se sentent coupables mais bien pour que nous sachions que notre propre bien-être peut influencer celui de nos enfants, en particulier de nos filles. Les résultats de cette étude indiquent que lorsque nous avons une saine estime de nous-mêmes, il en va de même pour nos filles. Lorsque nous sommes bien dans notre corps, en règle générale, elles le sont aussi. Notre attitude à l'égard de leur apparence physique semblerait aussi avoir un impact sur elles. En effet, dans les cas où les mères ont tendance à croire que leur fille ne correspond pas aux critères de beauté, on constate que la jeune fille a souvent d'elle-même une piètre image corporelle. S'agit-il d'une relation de cause à effet ? De plus amples études sont nécessaires pour en arriver à cette conclusion. En attendant, nous pouvons nous dire qu'en prenant soin de notre santé et en cultivant notre bien-être, nous envoyons un message positif à nos enfants. Et en nourrissant notre estime personnelle, il y a de fortes chances que nous nourrissions aussi la leur.

Posez une action pour respecter vos signaux internes

Consommez au moins deux portions *complètes* de fruits au cours de la journée. Un fruit de taille moyenne correspond à une portion ; quant aux fruits surgelés ou en boîte, calculez une demi-tasse par portion (125 ml).

Aujourd'hui, prenez soin de vous

Au cours de la journée, je vous encourage à employer des termes positifs pour parler de votre corps ou de votre apparence.

22 juin

L'amour est source de toute vie.
HRYHORY SKOVORODA

Tout comme moi, vous connaissez sans doute des femmes qui exercent un irrésistible attrait sur leur entourage. Leur énergie et leur éclat intérieur font tourner les têtes. Et leur manière d'être est imprégnée d'un heureux mélange de dignité et de chaleur. Ces femmes sont belles, lumineuses.

J'ai fait ma petite analyse et j'en suis venue à la conclusion que cet irrésistible feu qui les habite ne vient pas tant de leur apparence que d'un état de grâce intérieur. En effet, cette énergie qui flamboie en elles, ce feu sacré, c'est ni plus ni moins que l'éclat de l'*amour de soi*. Et cet état d'esprit, nous aussi pouvons le cultiver :

- En effet, en décidant de prendre soin de notre vie, nous allumons une flamme.
- En apprenant à exprimer avec conviction et passion tout ce que nous sommes, nous retrouvons ce pétillement au fond des yeux.
- En exerçant jour après jour des choix qui respectent nos valeurs profondes, nous entretenons un feu qui illumine toute notre personne.

L'amour de soi se nourrit de petits gestes. Pour débuter, nous rassure Ray Bradbury : « Nul besoin que ce soit un grand feu, une petite flamme, la lueur d'une bougie peut-être... » L'important est de faire quelque chose, dès maintenant, pour nourrir cette lumière intérieure. Nous pouvons commencer dès aujourd'hui en portant à notre bouche des aliments sains, en appréciant un peu plus notre corps tel qu'il est et en nous accordant des moments de plaisir et de détente bien mérités.

Cette « thérapie par l'amour de soi » ne peut que donner des résultats. Alors, chère amie, qu'attendons-nous ?

Posez une action pour respecter vos signaux internes

Ne comptez pas chaque calorie que vous consommez. Apprenez plutôt à faire confiance à votre corps et laissez-le vous guider naturellement vers la quantité de nourriture dont il a besoin. Pour cela, soyez à l'écoute des signaux de faim et de satiété qu'il vous enverra tout au long de la journée.

Aujourd'hui, prenez soin de vous

Accordez-vous un petit quart d'heure pour vous détendre et faire quelques étirements musculaires. Une équipe de chercheurs de l'Ohio a constaté que le simple fait d'effectuer des exercices d'étirement pour les jambes deux fois dans la journée pour une durée totale de seulement *deux minutes par jour* pouvait augmenter l'amplitude de mouvement de nos hanches de façon significative après six semaines[3]! Alors, pourquoi s'en priver? Voyez ces mouvements bénéfiques et relaxants comme une délicieuse façon de remercier votre corps, une occasion de lui faire du bien.

23 juin

Il faut manger pour vivre et non pas vivre pour manger.
PROVERBE

Maintenir un poids-santé repose sur une habileté essentielle, celle de manger, jour après jour, la quantité de nourriture qui correspond réellement à nos besoins. Pour y parvenir, il est primordial d'apprendre à nous fier à nos signaux internes. Mais il est aussi très utile de connaître ce que représente une portion «normale» afin de ne pas laisser notre environnement influencer la quantité de nourriture que nous devrions manger. En effet, à maintes reprises des études ont indiqué que lorsqu'on sert une très grosse portion d'un aliment à une personne, celle-ci aura tendance à en consommer davantage[15,19,27]. Apprendre à se servir des portions appropriées à nos besoins est donc une habileté à développer si l'on veut réussir à maintenir un poids-santé.

Aujourd'hui, je vous invite à prendre conscience de la taille des portions que vous vous servez et, au besoin, à y apporter quelques ajustements.

Posez une action pour respecter vos signaux internes

Pour nous aider à mieux doser nos portions, les diététistes recommandent de garnir la moitié de notre assiette de légumes et de diviser l'autre moitié en deux parties égales : une qui sera consacrée à la viande (ou à son substitut), l'autre aux féculents. Ce petit truc est très utile pour nous aider à respecter les proportions saines dans les différents groupes alimentaires. Que faire cependant si vous vous trouvez en face d'un mets composé (ex. casserole de riz, thon et épinards, ou un plat de linguinis aux légumes et au fromage) ? Ne consacrez que la moitié de votre assiette à ce mets, et remplissez le reste de légumes !

Aujourd'hui, prenez soin de vous

Souvenez-vous qu'une semaine est composée *de plus d'une vingtaine de repas*. S'il vous arrive de manger un peu plus que nécessaire à certains d'entre eux, ce n'est pas dramatique. Essayez de vous réajuster au prochain repas ou, encore, de faire un peu plus d'activité physique au cours de la journée.

24 juin

On peut programmer des moments de plaisir dans sa routine quotidienne. Quand on a envie de s'amuser, il faut apprendre à en reconnaître les signes, et savoir quelles sont les activités qui nous plaisent. Si ce n'est pas votre cas, fixez-vous comme objectif immédiat d'« apprendre à vous distraire ». Commencez à faire des choses pour vous seul, simplement parce que vous en avez envie. Cela s'accompagnera peut-être d'un certain malaise au début, mais, avec le temps, il cédera la place au plaisir. [...] Souffrir peut devenir une habitude, mais mordre à la vie et se faire du bien aussi.

MELODY BEATTIE

Ces temps-ci, j'ai failli à mes bonnes habitudes et négligé quelque peu la dimension « plaisir et distraction » dans ma vie. D'ailleurs je me sentais un peu à plat, sans trop savoir pourquoi. Il a fallu qu'une amie prenne rendez-vous avec moi pour que je réalise à quel point j'étais mûre pour une sortie ! Notre programme sera fort simple – dîner dans un café du village puis visite d'une petite exposition artisanale –, mais il remplira une fonction vitale, celle de nous faire plaisir. Cette escapade de quelques heures, où nous pourrons jaser de tout et de rien tout en découvrant de jolies choses, nous fera le plus grand bien à toutes les deux.

Rien qu'à y penser, je me sens déjà mieux!

Pourquoi donc faut-il toujours attendre d'être à plat pour penser à se faire du bien?! Aujourd'hui, j'aimerais être pour vous cette bonne amie qui vous tire par la manche pour aller faire quelque chose d'amusant. Qu'avez-vous envie de faire? Qu'est-ce qui vous procurerait une dose thérapeutique de plaisir? Un petit effort, je suis certaine que vous pouvez penser à quelque chose. Si vous ne le faites pas de bonne grâce et croyez avoir d'autres choses plus importantes à faire que de vous divertir, dites-vous que cette sortie ludique est un soin de beauté des plus efficaces. Mieux encore, un soin de santé essentiel.

Alors? Où allons-nous?

Posez une action pour respecter vos signaux internes

Je vous encourage à inclure une portion de substitut de viande dans votre menu de la journée. Les substituts, tels que les noix, sont riches en protéines et, pour cette raison, rassasiants. Nous savons depuis peu que les noix de Grenoble abaissent le cholestérol sanguin[25], mais de nouvelles recherches viennent de montrer qu'une consommation régulière de ces noix améliore, de surcroît, la santé de nos artères. En effet, la consommation quotidienne de noix de Grenoble facilite la dilatation de nos artères et limite les dépôts qui se forment à l'intérieur de celles-ci, diminuant ainsi nos risques de développer une maladie cardiovasculaire[31]. Alors, ne vous privez plus. Les noix ont aussi leur place dans l'alimentation de celles qui désirent avoir un corps en santé. Gardez à l'esprit qu'une portion de noix de Grenoble équivaut à une trentaine de grammes, soit une petite poignée.

Aujourd'hui, prenez soin de vous

Réservez une heure dans votre programme pour vous amuser en bonne compagnie.

CINQUIÈME PRINCIPE
HONOREZ VOTRE ENGAGEMENT

25 juin

Nous devons apprendre à ne pas perdre patience devant le lent processus de guérison qu'est le temps. Nous devons nous habituer à reconnaître qu'il y a de nombreuses étapes sur la route qui va de la peine à une sérénité nouvelle… Au cours de notre convalescence émotive, nous devons prévoir ces étapes : une souffrance insupportable, une peine profonde, des jours creux, de la résistance à la consolation, du désintéressement face à la vie, une ouverture graduelle… à un nouveau tissage de lignes de conduite et à l'acceptation du défi irrésistible de la vie.

JOSHUA LOTH LIEBMAN

À mon avis, une des raisons pour lesquelles tant de personnes essuient des échecs en matière d'amaigrissement est que nous ne sommes pas suffisamment préparées à affronter les défis que posent le changement en profondeur et l'adoption d'un mode de vie sain. Nous sommes tellement habituées à être efficaces et compétentes dans bien des domaines de notre vie ! Mais face à ce nouveau défi qui est de changer de l'intérieur vers l'extérieur, nous perdons nos moyens et nos points de repère. Nous avons beau rationaliser et lire tous les ouvrages sur la question, nos connaissances intellectuelles ne sont que de peu d'utilité dans ce cheminement, car si nous avons résisté au changement si longtemps, c'est souvent pour des raisons émotives.

C'est pourquoi, si nous désirons franchir les étapes du changement jusqu'à l'adoption d'un mode de vie sain, nous devons nous préparer à vivre des difficultés. Je ne parle pas des nouveaux aliments à apprivoiser ou de l'exercice à intégrer à notre routine mais bien *de notre résistance à le faire*. Pour réussir, il nous faut apprendre à dénouer cette impasse émotionnelle et à trouver notre propre voie vers la santé et le bien-être. Ce travail sur nous-mêmes, sur nos émotions, nos comportements compulsifs et nos résistances, doit suivre son propre cours et évoluer à son propre rythme. Et c'est là tout le défi. Se donner le temps de changer. Changer ses habitudes, son mode de vie, est un processus qui prend du temps et qui, bien souvent, est difficile.

Difficile, mais pas impossible.

C'est pourquoi je nous encourage, vous et moi, à persévérer malgré les difficultés de parcours. Car ce n'est qu'en nous y mesurant et en les surmontant que pouvons espérer changer.

Posez une action pour honorer votre engagement

Je vous encourage à augmenter légèrement la *durée* de votre séance d'exercice. Des chercheurs de la Faculté de médecine de l'Université de Yale au Connecticut ont découvert que le fait pour des femmes ménopausées de marcher (en moyenne trois heures par semaine) réduisait non seulement leur pourcentage de graisse sous-cutanée mais aussi la graisse accumulée dans l'abdomen si nocive pour la santé. Dans cette étude, plus les participantes augmentaient la durée de l'exercice, plus l'effet sur leurs réserves de graisse était grand[13].

Aujourd'hui, prenez soin de vous

Guérir prend du temps. Changer prend du temps aussi. Aujourd'hui, faites-vous le cadeau du temps. Ne vous fixez pas d'échéancier trop rapproché ou rigide pour atteindre vos objectifs. Vous pouvez être intellectuellement prête à changer mais avoir besoin de plus de temps pour cheminer émotivement. Et cela est très bien aussi. Comme le dit si bien Julia Cameron : « Nous pensons que les déclics intérieurs et la guérison doivent survenir par l'intellect. Nous cherchons à comprendre intellectuellement nos blessures et à les alléger grâce à cette compréhension même. [...] Il est temps d'aborder le concept d'autoguérison de façon plus holistique et en écoutant davantage son cœur. » Aujourd'hui, trouvez et respectez votre rythme.

26 juin

En dépit de toute l'affection que nous portons aux êtres qui nous sont chers, il peut arriver que, pendant leur absence, nous ressentions une paix inexplicable.

ANN SHAW

Selon certains chercheurs en psychologie, il existerait trois formes de solitude. Deux à caractère positif et une à connotation négative[20]. La première serait associée à la *découverte de soi et à la paix intérieure*, la seconde à un besoin d'*intimité et de spiritualité*, tandis que la troisième forme de solitude serait caractérisée par un sentiment d'*abandon et d'isolement.*

En lisant cet article, j'ai constaté qu'il était difficile pour la plupart d'entre nous de vivre sur une base régulière les deux types de solitude « positives » qui permettent le ressourcement et la croissance personnelle. En effet, il y a souvent beaucoup de monde dans notre espace vital ! Que ce soit les collègues avec qui nous devons partager nos moments de pause, les amis qui débarquent à la maison ou, encore, le petit dernier qui vient nous rejoindre la nuit dans notre lit. Les moments d'intimité et de solitude bienfaisante sont rares ! Même aller aux toilettes toute seule relève de l'exploit pour bon nombre de mères que je connais.

Paradoxalement, plusieurs d'entre elles vivent assez souvent le troisième type de solitude, soit le sentiment d'abandon et d'isolement. En effet, bien qu'elles soient entourées toute la journée de leurs jeunes enfants, de nombreuses femmes avec qui j'ai eu l'occasion d'échanger souffrent d'isolement. La compagnie d'adultes leur manque et elles ont l'impression de vivre en retrait de la société.

Bref, la solitude qui nourrit, qui apaise et qui régénère, bien peu d'entre nous la connaissent ! Il s'agit là d'une constatation tout à fait navrante, compte tenu de l'importance de ces moments pour notre bien-être. Il m'apparaît, en effet, essentiel qu'il soit donné à chacune de nous de se délecter, régulièrement, de moments de solitude qui favorisent la découverte de soi et la paix intérieure. Bien sûr, nous aimons de tout notre cœur nos enfants, notre conjoint, notre famille élargie et nos amis. Mais la santé, c'est aussi un équilibre entre les moments que nous passons avec eux et ceux que nous consacrons à notre vie personnelle et intime.

Posez une action pour honorer votre engagement

Près de la moitié des adultes américains ne mangent pas suffisamment de fruits et *soixante-dix pour cent* consommeraient une quantité insuffisante de légumes[10]. Aujourd'hui, ne faites pas partie de ces statistiques ! Assurez-vous de consommer au moins cinq portions de fruits et de légumes au cours de votre journée.

Aujourd'hui, prenez soin de vous

Savourez un moment de solitude, ne serait-ce qu'un petit vingt minutes. Si vous êtes à la maison avec les enfants, vous pouvez profiter de la sieste pour vous adonner à une activité agréable et apaisante. Si vos enfants ne dorment plus l'après-midi, vous pouvez instaurer plutôt une « heure de repos » dans la maison, où chacun est encouragé à s'adonner à des activités calmes, comme la lecture, l'écoute de la musique ou le dessin. Profitez alors de ce moment pour vous retirer dans vos quartiers et jouir de ces précieuses minutes de solitude. En instaurant cette habitude, non seulement vous vous sentirez plus détendue et dispose, vous enseignerez aussi à vos enfants l'importance de préserver, chaque jour, des moments pour cultiver leur univers intérieur. Il vous faudra probablement user de fermeté, de créativité et de persuasion pour instaurer cette routine, mais c'est possible, croyez-moi.

Si vous préférez, vous pouvez aussi faire comme ces deux jeunes mères de mon quartier qui s'échangent un après-midi de gardiennage par semaine. Chacune se retrouve ainsi chaque semaine avec quelques précieuses heures de congé pour se détendre et se ressourcer. Je suis certaine que vous pouvez penser à une solution qui vous conviendra ainsi qu'à votre famille. Peu importe nos fonctions, il n'est pas raisonnable d'être de service jour et nuit, semaine après semaine. Si nous voulons rester en santé, nous devons nous réserver du temps pour nous reposer et nous amuser. Seules. Et ce, sans culpabiliser.

27 juin

J'ai découvert que le fait de s'asseoir à une place à laquelle on ne s'est jamais assise auparavant peut être une source d'inspiration.

DODIE SMITH

« La variété met du piquant dans la vie! » disait William Cowper en 1785. Et je partage son avis. La variété est stimulante, fait appel à notre créativité et nous permet parfois de faire d'agréables découvertes. Je vous encourage donc à y avoir recours le plus souvent possible.

Que diriez-vous d'essayer une recette exotique aux parfums pakistanais ou thaïlandais pour le souper? de goûter à un fruit étranger ou d'aller faire un tour dans un magasin d'alimentation naturelle pour essayer un nouveau produit? Si le cœur vous en dit, pourquoi ne pas prendre le temps de déguster votre petit-déjeuner dans un coin de votre cour plutôt que de rester dans la cuisine? Ou, mieux encore, que diriez-vous d'amener les enfants pique-niquer dans un bel endroit? La variété peut mettre du piquant de différentes façons dans notre quotidien.

Aujourd'hui, je vous encourage à renouer avec votre petit côté aventurier. Amusez-vous à explorer de nouvelles saveurs, de nouvelles activités, de nouveaux lieux. Laissez-vous surprendre par le plaisir de la découverte.

Posez une action pour honorer votre engagement

Pour que nous soyons en santé, notre principale boisson devrait être l'eau. Mais de temps en temps, déguster un vrai jus de fruits peut être une délicieuse façon de se désaltérer. Pour changer un peu du jus d'orange, servez-vous un verre de jus de raisin pur. En effet, le jus de raisin (bleu) protégerait des maladies cardiovasculaires, tout comme le vin rouge[4]. Il semble qu'une dose quotidienne de cinq à dix millilitres de jus par kilo serait suffisante pour engendrer des bienfaits significatifs pour la santé[7]. Gardez à l'esprit toutefois qu'un verre de jus de fruits (250 ml) représente *deux portions* de fruits, mais ne contient pas de fibres.

Aujourd'hui, prenez soin de vous

Je vous recommande d'apporter le même vent de renouveau à votre entraînement. Que diriez-vous de troquer votre marche du jeudi soir pour un sport d'équipe? de participer à votre première compétition amicale? Ou, encore, de découvrir le kayak sur un lac de la région? L'exploration de nouvelles activités nous oblige à dépasser les limites de notre routine confortable, insufflant ainsi une vigueur nouvelle à notre quotidien. Souvenez-vous comme nous aimions essayer de nouvelles choses lorsque nous étions enfant. L'aventure faisait alors partie de notre quotidien et nous en retirions tant de joie! Aujourd'hui, pour notre plus grand plaisir, renouons avec l'exploratrice en nous.

28 juin

Un peu de courage et de persévérance, voilà en définitive ce qu'il faut pour acquérir l'aisance et le bonheur qui en découlent.

ANTOINE GÉRIN-LAJOIE

Un peu de courage et de persévérance. C'est là le prix à payer pour obtenir une vie saine et équilibrée. En effet, il faut du courage pour changer et pour affronter les difficultés de parcours. Et il faut de la persévérance pour mener notre projet à terme.

Bien sûr, vous comme moi aimerions être en forme et en santé en claquant des doigts. Cela nous épargnerait bien des efforts! Mais hélas, pour goûter de ce fruit, il nous faut chaque jour y consacrer un peu de temps et d'énergie. Nous pouvons toutefois nous consoler en nous disant que c'est justement parce que nous travaillons sur nous-mêmes et développons les compétences pour être en santé que nous serons en mesure de le rester.

Posez une action pour honorer votre engagement

Fermez la télévision un peu plus tôt que d'habitude et sortez marcher. Cette simple habitude pourrait bien allonger votre espérance de vie! Une récente étude chinoise révèle, en effet, qu'il serait encore plus nocif d'être inactif physiquement que de fumer! Ces conclusions se basent sur des résultats indiquant que sur les vingt-quatre mille soixante-dix-neuf décès répertoriés dans l'année à Hong Kong, six mille quatre cent cinquante seraient imputables à la sédentarité contre cinq mille deux cent soixante-dix liés au tabagisme. Les chercheurs impliqués dans ces travaux estiment que le simple fait de diminuer de trente minutes par jour le temps que nous passons assis et de le remplacer par trente minutes de marche ou de travaux ménagers pourrait avoir un impact positif sur notre santé et, par conséquent, sur notre espérance de vie[16].

Aujourd'hui, prenez soin de vous

Lorsque vous irez marcher aujourd'hui, prenez le temps d'apprécier les couleurs et les odeurs qui se présenteront sur votre chemin : le vert tendre d'une fougère, le parfum capiteux d'un groupe de pivoines, l'eau qui ruisselle sur un trottoir chauffé par le soleil, l'odeur de l'herbe fraîchement tondue... Au cours de nos balades, lorsque nous prenons la peine de prêter attention à la vie qui nous entoure, nous faisons plus que de l'exercice. Nous nous administrons une dose de plaisir pour les sens, un véritable tonique pour l'esprit!

29 juin

Il est plutôt déconcertant d'être une adolescente de trente-deux ans.

PEGGY CAHN

Aujourd'hui, écoutons la femme mature et équilibrée en nous. Permettons-lui de s'exprimer et suivons ses conseils. Cette voix sage et rassurante nous habite toutes et nous guide vers les choix les plus sains.

Bien souvent, lorsque nous connaissons des difficultés, c'est que nous avons cessé d'écouter notre côté « mature » et choisi plutôt de céder aux pulsions du moment. Il est normal de ressentir des émotions ou des envies, mais nous n'avons pas *nécessairement* à y donner suite. « Le contrôle de ses émotions – le fait d'être capable de remettre à plus tard la satisfaction de ses désirs et de réprimer ses pulsions – est à la base de tout accomplissement », nous rappelle Daniel Goleman. L'idée n'est pas de faire taire nos émotions mais bien de les canaliser afin qu'elles nous aident à accomplir nos rêves.

Aujourd'hui, gardons à l'esprit que nous pouvons toujours choisir entre un comportement impulsif et un autre qui est réfléchi.

Posez une action pour honorer votre engagement

Je vous encourage à boire au moins six verres d'eau au cours de la journée.

Aujourd'hui, prenez soin de vous

Ne cédez pas automatiquement à vos envies. Avant d'agir, prenez le temps de vous poser la question : « Ce choix aura-t-il pour effet de me rapprocher de mes objectifs de santé et de bien-être ? » Si c'est le cas, allez-y. Sinon, demandez-vous si vous êtes prête à en vivre les conséquences.

30 juin

Un ami, c'est quelqu'un avec qui on ose être soi-même.
RALPH WALDO EMERSON

Notre meilleure amie…

Elle nous a vues en maillot de bain et en robe de mariée. Elle a séché nos larmes, partagé nos gâteaux d'anniversaire et gardé les plus vieux lorsque nous sommes entrées à l'hôpital pour accoucher. Avec elle, nous échangeons des recettes, des vêtements et des confidences… De toute évidence, l'amitié n'a pas besoin de grands événements pour s'exprimer ! En fait, si elle nous prend si fort au cœur, c'est peut-être justement parce que l'amitié est tissée de tous ces petits gestes du quotidien.

Aujourd'hui, apprécions la richesse de l'amitié.

Posez une action pour honorer votre engagement

Je vous encourage à faire une séance de marche rapide. Au cours de votre entraînement, pensez à bouger les bras en cadence, à chaque foulée. Vous brûlerez ainsi davantage de calories et raffermirez par la même occasion les muscles de vos bras et de vos épaules.

Aujourd'hui, prenez soin de vous

Faites votre entraînement en compagnie d'une amie. Le soutien psychologique qu'offre une partenaire d'exercice est extrêmement agréable. S'il est difficile pour vous et votre amie de trouver un moment pour vous entraîner ensemble, demandez à cette amie de devenir votre partenaire « à distance ». C'est l'habitude qu'ont adopté deux collègues de mon mari. Ces deux femmes, qui habitent deux villes différentes, font de l'exercice chacune de leur côté mais bénéficient néanmoins de leur soutien mutuel. En effet, elles savent que chaque jour, à la même heure, leur partenaire d'entraînement marche, elle aussi, de son côté. Cette simple idée les motive. Ces amies se téléphonent aussi fréquemment pour se faire part de leurs progrès. Ce système de soutien peut très bien fonctionner également à l'aide du courriel. L'important est de trouver un moyen d'échanger avec votre « partenaire d'exercice ». Vous pourrez ainsi vous parler de vos progrès mutuels, vous soutenir dans les moments difficiles et échanger des trucs pour rester motivées.

Juillet

Vous voulez goûter au meilleur de l'été?
Dormez les fenêtres ouvertes
et levez-vous tôt,
chaque matin de juillet.

Trois délicieuses recettes vous sont proposées :

Haricots jaunes à la lyonnaise, p. 555
Burgers savoureux, p. 556
Gâteau délice tropical, p. 557

PREMIER PRINCIPE
ENDOSSEZ LE CHANGEMENT

1er juillet

Nous sommes pour la plupart autant enclins à changer que nous l'étions à naître. Nous traversons les changements dans un état de choc similaire à la naissance.

JAMES BALDWIN

Changer nos habitudes n'est pas facile, particulièrement au début. Devant la tâche à accomplir, peut-être vous est-il arrivé, tout comme à moi, d'avoir le sentiment que jamais les choses ne pourraient changer pour de bon. Tout est si nouveau et nous avons tant à apprendre!

Si la route est dure ces jours-ci, ne perdez pas courage. Persévérez même si vous n'en voyez pas nécessairement les conséquences positives pour le moment. Le temps et la répétition de gestes bénéfiques pour votre santé aident à consolider chaque jour un peu plus vos nouveaux acquis.

Une étude menée auprès d'un groupe de femmes obèses confirme cette idée. En effet, des chercheurs ont constaté que lorsque les participantes adoptaient une alimentation réduite en gras pendant seize semaines, leur goût pour les aliments gras s'estompait progressivement. À la fin de cette période, ces femmes avaient tendance à choisir naturellement des aliments moins gras[13]. Le goût pour certains aliments s'acquiert avec le temps et l'habitude; il en va de même pour d'autres habitudes, comme faire de l'exercice chaque jour ou préparer ses repas à l'avance.

Une fois le choc initial passé, il s'agit de persévérer suffisamment longtemps pour que notre corps et notre esprit s'adaptent aux changements et transforment ces comportements en *habitudes.*

Posez une action pour endosser le changement

Plutôt que de vous servir une boisson gazeuse, versez-vous un grand verre d'eau fraîche. Des chercheurs de l'Université de Harvard ont constaté récemment que les femmes qui buvaient plus d'une boisson gazeuse sucrée par jour s'exposaient plus que les autres à développer non seulement un problème d'obésité, mais aussi un diabète de type II[31]. L'organisme absorberait avec une efficacité particulière le sucre contenu dans les boissons gazeuses, ce qui expliquerait l'impact particulièrement néfaste de ce sucre pour la santé. Je ne sais pas pour vous, mais moi, je termine ces quelques lignes et je vais me chercher un bon verre d'eau!

Aujourd'hui, prenez soin de vous

Si vous déménagez aujourd'hui, mes pensées sont avec vous! Buvez beaucoup d'eau et sautez la séance d'exercice. Toutes ces boîtes à transporter suffiront à vous garder en forme! Si vous ne changez pas de domicile aujourd'hui, je vous invite à vous «joindre» à moi, où que vous soyez, pour une séance de marche rapide! Onze heures et demie, ça vous va?

2 juillet

Il n'est jamais trop tard pour être ce que vous auriez pu être.
GEORGE ELIOT

Je partage votre avis, monsieur Eliot, et je pense que nous devrions toutes nous y mettre sérieusement, dès aujourd'hui. Vivre une vie authentique qui reflète nos goûts et nos valeurs et met à profit nos talents personnels, n'est-ce pas là le but que nous aimerions toutes atteindre? Peut-être partagez-vous cet idéal, vous aussi, mais ne savez pas trop par où commencer?

Le secret, je crois, est de commencer par accomplir un geste tout simple pour concrétiser ce désir d'être plus épanouie. Un tout petit geste suffit. Après tout, comme l'a déjà dit Julia Cameron, «Un petit départ, c'est justement un départ»! S'il fait chaud, par exemple, pourquoi camoufler votre corps sous un pantalon et des manches longues? Enfilez une tenue légère et confortable et… respirez enfin! Un simple geste, et vous voilà déjà une femme plus épanouie, qui ne craint pas de combler ses besoins (en l'occurrence, être à l'aise). En l'apparence anodins, ces gestes peuvent néanmoins avoir un impact profond sur notre personne, si nous nous donnons la peine de les effectuer.

«Quand nous passons du mode "J'aimerais" au mode "Je vais", nous explique Julia Cameron, nous délaissons le rôle de victime pour endosser celui d'aventurier. Quand nous savons ce que nous "voulons", nous marions la puissance de notre volonté à celle des événements à venir. Dans ce sens, poursuit-elle, ce que nous "voulons faire" devient ce qui "adviendra". Pour nous le prouver, nous avons besoin de jumeler la grandeur de notre rêve avec la prochaine petite chose à faire, réalisable et concrète. En faisant un tel petit pas, les grandes étapes se rapprochent de nous d'un cran, tout en perdant un peu de leur caractère démesuré.»

Alors, vous venez? Notre moi authentique nous attend!

Posez une action pour endosser le changement

Accomplissez un geste qui contribuera à votre épanouissement personnel. Comme le fait remarquer Ruth P. Freedman : «Des changements se produisent lorsqu'une personne devient qui elle est, non quand elle essaie de devenir qui elle n'est pas.» Ces changements ne peuvent qu'être bénéfiques, alors pourquoi vous en priver? Faites-moi confiance, vous vous sentirez tellement bien de l'avoir fait. Pour ma part, je m'en vais de ce pas me chercher un nouveau maillot de bain, parce que cette année, je n'ai plus envie de regarder les autres se baigner!

Aujourd'hui, prenez soin de vous

Si vous trouvez qu'il fait trop chaud pour marcher sur le macadam, pourquoi ne pas faire votre séance de marche dans un lieu climatisé tel un centre commercial ou sur le tapis roulant d'une salle d'entraînement? Si vous en avez la chance, une marche en forêt peut aussi être très agréable.

3 juillet

Vous avez peut-être des habitudes qui vous affaiblissent.
Le secret du changement, c'est de concentrer toute votre énergie
non pas à lutter contre le passé, mais à construire l'avenir.

SOCRATE

Étant rendues à peu près à mi-chemin dans ce périple que nous avons entrepris ensemble, j'aimerais aujourd'hui que vous preniez quelques minutes pour analyser votre situation actuelle. Sans vous critiquer et avec le plus de détachement possible, passez en revue les différentes dimensions de votre vie sur lesquelles vous avez travaillé : activité physique, alimentation, gestion du stress, compulsion alimentaire, etc. Quelles sont les choses qui ont bien fonctionné pour vous ? celles qui ont moins bien marché ? Quels changements pourriez-vous apporter afin d'améliorer la situation ? Y a-t-il certaines habitudes que vous aimeriez acquérir au cours des prochaines semaines (des prochains mois) ? Lesquelles ? De quelle façon pensez-vous les intégrer à votre programme actuel ?

Peu importe ce que ce petit bilan de votre mode de vie mettra en lumière, ne vous laissez pas accabler par les choses qui peuvent être modifiées. Une fois consciente des défis qui se posent, libérez votre esprit en ne choisissant qu'une ou deux habitudes sur lesquelles vous aimeriez travailler.

Le reste suivra.

Posez une action pour endosser le changement

Pourquoi ne pas vous initier au golf cet été ? Un parcours de golf de neuf trous peut être un excellent exercice si vous l'effectuez à pied. Cet exercice peut même convenir à la plupart des personnes qui ont une maladie cardiaque[9].

Aujourd'hui, prenez soin de vous

Faites la paix avec vous-même. Même si votre démarche n'est pas aussi fructueuse que vous l'auriez souhaité, ne gaspillez pas votre précieuse énergie à remâcher le passé. Voyez plutôt de quelle façon vous pouvez, aujourd'hui, mettre vos talents et vos qualités au service de votre développement personnel.

4 juillet

Votre corps est la seule chose que vous pouvez être certain de garder toute la vie. Il constitue l'assise de votre existence terrestre. Tonifier votre corps enrichit votre vie parce que cela améliore toutes les capacités humaines. Si vous manquez de vitalité, rien n'a plus vraiment d'importance. Si vous êtes en santé, tout est possible.

DAN MILLMAN

« Pour tonifier votre corps, ajoute Dan Millman, il faut commencer par une chose essentielle : en venir à aimer le corps qui vous a été donné et faire la paix avec lui. »

Très bien, mais comment ?

Même si vous n'aimez pas votre corps pour le moment (ou certaines parties), le fait de vous efforcer de le traiter avec bienveillance et d'en prendre soin peut vous aider à le voir d'un œil nouveau et à développer une relation plus saine avec lui. Entreprendre une nouvelle routine de soins pour le corps est une façon concrète d'entamer une relation plus harmonieuse avec soi. Essayez-le ! Tout en massant, exfoliant, hydratant cette enveloppe de vie, vous verrez comme vous reprendrez contact avec votre corps et vos formes. Vous apprendrez à prendre soin de votre corps, à l'entretenir. Au début, vous ne l'accepterez pas nécessairement tel qu'il est. Mais au fil des jours et des saisons et à force de petites attentions et de bons soins, vous verrez que vous finirez par développer un plus grand respect pour votre corps et, qui sait, le regarderez peut-être avec un peu plus de tendresse.

Apprendre à aimer son corps peut aussi passer par l'alimentation. En choisissant de nourrir votre corps d'aliments qui sont bons pour lui, vous faites preuve de respect envers votre corps et enclenchez un processus de paix avec lui.

Aimer n'est pas qu'un sentiment. Aimer est d'abord et avant tout un verbe, une action. Si nous voulons aimer davantage notre corps, nous devons accomplir chaque jour des gestes qui vont en ce sens. « Le respect de soi vient avec la discipline personnelle », nous dit Abraham Heschel. Il s'agit là d'une profonde vérité.

Posez une action pour endosser le changement

Les enfants sont en vacances et bousculent votre horaire habituel d'exercice ? N'abandonnez pas votre routine d'entraînement. Adaptez-la ! Comme je suis à la maison avec mes cinq enfants tout l'été, j'ai constaté que la seule façon pour moi de m'assurer de faire de l'exercice chaque jour était de le faire le matin, avant que mon mari parte pour le travail. Je me lève vers sept heures, j'enfile mes vêtements d'entraînement et, après avoir bu un verre de jus, je sors pour une séance de marche rapide ou de jogging de trente à quarante-cinq minutes. Je déjeune ensuite tranquillement à mon retour.

Aujourd'hui, prenez soin de vous

Prévoyez dans votre emploi du temps une séance de marche bienfaisante. Si vous vous en sentez capable, essayez de marcher pendant trente minutes ou plus. Vous serez fière de l'avoir fait.

5 juillet

Une partie de nous sait que nous sommes plus que ce que les autres voient et une autre partie de nous a peur que ce que nous sommes soit moins que ce que nous espérons être. Cette friction intérieure est douloureuse.

JULIA CAMERON

Il y a souvent une période de latence entre le moment où nous décidons de changer et la manifestation externe ou «publique» de cette transformation intérieure. C'est ce fossé temporaire existant entre ce que nous sommes réellement et ce que les autres voient qui justement est douloureux. D'une part, nous sommes impatientes de montrer enfin au monde tout ce que nous sommes. Et d'autre part, nous avons terriblement peur d'être déçues. Déçues de ne pas être aussi bien que dans nos rêves les plus fous. Déçues de n'être que nous-mêmes. Déçues de ne pas être à la hauteur.

Je ne serais pas surprise que cette peur viscérale explique pourquoi certaines femmes – pourtant bien en route vers leur poids-santé – ont tout abandonné sans raison apparente. Vous en avez peut-être déjà rencontré. Elles étaient si près du but et voilà qu'elles retombent inexplicablement dans leurs anciennes habitudes! Avec du recul, je commence à croire que c'est peut-être justement *parce qu'elles* étaient près du but qu'elles ont tout laissé tomber. Paradoxalement, c'est l'issue finale, tant attendue, qui les terrorise.

Cette idée m'est venue après que j'eus moi-même surmonté un blocage vers la fin de l'écriture de ce livre. Je n'arrivais plus à terminer. Au fond, je redoutais le moment où, une fois mon manuscrit achevé, je serais face à mon regard critique et à celui des autres. En observant autour de vous, peut-être découvrirez-vous, vous aussi, ce phénomène. Des projets qui, malgré une excellente planification, n'ont jamais vu le jour, un recueil de poèmes fini qui dort dans un tiroir, des études abandonnées quelques mois avant l'obtention du diplôme…

Compléter un projet, quel qu'il soit, demande du courage. Il y a le regard des autres avec lequel nous devons composer, mais aussi le nôtre. « Je n'ai jamais rien réussi, pourquoi est-ce que cette fois serait la bonne ? » vous demandez-vous peut-être. La perte de poids implique aussi que nous affrontions notre nouvelle image corporelle et nos attentes face à celle-ci. « Une fois à mon poids-santé, serai-je aussi belle que ce que j'ai imaginé ? » se demandent certaines femmes. Les autres m'aimeront-ils autant ? davantage ? Comment sera ma vie dans ce nouveau corps ? Ces questions porteuses d'inquiétudes peuvent freiner notre progression.

Pour trouver l'équilibre, il nous faut traverser la peur qui nous paralyse et accepter courageusement d'être enfin nous-mêmes. Coûte que coûte. Il nous faut, pour cela, faire confiance à la vie et trouver le réconfort non dans le regard approbateur des autres, mais dans la satisfaction de mener une vie authentique.

Si aujourd'hui vous vous trouvez face à cette « friction intérieure douloureuse » générée par la peur du changement, peut-être tirerez-vous un peu de réconfort de ces propos de Brendan Francis : « Beaucoup de nos peurs sont minces comme du papier, et il suffirait d'un unique et courageux pas en avant pour nous faire passer sans problèmes à travers elles. »

Posez une action pour endosser le changement

Si vous n'avez pas le temps ou l'envie de cuisiner, ne vous tournez pas automatiquement vers les aliments préparés, qui sont souvent riches en gras et en sel, et faibles en fibres. Un repas équilibré peut être très simple et rapide à préparer (ex. un bol de céréales avec des fruits et des noix ; une salade de riz, de légumineuses et de poivron, suivie d'un yogourt ; des œufs brouillés servis avec des rôties de pain complet, un verre de lait et une salade de fruits, etc.)

Aujourd'hui, prenez soin de vous

Ne laissez pas la peur freiner votre évolution. Continuez d'avancer, un courageux pas à la fois.

6 juillet

Dans un monde d'excès, simplifier sa vie, c'est l'enrichir.
DOMINIQUE LOREAU

Je suis un peu gênée de l'admettre, mais à l'époque où je fuyais le ménage et le nettoyage de la maison comme la peste, je possédais près d'une vingtaine de produits nettoyants différents. Des vaporisateurs pour la douche à la poudre à récurer, en passant par les liquides nettoyants superpuissants pour le comptoir de la cuisine, la salle de bains, le plancher en bois, le four et les vitres, je consommais tout ce qui promettait de faire reluire ma demeure sans effort. Tous ces contenants s'entassaient dans mes armoires et restaient, pour la plupart, inutilisés. Inconsciemment, chaque fois que j'achetais un nouveau produit, j'avais l'impression de faire un pas dans la bonne direction et de m'occuper du problème. Mais au fond, je ne faisais que soulager temporairement ma culpabilité. J'étais l'heureuse propriétaire d'un kit complet de nettoyage professionnel, mais la poussière continuait de s'accumuler sur les meubles et les traces de pas sur le plancher.

Ce qu'il faut bien souvent pour nous sortir d'une situation inconfortable, ce n'est pas un autre gadget, mais un peu de volonté pour passer à l'action. Lorsque j'ai réalisé que je prenais plus de temps à m'énerver à propos de l'état de ma maison qu'à m'en occuper, j'ai décidé que le moment était venu d'agir. À présent, munie d'un simple nettoyant tout usage, d'une guenille et de ma détermination, je consacre entre vingt et trente minutes chaque jour au nettoyage et au rangement de ma maison. Cette simple habitude ne fait pas de ma demeure un modèle de propreté mais contribue néanmoins grandement à mon bien-être. La vue de cet intérieur plus soigné est apaisante et me procure une agréable dose de satisfaction personnelle.

Posez une action pour endosser le changement

Si vous enrichissez fréquemment votre collection d'articles et de vêtements de sport sans les utiliser, si vous passez plus de temps à acheter des livres de recettes-santé qu'à cuisiner, si vous perdez plus de fruits et de légumes que vous n'en mangez, il est peut-être temps de passer à l'action. Manger sainement et être active n'exige que quelques minutes par jour (tout comme le ménage!). Mais il faut le faire! Aujourd'hui, cuisinez un mets-santé ou allez marcher. Mais pour l'amour de vous-même, faites quelque chose de concret pour votre santé!

Aujourd'hui, prenez soin de vous

Il fait chaud et vous avez envie d'une collation rafraîchissante? Mettez au congélateur une grosse grappe de raisins rouges, bien lavés (les framboises font aussi très bien l'affaire). Une fois congelées, dégustez ces petites boules de «sorbet» naturellement sucrées, une à une, allongée sur une chaise longue.

DEUXIÈME PRINCIPE
DÉTERMINEZ UN OBJECTIF RÉALISABLE

7 juillet

C'est comme conduire une voiture la nuit.
Vous ne voyez jamais plus loin que les phares,
mais vous pouvez aller jusqu'à destination de cette façon.

E. L. DOCTOROW

Atteindre son poids-santé est un peu comme conduire la nuit. Il faut apprendre à concentrer son attention sur le prochain geste à faire sans se soucier des centaines d'autres à venir. Une décision à la fois, un effort à la fois, vous vous rapprocherez de votre destination.

Qu'elle soit à dix livres (4 kg) ou à cent dix livres (50 kg) d'ici.

Déterminez un objectif réalisable et passez à l'action

Je vous suggère de manger au moins trois portions de fruits au cours de la journée. Prenez toujours le temps de laver soigneusement vos fruits et légumes avant de les manger, particulièrement si vous les consommez crus. En effet, certains pesticides demeurent sur les fruits et légumes même après le lavage[8,18,20]. Vous pouvez néanmoins limiter votre consommation de ces résidus en lavant abondamment vos fruits et légumes ou en choisissant des produits de culture biologique.

Aujourd'hui, prenez soin de vous

Enfilez des vêtements confortables et sortez faire un tour dehors. Si vous avez envie d'un peu de variété, pourquoi ne pas explorer un nouveau quartier ou un sentier pédestre de votre région ?

8 juillet

La prochaine fois que vous rencontrerez une autre femme au cours d'une fête, supposez que son angoisse au moment de choisir ses vêtements a été ne serait-ce qu'un dixième de la vôtre. Multipliez cette angoisse par le nombre de femmes qui sont allées dîner en ville ce soir-là.

MARIANNE WILLIAMSON

Et vous obtiendrez probablement un chiffre astronomique!...

« Nous les femmes sommes habituées à nous considérer comme de pâles imitations des photographies de mode, au lieu de considérer les photographies de mode comme de pâles imitations des femmes », nous fait remarquer Naomie Wolf, auteure de *Quand la beauté fait mal.* Et c'est peut-être pour cette raison que le simple fait de penser à nous préparer pour une soirée nous met dans tous nos états. Nous avons appris qu'il fallait correspondre à des images irréelles et, par le fait même, inaccessibles, pour être bien dans notre peau et avons oublié de miser sur notre charme. « Peu de femmes ont du charme, parce que celui-ci est indissociable de l'affirmation de soi, nous dit Danielle Bourque. Le charme, c'est la mise en valeur de ce qui fait notre spécificité, tant physique que psychologique, et qui dépasse de loin la simple recherche de conformité aux critères esthétiques de notre époque », nous rappelle-t-elle. « Comment voulez-vous avoir du charme, “faire de l'effet”, être bien avec quelqu'un, poursuit-elle, quand votre objectif premier est qu'on ne vous voie pas telle que vous êtes ? »

Bonne question, madame Bourque. Bonne question.

Aujourd'hui, réfléchissons à l'importance que nous accordons à notre propre charme.

Déterminez un objectif réalisable et passez à l'action

Je vous incite à vous initier à la musculation. Faire des exercices de musculation deux fois par semaine augmenterait notre force, notre tonus et notre masse musculaire, tout en réduisant notre taux de graisse[30]. Si vous n'avez pas envie de vous retrouver entourée d'hommes qui gonflent leurs biceps, sachez qu'il existe plusieurs centres de conditionnement physique à l'intention des femmes. Vous vous y sentirez peut-être plus à l'aise.

Aujourd'hui, prenez soin de vous

Montrez-vous telle que vous êtes au cours de la journée. Mettez en valeur vos plus beaux attributs : vos cheveux, votre sourire, vos yeux, vos courbes. Affichez votre personnalité. Si le charme passe par l'affirmation de soi, eh bien, ma chère, affirmons-nous ! À défaut d'avoir des corps de déesses, nous aurons du charme à revendre.

9 juillet

Le perfectionnisme est une torture sophistiquée
qu'on s'inflige à soi-même.
ANNE WILSON SCHAEF

Aviez-vous déjà vu le perfectionnisme sous cet angle-là ? Pas moi en tout cas. Du moins, jusqu'à ce que je réalise à quel point je souffrais de la pression que je m'imposais continuellement. Jusqu'à ces dernières années, j'accordais une attention presque obsessive à certains détails de ma vie et j'étais persuadée qu'il s'agissait là d'une bonne chose. Avec du recul cependant, je me rends compte que cette attention aux détails ne m'apportait aucun soulagement, aucune tranquillité d'esprit. Bien au contraire, elle générait une grande tension interne en plus d'entretenir chez moi le sentiment constant de ne jamais être assez bonne.

L'auteure et psychanalyste canadienne Marion Woodman a déjà dit : « La perfection est une défaite. » Et je comprends ce qu'elle veut dire. Si, pour quelques instants de gloire et de satisfaction passagère, nous mettons continuellement en péril la qualité de notre existence, si pour s'exprimer cette perfection nécessite le sacrifice de notre santé physique et mentale (et parfois celle de notre entourage), oui, il s'agit là d'une véritable défaite. Pour ne pas dire une tragédie.

Après ma soutenance de thèse, qui s'était pourtant bien déroulée, j'ai été tellement obsédée par toutes les petites choses que j'aurais pu faire mieux au cours de cet interrogatoire de plus de trois heures, que j'en suis ressortie complètement accablée. J'étais maintenant docteure et... totalement déprimée ! J'aurais tant voulu être « parfaite » aux yeux de mes parents, des professeurs et des autres étudiants qui s'étaient déplacés pour assister à cet examen ! Incapable de me souvenir de tous les moments qui s'étaient bien passés, je revoyais sans cesse mes erreurs et mes moments d'hésitation (si ça ce n'est pas de l'autoflagellation !...). Plus de deux ans ont dû s'écouler avant que je puisse repenser à ma soutenance sans ressentir un serrement à la gorge.

Peut-être que tout comme moi, vous vous souvenez d'un événement en particulier qui vous a fait souffrir. Ou peut-être vivez-vous au quotidien cette quête perpétuelle de la perfection. Quoi qu'il en soit, je suis persuadée que dans votre vie comme dans celle de la plupart des femmes, beaucoup trop de précieux moments de bonheur ont été sacrifiés sur l'autel de la perfection. Et je pense qu'il est grand temps d'agir pour y remédier.

Un bon point de départ pourrait être de chercher à mener une vie *authentique* plutôt qu'une vie *exemplaire.* C'est-à-dire de renoncer à la personne parfaite que nous aimerions être et de commencer à célébrer la femme unique que nous sommes déjà.

Déterminez un objectif réalisable et passez à l'action

Préparez-vous un petit-déjeuner appétissant comprenant au moins trois groupes alimentaires. Vous pourriez par exemple consommer des rôties de grains entiers, un œuf cuit dur et un jus de fruits ; un bol de céréales avec des tranches de banane ou une portion de yogourt agrémentée de compote de pomme et d'amandes.

Aujourd'hui, prenez soin de vous

Si vous êtes tendue ces temps-ci, cherchez à prendre soin de vous. Ne vous vengez pas sur votre corps en le privant de nourriture ou en lui imposant des exercices insensés[28]. Octroyez-vous au contraire de délicates attentions, tels un bain de pieds, une manucure, une heure de lecture ou une promenade relaxante. C'est en développant l'habitude de prendre soin de nous en situation de stress que nous apprendrons à nous aimer telles que nous sommes et peut-être, ainsi, à nous débarrasser du joug du perfectionnisme.

10 juillet

Chaque minute de cafard vous prive de soixante secondes de bonheur.

WILLIAM SOMERSET MAUGHAM

Cette citation, je l'ai trouvée sur une carte d'anniversaire qu'a reçue mon fils Louis. C'est Manou, son arrière-grand-mère, qui la lui a envoyée. Malgré ses quatre-vingt-dix printemps, elle habite seule dans un petit village du Sud de la France, conduit sa voiture, chante dans une chorale, participe à de nombreuses bonnes œuvres et répond à chacune des lettres que lui envoient ses arrière-petits-enfants.

À la regarder rire et préparer de bons petits plats pour sa famille, je vois bien qu'elle n'a pas envie de sacrifier une seule seconde de son bonheur. Et je comprends pourquoi elle invite mon fils de huit ans à en faire autant. L'aptitude au bonheur est l'une des plus précieuses richesses qui soient. Autant la développer le plus tôt possible !

Aujourd'hui je vous encourage à profiter de la vie, tout comme cette chère Manou. Chassez la grisaille en passant de bons moments avec votre famille ou vos amies. Pas besoin de raison spéciale pour fêter. Savourez simplement le plaisir et le privilège de vivre !

Déterminez un objectif réalisable et passez à l'action

Essayez de manger au moins un repas en famille. Plus d'un tiers des adultes disent être trop occupés pour prendre leur souper en compagnie des membres de leur famille[4]. Ce qu'ils ne savent probablement pas, c'est que cette habitude affecte la qualité de l'alimentation de leurs enfants. Des chercheurs ont en effet constaté que plus un adolescent mangeait fréquemment avec sa famille, plus sa consommation de fruits, de légumes, de grains entiers et de calcium était grande, et moins il avait tendance à boire de boissons gazeuses[23].

Leurs travaux menés auprès de quatre mille adolescents ont cependant révélé que quatorze pour cent de ceux-ci ne mangeaient jamais en famille, dix-neuf pour cent prenaient un à deux repas par semaine en compagnie de leur famille, quarante pour cent des ados consommaient de trois à six repas familiaux chaque semaine, tandis que seulement vingt-cinq pour cent d'entre eux mangeaient, chaque semaine, sept repas ou plus en compagnie des membres de leur famille!

Aujourd'hui, prenez soin de vous

Si vous vous sentez agitée ou anxieuse au cours de la journée, pourquoi ne pas vous adonner à une séance de méditation ou… de jogging! La pratique de la méditation et celle du jogging feraient toutes deux augmenter notre sécrétion de bêta-endorphines, des substances naturelles entraînant une sensation de détente et des changements positifs de l'humeur[14]. Deux façons toutes naturelles de lutter contre la déprime!

Et si cela ne suffisait pas pour vous remonter le moral, vous pourriez toujours aller rendre une petite visite à Manou!

11 juillet

Rien n'est plus propice à la pensée lucide
qu'une vue imprenable sur la mer.
ANN-MARIE MACDONALD

Tout à fait d'accord, madame MacDonald, et si vous me le permettez, j'ajouterais qu'un petit séjour dans une maison de campagne ou une retraite de deux jours dans une abbaye ne sont pas mal non plus pour y voir plus clair. Si vous avez la chance de vous offrir des vacances dans un lieu calme et apaisant, je m'en réjouis pour vous. Loin des sources de stress et des tracas domestiques, il est, en effet, plus facile de renouer avec cet endroit calme et serein qui existe en nous. Si pour une raison ou une autre vous êtes confinée pendant les prochains jours à vos quartiers habituels, ne mettez pas pour autant une croix sur la possibilité de prendre du repos et de vivre des moments d'évasion. Où que vous habitiez pour le moment, vous pouvez savourer l'été et faire en sorte que cet endroit vibre aux couleurs et au rythme de cette belle saison.

L'écriture de ce livre ne me permettra pas de prendre de longues vacances cet été, mais j'ai placé près de mon ordinateur un adorable tableau de l'artiste Heather Sampson représentant un de mes points de vue favoris du lac Massawippi. Le simple fait de poser le regard sur cette image me détend et me permet des évasions quotidiennes dans un lieu enchanteur. Dès que j'ai une minute, j'en profite aussi pour sortir prendre l'air et profiter du jardin.

J'espère que vous ferez de même.

Déterminez un objectif réalisable et passez à l'action

Si vous êtes à la maison avec les enfants, ne gardez pas la télévision allumée toute la journée. Des études montrent que les enfants qui regardent plus de deux heures de télévision par jour sont plus susceptibles de souffrir d'embonpoint[29]. Nous savons qu'il en est de même pour les adultes. N'y a-t-il pas une autre activité que vous pourriez pratiquer avec eux et qui, tout en vous faisant bouger, vous donnerait l'impression d'être en vacances, ne serait-ce que quelques heures ? Que diriez-vous d'une visite à la piscine municipale, d'une balade à vélo en famille ou encore d'une séance de cueillette de petits fruits ?

Aujourd'hui, prenez soin de vous

Si l'horizon que vous contemplez présentement révèle davantage une mer de bungalows qu'une plage de sable fin, ne désespérez pas. Il est possible de faire entrer un petit air de vacances dans votre demeure, j'en suis persuadée. Par exemple, vous pouvez commencer par retirer vos chaussures et enfiler une tenue légère et confortable. Ensuite, vous servir une boisson fraîche (je vous recommande d'essayer une combinaison de jus d'orange et de fraises fraîches passées au mélangeur : divin !). Pour ajouter une touche estivale à votre décor, je vous suggère de disposer quelques fleurs dans un bol d'eau et de placer ces petites îles flottantes dans votre salle à manger ou sur la table à café (leur beauté et leurs effluves vous raviront). Plutôt que de vous enfermer dans la cuisine à l'heure du souper, optez pour de délicieuses grillades que vous préparerez en un tournemain et dégusterez, je l'espère, à l'extérieur. Enfin, au cours des prochains jours, je vous encourage à vous doter de quelques bons livres dans lesquels vous pourrez vous plonger avec délectation lorsque vous aurez envie de vous évader.

12 juillet

Là est le défi : toute cette énergie que nous passons à tenter de maigrir, à perdre confiance en nous à travers l'échec des régimes, c'est de l'énergie perdue, de l'énergie que nous utilisons contre nous-mêmes. Reprenons cette énergie et utilisons-la à travailler à nous accepter, à affirmer ce que nous sommes, à vivre tout simplement.

DANIELLE BOURQUE

Selon Janet Polivy, professeure au Département de psychologie de l'Université de Toronto et spécialiste du comportement alimentaire, notre persistance à tenter régime après régime s'explique par le fait que nous retirons un bienfait dès que nous prenons la décision de maigrir, et ce, même si le résultat ne s'avère pas concluant[24]. En effet, un sentiment de contrôle et d'optimisme accompagne souvent ces premiers moments, nous faisant « oublier » nos échecs passés et croire enfin que *cette fois* sera la bonne. Les travaux du Dr Polivy indiquent aussi que cet emballement pour un nouveau régime est souvent nourri par des attentes irréalistes à l'égard de la rapidité avec laquelle la perte de poids s'effectuera, de son amplitude, ainsi que des bienfaits qui en découleront. C'est pourquoi nous tombons de haut lorsque nous essuyons un autre échec en matière d'amaigrissement.

Pour éviter cette pénible situation, la chercheure américaine recommande que nous nous fixions des objectifs réalistes à l'égard de la perte de poids souhaitée mais aussi de l'impact qu'aura celle-ci sur l'ensemble de notre vie, afin d'éviter d'entretenir de faux espoirs qui ne feront que renforcer un sentiment d'échec.

J'ajouterais qu'une des meilleures choses que nous puissions faire pour nous-mêmes est d'adopter de nouvelles habitudes dans le but premier d'être en meilleure santé et mieux dans notre corps. Puis, de laisser la nature faire le reste. La beauté dans cette démarche d'acceptation et de croissance personnelle est que, peu importe où elle nous mènera, nous en ressortirons gagnantes.

Déterminez un objectif réalisable et passez à l'action

Je vous suggère de consommer une source de protéines au petit-déjeuner. Une portion de fromage (2 oz ou 55 g) peut être une bonne idée. Gardez à l'esprit, lorsque vous ferez votre choix, que plus la pâte d'un fromage est dure, plus celui-ci est riche en calcium, mais également en gras.

Aujourd'hui, prenez soin de vous

Je vous recommande un bon brossage du corps. Eh, oui ! Sortez votre gant de crin ou une brosse douce pour le corps et procédez à des frictions légères en effectuant des mouvements circulaires sur tout votre corps, à sec ou sous la douche. Vous activerez ainsi votre circulation et votre peau sera d'une douceur étonnante. Vous verrez, ce soin du corps ne manquera pas de vous ravigoter !

TROISIÈME PRINCIPE
ABAISSEZ VOTRE POIDS-CONSIGNE

13 juillet

Vis chaque saison quand elle passe ; respire son air, bois ses breuvages, savoure ses fruits et soumets-toi à ses influences. Fais-en ta seule boisson diététique, ta seule tisane médicinale.

HENRY DAVID THOREAU

La fenêtre ouverte de mon bureau m'offre le plus touchant des spectacles en ce moment. Les premiers rayons du matin cajolent les pâturages du fermier Peterson. En contrebas, notre ruisseau se jette du haut de quelques pierres et asperge de petites fougères au passage. Un peu plus loin, mes chevaux, allongés de tout leur long sur un tapis de verdure odorante, somnolent, confiants. Du haut de ma fenêtre, enveloppée du parfum de notre seringa, je m'emplis de toute cette douceur de vivre, véritable festin pour les sens. L'été à la campagne a quelque chose de particulièrement généreux et apaisant. Et je me sens privilégiée d'y avoir accès sur une base quotidienne. Mais pour avoir passé plusieurs étés en ville, je sais que cette saison y déploie, là aussi, des trésors de charme et de beauté.

Peu importe le lieu ou nous passons l'été, nous pouvons, à l'instar de ce cher Thoreau, nous soumettre à ses exquises influences. Et l'une des meilleures façons de le faire, à mon avis, est de nous nourrir des délices qui abondent en ce moment dans la nature. Framboises parfumées, bleuets savoureux, concombres bien croquants, laitues fraîches de toutes les formes, haricots jaunes et verts bien tendres, ne sont que quelques-uns des trésors que nous pouvons trouver en ce moment dans les marchés. Déguster les fruits et les légumes de saison est non seulement sain et économique, c'est aussi une agréable façon de prendre soin de soi.

Posez une action pour abaisser votre poids-consigne

Essayez d'introduire des exercices de musculation dans votre entraînement. En plus de stimuler votre métabolisme, les exercices de musculation peuvent être particulièrement bénéfiques si vous êtes diabétique. Plusieurs études montrent en effet que la musculation améliore le contrôle de la glycémie en plus de réduire les réserves de graisse abdominale chez les diabétiques[5,12,15]. Si vous disposez d'appareils de musculation à la maison ou d'un abonnement à un centre de conditionnement physique, tant mieux. Profitez-en ! Vous avez là d'excellents outils de travail. Sinon, de petits haltères ou même des boîtes de conserve peuvent être suffisants pour commencer. Si vous débutez, je vous suggère de vous procurer une cassette vidéo ou un DVD d'exercice afin d'apprendre à effectuer les mouvements de façon efficace et sécuritaire.

Aujourd'hui, prenez soin de vous

Offrez-vous de délicieuses framboises en collation ou comme dessert. En plus de ravir vos papilles, ces petits rubis feront des merveilles pour votre santé. La framboise, qui appartient à la famille des roses, est l'un des aliments les plus riches en acide ellagique, une substance qui serait efficace dans la prévention du cancer[21,22].

14 juillet

Ne vous inquiétez pas du lendemain : demain s'inquiétera de lui-même. À chaque jour suffit sa peine.

SAINT MATTHIEU

Denise, autrefois obèse, me racontait qu'elle s'était gavée de tous ses aliments favoris la journée ayant précédé le début de sa démarche d'amaigrissement. Par crainte d'en manquer ou pour en profiter « une dernière fois », elle avait passé la journée à manger des frites, de la pizza et des biscuits. Une étude canadienne[35] indique que Denise ne serait pas la seule à avoir festoyé avant de commencer son programme de perte de poids. Les résultats de cette équipe indiquent que ce comportement serait fréquent chez les femmes qui surveillent étroitement ce qu'elles mangent et qui décident d'entreprendre un régime amaigrissant. Elles anticipent la privation et le début d'un nouveau régime déclenche chez elles un désir incontrôlable de se gorger de nourriture.

Pour éviter cette souffrance « pré-régime », voici ce que je suggère :

- Donnons-nous la permission de manger, en quantités raisonnables, les aliments dont nous avons envie. La perte de poids sera peut-être un peu plus lente ainsi, mais elle ne s'accompagnera pas d'un sentiment de privation.
- Amorçons la démarche d'amaigrissement en nous disant que tout ce que nous avons à faire, c'est de concentrer nos efforts sur les vingt-quatre prochaines heures. Nous n'avons pas à « signer un contrat » à vie. Seulement à travailler sur nos habitudes, une journée à la fois.

Rien ne sert d'anticiper la souffrance. Car nous ne sommes pas obligées de souffrir pour perdre du poids. Rien ne sert d'anticiper les difficultés de demain, car tout ce qui compte, c'est la façon dont nous vivons le moment présent.

Posez une action pour abaisser votre poids-consigne

Planifiez une séance de marche dans un secteur vallonné. Les montées et descentes augmenteront l'intensité de votre entraînement et seront un excellent exercice pour vos muscles et votre cœur. L'important sera d'aller à votre rythme.

Aujourd'hui, prenez soin de vous

Essayez tout au long de la journée de vous concentrer sur une seule tâche à la fois. Mettez-y tout votre cœur. Soyez présente à ce que vous faites et savourez le sentiment de bien-être et d'apaisement que cela vous procure.

15 juillet

Une de mes façons préférées de parler avec mes amis est d'aller marcher avec eux. J'adore me sentir en contact avec eux et avec le monde autour de nous. J'adore voir mes pensées être interrompues par un corbeau qui plane dans le ciel et vient se poser sur un mur de pierre. J'adore le lent mouvement des feuilles d'automne, des flocons de neige, des pétales de fleurs des pommiers. La marche et la conversation rendent ma vie plus humaine, lui font goûter au réconfort de la vie de l'ancien temps, de la vie qui se déroule un pas à la fois. Ce genre de marche tranquille me rappelle la façon dont je dois vivre si je veux pouvoir savourer la vie qui m'a été donnée.

JULIA CAMERON

Nous avons reçu mes parents à dîner aujourd'hui, et comme à notre habitude, après le repas, nous avons marché tous ensemble. Cette séance d'exercice aide mon père diabétique à contrôler sa glycémie après le repas. Mais surtout, c'est une activité qui nous permet de nous détendre en famille, de philosopher et d'observer la nature au gré des saisons. La marche a toujours été une activité importante et nécessaire pour mes parents, et ils nous ont initiés à ce plaisir dès notre plus jeune âge. À présent, je suis heureuse de voir que mes enfants prennent aussi goût à ces balades tranquilles. Sans le réaliser encore pleinement, ils sont en train de développer l'une des habitudes les plus bénéfiques qui soient pour le corps et l'esprit.

Posez une action pour abaisser votre poids-consigne

Tout comme nous, réservez une demi-heure après le repas ou en soirée pour faire une promenade en compagnie de votre famille.

Aujourd'hui, prenez soin de vous

Si vous avez envie de vous offrir un petit cadeau, un pulsomètre pourrait être une excellente idée. Il s'agit d'un petit appareil qui se porte pendant l'entraînement (souvent au poignet) et vous permet de savoir à quelle intensité votre cœur travaille. Un pulsomètre n'est pas très coûteux et peut être très motivant. En effet, en gardant un œil sur vos fréquences cardiaques pendant l'entraînement, vous vous assurez de maintenir une intensité suffisamment élevée pour retirer tous les bienfaits de l'exercice.

16 juillet

Tout bonheur commence par un petit-déjeuner tranquille.
WILLIAM SOMERSET MAUGHAM

Tant en Europe qu'en Amérique du Nord, les études révèlent que les personnes qui ne mangent pas le matin sont plus souvent obèses que celles qui prennent régulièrement ce repas[2,3,7]. Par ailleurs, chez les personnes qui ont maigri, celles qui consomment régulièrement un petit-déjeuner ont plus de facilité à maintenir leur perte de poids à long terme[11]. En effet, une étude menée auprès de trois mille personnes ayant réussi à maintenir leur perte de poids pendant plus de cinq ans montre que seulement quatre pour cent d'entre elles ne déjeunent pas[37]. J'espère que ces chiffres vous convaincront de la nécessité de vous nourrir le matin si vous désirez atteindre et maintenir votre poids-santé.

Si vous n'avez pas beaucoup d'appétit en vous levant, efforcez-vous néanmoins de prendre quelque chose avant de commencer votre journée, un verre de lait ou de jus, par exemple, ou encore une portion de yogourt ou un petit muffin. Au fil des semaines, augmentez progressivement votre apport alimentaire. Vous verrez qu'avec le temps votre corps s'adaptera à cette nouvelle habitude et il vous deviendra agréable de manger le matin.

Posez une action pour abaisser votre poids-consigne

Donnez-vous comme objectif d'augmenter de cinq minutes la durée habituelle de votre séance d'exercice.

Aujourd'hui, prenez soin de vous

Préparez-vous un délicieux petit-déjeuner. S'il fait beau, pourquoi ne pas en profiter pour savourer votre premier repas de la journée à l'extérieur ?

17 juillet

Elle a essayé tous les régimes, tous les docteurs, tous les trucs supposés l'aider à perdre pour de bon ses livres en trop. Ce qu'elle n'avait pas essayé, jusqu'à tout récemment, c'était d'affronter ce je-ne-sais-quoi en elle qui avait tant investi dans le fait d'être grosse.

MARIANNE WILLIAMSON

Ces paroles de Marianne Williamson, au sujet d'une de ses amies, m'ont d'abord frappée par leur dureté. Mais avec du recul, j'ai réalisé qu'elles me rappelaient le cas d'une jeune femme que j'avais rencontrée il y a un certain temps. Elle essayait depuis des années de maigrir mais retournait inévitablement à son poids de départ après quelques mois. Après une longue conversation, elle m'a avoué ne pas être à l'aise à un poids-santé parce que sa mère et sa sœur étaient obèses. La jeune femme se sentait coupable et craignait que sa nouvelle taille change quelque chose dans sa relation avec elles.

Cette situation est similaire à celle que décrit Mme Williamson en parlant de son amie qui a la chance d'avoir un bon mari, deux enfants en santé et un compte en banque bien garni mais qui malheureusement souffre de son embonpoint : « Les régimes et les docteurs ne peuvent rien faire contre une croyance solidement ancrée. Dans le cas de mon amie, explique-t-elle, et dans le cas de plusieurs personnes qui transportent un poids – quel qu'il soit – qui les empêche d'accéder à la joie totale, cette croyance est : Si je réussis trop bien, si je suis trop heureuse, trop parfaite, *je ne serai pas aimée.* Il faut qu'il y ait quelque chose qui fasse savoir aux autres que je suis "l'une des leurs", que je me sens misérable moi aussi. Je ne suis pas vraiment en train de prendre leur part du gâteau. Je ne suis vraiment pas parfaite, alors ils n'ont pas besoin de me détester. »

Si cette situation vous rappelle la vôtre, sachez que vous n'avez pas à vous excuser d'être heureuse et en santé. Votre réussite n'enlève rien à personne. En fait, elle augmente les chances que d'autres réussissent à leur tour, puisqu'elle est la preuve vivante qu'il est possible de changer, de s'épanouir et de mener une vie saine et équilibrée.

Posez une action pour abaisser votre poids-consigne

Faites une séance d'activité physique avec vos enfants. Peut-être auriez-vous envie de disputer une petite partie de volley-ball ou de tennis, ou encore de vous amuser avec eux dans la piscine? Pour ma part, en faisant un peu de ménage dans le garage hier, j'ai mis la main sur nos vieilles raquettes de badminton. Les enfants étaient ravis et toute la famille s'y est mise après le souper. Pendant une bonne demi-heure, nous nous sommes amusés et avons couru amplement pour rattraper les nombreux volants « hors champ ». N'avez-vous pas, vous aussi, quelques raquettes qui traînent dans un coin?

Aujourd'hui, prenez soin de vous

Au cours de la journée, répétez-vous que vous méritez d'être en santé et bien dans votre corps. Gardez à l'esprit que vos succès n'enlèvent rien aux gens autour de vous.

18 juillet

Quand vous apprenez vos leçons, la douleur s'en va.
ELISABETH KÜBLER-ROSS

Un jour, après une conférence, j'ai rencontré une femme si préoccupée par la nourriture, que ses journées se résumaient à attendre le prochain repas. Calcul obsessif des calories, régime, contrôle de chaque bouchée ingérée et sentiment de culpabilité faisaient partie de son lot quotidien depuis des années. La douleur de cette femme était immense. Et je sais qu'elle n'est pas la seule dans cette situation.

Récemment, je suis tombée sur des travaux très intéressants menés par une équipe de psychologues qui m'ont fait repenser à cette femme. Les recherches de cette équipe indiquent qu'il existerait un lien entre les pensées que nous entretenons vis-à-vis de la nourriture et notre image corporelle. En fait, plus notre image corporelle est négative et plus nous aurions tendance à être préoccupées par la nourriture. Une de leurs études menée auprès de personnes obèses montre que celles qui, en plus d'adopter une alimentation saine, ont suivi une thérapie visant à développer une image corporelle positive ont davantage réduit leurs préoccupations à l'égard de la nourriture que celles qui n'avaient fait que suivre le programme alimentaire[26].

La leçon que je retire de ces travaux est que la douleur ne part pas parce que nous perdons du poids mais bien parce que nous apprenons à nous estimer et à nous aimer inconditionnellement.

Posez une action pour abaisser votre poids-consigne

Si vous êtes en vacances à l'extérieur, essayez de trouver des occasions de marcher. Si vous êtes à la plage, ne restez pas allongée pendant des heures. Profitez-en pour aller marcher près de l'eau. Cet exercice est particulièrement efficace. En effet, nous brûlons davantage de calories lorsque nous marchons dans le sable plutôt que sur le trottoir, car nous travaillons plus fort pour nous propulser sur une surface molle que sur une surface dure. Que vous passiez vos vacances à la plage, au chalet ou au centre-ville de Paris, munissez-vous de bonnes chaussures et partez à la découverte de votre environnement. Ces séances d'exercice au grand air vous empliront d'odeurs, de sons et d'images qui vous dépayseront agréablement.

Aujourd'hui, prenez soin de vous

Gardez votre corps bien hydraté. Buvez au moins six verres d'eau au cours de la journée.

QUATRIÈME PRINCIPE
APPRENEZ À RESPECTER VOS SIGNAUX INTERNES

19 juillet

Voici ce qui me fait du bien à moi. Quand je vais au gym, je regarde les femmes autour de moi. Grandes, petites, rondes, grosses, maigres, poires, pommes. Trapues ou élancées. Cheveux noirs, cheveux roux. Longs, courts. Frisés, raides. Peaux noires ou rousselées. Blanches comme la lune, olive ou basanées. Je regarde ces femmes, dont je fais partie, et je nous trouve belles. Belles dans notre diversité.

Belles dans notre unicité. Si nous étions toutes pareilles, toutes conformes au modèle-vedette, c'est-à-dire toutes minces, blondes et grandes, ce serait d'un ennui mortel.

LISE RAVARY

Aujourd'hui, posons autour de nous un regard bienveillant, comme le fait ici la journaliste et éditrice Lise Ravary. Célébrons notre unicité et celle des autres. Voyons dans notre corps et dans le leur une merveilleuse manifestation de la vie et de l'énergie qui nous habite. « Nous réveillons chez les autres le même état d'esprit que celui que nous entretenons à leur égard », a déjà dit Elbert Hubbard. Ne serait-il pas formidable d'engendrer – par notre simple état d'esprit – un vaste mouvement d'acceptation et de valorisation des infinies variantes du corps de la femme ?

Je suis prête à commencer. Et vous ?

Posez une action pour respecter vos signaux internes

Soyez attentive aux messages que vous enverra votre corps lorsque vous mangerez votre prochain repas. Faites-lui confiance, faites-vous confiance. Vous ne mangerez pas trop si vous êtes attentive à vos signaux de satiété et vous efforcez de les respecter.

Aujourd'hui, prenez soin de vous

Partez à la découverte d'un nouvel aliment. Vous aimeriez goûter au tofu soyeux mais ne savez pas comment l'apprêter ? Cette boisson soyeuse est une façon simple et ultra-rapide de l'apprêter. Passez tout simplement au mélangeur deux tasses (500 ml) de fruits de votre choix, bien froids (cantaloup, pêches, fraises ou autre), trois tasses (750 ml) de jus d'orange et une demi-tasse (125 ml) de tofu soyeux. Servez immédiatement. Pour cinq personnes.

20 juillet

Je ne veux pas arriver à la fin de ma vie et réaliser que j'en ai seulement vécu la longueur. Je veux également en vivre la largeur.

DIANE ACKERMAN

Je partage tout à fait son avis. Et quelque chose me dit qu'il en va de même pour vous aussi.

Pour moi, vivre la vie dans sa largeur signifie aménager une place dans notre quotidien pour le plaisir. Plaisirs intellectuels, plaisirs du cœur ou de l'âme, et plaisirs des sens contribuent, chacun à leur façon, à donner du relief, de la vie et de la profondeur à nos journées. Bien manger, plutôt que simplement se nourrir, est un exemple de ce que nous pouvons faire pour vivre la vie dans sa largeur. En choisissant des aliments qui non seulement sont nourrissants mais nous mettent l'eau à la bouche, nous nous ouvrons à une expérience plus riche de l'existence.

« Quand l'appétit est stimulé puis comblé avec des aliments de piètre qualité, il en faut toujours davantage pour se remplir la panse », a déjà fait remarquer Naomi Wolf. Et elle a bien raison. Alors, de grâce, faites-vous plaisir ! Choisissez l'huile d'olive la plus vierge possible, remplacez de temps à autre la margarine par du vrai beurre, dégustez les fruits que vous cueillez vous-même, apprêtez les plus beaux légumes. Prenez le temps de vous arrêter à la nouvelle boulangerie et essayez leur fameux pumpernickel. Faites griller de belles coupes de viande. Goûtez de ce délicieux stilton.

Et préparez-vous à découvrir une toute nouvelle dimension de votre vie.

Posez une action pour respecter vos signaux internes

Ménagez-vous quelques minutes pour une séance d'exercice. En plus de tous ses bienfaits sur notre santé physique, des études montrent qu'après une séance d'exercice, nous sommes plus créatifs ! Cet effet a été démontré tant chez l'adulte[32] que chez l'enfant[33].

Aujourd'hui, prenez soin de vous

Faites-vous plaisir en dégustant une portion des délicieuses cerises qui sont présentement dans les étalages des marchés. Asseyez-vous et savourez chaque bouchée. Soupirez d'aise.

21 juillet

Si un homme veut être sûr de son chemin,
qu'il ferme les yeux et marche dans l'obscurité.
SAINT JEAN DE LA CROIX

Peut-être, à cette étape-ci de votre démarche, avez-vous le sentiment d'avoir perdu vos points de repère et de cheminer dans l'obscurité. Vous ne savez peut-être pas comment changer certaines habitudes et avez l'impression de tourner en rond. Peut-être avez-vous perdu du poids mais continuez à souffrir de compulsion alimentaire. Peut-être votre perte de poids n'est-elle pas aussi importante que ce que vous aviez souhaité...

Ces situations nous insécurisent parce qu'elles nous donnent l'impression de ne pas avoir ce qu'il faut pour réussir. La chose à faire quand le doute s'installe est de vous laisser guider par le désir d'être en *santé*. Si la plupart des personnes ne réussissent pas à atteindre leur poids-santé et à le maintenir, c'est qu'elles se laissent guider par le désir d'être *minces*. Les motivations qui nous animent affectent notre prise de décision. Si vous êtes motivée par l'idée d'être en meilleure santé et bien dans votre peau, en période d'incertitude, vous ferez des choix que vous saurez être bons pour vous, plutôt que de vous en remettre à des solutions temporaires (ex. produits « miracles », régime sévère).

« Faites-vous confiance et vous saurez comment vivre », disait Goethe. Dans le cadre de la présente démarche, cela signifie continuer de prendre soin de vous de toutes les façons que vous jugerez nécessaires.

Posez une action pour respecter vos signaux internes

Si vous avez tendance à souffrir de compulsion alimentaire, essayez au cours de la journée de prendre en note dans votre journal de bord non seulement la quantité de nourriture que vous mangez, mais les circonstances dans lesquelles vous mangez. Votre degré d'appétit, l'endroit où vous vous trouvez lorsque vous mangez, votre état d'esprit sont quelques-unes des informations que vous pouvez noter au moment de manger. En observant attentivement les journaux alimentaires d'une quinzaine de femmes souffrant de boulimie, une équipe de chercheurs britanniques a constaté que leurs épisodes de compulsion alimentaire étaient déclenchés beaucoup plus fréquemment par des situations de tension émotionnelle que par la faim[36].

Peut-être, grâce à cet exercice, serez-vous en mesure de détecter des schémas menant à cette expérience de perte de contrôle face à la nourriture.

Aujourd'hui, prenez soin de vous

Réservez-vous au moins vingt minutes pour faire quelques étirements. Mettez-vous à l'aise, enlevez vos chaussures. Voyez ces mouvements bénéfiques et relaxants comme une façon de remercier votre corps, une occasion de lui faire du bien. Comme le dit si bien Cheryl Richardson : « Vous n'avez pas à attendre d'avoir atteint un poids précis pour vous sentir mieux dans votre peau. Vous n'avez qu'à prendre bien soin de votre corps *dès aujourd'hui.* »

22 juillet

J'ai commencé à prendre soin de moi et c'est tellement agréable que je ne vais pas m'arrêter, quoi qu'il arrive.

ANONYME

Ce matin, il pleuvait lorsque je me suis levée. Je n'avais vraiment pas envie de sortir faire de l'exercice, mais le fait de savoir que le reste de ma famille allait bientôt s'éveiller et « organiser » ma journée m'a poussée à enfiler short, t-shirt et casquette pour aller faire un peu de jogging. Il y avait une légère brume qui flottait au-dessus des champs gorgés de chaleur. La pluie caressait doucement mon corps au travail et je respirais bien. Après quelques minutes, mes cuisses et mes mollets étaient bien échauffés et mon moral, excellent. À chaque foulée, je me félicitais de prendre si bien soin de moi. Une trentaine de minutes plus tard, je suis rentrée mouillée mais détendue et remplie d'énergie.

J'espère que votre mode de vie vous fait connaître, vous aussi, des moments semblables de joie et de satisfaction.

Posez une action pour respecter vos signaux internes

Si vous avez de la difficulté à résister aux restes de repas des enfants, demandez à quelqu'un d'autre de prendre la responsabilité de vider les assiettes.

Aujourd'hui, prenez soin de vous

Si vous avez envie d'une activité qui change de l'ordinaire, je vous invite à vous initier à la cueillette des champignons sauvages. Mon mari est un passionné de cette activité et grâce à lui et à un ami de la famille, nous nous régalons présentement de délicieuses chanterelles que nous faisons sauter dans un peu d'huile d'olive et de beurre avec un soupçon d'ail. D'une belle couleur orangée, ces petits trésors des sous-bois ont une saveur tout simplement exquise. Procurez-vous un guide de mycologie ou faites-vous accompagner d'un amateur, vous serez conquise par la variété et la saveur des nombreux champignons comestibles qui poussent dans nos régions.

23 juillet

Si nous pouvons apprendre dans la douleur,
nous pouvons aussi apprendre en douceur.
CAROLYN KENMORE

Trop de femmes sont sédentaires !

Certaines parmi nous sont persuadées que l'activité physique s'accompagne nécessairement de douleur et de transpiration excessive et, pour cette raison, ne voient pas le jour où elles pourraient éprouver du plaisir à faire de l'exercice. D'autres, inactives depuis des années, craignent de ne pas pouvoir garder le rythme si elles entreprennent un programme d'exercice. Alors, elles attendent.

Peut-être vous reconnaissez-vous ici ? Si tel est le cas, peu importe les raisons qui vous ont gardée sédentaire jusqu'à maintenant, je vous encourage à trouver une activité physique à votre goût. Une activité qui vous permettrait de bouger en douceur et de retrouver la forme progressivement. « Ce n'est que lorsque vous habitez pleinement votre corps que vous commencez le voyage de guérison», nous rappelle Gabrielle Roth. Alors pourquoi attendre plus longtemps?

La marche est une de mes activités physiques favorites et je ne saurais trop vous la recommander pour reprendre contact avec votre corps. Marchez pour aller conduire vos enfants à la pratique de soccer, marchez seule pour vous détendre en fin de journée, marchez avec une amie pour vous redonner de l'énergie pendant l'heure du dîner… Vous verrez qu'après quelques semaines, vous ne pourrez plus vous passer des propriétés à la fois apaisantes et dynamisantes de la marche!

Mais si vous avez envie d'ajouter un petit quelque chose de plus «exotique» à votre routine, pourquoi ne pas essayer un autre exercice tout en douceur, le yoga? Des chercheurs de la Faculté de médecine de l'Université de Cornell, dans l'État de New York, ont montré que les personnes qui suivaient un programme de yoga depuis trois mois se sentaient en meilleure santé physique et mentale et avaient plus de vitalité qu'au début du programme[19]. N'est-ce pas là une agréable façon de reprendre contact avec son corps? Pourquoi ne pas vous inscrire à quelques leçons avec une amie? Si un cadre formel vous intéresse moins, il existe une variété de cassettes vidéo présentant des exercices de yoga que vous pouvez faire à la maison.

Vous n'avez là que deux exemples d'activité physique que vous pouvez pratiquer en douceur, mais il en existe bien d'autres, tels la natation, le taï chi ou encore le jardinage. Souvenez-vous qu'il n'est pas nécessaire d'être «sportive» pour apprécier l'exercice. Il suffit de trouver une activité qui corresponde à vos goûts.

Posez une action pour respecter vos signaux internes

Commencez votre repas avec une délicieuse salade. Les recherches de Barbara Rolls, spécialiste de la satiété, indiquent que les personnes qui mangent une salade en entrée sont plus rapidement rassasiées et consomment moins de nourriture au cours du repas[27]. Pour faire changement, ajoutez quelques savoureuses feuilles de roquette ou de radicchio à votre salade.

Aujourd'hui, prenez soin de vous

Ménagez-vous une dizaine de minutes pour une séance d'étirements. Installez-vous confortablement afin d'étirer les différents muscles de votre corps. Vos épaules, vos bras, votre cou, vos cuisses, vos mollets…

Étirez-les en douceur. Ressentez la détente progressive qui accompagne ce relâchement musculaire. Dites-vous que grâce à cet exercice, vous devenez de plus en plus souple, détendue et forte. Sentez-vous habiter toutes les parties de votre corps. Puis, retournez calmement à vos activités.

24 juillet

Personne ne marchera dans mon esprit les pieds sales.
GANDHI

Il fut un temps où ma tolérance pour les relations malsaines était plutôt élevée et où j'avais énormément de difficulté à exprimer mes besoins et à les faire respecter. À cette époque, mon esprit avait tout l'air de ce genre de paillasson où l'on peut lire le mot «bienvenue» et sur lequel on essuie ses bottes sales. J'avais une piètre estime de moi-même. Outre ces relations difficiles, cette faible estime personnelle se traduisait par une préoccupation excessive à l'égard de mon poids. Je n'aimais pas mon corps et me cramponnais à l'exercice et au végétarisme comme à une bouée de sauvetage. Moins je m'aimais, plus je m'entraînais et contrôlais mon alimentation. C'était ma façon de gérer ces émotions.

D'autres femmes trouvent un soulagement dans l'acte de manger. Elles y puisent un certain réconfort et évacuent la tension accumulée en mangeant. «Dans de nombreux cas, cesser de manger de façon excessive nécessite qu'on apprenne à mieux se connaître, à se faire confiance, qu'on devienne moins dépendant des autres, qu'on arrive à établir avec eux des relations plus équilibrées», nous dit Gérard Apfeldorfer. Pour moi, le vent a tourné lorsque j'ai commencé à exprimer mes besoins et à dire non plus souvent. Le fait de me respecter davantage en tant que personne m'a permis de développer progressivement une relation plus saine avec mon corps et avec la nourriture.

Bien manger et faire de l'exercice ne suffisent pas pour être en bonne santé. Il faut que nous connaissions nos limites et que nous sachions les faire respecter.

Posez une action pour respecter vos signaux internes

Consommez un petit-déjeuner riche en glucides, à base de pain ou de céréales complètes, par exemple. Des études montrent que ce faisant, vous serez probablement moins tentée de manger des aliments sucrés au cours des prochaines heures[25]. Certains chercheurs croient que cette baisse d'intérêt pour les aliments sucrés serait un message de notre corps indiquant que ses besoins en glucides sont comblés[1].

Aujourd'hui, prenez soin de vous

Je vous invite à suivre le conseil de Dominique Browning : « Détachez-vous des gens qui sont une source de douleur constante. Détachez-vous des vibrations négatives qui assombrissent une pièce plus que n'importe quelle peinture. Entourez-vous des gens que vous aimez, des gens loyaux et ouverts, qui insufflent de la joie et de la paix à votre maison et votre jardin. »

Vous verrez, vous vous y ferez.

CINQUIÈME PRINCIPE
HONOREZ VOTRE ENGAGEMENT

25 juillet

Lorsque vous vous apprêtez à commettre une action,
même si vous êtes le seul à en être témoin, demandez-vous
si vous agiriez de même si le monde entier vous regardait,
et agissez en conséquence.

THOMAS JEFFERSON

Ces paroles du président Jefferson nous invitent à donner le meilleur de nous-mêmes et à agir avec intégrité, même lorsque nous n'avons pour unique témoin que notre conscience. Un tel comportement implique non seulement un engagement envers nous-mêmes mais aussi l'application soutenue de ce principe fondamental. Pour cette raison, la notion d'intégrité peut être intimidante pour la plupart d'entre nous. Après tout, nous ne sommes pas des saintes !

C'est bien vrai, mais à mon avis, il ne faut pas chercher à être intègre pour être une « bonne fille » qui ne triche pas, mais tout simplement parce que l'on désire profondément se faire du bien. Parce que nous connaissons notre valeur et croyons que nous méritons d'être en santé, heureuses et bien dans notre corps.

Aujourd'hui, avant de mettre la main sur une autre portion de tarte au sucre, les restes froids de la veille ou le sac de chips, ne vous demandez pas si vous êtes en train de « tricher » mais plutôt si ces choix vous valorisent et nourrissent votre estime personnelle. Gardez à l'esprit que le problème ne vient pas de la nourriture et d'un mystérieux pouvoir d'attraction qu'elle exercerait sur nous – les aliments ne sont après tout que des objets inertes – mais bien de la relation que nous entretenons avec nous-mêmes. Être intègres n'implique pas que nous soyons parfaites, mais bien que nous nous aimions suffisamment pour respecter le modèle de vie que nous avons établi pour nous-mêmes.

Posez une action pour honorer votre engagement

Quel que soit le temps qu'il fait, je vous encourage à agrémenter votre journée d'une marche tonifiante.

Aujourd'hui, prenez soin de vous

Le plus souvent possible au cours de la journée, optez pour les aliments qui vous valoriseront et contribueront à honorer votre engagement. Le gras de viande, les patates pilées froides ou la crème glacée à moitié fondue de la petite dernière n'en valent tout simplement pas la peine. « Respecter son corps, c'est ne rien négliger qui puisse contribuer à son bien-être », nous dit Chérie Carter-Scott. Et se nourrir d'aliments sains en quantité raisonnable est l'une des multiples façons de se respecter.

26 juillet

Si vous perdez l'espoir, vous perdez du même coup cette vitalité qui garde la vie en mouvement, vous perdez le courage d'être, cette qualité qui vous aide à aller de l'avant en dépit de tout.

MARTIN LUTHER KING

Si vous vous sentez découragée depuis quelque temps parce que votre perte de poids plafonne, ne croyez pas nécessairement que vous avez fait quelque chose de mal ou que vous ne fournissez pas assez d'efforts. Il est fort probable, au contraire, que votre organisme est tout simplement en train de s'ajuster aux changements positifs que vous avez intégrés à votre routine. Donnez-vous du temps pour accomplir votre virage vers la santé. Votre corps en a besoin et vous aussi.

Si vous perdez espoir, rien ne pourra changer.

Posez une action pour honorer votre engagement

Si vous recevez des amis pour un barbecue, et avez envie d'essayer quelque chose de différent pour changer un peu des hamburgers et hot-dogs, je vous recommande de savoureuses grillades que vous agrémenterez d'une salsa aux fruits frais – j'en ai l'eau à la bouche rien que d'y penser! Voici deux recettes de salsa que vous pourrez préparer en un tournemain, tout en discutant avec vos invités. Pour la version « fraise-kiwi », tranchez deux tasses (500 ml) de fraises et quatre kiwis. Ajoutez un peu de basilic frais, une cuillère à soupe de vinaigre de vin (15 ml), une cuillère à thé (5 ml) de miel et un peu de poivre. Pour une salsa à la mangue, coupez en dés deux mangues, ajoutez un demi-poivron rouge en petits morceaux, une échalote émincée, un quart de tasse (50 ml) de jus d'orange, sel et poivre. Au moment de servir vos grillades (les côtelettes de porc et les darnes de saumon sont nos favorites avec cet accompagnement), ajoutez la salsa. Dégustez le tout sur un lit de riz basmati, agrémenté d'une généreuse portion de salade.

Vous m'en donnerez des nouvelles.

Aujourd'hui, prenez soin de vous

Parlez à une amie, à votre conjoint ou à vos copines « en ligne » de votre cheminement. Partagez avec eux ce que vous vivez. Leurs encouragements vous feront chaud au cœur et vous donneront envie de continuer, particulièrement si vous avez un petit coup de déprime ou sentez votre motivation faiblir quelque peu.

27 juillet

Inversez l'ordre des plats du dîner, faites n'importe quoi – mais de grâce, faites quelque chose de bizarre.

ELSA MAXWELL

Elsa Maxwell, une femme très en vue dans les années 1930 à 1950, était reconnue pour les réceptions mondaines qu'elle organisait avec brio tant aux États-Unis qu'en Europe. Toujours très courues, ses soirées élégantes comportaient invariablement une pointe d'originalité qui ne manquait pas d'amuser ses convives : costumes, menu extravagant, chasse au trésor (on dit que c'est elle qui aurait inventé le jeu). Son merveilleux sens de la fête me fascine, mais je pense que c'est son exploration incessante de la créativité que j'admire le plus. Si vous êtes un tant soit peu comme moi, la routine a tendance à prendre le dessus dans la cuisine. Et les menus, bien qu'équilibrés et sains, peuvent parfois devenir monotones si nous n'y prêtons pas attention. Évidemment, il y a des choses bien pires dans la vie et nous pouvons survivre de cette façon. Mais lorsque nous constatons le bien que procure un brin de folie dans nos vies, je crois que nous aurions tort de nous en priver.

Merci de nous rappeler l'importance de la fantaisie dans nos vies, madame Maxwell. Nous tâcherons de nous en souvenir lorsque viendra l'heure du souper.

Posez une action pour honorer votre engagement

Gardez dans votre auto ou au bureau des vêtements pour la marche et une bouteille d'eau. Ainsi, si une occasion imprévue de faire de l'exercice se présente, vous pourrez en profiter. L'activité physique est particulièrement importante lorsque nous cherchons à maigrir, car le fait de réduire notre apport calorique ralentit notre métabolisme et, par conséquent, notre perte de poids. Des recherches indiquent que ce ralentissement peut être observé seulement deux semaines après le début d'un régime réduit en calories[10]. En demeurant active, même au cours de vos vacances, vous aiderez votre corps à maintenir un métabolisme élevé.

Aujourd'hui, prenez soin de vous

Apportez un brin d'excentricité à votre journée, que ce soit à l'heure du repas, au moment de choisir vos vêtements ou dans la façon dont vous ferez votre présentation au bureau. Amusez-vous !

28 juillet

De nos jours, on modifie les corps pour les ajuster aux fringues.
La logique a pourtant toujours dicté le contraire.
ISABELLE GAUMONT

Hier, par une journée caniculaire, j'ai croisé une ancienne voisine qui avait accouché récemment. Resplendissante, le corps épanoui et généreux, Amy marchait tranquillement, en poussant sa petite merveille endormie. Vêtue d'une camisole et d'une petite jupe, elle arborait un corps encore rempli de sa récente maternité. Elle était si belle que je n'ai pas pu m'empêcher de le lui dire. Je ne sais pas pourquoi, mais de la voir aussi épanouie et bien dans sa peau, à cette étape de la vie où nombre de femmes ne pensent qu'à camoufler les kilos accumulés durant la grossesse, m'a fait beaucoup de bien. Il faisait chaud, et Amy avait décidé de porter des vêtements confortables. N'était-ce pas là la chose la plus naturelle et intelligente à faire ? une des façons les plus respectueuses d'agir envers elle-même ? Bien sûr que si. Et je nous encourage à en faire autant.

Posez une action pour honorer votre engagement

Délectez-vous de bleuets frais. Faibles en calories, ils sont aussi les champions incontestés des antioxydants. Une alimentation riche en bleuets contribuerait à retarder l'apparition des troubles de mémoire et peut-être même de la maladie d'Alzheimer[16]. Mon frère Laurent, qui a fui la grande ville pour quelques jours, est venu cueillir des bleuets avec nous ce matin dans une ferme de la région. Après nous être régalés de ces petits fruits frais, nous en congèlerons en quantité. Cet hiver, quand j'aurai la nostalgie des parfums de l'été, je n'aurai qu'à sortir un des sacs pour préparer une délicieuse recette à base de bleuets.

Aujourd'hui, prenez soin de vous

S'il fait très chaud, enfilez une tenue légère : manches courtes, camisole, jupe légère, short confortable. Choisissez ce qui vous fait envie et qui serait particulièrement agréable à porter. Ne respirez-vous pas déjà un peu mieux ? Souriez. Profitez de l'été comme vous ne l'avez jamais fait. Je tâcherai de faire de même de mon côté.

29 juillet

La patience, l'attention et la répétition intelligente font des miracles.

PARAMAHANSA YOGANANDA

Des scientifiques britanniques ont cherché à connaître quels étaient les facteurs qui contribuaient au regain de poids chez la femme. Pour cela, ils ont interrogé deux groupes de participantes au sujet de leurs habitudes de vie et de leur poids[6]. Le premier groupe était composé de femmes anciennement obèses qui avaient maigri et maintenaient leur perte de poids depuis au moins un an. Le second groupe était constitué de participantes obèses qui avaient perdu du poids mais qui avaient tout regagné par la suite. Ils ont constaté que les femmes qui étaient retournées à leur poids de départ avaient certaines caractéristiques en commun :

- Elles n'avaient pas atteint leur objectif de perte de poids ;
- Elles n'étaient pas satisfaites de leur perte de poids ;
- Elles considéraient leur valeur personnelle comme étroitement liée à leur poids et à leur silhouette ;
- Elles faisaient preuve de moins de vigilance à l'égard du contrôle de leur poids ;
- Elles entretenaient un style de pensée « dichotomique », c'est-à-dire la mentalité du « tout ou rien ». Voici deux exemples de ce genre de pensées : « J'ai raté deux séances d'entraînement cette semaine, ça ne marchera jamais, vaut mieux laisser tomber le sport », « Je me suis laissé tenter par un morceau de gâteau, à quoi bon poursuivre mes efforts, autant manger le reste » ;
- Elles avaient tendance à manger en fonction de leurs émotions.

La routine que nous avons établie depuis le début de l'année n'est peut-être pas toujours excitante, mais si vous prenez le temps de relire les six points présentés ci-dessus, vous constaterez qu'elle vous permet d'éviter ces écueils ou, à tout le moins, d'en réduire l'impact.

Je sais à quel point il peut être facile de se trouver toutes sortes de bonnes excuses pour ne pas prendre soin de soi au fil des jours. Mais si nous voulons poursuivre notre perte de poids ou la maintenir, nous devons persévérer et nous accrocher aux comportements qui nous permettent d'être en meilleure santé. Car si cette routine donne des résultats, c'est justement parce qu'elle implique une répétition de gestes efficaces.

Alors, chère amie, tâchons, vous et moi, d'être patientes et attentives à nous-mêmes. Répétons intelligemment les gestes qui mènent au succès. Et voyons quels miracles se produiront…

Posez une action pour honorer votre engagement

Organisez vos repas pour les deux ou trois prochains jours. Une fois votre menu choisi, prenez quelques instants pour vérifier si vous avez à la maison tous les ingrédients dont vous aurez besoin pour la préparation de ces mets. Au besoin, prenez en note les achats que vous aurez à faire. Vous gagnerez ainsi du temps et serez assurée de pouvoir préparer rapidement de délicieux repas sains et équilibrés.

Aujourd'hui, prenez soin de vous

Mettez-vous au lit une heure plus tôt qu'à l'habitude.

30 juillet

Ne craignez pas d'être lent,
craignez seulement d'être à l'arrêt.
PROVERBE CHINOIS

Votre perte de poids est d'une lenteur désespérante ces derniers temps? Ne vous découragez pas. Si vous abandonnez maintenant, vous reprendrez probablement le poids perdu, en plus de perdre les bienfaits que vous aviez acquis pour votre santé.

Ce n'est pas toujours facile, je le sais, mais vous ne vous trompez pas en maintenant vos bonnes habitudes. Votre progression est peut-être lente ces temps-ci, mais sachez que vous demeurez néanmoins en mouvement. En effet, même si cela ne paraît pas toujours, chaque petite action positive que vous décidez d'accomplir pour votre santé et votre bien-être vous fait progresser d'une manière ou d'une autre. Tranquillement, à force de cumuler tous les bienfaits issus de vos nouveaux comportements, vous finirez nécessairement par récolter des résultats.

En attendant, enlevez-vous de la pression. Votre démarche n'est pas une course ! Vous n'êtes en compétition avec personne : ni avec vous-même, ni avec les autres. Gardez à l'esprit qu'il n'y a pas de *délais* à respecter lorsqu'on cherche à améliorer sa santé. La beauté de cette démarche que je vous propose est justement qu'elle se fond dans votre quotidien et vous permet d'évoluer à *votre* rythme. Alors, ne vous affolez pas. Ces phases de plateau arrivent à tout le monde. Et elles finissent par passer.

Posez une action pour honorer votre engagement

Partez à la découverte d'un nouveau circuit de marche. Si vous disposez d'un peu de temps, pourquoi ne pas explorer les sentiers d'un parc provincial ou d'une base de plein air ? Si le fait de porter un short pour marcher vous occasionne des irritations entre les cuisses, essayez les cuissards qui descendent plus bas et qui sont fabriqués de tissu doux et extensible. La friction se fera alors entre les deux couches de tissu et non sur la surface interne de vos cuisses.

Aujourd'hui, prenez soin de vous

Si la chaleur vous indispose, livrez-vous à votre séance d'exercice tôt le matin. En plus d'éviter le moment le plus chaud de la journée, vous adonner à l'exercice le matin peut améliorer votre sommeil. En effet, les femmes qui s'entraînent le matin ont moins de difficulté à s'endormir le soir venu que celles qui s'entraînent en soirée[34]. N'oubliez pas votre bouteille d'eau !

31 juillet

Lorsque je vois les conséquences formidables
Qu'ont les petites choses de la vie...
Je suis tenté de penser...
Que ce ne sont pas là de si petites choses.

BRUCE BARTON

Le plus haut sommet du monde a été gravi un pas à la fois, les meilleurs romans ont pris forme mot à mot, les tableaux les plus exquis ont révélé leur beauté un coup de pinceau après l'autre...

Les plus belles réussites découlent souvent de la simple répétition de gestes positifs.

Il en va de même pour la perte de poids. En effet, le chemin qui mène au poids-santé n'est bien souvent qu'une succession de *petits* gestes. Ajouter une demi-tasse de brocoli à ses pâtes. Préparer à l'avance le souper. S'accorder du temps pour marcher à l'heure du midi. Remplacer une pâtisserie par un fruit frais. S'offrir vingt minutes de détente avant de passer à table. Ces gestes, qui nous semblent parfois insignifiants, ont néanmoins le pouvoir de transformer notre vie.

Aujourd'hui, prenez conscience de toutes ces « petites » choses que vous faites pour prendre soin de vous. Voyez comme elles participent à la transformation qui s'opère en vous.

Posez une action pour honorer votre engagement

Je vous encourage à boire au moins six verres d'eau, huit si possible. Des études suggèrent que la consommation adéquate de liquides, en particulier d'eau, pourrait réduire les risques d'obésité, de calculs rénaux, ainsi que de certains types de cancers[17].

Alors, à votre santé !

Aujourd'hui, prenez soin de vous

Prenez quelques minutes pour vous recueillir dans un endroit calme. Pour un maximum de détente, fermez les yeux. Inspirez et expirez lentement et profondément, jusqu'à ce que vous vous sentiez calme. Profitez de ces instants de tranquillité pour faire le vide et évacuer toutes vos inquiétudes et vos tensions. Ces petites pauses « méditatives » auront l'effet d'un massage sur votre esprit tendu et fatigué. N'hésitez pas à y avoir recours aussi souvent que vous le jugerez nécessaire.

Août

Que nous réserve le mois d'août ?
Une pluie d'étoiles filantes,
des fruits gorgés de soleil,
et ce désir de voir l'été s'étirer
pour l'éternité.

Trois délicieuses recettes vous sont proposées :

Poulet aux olives de Laurent, p. 558
Pâtes primavera, p. 559
Boisson glacée aux fruits bleus, p. 560

PREMIER PRINCIPE
ENDOSSEZ LE CHANGEMENT

1er août

Cela ne prend qu'une personne pour changer votre vie – vous.
RUTH CASEY

Chaque jour qu'il nous est donné de vivre, nous avons le choix. Nous pouvons *réagir* aux événements et circonstances de notre vie ou nous pouvons *agir*. Lorsque nous choisissons de réagir, nous répétons plus ou moins consciemment des schémas acquis de longue date. Par exemple :

- Après une dispute avec son conjoint, Sophie se dirige automatiquement vers le frigo.
- Comme tous les soirs, Diane s'assied avec son mari pour regarder la télévision.
- En rentrant du bureau, Nicole mange ses sucreries favorites pour se détendre.

Ce qui caractérise la réaction, c'est l'aspect *automatique* du comportement.

À l'opposé, ce qui caractérise l'action, c'est son caractère *volontaire et réfléchi*. Lorsque nous choisissons d'agir plutôt que de réagir, nous choisissons consciemment d'adopter un comportement, car il s'inscrit dans une démarche précise, par exemple, être en meilleure santé. Ainsi, pour passer du mode réactif au mode actif, Sophie pourrait décider, après sa dispute, de donner un coup de fil à son amie pour en parler plutôt que de se diriger vers le frigo. Diane pourrait choisir d'aller marcher avec son conjoint trois soirs par semaine au lieu de regarder la télévision. Nicole pourrait prendre une douche pour se détendre en rentrant du travail au lieu de sortir le sac de friandises.

La clé du changement est la prise de conscience de nos comportements automatiques et improductifs. Une fois ces schémas précisés, il nous est alors possible de choisir entre l'action et la réaction.

Posez une action pour endosser le changement

Lorsque la tension émotionnelle se fait trop forte ou que vos émotions sont à fleur de peau, plutôt que de vous tourner vers la nourriture, essayez une de ces deux solutions :

1. *Faites face à la situation.* Tâchez de comprendre les émotions qui vous habitent. Au besoin, exprimez ce que vous ressentez et discutez avec les personnes concernées.
2. Si cela vous apparaît impossible, *éloignez-vous des sources de nourriture.* Tâchez de retrouver votre calme en faisant une pause ou encore en vous adonnant à une activité apaisante, comme la marche.

Aujourd'hui, prenez soin de vous

N'oubliez pas de prendre votre bouteille d'eau avec vous lorsque vous irez faire de l'exercice.

2 août

Ce n'est pas la peur des maladies qui me motive. C'est le goût de croquer dans les plus beaux moments de la vie très longtemps encore.

LOUISE LAMBERT-LAGACÉ

Linda me disait vouloir perdre du poids pour avoir le plaisir de faire de la bicyclette avec son conjoint. Lise aimerait pouvoir marcher sans être essoufflée. Brigitte rêve de choisir les vêtements qui lui plaisent. Quant à moi, j'aime être en pleine forme pour pouvoir m'adonner à une foule d'activités intéressantes. Mon amie Line et moi allons faire une randonnée à cheval après-demain. Le fait d'être en bonne condition physique me donne la possibilité de faire pratiquement tout ce que je veux, et cela est important pour moi.

Et vous ? Qu'est-ce qui vous motive à atteindre ou à maintenir votre poids-santé ?

Posez une action pour endosser le changement

Essayez de faire une marche d'une durée d'au moins vingt minutes. Si vous désirez augmenter votre endurance, à toutes les tranches de cinq minutes de marche, vous pouvez accélérer la cadence pendant environ trente secondes. En plus de brûler davantage de calories, vous augmenterez les effets bénéfiques sur vos systèmes cardiovasculaire et musculaire. N'oubliez pas de terminer par quelques minutes de marche plus lente.

Aujourd'hui, prenez soin de vous

Je vous incite à manger au moins un repas à l'extérieur. Une petite table sous un arbre, une couverture étendue derrière la maison, le coin d'un escalier chauffé par le soleil, le bord d'une rivière, le bout de la terrasse, le parc d'en face. Tous ces lieux se prêtent à un agréable repas en plein air. Offrez-vous ce plaisir simple au cours de la journée.

3 août

L'apitoiement, en nous faisant nous désoler sur nous-même, semble procurer une évasion de la réalité, mais c'est néanmoins une drogue mortelle. Il confond les émotions, aveugle la raison et nous livre à la merci des conditions extérieures… Ne soyez pas une reine de la tragédie – que vous soyez un homme ou une femme, car ce n'est pas une question de sexe mais d'attitude mentale. Refusez fermement la couronne du martyre. Si vous ne pouvez vous moquer de vous-même (ce qui est le meilleur médicament parmi tous), essayez au moins de traiter les difficultés de façon objective, comme si elles concernaient quelqu'un d'autre.

EMMET FOX

Quand tout va de travers, il nous arrive – et je ne fais pas exception – de céder à une irrésistible envie de nous apitoyer sur notre sort. Cela nous soulage, du moins pendant un moment. Car nous le savons bien, porter la couronne du martyre n'a jamais rien réglé.

Alors, la prochaine fois que nous nous retrouverons dans une situation pénible, plutôt que de nous affaisser sur le trône de la tragédie, prenons quelques instants pour réfléchir tranquillement à la situation. Tâchons de comprendre ce qui se passe et ce que nous pouvons faire pour améliorer la situation.

Lorsque j'ai la sagesse d'adopter cette attitude, le sentiment d'être victime de la situation s'efface pour céder la place à un agréable sentiment de force intérieure. Et je sais qu'il peut en être de même pour chacune parmi nous.

Posez une action pour endosser le changement

Je vous invite à remplacer le sucre dans vos céréales du matin par quelques pruneaux en morceaux. Si vous êtes ménopausée, cette simple habitude pourrait avoir des effets bénéfiques pour votre santé. En effet, en plus de leur pouvoir sucrant naturel, les pruneaux sont riches en fibres et contribueraient à renforcer les os de la femme ménopausée en raison de leur contenu élevé en composés phénoliques et flavonoïdes[2].

Aujourd'hui, prenez soin de vous

Réservez un peu de temps dans votre horaire pour aller marcher, surtout si vous êtes accablée par une situation problématique. Le mouvement vous aérera l'esprit et vous aidera à mettre les choses en perspective.

4 août

Lorsque nous cédons aux comparaisons, en général, notre estime de soi paye la note. On trouvera toujours quelqu'une de plus intelligente, de plus mince, de plus créatrice, de plus jolie ou de plus jeune. Nous sommes toutes habitées de vides, à la façon d'un fromage gruyère, sauf que nos vides se trouvent en des endroits différents.

SUE PATTON THOELE

Je suis du même avis. Notre tendance à nous comparer aux autres affecte l'estime que nous nous portons. J'ai d'ailleurs lu cette semaine une étude qui confirme ce phénomène. La voici en résumé. Des chercheurs[15] ont demandé à un groupe de jeunes femmes d'indiquer leur degré de satisfaction à l'égard de leur image corporelle, en général, ainsi que dans les situations suivantes :

1. En marchant sur la plage en maillot de bain en compagnie de jeunes femmes et d'hommes séduisants ;

2. En conversant avec une bonne amie pendant l'heure du dîner ;
3. En s'habillant dans l'intimité ;
4. En train d'essayer des maillots de bain dans la salle d'essayage d'un magasin.

Leurs résultats ont révélé que la satisfaction de ces femmes quant à leur image corporelle variait en fonction des circonstances. Ainsi, leur niveau de satisfaction à l'égard de certaines parties de leur corps (ex. cuisses, fesses, poitrine) se modifiait selon que ces femmes étaient seules ou en groupe. Ces résultats suggèrent que l'appréciation que nous avons de notre apparence physique serait, jusqu'à un certain point, conditionnée par la présence et le regard des autres.

Au fond, je ne suis pas surprise. Nous avons une tendance naturelle à nous comparer aux autres et bien souvent ces comparaisons engendrent chez nous un état d'esprit négatif et de l'anxiété, particulièrement lorsqu'il s'agit de l'apparence physique. Combien d'entre nous se seraient senties belles et bien dans leur peau en marchant sur la plage en maillot de bain en compagnie de séduisants amis ?... J'aurais aimé lever la main. Mais la vérité est que j'aurais probablement évité cette situation à tout prix !

Même si je ne suis pas surprise des résultats de cette étude, je n'en demeure pas moins peinée. Attristée de constater qu'à certains égards, notre bien-être dépend des autres. Pourquoi laissons-nous autant de pouvoir à autrui ? Comment d'autres personnes – souvent des gens que nous ne connaissons même pas ! – peuvent-elles avoir autant d'influence sur nous ?

Je n'ai pas de réponse à cette question, mais quelque chose en moi me dit qu'il doit y avoir une autre façon de vivre, un autre état d'esprit que nous pourrions, et devrions, cultiver. Que nous soyons à nous vêtir dans l'intimité de notre chambre ou à marcher sur la plage en maillot de bain, j'aimerais tellement que nous soyons à l'aise en tout temps ! Mais pour cela, nous devons nécessairement trouver le moyen de nous détacher du regard des autres. Pour être bien dans notre peau et dans notre corps en toutes circonstances, j'ai le sentiment qu'il nous faut d'abord trouver un point d'appui *intérieur*. Nous devons savoir et sentir, en notre for intérieur, que nous sommes dignes d'intérêt.

Mais, plus encore, nous devons être convaincues que notre valeur personnelle n'est pas liée à notre apparence.

Posez une action pour endosser le changement

Mettez bien en vue un de vos verres préférés dans la cuisine et un autre sur votre bureau pour vous rappeler de boire six verres d'eau au cours de la journée. Cette habitude pourrait contribuer à vous faire brûler quelques calories additionnelles. En effet, le fait de boire deux tasses (500 ml) d'eau à la température de la pièce engendrerait une hausse temporaire de trente pour cent du métabolisme[6]. L'eau à la température de la pièce (22 °C) doit en effet être réchauffée par notre organisme pour rejoindre les trente-sept degrés Celsius, notre température corporelle. Cette augmentation de notre métabolisme dans le but de réchauffer l'eau serait perceptible après dix minutes et maximale trente à quarante minutes après l'ingestion de l'eau.

Aujourd'hui, prenez soin de vous

Ne vous prêtez pas au jeu des comparaisons. Cela ne contribue qu'à engendrer un sentiment de manque et d'anxiété. Au cours de la journée, lorsque vous vous sentirez sur le point de céder aux comparaisons, efforcez-vous de penser à autre chose de plus positif.

5 août

J'avais grandi dans une maison où la vie n'était pas bien vue,
car chez nous on aimait à être correct plutôt que vivant.

FRITZ ZORN

Se pourrait-il que nous mangions parfois par désir de nous éclater? pour nous prouver que nous sommes bien vivantes et pas seulement de bonnes petites filles «correctes»? Se pourrait-il que nous recherchions dans la nourriture la sensation grisante d'être en vie, d'être libres? Si c'est le cas, ne serions-nous pas en train de nous jouer un mauvais tour? Existerait-il d'autres moyens par lesquels nous pourrions nous sentir bien vivantes sans nous «défoncer» et aller à l'extrême?

Aujourd'hui, cherchons à être vivantes plutôt que «correctes». Savourons les plaisirs de la vie et profitons de ce qui est beau et bon tout au long de cette journée. Mais faisons-le en prenant soin de nous. Nous méritons de jouir de la vie sans que ce soit au détriment de notre bien-être.

Posez une action pour endosser le changement

Consommez au moins une portion de légumes de plus qu'à l'habitude. Selon les analyses de Willett et de son équipe, les sujets présentant le meilleur état de santé *consomment cinq portions de légumes* chaque jour[25]!

Gardez à l'esprit que une demi-tasse (125 ml) de sauce à spaghetti aux tomates correspond à *une* portion de légumes, tout comme une demi-tasse (125 ml) de légumes frais, congelés ou en conserve ou encore une tasse (250 ml) de laitue. Si vous le désirez, prenez un instant pour inscrire dans votre journal alimentaire le nombre de portions que vous consommerez au cours de la journée.

Aujourd'hui, prenez soin de vous

Je vous invite à aller explorer une épicerie fine de votre région. Laissez-vous séduire par les arômes, les couleurs et les différentes formes que prennent les aliments. Si vous passez dans la région du lac Massawippi, je vous recommande d'aller faire un tour à la sympathique épicerie *Chez Houde et Cie,* à Ayer's Cliff. Vous saluerez Cindy de ma part! Elle rapporte de ses voyages des délices provenant des quatre coins du monde. Épices exotiques, fromages goûteux, produits du terroir, thés et cafés divins et petites douceurs inédites garnissent ses étalages pour le plus grand plaisir de nos sens.

6 août

La valeur d'un homme se mesure à l'estime qu'il a de lui-même.
FRANÇOIS RABELAIS

Acceptez avec gratitude toutes les marques d'affection et d'appréciation de votre entourage. Ces « cadeaux » offerts par vos enfants, votre conjoint, les membres de votre famille, vos collègues ou vos amis vous reviennent. Une dame à qui je rendais visite hier me disait avoir reçu cette semaine de très touchants messages d'anniversaire sur son répondeur téléphonique. « Mes enfants et mes amis sont tellement gentils, m'a-t-elle dit. Ils m'ont fait plein de beaux compliments. Je les ai enregistrés et je les écoute encore et encore ! » a-t-elle ajouté en riant.

Quelle bonne idée!

Les compliments et les témoignages d'affection nourrissent notre estime personnelle et peuvent illuminer notre journée si nous prenons la peine de les accepter. Ne les laissez pas glisser sur vous comme l'eau sur le dos d'un canard. Aujourd'hui, acceptez les compliments avec gratitude. Vous méritez chacun de ces petits rayons de soleil.

Posez une action pour endosser le changement

Plutôt que de cuisiner un menu différent pour vous et le reste de la famille, facilitez votre travail en offrant le même menu pour tout le monde. La planification des repas sera beaucoup plus simple et tous profiteront des bienfaits d'une saine alimentation.

Pour avoir plus de succès avec mon menu, je demande de temps à autre aux membres de ma famille de choisir des recettes à leur goût dans mes livres de cuisine-santé. Comme deux d'entre eux ne savent pas encore lire, j'utilise des livres de recettes agrémentés d'illustrations appétissantes. Cela marche très bien. Essayez-le. Vous serez peut-être agréablement surprise par leurs suggestions.

Aujourd'hui, prenez soin de vous

Que ce soit pour une balade dans les rues animées de la ville ou sur un chemin de campagne, je vous encourage à vous joindre à moi pour une marche vivifiante.

DEUXIÈME PRINCIPE
DÉTERMINEZ UN OBJECTIF RÉALISABLE

7 août

Tout voyage, même de mille kilomètres, commence par le premier pas.

LAO-TSEU

Et ce premier pas, vous pouvez le faire ici, dès maintenant.

Déterminez un objectif réalisable et passez à l'action

Aujourd'hui, je vous invite à préparer un repas sans viande. S'il fait très chaud et que vous n'avez pas envie de cuisiner, pourquoi ne pas profiter des belles tomates que l'on trouve présentement sur le marché pour vous préparer une délicieuse salade grecque ? Pour ce faire, tranchez des tomates bien mûres, ajoutez un peu d'oignon haché fin, des olives noires (je trouve plus savoureuses les petites olives avec leur noyau que celles qui sont en conserve), ajoutez de petits cubes de fromage feta, un peu d'huile d'olive et du basilic. Servie avec un morceau de pain multigrains, cette salade constituera un repas rapide et complet.

En prime, vous bénéficierez des éléments protecteurs de la tomate. En effet, les tomates et leurs sous-produits (sauce, jus, pâte de tomates) sont d'excellentes sources de lycopène. Le lycopène, un pigment rouge naturel, est l'un des plus puissants capteurs de radicaux libres dans la nature et, pour cette raison, nous protège des lésions cellulaires pouvant causer des maladies cardiovasculaires ou des cancers[1,11,12,16,30].

Aujourd'hui, prenez soin de vous

Accordez-vous au moins trente minutes au cours de la journée pour vous adonner à votre activité physique favorite.

8 août

Le temps peut être source de frustrations. Lorsque nous attendons que quelque chose se produise, le temps semble s'écouler interminablement. Ou, soudainement, un événement ou une circonstance s'impose à nous, nous prenant par surprise. Croire que les choses se produisent trop lentement ou trop vite est illusoire. Le synchronisme est parfait.

MELODY BEATTIE

Au fond de nous, nous savons tout cela. Mais il arrive, certains jours, que nous ayons de la difficulté à rester calmes et patientes. Nous attendons un coup de téléphone important, des nouvelles d'un emploi, les résultats d'un test, des nouvelles d'un être cher. Nous n'avons aucune idée de ce qui nous attend et nous avons *besoin de savoir*.

Mais force est de constater que chaque chose arrive en son temps. Vous décrocherez un emploi, finirez bien par connaître les résultats du test et aurez des nouvelles de cette personne. Pas nécessairement ce que vous auriez imaginé ou souhaité, mais ce sera fort probablement ce qui sera le mieux pour vous, en ce moment. C'est du moins ce que j'ai pu observer dans ma vie personnelle. Et chaque fois que j'oublie cette évidence, je m'agite, essaie d'accélérer le processus, de provoquer les événements, de faire bouger les choses. Bien sûr, cela ne change en rien le cours des choses et ne fait que nourrir ma frustration.

Dans ces moments où l'attente semble insupportable, nous disons avoir absolument besoin de savoir. Mais savoir quoi ? Ce qui va se passer ? Je ne crois pas. Ce matin, en réfléchissant à cette question, je réalise que ce n'est pas tant de connaître l'avenir qui nous semble si nécessaire dans ces moments d'attente. Mais de savoir que nous serons capables de l'affronter, quoi qu'il arrive. N'est-ce pas ? Au fond, ce qui nous rend si agitées et nerveuses, ce n'est pas de ne pas savoir, mais plutôt notre manque de confiance en l'avenir.

Nous n'avons aucun contrôle sur l'avenir, mais nous pouvons cultiver un état d'esprit nous permettant de faire face à ce qu'il nous réserve. Pour cela, nous pouvons commencer par nous concentrer sur ce que nous avons à faire en ce moment et laisser le reste suivre son cours.

Déterminez un objectif réalisable et passez à l'action

Plutôt que de vous peser, je vous suggère de mesurer votre tour de taille (au niveau du nombril). Un tour de taille élevé est souvent associé à de la résistance à l'insuline ainsi qu'à une élévation du risque de cancer du sein[5]. Chez les femmes, on recommande de ne pas dépasser quatre-vingts à quatre-vingt-dix centimètres, tandis qu'on suggère aux hommes de ne pas dépasser quatre-vingt-quatorze à cent centimètres. Même si vous êtes présentement bien au-dessus de cette mesure, sachez que chaque fois que vous réduisez un tant soit peu votre tour de taille, vous améliorez votre santé.

Aujourd'hui, prenez soin de vous

Ne cherchez pas à changer trop de choses trop vite. Allez-y simplement. Au cours de la journée, fixez votre attention sur une seule action positive que vous aimeriez effectuer et accomplissez-la. Vous verrez que derrière la simplicité se cache une efficacité étonnante.

9 août

Nous ne pourrions jamais apprendre à être braves et patientes s'il n'y avait que de la joie dans le monde.

HELEN KELLER

Votre adolescent vous en fait voir de toutes les couleurs, le prochain contrat tarde à venir, un être cher est malade... De tels jours ne me sont pas étrangers! Et je sais qu'il en va de même pour vous. Comme nous le rappelle Helen Keller, elle-même sourde et aveugle depuis sa tendre enfance, la vie est ce qu'elle est : belle, complexe, parfois douloureuse. Nous avons quelquefois l'impression que la vie nous malmène et que nous ne verrons jamais la lumière au bout du tunnel! Durant ces périodes hautes en émotions, nous avons parfois tendance à chercher un soulagement dans la nourriture.

La plupart du temps, nous n'avons aucun contrôle sur les événements tragiques ou difficiles de notre vie, et c'est ce qui rend la situation si pénible. Mais il nous faut nous ressaisir et garder à l'esprit que si nous ne pouvons contrôler les événements qui se présentent, nous demeurons néanmoins maîtres *de notre comportement.*

Si vous traversez présentement une période mouvementée de votre vie, efforcez-vous de dissocier vos émotions de votre comportement alimentaire. Ce n'est pas toujours facile, je le sais. Mais changez-vous les idées et tenez-vous loin de la cuisine. Confiez-vous à une amie, faites de l'exercice et prenez soin de vous.

Bientôt, les choses iront mieux.

Déterminez un objectif réalisable et passez à l'action

Allez marcher trente minutes ou plus au cours de la journée. En développant l'habitude d'aller marcher régulièrement durant les temps durs, vous adopterez un comportement qui vous aidera non seulement à maintenir un poids sain mais aussi à évacuer vos tensions.

Aujourd'hui, prenez soin de vous

Accrochez bien en vue une image (paysage, photo, dessin, œuvre d'art ou autre) qui vous détend et vous inspire. Lorsque vous en sentez le besoin, posez votre regard sur cette image que vous aimez et laissez-vous inspirer par l'atmosphère apaisante et l'énergie qui s'en dégagent.

10 août

Les plus belles fêtes sont celles qui ont lieu à l'intérieur de nous.
FRÉDÉRIC BEIGBEDER

Il n'est pas nécessaire d'avoir une vie parfaite pour en être satisfaite. De même qu'il n'est pas nécessaire d'avoir atteint un poids-santé pour être bien dans sa peau. Nous pouvons, et nous devrions, toutes chercher à nous sentir bien *dès maintenant.*

Comment?

Il y a sûrement des dizaines de façons d'y arriver. Mais pour moi, il n'y a rien de mieux que de procéder à une petite séance «d'autocongratulation». Lorsque je me sens fière d'avoir réussi quelque chose de difficile, d'exigeant ou de bien pour moi, je souligne de façon concrète ces succès au lieu de les ignorer comme je le faisais auparavant. Ces petites célébrations me rappellent que je mène une vie satisfaisante et que je suis capable d'accomplir beaucoup de choses.

Combien de vos bons coups sont restés ignorés? Beaucoup trop, j'en suis persuadée. Nous célébrons avec enthousiasme les moindres succès de nos tendres époux et de notre progéniture, mais nos propres victoires passent malheureusement inaperçues la plupart du temps. Faute d'être célébrées, elles disparaissent sans laisser de traces.

Aujourd'hui, revendiquez le droit à l'autocongratulation et célébrez toutes vos petites victoires. Par exemple :

- Vous buvez plus d'eau qu'auparavant;
- Vous marchez régulièrement;
- Vous dites non plus souvent aux demandes excessives de votre entourage;
- Vous mangez davantage de fibres;
- Vous êtes plus à l'aise en maillot de bain;
- Vous vous réservez du temps pour relaxer.

Vous comprenez ? C'est aussi *ça* le succès ! Et chacune de ces victoires mérite d'être appréciée à sa juste valeur. À mon avis, la seule chose qui fait la différence entre une vie satisfaisante et une qui ne l'est pas est notre capacité à savourer et à célébrer tout ce qu'il y a de bon et de bien dans cette vie.

Déterminez un objectif réalisable et passez à l'action

Allez marcher au moins vingt minutes. Si cela représente un effort important pour vous, allez-y lentement.

Aujourd'hui, prenez soin de vous

Célébrez, à votre façon, au moins un de vos succès. Voici quelques-unes de mes récompenses favorites pour souligner mes victoires :

- Je prends une après-midi de congé ;
- Je fais une sortie spéciale avec une amie ;
- Je m'offre une plante pour mon jardin ;
- Je loue un film à *mon* goût ;
- Je m'arrête chez une amie pour discuter avec elle en pleine journée ;
- Je prends le temps de préparer un repas spécial pour ma famille ;
- Je m'offre un nouveau livre, un CD, un vêtement ;
- Je prends le temps de faire quelques bouquets de fleurs pour la maison.

À vous maintenant de trouver ce qui vous fait plaisir !

11 août

Alors que je cherchais le jardin de ma mère, guidée par son amour de la beauté et son respect de la force, j'ai découvert mon propre jardin.

ALICE WALKER

La plupart d'entre nous recherchons plus ou moins consciemment l'approbation de notre famille et de notre entourage. Même une fois adultes, nous continuons bien souvent à attendre ce regard approbateur qui confirmera que nous avons effectué le bon choix, cette tape sur l'épaule qui voudra dire « bon travail, bien fait ! ». Parfois cette approbation s'exprime spontanément. Parfois non. Lorsque mon mari et moi avons décidé d'adopter une enfant handicapée il y a quelques années, ce choix a initialement soulevé certaines inquiétudes bien légitimes dans notre entourage. Face à ces interrogations, nous avons dû nous fier à nos propres repères personnels. Finalement, persuadés d'avoir fait le bon choix pour nous et notre famille, nous sommes allés de l'avant et avons réalisé ce qui s'avère être aujourd'hui l'une des expériences les plus belles et les plus enrichissantes de toute notre vie.

Bien que les témoignages d'approbation soient agréables à recevoir, nous ne devons pas les attendre pour poursuivre notre route. « Je peux déterminer mon propre sentier de bonheur, rappelle Rockelle Lerner. Pour le vivre, je dois me séparer émotivement de ma famille. De ce fait, je découvre mes ressources intérieures et mes forces. » Indépendamment de tout l'amour que nous portons à notre famille, il m'apparaît essentiel que nous fassions toutes ce cheminement. Non pour nous éloigner des êtres chers, mais bien pour pouvoir mener à leur côté une vie riche, authentique et satisfaisante.

Déterminez un objectif réalisable et passez à l'action

Je vous suggère de consommer un fruit en dessert. Pourquoi pas une des pêches bien sucrées et parfumées que nous trouvons en ce moment sur le marché ? Non seulement elles sont délicieuses mais elles contiennent aussi des substances qui nous offriraient une protection naturelle contre le cancer[32].

Aujourd'hui, prenez soin de vous

Donnez-vous la permission de faire les choses différemment de ce que l'on attend de vous si vous croyez que cela peut améliorer votre qualité de vie. Gardez à l'esprit que vous pouvez aimer et respecter votre famille et vos proches tout en effectuant vos propres choix et en suivant vos propres aspirations.

12 août

Ne rien faire est un échec. Essayer et, ce faisant, faire quelques erreurs, puis apporter des changements positifs à la suite de ces erreurs, c'est apprendre, grandir, s'épanouir.

DARLENE LARSON JENKS

Une des raisons pour lesquelles tant de femmes abandonnent leur programme d'amaigrissement est qu'elles sont persuadées que pour réussir, elles doivent avoir un cheminement parfait en tout temps. Évidemment, lorsque arrive le jour où ces femmes s'écartent du menu suggéré ou sautent une séance d'entraînement – ce qui est inévitable lorsqu'on mène une vie normale ! – elles vivent cet événement comme un échec et se sentent complètement démotivées. « C'est trop difficile. Rien ne sert d'essayer, disent-elles. La perfection est trop difficile à atteindre. » À cela je réponds que la perfection n'est pas *trop difficile* à atteindre. Elle est tout simplement *impossible* à atteindre. Alors, vous feriez mieux d'oublier cela tout de suite !

Ne craignez pas les erreurs. Elles ne vous éloignent pas de votre objectif. Au contraire. Elles font partie d'un processus normal d'apprentissage qui vous permet de progresser vers vos buts. Dites-vous bien que la seule chose qui vous éloigne assurément de votre objectif, ce ne sont pas vos erreurs, c'est l'abandon. Tant que vous poursuivrez vos efforts, quel que soit votre rythme, vous progresserez dans la bonne direction.

Déterminez un objectif réalisable et passez à l'action

Ménagez-vous une petite demi-heure pour une activité physique. Que diriez-vous d'une balade à vélo ?

Aujourd'hui, prenez soin de vous

Tout comme le font Barbara Sheer et Annie Gotlieb, je vous incite à laisser tomber la perfection : « Lorsque vous entamez votre premier projet de création ou que vous commencez à étudier un art ou un métier, je veux que vous abaissiez vos critères jusqu'à ce qu'ils disparaissent. C'est bien cela. Vous n'êtes pas censé être bon du tout au début. Alors, aussi bien vous faire le cadeau libérateur de vous attendre joyeusement à être mauvais. »

TROISIÈME PRINCIPE
ABAISSEZ VOTRE POIDS-CONSIGNE

13 août

Le soleil est merveilleux, la pluie rafraîchissante, le vent fortifiant, la neige vivifiante ; il n'existe pas de mauvais temps, juste différentes sortes de beau temps.

JOHN RUSKIN

Lorsque j'habitais le village d'Ayer's Cliff, je voyais un vieil homme passer chaque jour devant ma maison. S'aidant d'un déambulateur, il partait de la résidence qu'il partageait avec une dizaine de personnes âgées et traversait lentement le village pour aller chercher le journal. De le voir marcher ainsi, jour après jour, quand il aurait très bien pu se contenter de se faire livrer le journal, me remplissait d'admiration. Mon admiration a atteint son comble lorsque, par un après-midi pluvieux, alors que je travaillais tranquillement à l'ordinateur, j'ai aperçu mon marcheur de quatre-vingt-treize ans, vêtu d'un coupe-vent et d'un pantalon en goretex bleu royal. Pendant que tout le monde courait se mettre à l'abri, lui, habillé comme un aventurier des temps modernes, continuait sa promenade comme si de rien n'était ! Cette journée-là, je n'ai pas pu m'empêcher de sortir pour le saluer et discuter un moment avec lui. Et depuis, je n'ai jamais laissé le temps m'empêcher de faire de l'exercice !

Posez une action pour abaisser votre poids-consigne

Beau temps, mauvais temps, je vous encourage à vous joindre à moi pour une marche vivifiante. Cette séance d'exercice incitera votre organisme à puiser dans vos réserves de graisse l'énergie dont il a besoin. En effet, en temps normal, notre corps brûle au cours de la journée un mélange de glucides (emmagasinés dans nos muscles) et de gras (en provenance du foie et des cellules adipeuses). Des physiologistes ont constaté cependant que le fait d'augmenter notre capacité cardiovasculaire à l'aide d'une activité physique nous permettait de brûler davantage de graisse que de glucides au cours de l'exercice, mais aussi après l'entraînement, en période de repos[4,7].

Alors, n'attendez plus ! Enfilez vos chaussures de marche et venez me rejoindre !

Aujourd'hui, prenez soin de vous

Même si vous êtes seule pour manger, je vous encourage à apporter un soin particulier à la présentation de votre repas. Garnissez votre assiette d'aliments colorés et égayez votre table d'un joli napperon ou de quelques fleurs dans un verre d'eau. Ces petites attentions ne sont pas du luxe, mais autant de façons de vous témoigner respect et appréciation.

14 août

J'aime et j'apprécie mon corps. Je suis fière de mon corps et de ses possibilités. Je remercie mon corps, qui me sert de véhicule au long de cette vie.

SUE PATTON THOELE

Nous croyons souvent à tort que le seul attribut enviable du corps est sa minceur. Mais un corps peut aussi être apprécié parce qu'il est :

- en santé,
- fort,
- douillet,
- au naturel,
- invitant,
- unique,
- maternel,
- réconfortant,
- résistant,
- utile,
- musclé,
- souple,
- robuste,
- juste comme il faut!

À partir d'aujourd'hui, essayons, vous et moi, de composer un peu plus harmonieusement avec le corps qui nous a été donné. Plutôt que de rester accrochées à ses limites, pourquoi ne nous intéresserions-nous pas, ne serait-ce que quelques instants, à ses possibilités?

Des études portant sur les facteurs favorisant l'amaigrissement ont montré que les femmes qui sont les plus insatisfaites de leur corps sont moins susceptibles de perdre du poids que les autres[38]. Lorsque nous apprécions notre corps tel qu'il est, non seulement nous sommes mieux dans notre peau, mais nous avons aussi tendance à en prendre mieux soin.

Posez une action pour abaisser votre poids-consigne

Si vous en avez envie au cours de votre séance de marche, je vous invite à inclure quelques courtes périodes de jogging. Dans le cadre d'une étude, des chercheurs canadiens ont constaté que les participants qui avaient adopté un programme incluant quatre séances d'exercice par semaine combinant la marche et le jogging ont vu leur VO2 Max (leur capacité cardiovasculaire) s'accroître de sept pour cent après quatre semaines puis de cinq pour cent additionnels, cinq semaines plus tard[13]. Gardez un rythme confortable au cours de votre entraînement. Vos séances d'exercice devraient être agréables et vous donner envie de répéter l'expérience.

Aujourd'hui, prenez soin de vous

En sortant de la douche, prenez quelques instants pour enduire votre corps d'une lotion hydratante. Tout en massant votre peau, imaginez-la devenir chaque jour plus belle et soyeuse.

15 août

La nature à chaque instant s'occupe de votre bien-être.
Elle n'a pas d'autre fin. Ne lui résistez pas.
HENRY DAVID THOREAU

Aujourd'hui, abandonnons-nous aux douceurs de l'été. Que vous soyez en banlieue, au centre-ville ou à la campagne, prenez quelques instants pour vous emplir de cette merveilleuse saison. Laissez l'eau glisser sur votre visage et entre vos doigts, livrez votre esprit fatigué à l'apaisante caresse d'une brise parfumée. Reposez-vous quelques minutes au soleil et laissez sa chaleur vous réconforter. Tout comme les petites bêtes qui nous entourent, nous évoluons dans cette nature gorgée de vie, mais contrairement à elles, nous avons le grand privilège d'en être conscientes.

Autant en profiter !

Posez une action pour abaisser votre poids-consigne

Je vous invite à manger au moins trois portions de légumes au cours de votre journée. Attention, la petite feuille de salade dans votre sandwich du midi ne compte pas pour une portion complète ! Il en faut plutôt une tasse complète (250 ml) ! Pour ce qui est des autres légumes (brocoli, carottes, concombre, haricots, etc.), une demi-tasse (125 ml) constitue une portion complète.

Aujourd'hui, prenez soin de vous

Ralentissez. Au cours de la journée, essayez de concentrer votre attention sur une seule chose à la fois. Si vous avez envie de pousser un peu plus loin cette expérience, pourquoi ne pas vous initier à la pratique du yoga ? Le yoga est une excellente façon de ralentir et de prendre contact en douceur avec notre corps. Il serait particulièrement bénéfique pour celles parmi nous qui souffrent d'hypertension artérielle[34]. Si la perspective de faire du yoga en groupe ne vous plaît pas, il existe sur le marché une grande variété de cassettes vidéo et de DVD consacrés à la pratique de cette activité. Alors, ne vous en privez pas !

16 août

Pain est le mot le plus chaleureux et le plus doux.
Toujours l'écrire avec une majuscule,
comme si c'était votre propre nom.

ENSEIGNE D'UN CAFÉ RUSSE

Que diriez-vous d'une tranche de pain, encore chaude, servie avec juste une touche de beurre ?... Je ne sais pas pour vous, mais moi, j'en ai l'eau à la bouche rien que d'y penser. Baguette, miche, ficelle... Nature, avec de la confiture ou du fromage... J'aime le pain sous toutes ses formes et je n'entends pas m'en passer ! D'ailleurs, je ne vois pas pourquoi nous devrions le faire, puisque le pain peut très bien prendre sa place dans une alimentation saine et équilibrée, même chez ceux qui désirent perdre du poids[9,18]. Plus rassasiant que le pain blanc[19], le pain de grains entiers riche en fibres peut aussi contribuer à réduire nos risques de développer un diabète de type II[18].

Aujourd'hui, pourquoi ne pas aller faire un tour à la boulangerie? Laissez-vous tenter par différentes sortes de pain : à la farine d'épautre ou de seigle, pain bio, au blé kamut, au sarrasin, au levain, aux graines de lin, multigrains, etc. Osez vous initier à de nouvelles textures et saveurs, et voyez pourquoi certaines personnes écrivent Pain avec une majuscule!

Posez une action pour abaisser votre poids-consigne

Privilégiez, dans la mesure du possible, les pains qui contiennent plus de deux grammes de fibres par tranche.

Aujourd'hui, prenez soin de vous

Ménagez-vous une vingtaine de minutes pour vous prélasser à l'extérieur. Si vous avez une bonne revue à lire, retirez vos chaussures et installez-vous dans un endroit tranquille pour en faire la lecture. Si vous préférez, allongez-vous tout simplement sur l'herbe ou dans un hamac et savourez le plaisir de ne rien faire. Délectez-vous des parfums de l'été. Soupirez d'aise. Ce moment vous appartient.

17 août

Et si vous pouviez garder votre cœur en émerveillement devant les miracles quotidiens de votre vie, votre douleur ne vous semblerait pas moins merveilleuse que votre joie.

KHALIL GIBRAN

Vous ne suivez plus votre programme d'exercice depuis deux semaines? Au cours des trois derniers jours, vous avez mangé plus de dessert que de légumes?

Ces choses-là arrivent.

Tout parcours comporte des défis, c'est normal. Les difficultés éprouvées durant un processus de changement font partie de la vie et, à mon avis, sont autant d'occasions de grandir et de renforcer notre engagement. Une fois que nous acceptons que tout ne peut être parfait, nous nous donnons la permission d'évoluer plutôt que de céder au découragement.

Lorsque votre parcours devient cahoteux, ne paniquez pas. Voyez ce que vous pouvez faire *maintenant* pour améliorer la situation. Puis, passez à autre chose, tout simplement. Apprendre à surmonter les obstacles et à poursuivre notre route nous permet non seulement d'atteindre nos objectifs mais aussi, parfois, de découvrir le meilleur de nous-mêmes.

Posez une action pour abaisser votre poids-consigne

Réservez dans votre horaire du temps pour aller marcher. Le fait de marcher régulièrement peut avoir des effets bénéfiques sur votre pression artérielle et sur votre taux de sucre, et ce, même si vous n'avez pas encore perdu de poids[33].

Aujourd'hui, prenez soin de vous

Si vous n'avez pas encore l'habitude de manger le matin, il est temps de vous y mettre! Prenez au moins quelques secondes pour vous servir un jus de fruits ou, mieux encore, pour vous préparer ce délicieux lait fouetté. Passez au mélangeur une demi-tasse (125 ml) de lait ou de lait de soya à la vanille, une demi-tasse (125 ml) de fruits frais ou congelés et une petite banane. Vous m'en donnerez des nouvelles.

18 août

Lorsque j'ai envie de faire de l'exercice,
je m'allonge et j'attends que ça passe.
ROBERT MAYNARD HUTCHINS

Très drôle, Monsieur Hutchins. Mais pendant que vous serez allongé, moi, je serai en train de renforcer mes muscles, mon cœur et mes os! Et mon estime personnelle, par le fait même.

Alors, vous m'excuserez, cher ami, mais mes copines et moi allions justement faire une bonne marche ! On y va, les filles ?

Posez une action pour abaisser votre poids-consigne

Une des façons de varier votre entraînement est d'y inclure des exercices de musculation. Des études faites auprès de groupes de femmes indiquent qu'en plus d'activer la combustion des graisses[20], les exercices de musculation peuvent contribuer à augmenter notre force musculaire de vingt à quarante pour cent[28] ! Si vous ne vous êtes jamais adonnée à la musculation de votre vie, ne vous découragez pas. Au contraire, plus votre niveau de forme actuel est bas, plus vos progrès seront importants[39] ! Alors, n'attendez plus et faites travailler ces muscles !

Aujourd'hui, prenez soin de vous

Vous avez de la difficulté à consommer vos cinq portions de fruits et de légumes au cours de la journée ? Essayez en entrée cette délicieuse salade verte aux poires. Pour deux personnes, mélangez une cuillère à soupe (15 ml) d'huile d'olive, une cuillère à thé (5 ml) de jus de citron et un peu de sel et poivre. Versez ensuite sur deux tasses (500 ml) de laitues mélangées (ex. Boston, roquette, romaine ou autres), une cuillère à soupe (15 ml) d'échalotes hachées menu et une poire en tranches fines. Mêlez le tout et dégustez sans tarder.

QUATRIÈME PRINCIPE
APPRENEZ À RESPECTER VOS SIGNAUX INTERNES

19 août

Si vous êtes insatisfaite de ce que la vie vous donne,
observez les aspects que vous négligez.

ANONYME

Lorsque je me sens dépassée par les événements et que je n'arrive pas à maintenir mon programme d'exercice ou mes saines habitudes alimentaires, je sais que je n'ai pas consacré suffisamment de temps à la planification des repas et que j'ai négligé de me reposer suffisamment. Immanquablement, lorsque je néglige ces deux aspects de ma vie, mon quotidien devient plus chaotique et mon attitude, disons... un peu moins sereine.

La plupart du temps, le chaos s'installe en situation de stress aigu, lorsque j'ai des échéances à respecter, par exemple, ou lorsqu'une situation familiale nécessite toute mon attention pendant quelques jours. J'ai constaté récemment que dans ces moments de stress, je me disais inconsciemment que je n'avais pas le temps pour ces choses. Pas le temps de faire une pause ou de prendre du temps pour moi. Pas le temps non plus de décongeler la viande ou de m'asseoir quelques minutes pour planifier les prochains repas.

Évidemment, à tête reposée, je réalise que le fait de consacrer quelques minutes à ces deux activités m'éviterait bien des désagréments. Et, au fond, pourrait même m'aider à mieux vivre cette période tendue. Une bonne nuit de sommeil, des pauses fréquentes ainsi que des repas équilibrés et sains peuvent faire beaucoup plus pour restaurer la tranquillité d'esprit que ce que nous serions portées à croire. C'est du moins ce dont je suis en train de me rendre compte.

Et vous, qu'en est-il de votre côté ? Quelles sont les bonnes habitudes que vous laissez tomber en premier lorsque vous êtes stressée ?

Posez une action pour respecter vos signaux internes

Je vous encourage à prendre quelques instants pour vous préparer des collations saines et nutritives. Que vous soyez à la maison à repeindre le vestibule ou au bureau en train de négocier un contrat, vous avez besoin de faire une pause et de refaire le plein d'énergie. S'accorder un peu de temps pour se reposer et déguster une collation saine permet justement de faire les deux.

Aujourd'hui, prenez soin de vous

Même si vous êtes très occupée – et en particulier si vous l'êtes –, prenez quelques instants pour voir si vous négligez en ce moment certaines habitudes qui contribuent à votre bien-être. Vos séances d'entraînement, par exemple ? Le petit-déjeuner ? Ou, encore, votre quart d'heure de méditation quotidienne ? Ces petits gestes ne vous ralentissent pas. Au contraire, ils vous aident à mieux fonctionner et à être plus efficace.

20 août

Quand les gens souffrant d'un trouble obsessionnel se livrent à leur obsession, ils ne vous disent pas qu'ils ne vous aiment pas, mais qu'ils ne s'aiment pas eux-mêmes.

MELODY BEATTIE

Le propre du comportement obsessif est qu'il ne procure pas un soulagement durable. Nous espérons nous sentir mieux après un autre achat, un autre verre ou une autre bouchée, pour réaliser, quelques heures plus tard, que le sentiment de vide et d'urgence perdure. En effet, nous étions persuadées que nous serions mieux dans notre peau une fois que notre maison serait plus belle et plus grande, que nous aurions cessé de boire ou perdu du poids. Nous pensions que ces gestes nous apporteraient la reconnaissance tant attendue. Ce qui est rarement le cas.

Car en réalité, ce qui nous fait tant souffrir, c'est que nous-mêmes, nous ne reconnaissons pas notre propre valeur. Et tant que nous n'apprendrons pas à nous aimer et à nous respecter telles que nous sommes, aucun bien matériel, boisson ou aliment ne pourra combler ce vide.

Posez une action pour respecter vos signaux internes

Lorsque vous mangerez au cours de la journée, je vous invite à prendre le temps de déposer vos ustensiles entre chaque bouchée. Ce simple geste vous rendra plus attentive à la saveur et à la texture des aliments. Le fait de ralentir et de faire de votre repas une expérience sensorielle consciente vous rendra aussi plus réceptive aux signaux de satiété que vous enverra votre corps.

Aujourd'hui, prenez soin de vous

Au cours de la journée, j'aimerais que vous preniez quelques instants pour déterminer ce que vous aimez le plus à propos de vous-même. Notez cinq choses qui vous plaisent en particulier et prenez quelques instants pour les reconnaître et les apprécier.

21 août

J'aimerais que la vie ne soit pas médiocre, mais sacrée.
J'aimerais que les jours soient comme des siècles, pleins et odorants.
RALPH WALDO EMERSON

L'obsession de la minceur accapare souvent tellement d'espace dans notre esprit qu'elle laisse peu de place pour le reste. Des psychologues ont d'ailleurs constaté que lorsqu'une personne suivait un régime astreignant, les préoccupations qu'elle entretenait à l'égard de la nourriture, des calories ou de son apparence physique, « surchargeaient » son cerveau, affectant ainsi ses fonctions cognitives, en particulier sa mémoire[29,35]. Inquiétant, n'est-ce pas ?

Quand une obsession accapare nos pensées, comment pouvons-nous espérer être disponibles pour apprécier et célébrer ce que la vie a de meilleur à offrir ?

Posez une action pour respecter vos signaux internes

Faites confiance à votre corps, il vous indiquera au cours de la journée la quantité de nourriture dont il a besoin.

Aujourd'hui, prenez soin de vous

Sally Brampton a déjà dit : « Le bien-être n'est pas un état d'esprit, ni même un état physique. C'est un état de grâce. » J'avoue que lorsque je marche ces temps-ci, dans cette nature mûre et odorante, je ne peux m'empêcher de lui donner raison. C'est pourquoi je vous invite aujourd'hui à prendre un peu de temps et à savourer, vous aussi, les plaisirs de la marche. Chemin faisant, profitez-en pour inspirer les doux parfums de l'été et vous délester de toutes vos préoccupations.

22 août

Quand vous mangez, sachez que vous nourrissez plus qu'un corps.
Vous nourrissez la soif de vivre de l'âme, son désir éternel d'apprendre
les leçons de l'existence terrestre – l'amour et la haine, le plaisir et la douleur,
la peur et la foi, l'illusion et la vérité – par le véhicule de la nourriture.

Au bout du compte, l'aspect le plus important de la nutrition n'est pas quoi manger, mais comment notre relation avec la nourriture peut nous enseigner qui nous sommes et comment nous pouvons nous sustenter au plus profond de notre être.

MARC DAVID

Marc David a bien raison. Apprendre à bien nous nourrir est beaucoup plus qu'une question de nutrition. C'est un processus hautement personnel, un périple qui nous amène bien souvent à découvrir de nouvelles dimensions de notre être.

Nous avons chacune notre propre rythme et, au fil du temps, nous apprenons à découvrir ce qui est bon pour notre corps et ce qui nuit à son fonctionnement. Certaines femmes aux prises avec un problème de compulsion alimentaire découvriront peut-être qu'il est plus facile pour elles d'éviter complètement certains aliments que d'essayer de les consommer en quantité raisonnable. D'autres parmi nous apprendront à choisir les aliments facilitant le contrôle de leur diabète ou de leur cholestérol. D'autres encore découvriront qu'il leur est possible de vivre leurs émotions sans se réfugier dans la nourriture.

Avec le temps, nous finissons par connaître la quantité et le type d'aliments qui nous conviennent. Mais bien se nourrir, c'est aussi faire la différence entre la faim du corps et la faim de l'âme. Et savoir sustenter l'une et l'autre.

Au fond, bien se nourrir, c'est prendre soin de soi.

C'est pourquoi, longtemps après que vous et moi aurons découvert comment nous alimenter sainement, nous continuerons d'apprendre à nous nourrir.

Posez une action pour respecter vos signaux internes

Avant de vous servir une autre portion du mets principal, prenez quelques instants pour écouter les signaux que vous envoie votre corps. Si vingt minutes après le début du repas vous sentez que vous avez encore faim, vous pouvez vous resservir. Si vous constatez que vous n'avez plus faim, sortez de table et passez à autre chose.

Aujourd'hui, prenez soin de vous

Ménagez-vous une vingtaine de minutes pour vous nourrir spirituellement ou intellectuellement. Profitez de ce moment paisible pour vous adonner à votre passe-temps favori ou encore pour faire un peu de lecture ou de méditation.

23 août

Une promenade hebdomadaire nous aide à acquérir cette vision élargie de la vie. Elle nous permet de trouver recul et réconfort. En étirant nos jambes, nous étirons également notre esprit et notre âme.

JULIA CAMERON

J'ai l'habitude de marcher chaque jour, seule ou avec une amie. Mais l'été, environ une fois par semaine, je prends les enfants avec moi et nous allons en balade. Ma marche, qui est habituellement rapide et soutenue, prend alors un tout autre rythme. Nous nous arrêtons pour observer les chèvres de M. Jensen ou pour ramasser un bâton. Courons quelques foulées pour rattraper les poules qui passaient par là. Flânons en attendant Roxane qui cueille des fleurs. Je dois vous avouer qu'au début des vacances, ces marches m'apparaissent parfois d'une lenteur insoutenable, tellement je suis pressée de « faire quelque chose » ou d'atteindre notre destination. Mais maintenant, après deux mois « d'entraînement » avec mes enfants, je comprends ce que Julia Cameron veut dire quand elle parle de ces promenades qui nous aident à acquérir une vision élargie de la vie.

Ces balades avec les enfants, parce qu'elles sont lentes et contemplatives, favorisent les échanges entre nous. Mais je crois que ce que nous apprécions plus que tout durant ces moments paisibles, c'est justement qu'il n'y a rien à *faire*.

Nous pouvons *être*, tout simplement.

Posez une action pour respecter vos signaux internes

Assurez-vous de boire six verres d'eau au cours de la journée.

Aujourd'hui, prenez soin de vous

Prévoyez un peu plus de temps qu'à l'habitude et allez faire une longue marche. Si possible avec vos enfants, car eux aussi ont besoin de prendre soin de leur santé ! L'athérosclérose, une dégénérescence de nos artères qui mène aux maladies cardiovasculaires, peut déjà être observée chez des enfants qui font de l'embonpoint et qui sont sédentaires. Heureusement, ce début de blocage des artères est réversible. Il suffit de faire de l'exercice[36]!

24 août

Je suis juste une personne prise dans un corps de femme.
ELAINE BOOSLER

Pour diverses raisons, physiologiques, psychologiques, sociales et autres, nous sommes plus sujettes à la dépression que les hommes. En fait, c'est presque deux fois plus de femmes (21 %) que d'hommes (13 %) qui vivront un épisode dépressif au cours de leur vie[27]. La dépression peut se développer à n'importe quelle phase de notre vie, mais il semble que les années où nous concevons, mettons au monde et élevons nos enfants représentent la période pendant laquelle nous sommes le plus sujettes à souffrir de ce problème. Il est probable que les fluctuations hormonales associées à cette période de notre vie reproductive jouent un rôle dans l'apparition des symptômes dépressifs.

Certaines femmes souffrant de dépression constatent qu'elles ont tendance à engraisser plus facilement à partir du moment où elles prennent des médicaments. Peut-être êtes-vous dans cette situation. En effet, certains antidépresseurs sont connus pour favoriser le gain de poids[17]. Si vous suivez présentement un traitement pour la dépression et avez pris beaucoup de poids, je vous encourage à en parler à votre médecin. Il pourra peut-être vous aider à trouver un traitement qui aura moins d'effet sur votre poids.

En attendant, si ce n'est pas déjà fait, ce pourrait être une excellente chose d'inclure davantage d'activité physique dans vos journées. De nombreuses études confirment, en effet, le rôle positif de l'exercice dans le traitement de la dépression[10,21,24]. Il semble que les bienfaits de l'exercice soient attribuables à une modification de la sécrétion de substances impliquées dans l'humeur, telles la dopamine, la noradrénaline et la sérotonine[8].

Posez une action pour respecter vos signaux internes

Louis Auguste Commerson a déjà dit : « C'est toujours par la faim que commence un bon repas. » Aujourd'hui, je vous invite à vérifier ce propos. Attendez de ressentir la faim avant de manger et voyez si votre repas n'en est pas plus savoureux !

Aujourd'hui, prenez soin de vous

Accordez-vous au moins trente minutes pour pratiquer votre activité physique favorite. L'exercice est un merveilleux tonique pour le corps et l'esprit !

CINQUIÈME PRINCIPE
HONOREZ VOTRE ENGAGEMENT

25 août

Il faut tenir à une résolution parce qu'elle est bonne, et non parce qu'on l'a prise.
LA ROCHEFOUCAULD

Une des bonnes résolutions que j'ai prise, et que je tiens depuis des années, est de consommer davantage de produits céréaliers de grains entiers. À présent, je consomme très peu de produits céréaliers raffinés.

En plus d'être pratiquement dépourvus de fibres, les produits céréaliers raffinés, tels que le pain blanc, les céréales pour le déjeuner faibles en fibres, le riz blanc et les aliments fabriqués à base de farine blanchie, augmentent l'indice glycémique de notre alimentation, c'est-à-dire qu'ils élèvent notre taux de sucre sanguin très rapidement. Plus les gens ont une alimentation à indice glycémique élevé, plus ils auraient tendance à être gras[23]. À l'opposé, une alimentation à faible indice glycémique (riche en produits céréaliers de grains entiers, en fruits et légumes et en légumineuses) favoriserait la perte de poids[3,22].

Une des façons les plus simples d'abaisser l'indice glycémique de notre alimentation est de consommer davantage de fibres. Pour ce faire, évitez les aliments à base de farine blanchie et choisissez plutôt des pains et des céréales de grains entiers, des biscottes et des craquelins multigrains. Savourez une variété de grains entiers tels le riz brun, l'orge et le blé entier et consommez au moins cinq portions de fruits et de légumes chaque jour.

Posez une action pour honorer votre engagement

Efforcez-vous de consommer au moins une once (30 g) de fibres au cours de la journée.

Aujourd'hui, prenez soin de vous

Consacrez quelques minutes aux soins de vos cheveux. S'ils ont été asséchés ces derniers mois par le soleil, le chlore ou le sel, prenez le temps de les laver soigneusement. Puis, investissez quelques minutes dans un traitement hydratant en profondeur. Si vous êtes comme moi, il y a sûrement sur vos étagères de salle de bains un conditionneur ou un traitement capillaire que vous vous réserviez pour une occasion spéciale. Eh bien, cette occasion, c'est maintenant ! Une fois votre traitement terminé, laissez sécher vos cheveux à l'air libre.

26 août

Les humbles travaux quotidiens, la simplicité de la vie,
les modestes joies qu'on se tisse dans la couleur du temps qui passe,
tout cela ressemble étrangement au bonheur.

ÈVE BÉLISLE

Je trouve que cela ressemble aussi à la santé.

Dans les gestes simples et les joies du quotidien, nous nous retrouvons bien souvent près de l'essentiel : manger quand on a faim, apprécier la compagnie de ceux qu'on aime, rire, faire une longue marche, savourer une douche bienfaisante, profiter d'une bonne nuit de sommeil. Pour cette raison, le bonheur et la santé me semblent intimement liés. Et je pense qu'en nous efforçant d'atteindre l'un, nous nous disposons naturellement à accueillir l'autre.

Posez une action pour honorer votre engagement

Je vous invite à suivre la recette que nous propose ici cette chère Sarah Ban Breathnach : « Coupez en lamelles un poivron rouge et un poivron jaune, de petites aubergines et une courgette. Hachez des oignons rouges, du basilic frais, de l'origan et des tomates italiennes. Faites sauter le tout dans de l'huile d'olive de qualité et de l'ail haché jusqu'à ce que les légumes soient tendres. Prenez une petite gorgée de vin. Faites cuire des *penne* dans l'eau bouillante pendant six minutes. Râpez du fromage parmesan. Réchauffez de la ricotta au romarin achetée à l'épicerie. Mélangez les pâtes et les légumes et saupoudrez de fromage. Invitez tout le monde à passer à table. Prenez un moment pour remercier. Portez un toast et rendez grâce pour la santé, l'amour, la bonne compagnie, la cuisine délicieuse et cet instant de bonheur. »

Aujourd'hui, prenez soin de vous

Les foires agricoles sont nombreuses en cette période-ci de l'année. Si vous en avez l'occasion, allez y faire un tour. Les animaux de concours bichonnés, les fruits de la saison et les produits du terroir sont un vrai régal pour les yeux et les papilles !

27 août

Les personnes qui se critiquent constamment voient surgir leurs erreurs avec un verre grossissant, alors que leurs réussites restent à l'arrière-plan. Elles regardent leurs faiblesses réelles ou présumées avec une lunette d'approche et ne considèrent leurs atouts et leurs réussites qu'avec l'extrémité réductrice du verre. Les erreurs sont donc exagérément grossies, tandis que les bons coups sont rendus microscopiques.

SUE PATTON THEOLE

Il y a un certain temps, j'ai reçu un courriel de Monique, une femme qui avait réussi à perdre près de quinze kilos après avoir lu mon livre *Maigrir pour la vie*. J'étais très heureuse d'apprendre que mes conseils lui avaient été utiles. Cependant, j'ai remarqué que dans son long message, Monique ne mentionnait aucunement sa satisfaction personnelle face à cette réussite. Elle ne parlait que du poids qu'il lui restait à perdre et de toutes les petites choses qu'il lui restait à améliorer, comme faire davantage d'exercice, manger encore plus de fruits et de légumes, moins de dessert, mesurer plus souvent ses portions, etc. Pas la moindre mention de ses progrès ou du sentiment de fierté qu'elle aurait pu ressentir. Seulement une liste de choses à changer !

Visiblement, cette femme regardait ses réussites « avec l'extrémité réductrice du verre ». Et je sais qu'elle n'est pas la seule. Je crois même que ce comportement est plutôt familier à la plupart d'entre nous. N'avez-vous pas aussi cette impression ? Pourquoi nous est-il si difficile d'apprécier nos réussites à leur juste valeur ? de nous faire un compliment ? Leo Buscaglia a déjà dit : « Nous sous-estimons souvent le pouvoir d'un contact, d'un sourire, d'un mot gentil, d'une oreille attentive, d'un compliment sincère, ou d'une moindre attention ; ils ont tous le pouvoir de changer une vie. » Et il a raison.

Pourquoi ne pourrions-nous pas être cette personne pour nous-mêmes ?

Posez une action pour honorer votre engagement

Prenez une quinzaine de minutes pour planifier vos repas pour les prochains jours et dressez une liste des aliments que vous devrez vous procurer pour préparer ces mets. Les enfants reprennent l'école d'ici peu, pensez à refaire le plein d'aliments qui s'apportent bien le midi et, au besoin, à vous procurer des contenants en plastique pour qu'ils puissent emporter des repas maison à l'école.

Aujourd'hui, prenez soin de vous

Au moins à trois occasions au cours de la journée, j'aimerais que vous preniez la peine de vous adresser un compliment ou une remarque positive sur quelque chose que vous avez fait de bien.

28 août

Vide chaque soir ton cœur de tout ce qui n'est plus que le passé.

PÈRE CHARLES

Je suis persuadée qu'en faisant ce petit exercice mental qui consiste à vous délester, chaque soir, du poids de tout ce qui échappe à votre contrôle, vous ressentirez un bien-être tel que vous voudrez conserver cette habitude. Essayez-le pendant une semaine et observez-en l'effet sur votre qualité de vie.

Comme le dit si bien Jean-Marie Poirier : « Il faut se ménager des haltes dans le quotidien pour descendre en soi, ou plutôt pour se hisser à soi. » Et cette pause au moment de vous coucher me paraît une excellente occasion de le faire.

Posez une action pour honorer votre engagement

Je vous recommande de consommer au moins cinq grammes de fibres solubles au cours de la journée. Le psyllium, provenant de la plante asiatique *Plantago ovata*, est une source particulièrement riche en fibres solubles. On peut trouver le psyllium dans certaines céréales pour déjeuner (ex. Bran Buds avec psyllium) ou sous forme de granules dans les pharmacies ou les magasins d'alimentation naturelle. Des études indiquent que le psyllium pourrait avoir un effet bénéfique sur notre glycémie et notre taux de cholestérol sanguin[26,31]. N'oubliez pas de boire de l'eau en quantité (6 à 8 verres/jour) lorsque vous consommez ces fibres.

Aujourd'hui, prenez soin de vous

Au moment de vous coucher, délestez-vous en silence de toutes vos tensions et inquiétudes. Puis, abandonnez-vous aux délices d'un agréable sommeil réparateur.

29 août

Chaque matin, je m'éveille avec l'émotion de l'attente et la joie d'être vraiment vivante. Et je suis reconnaissante du jour qui se lève.

ANGEL L. WOZNIAK

N'est-ce pas là la façon dont nous aimerions toutes commencer notre journée? La tête et le cœur remplis du bonheur de vivre?

Ce matin, à l'aube, je suis allée gravir les collines au bout du village. Encore imprégnée de sommeil, j'ai pris le petit sentier qui mène tout en haut de la terre de M. et Mme Foessl. Tout en franchissant le ruisseau, j'appréciais silencieusement le fait que ce couple m'ait gentiment donné la permission de me balader sur sa magnifique terre. Rendue au sommet, je me suis assise dans le foin un peu piquant pour observer le soleil se lever. Du haut de mon promontoire, je pouvais admirer le paysage, véritable courtepointe de champs vallonnés. La brume se levait et mon cœur palpitant et léger semblait voler comme un oiseau au-dessus de cette scène paisible. Je me sentais le témoin privilégié d'une scène d'une beauté saisissante, fugace. Émue, je me suis félicitée d'avoir fait l'effort d'aller marcher si tôt. «Le but de la vie, après tout, est de la vivre, de goûter pleinement l'expérience, de rechercher ardemment et sans crainte des expériences nouvelles et plus riches», disait Eleanor Roosevelt.

Et je crois qu'accueillir chaque matin avec une attitude ouverte et enthousiaste peut accomplir des merveilles pour notre qualité de vie.

Posez une action pour honorer votre engagement

Préparez pour vous et votre famille un petit-déjeuner nourrissant contenant une source de protéines (ex. beurre d'arachide, amandes, jambon, œuf, fromage ou autre). Une étude faite auprès de cinq cents enfants de quatrième année a révélé que vingt pour cent d'entre eux sautaient le petit-déjeuner ou le repas de midi, ou les deux, au moins trois fois par semaine[14]! En consommant vous-même un petit-déjeuner chaque matin, vous encouragerez vos enfants à en faire autant.

Aujourd'hui, prenez soin de vous

La joie d'être vraiment vivante se nourrit de petits gestes. Aujourd'hui, je vous encourage à vous libérer un peu de temps pour vous adonner à une activité qui vous permettra de vous évader, de créer ou de vous ressourcer. « Nul besoin d'un temps infini ni de conditions parfaites, nous rassure Barbara Sher, conseillère en orientation. Faites-le maintenant. Faites-le aujourd'hui. Faites-le pendant vingt minutes et voyez votre cœur se mettre à battre. »

30 août

Une pincée de ce que vous aimez vous fait du bien.
MARIE LLOYD

Pour ma petite Roxane, agée de six ans, c'est faire la cueillette des petits fruits.

Pour ma sœur Viviane, c'est prendre quelques minutes à l'heure du midi pour faire un peu de jogging sur les sentiers de Vancouver.

Pour Line, mon amie, c'est se recueillir dans un endroit paisible pour prier.

Pour Hélène, la femme de mon ami John, c'est se consacrer à son yoga matinal.

Pour ma mère, c'est lire le journal en dégustant une tasse de thé.

Pour mon amie Jane, c'est se plonger dans un bon livre.

Pour moi, c'est m'asseoir dans mon jardin dès que j'ai quelques minutes de tranquillité pour m'imprégner de la nature et de la beauté des fleurs.

Et vous ? Qu'est-ce qui vous fait du bien ? vous rend heureuse ?

Posez une action pour honorer votre engagement

Apportez un peu de variété à votre entraînement en pratiquant une activité physique différente. Changez la marche pour une séance de natation ou de vélo, par exemple. En travaillant à la même intensité mais dans le cadre d'une activité physique différente, vous conserverez votre forme physique et apporterez de la diversité à votre semaine. Certains coureurs de haut niveau remplacent une partie de leur entraînement de course à pied par du cyclisme, par exemple[37]. Cela leur permet d'éviter les blessures dues à la sur-utilisation de certains muscles tout en maintenant leur intérêt pour l'entraînement.

Vous verrez comme un peu de variété ajoutera du piquant à votre entraînement.

Aujourd'hui, prenez soin de vous

« Le bonheur est une habitude à cultiver », affirme un proverbe anglais. Et je partage tout à fait ce point de vue. C'est pourquoi je vous encourage aujourd'hui à vous réserver un petit vingt minutes pour faire quelque chose qui vous procure du plaisir et vous rend heureuse.

31 août

L'évolution ne connaît pas de marche arrière.
BORIS CYRULNIK

Les vacances, le retour au travail, la rentrée scolaire vous ont fait perdre quelque peu le rythme ? Vos repas ne sont pas aussi équilibrés que d'habitude, vos séances d'exercice sont moins régulières ? Vos portions, un peu plus généreuses ? Ces choses-là arrivent. Ne les laissez pas vous décourager. Dites-vous bien que ces situations ne vous font pas « reculer ». Tant et aussi longtemps que vous désirez encore changer, vous demeurez en progression. Bien sûr, nous n'aimons pas connaître de telles embûches. Ce n'est pas agréable, mais combien de temps resterons-nous accrochées à cela ?

Faites du mieux que vous pouvez et, si les choses ne fonctionnent pas à votre goût, essayez de comprendre ce qui s'est passé. Au besoin, repartez à neuf. Sur le chemin de la croissance personnelle, il n'y a pas de marche arrière. Chaque nouveau départ est un pas en avant.

Posez une action pour honorer votre engagement

Si vous avez souvent des fringales en soirée, examinez votre menu du souper. Il est possible que vous ne consommiez pas suffisamment de protéines. Chaque repas, pour être suffisamment nourrissant et rassasiant, devrait vous fournir au moins quinze grammes de protéines.

Aujourd'hui, prenez soin de vous

Ménagez-vous un moment dans la journée où vous pourrez être tranquille pendant quelques minutes et refaire le plein d'énergie. Pourquoi ne pas aller lire le journal à la terrasse d'un café ou, encore, vous servir une boisson fraîche et la siroter dehors pendant que les enfants font la sieste ?

Septembre

Septembre…
Mélange doux-amer du parfum des vacances qui se terminent,
des pommes,
et des crayons fraîchement taillés.

Trois délicieuses recettes vous sont proposées :

Légumes à l'indienne, p. 561
Veau à la bavaroise, p. 562
Prunes caramélisées, p. 563

PREMIER PRINCIPE
ENDOSSEZ LE CHANGEMENT

1er septembre

Toutes choses sont prêtes lorsque l'esprit est prêt.
SHAKESPEARE

Avez-vous déjà remarqué quand on commence à s'ouvrir au changement et que l'on est convaincu du bien-fondé de notre nouvelle démarche, tout commence à mieux aller? Les gens, les événements commencent à apparaître dans notre vie comme pour nous indiquer que nous avons effectué le bon choix. Je crois que cette merveilleuse «synchronicité» n'est pas tant le produit d'un phénomène surnaturel que le fruit d'une démarche personnelle authentique. Lorsque tout en nous désire atteindre un objectif, nous devenons plus éveillées aux messages de notre entourage. Nous nous ouvrons au changement. Il devient alors plus facile de reconnaître les pistes susceptibles de nous rapprocher de notre but et de saisir les occasions qui se présentent à nous[1]. Aussi, j'ai remarqué qu'en étant enthousiastes à l'égard de notre projet, quel qu'il soit, nous attirons naturellement les gens autour de nous. L'enthousiasme et la passion sont réellement contagieux! Ne trouvez-vous pas agréable, vous aussi, de côtoyer des gens positifs qui ont des projets, des buts dans la vie?

Mon expérience personnelle m'a appris qu'il était important de s'engager émotivement et intellectuellement dans chaque entreprise que nous désirons mener à terme. Pour cela, nous devons nous approprier cette démarche et en faire un projet, *notre* projet. Au cours de la journée, je vous invite à prendre quelques minutes pour réfléchir aux changements que vous désirez apporter en ce moment à votre mode de vie, à vos habitudes. Lisez des ouvrages sur la nutrition, l'exercice, la motivation. Rencontrez des gens qui font ce que vous aimeriez faire et parlez-leur de vos objectifs. Entourez-vous de personnes qui partagent votre intérêt pour la santé. Enfin, efforcez-vous de tenir un discours positif à l'égard de votre décision de changer. Par exemple, plutôt que de dire : «Il faut que je commence à bouger si je veux maigrir», essayez plutôt : «Pour me sentir mieux dans ma peau, j'ai décidé de marcher un peu tous les jours.»

Soyez attentive aux messages de votre entourage et aux événements de votre quotidien. Vous constaterez bientôt que toutes sortes de ressources intéressantes existent et s'offrent à vous.

Posez une action pour endosser le changement

Pourquoi ne pas profiter de la rentrée pour ajouter un peu de nouveauté à votre programme ? Une femme que je connais me disait récemment avoir commencé des cours de danse à claquettes avec ses filles de neuf et douze ans. Elle s'amuse beaucoup et ses deux filles sont ravies de pratiquer une activité chaque semaine avec leur mère. Et vous, qu'est-ce qui vous ferait plaisir ?

- Vous inscrire à un cours de tango ?
- Recommencer à nager à la piscine municipale ?
- Inclure quelques minutes de méditation dans votre routine quotidienne ?
- Préparer une nouvelle recette chaque samedi et la déguster en famille ou entre amis ?
- Suivre un cours de cuisine végétarienne, d'art dramatique ou de chant ?
- Vous inscrire à un cours de « Power Yoga » ou de kick-boxing avec une amie ?
- Vous abonner à un centre de conditionnement physique près de chez vous ?
- Créer un groupe de marche avec quelques mères de votre quartier ?

Allez-y, faites-le pour vous !

Aujourd'hui, prenez soin de vous

Assurez-vous de boire beaucoup d'eau. Au moins six verres.

2 septembre

Jusqu'à ce que vous puissiez vous accepter vous-même,
vous barrez le passage à la croissance à laquelle vous aspirez.
Cette croissance vient de votre cœur. Soyez aimable avec vous-même.

EMMANUEL

Pour changer, il faut s'aimer.

Et pour s'aimer, vous et moi devons d'abord apprendre à nous accepter telles que nous sommes. Lorsque nous acceptons la réalité, notre réalité, il nous devient possible d'évoluer.

Si certaines personnes éprouvent de la difficulté à changer, bien souvent ce n'est pas parce qu'elles manquent de volonté comme elles le croient, mais *parce qu'elles ne s'estiment pas assez.* Pour investir du temps et de l'énergie dans un projet, quel qu'il soit, il faut être convaincues que le jeu en vaut la chandelle. Sinon, dès qu'une difficulté survient, on laisse tout tomber. Comme le dit si bien Dan Millman : « Peu importe le degré de votre intelligence, de votre beauté ou de vos talents, vous tendrez à saboter vos propres efforts et à miner vos relations directement en fonction du degré selon lequel vous doutez de votre valeur. »

Pour effectuer des choix plus sains, nous devons être conscientes de notre valeur et convaincues que nous méritons ce qu'il y a de mieux.

Posez une action pour endosser le changement

Je vous encourage à incorporer des exercices de musculation à votre journée. Ces exercices, en tonifiant et en augmentant votre masse musculaire, vous aideront à conserver un métabolisme élevé, ce qui en retour facilitera l'utilisation de vos réserves de gras. Par ailleurs, l'ajout d'exercices de musculation à votre programme pourrait aussi vous aider à être mieux dans votre peau ! En effet, des scientifiques américains qui ont suivi un groupe de femmes dans la quarantaine ont constaté que celles qui prenaient part à trois séances de musculation par semaine développaient une image corporelle plus positive que celles qui marchaient trois fois par semaine[23]. J'ai constaté que les exercices de musculation, même s'ils ne sont pas très intenses, nous font prendre conscience de la force et de l'énergie qui nous habitent, tout en nous mettant en contact avec les diverses parties de notre corps. Il est bon de se sentir forte !

Aujourd'hui, prenez soin de vous

L'été tire à sa fin et une excellente façon de le faire durer est de manger en plein air encore quelque temps. Aujourd'hui, détendez-vous en prenant un repas dehors, que ce soit comme mon ami Jacques, sur son charmant balcon en ville, sur l'herbe d'un parc ou encore sur la table à pique-nique de votre jardin. Profitez-en pour savourer les délices que nous offre cette fin de saison : maïs, tomates, mûres, courges, courgettes, prunes, poires, fraises d'automne…

3 septembre

Un instant de patience est déjà une victoire.

ABI TALEB

Les changements durables ne s'opèrent pas du jour au lendemain. Vous le savez. Ils nécessitent la répétition d'actions positives sur de longues périodes. Pour réussir toute démarche ayant une visée à long terme, il faut donc savoir remettre à plus tard la gratification.

En d'autres mots, il nous faut être patientes.

Si vous êtes comme moi, la patience n'est pas votre plus grande vertu. Nous devons donc développer des petits trucs pour rendre les situations « d'attente » plus tolérables. Si votre perte de poids ne s'est toujours pas enclenchée malgré vos efforts ou si elle est particulièrement lente, je vous encourage à mettre l'accent sur les aspects positifs de votre démarche.

Félicitez-vous pour tout ce qui va *déjà* bien, ce que vous maîtrisez, ce que vous faites avec plus d'aisance et de plaisir qu'auparavant. Si vous le désirez, inscrivez dans votre journal de bord tous les changements pour lesquels vous êtes reconnaissante.

Essayez de conserver une attitude positive et bienveillante envers vous-même durant ces phases difficiles. Lorsque vous vous surprenez à vous blâmer pour la lenteur de votre perte de poids, efforcez-vous d'adopter un discours intérieur positif et encourageant. Dites-vous par exemple : « Je me donne du temps pour réussir. Chaque jour je m'améliore et je me rapproche un peu plus de mes objectifs. »

Si vous sentez votre motivation s'effriter durant cette période de transition, n'hésitez pas à aller chercher le soutien de votre famille, de vos amies ou d'un groupe d'entraide. Vos amies sauront trouver les mots pour vous encourager et vous stimuler à poursuivre vos efforts.

Posez une action pour endosser le changement

Au cours du prochain repas; je vous suggère de poser votre fourchette entre chaque bouchée. Cet exercice vous aidera à cultiver votre patience! Prenez votre temps pour manger et profitez-en pour savourer pleinement votre repas.

Aujourd'hui, prenez soin de vous

Pourquoi ne pas aller marcher au son d'une musique entraînante? Une jeune mère de mon quartier a commencé à marcher chaque jour après la naissance de son quatrième enfant. Je l'ai croisée récemment alors que je marchais dans son quartier. Elle m'a expliqué que le fait de s'entraîner au son de sa musique préférée la motivait à garder un bon pas et faisait passer le temps plus vite. En deux ans, elle a perdu près de quatre-vingt livres (36 kg)!

4 septembre

Le son des trompettes ne marque pas les décisions importantes de notre vie. La destinée se fait connaître silencieusement.

AGNES DEMILLE

Je crois sincèrement que le vrai moment du succès dans une démarche d'amaigrissement n'est pas celui où nous atteignons notre objectif de perte de poids, mais le jour où nous nous engageons dans le changement, où nous décidons au plus profond de nous-même de remplacer, une fois pour toutes, certaines de nos habitudes par d'autres, plus saines.

George Bernard Shaw a déjà dit : « Le vrai moment du succès n'est pas celui qui apparaît à la foule. » En effet, bien longtemps avant que nos réussites deviennent visibles aux yeux des autres, s'est opéré dans l'ombre le plus décisif des virages. Pour la première fois, la douleur de changer nous est apparue moins forte que celle de continuer comme avant. Et c'est ce constat primordial qui permet au changement de s'installer. À cette étape, personne ne connaît la profondeur de notre transformation. Mais nous, nous savons.

Et cela suffit.

Posez une action pour endosser le changement

Si vous êtes comme la majorité des adultes, vous ne consommez pas deux portions complètes de produits laitiers chaque jour[9]. Je vous encourage donc à mesurer vos portions. Souvenez-vous que une tasse (250 ml) de lait, trois quarts de tasse de yogourt (175 g) et cinquante grammes de fromage constituent une portion complète.

Aujourd'hui, prenez soin de vous

Avant de commencer votre journée, prenez cinq minutes pour remplir quelques bouteilles d'eau que vous prendrez avec vous. Gardez-en une dans votre bureau, une dans votre sac à main, une autre dans l'auto. En ayant toujours de l'eau à portée de la main, vous serez tentée d'en boire davantage.

5 septembre

Les seules connaissances qui puissent influencer le comportement d'un individu sont celles qu'il découvre lui-même et qu'il s'approprie.

CARL RANSOM ROGERS

Il m'est arrivé de rencontrer des femmes qui disaient vouloir maigrir parce que leur conjoint leur faisait des remarques désobligeantes sur leur apparence. Essayer de changer dans de telles conditions est pénible et démotivant. Des recherches indiquent aussi que ce serait aussi beaucoup moins efficace. En effet, les individus qui désirent modifier un comportement pour des raisons personnelles ont nettement plus de chances de réussir que ceux qui essaient de changer pour faire plaisir à quelqu'un d'autre[4]. Voici pourquoi.

Lorsque nous décidons de changer pour nous-mêmes, nous sommes animées d'une force motrice *interne*. Nous sommes motivées par nos propres buts, nos rêves, et nous fonctionnons à notre rythme. À l'opposé, lorsque notre motivation est *externe*, elle repose sur les autres et leurs attentes. Nous sommes beaucoup plus vulnérables, car notre décision de changer est générée par une pression sociale. Lorsque notre récompense fait défaut – les commentaires positifs de notre entourage ne viennent pas tels que prévus, par exemple – notre motivation s'effrite.

À l'inverse, lorsque nous décidons de changer pour nous-mêmes, les éloges de notre entourage, bien que très appréciés, ne sont pas nécessaires pour nous motiver à poursuivre notre cheminement. Notre récompense provient de la satisfaction personnelle que nous ressentons à prendre soin de nous.

Vous voyez la différence?

Posez une action pour endosser le changement

Variez vos sources de protéines! Pour cela, je vous invite à préparer un mets à base de légumineuses. La soupe minestrone, la salade de lentilles à l'avocat, le cari aux pois chiches à la pakistanaise, le plat aux lentilles de Viviane et la salade de thon et de haricots blancs que je vous propose à la fin du livre sont quelques exemples de recettes simples et délicieuses à base de légumineuses. Essayez-en une!

Aujourd'hui, prenez soin de vous

Au moment qui vous convient, allez faire une longue marche pour vous détendre et vous oxygéner.

6 septembre

Nous sommes blessés intérieurement, et aussi longtemps que nous n'aurons pas compris, accepté et surmonté les causes de cette blessure, tous les régimes amaigrissants n'apporteront que des résultats temporaires.

BILL B.

Une étude américaine portant sur plus de treize mille personnes montre que celles qui avaient été victimes de violence physique et verbale au cours de leur enfance étaient beaucoup plus susceptibles de devenir obèses que les autres[25]. Dans cet échantillon, plus les abus étaient fréquents et violents, plus les risques de devenir obèse étaient élevés.

Tant la violence physique que les agressions verbales teintent la vie de ceux qui en sont victimes. Elles minent la confiance en soi et contribuent au développement d'une piètre estime personnelle[8]. Si vous avez été victime d'abus alors que vous étiez enfant, il est peut-être difficile pour vous d'entretenir des pensées bienveillantes à votre égard et de croire que vous méritez de prendre soin de vous et de votre corps. Pourtant c'est le cas. Chacune de nous mérite de prendre soin de son corps et de son esprit. Encore plus si elle a souffert pendant son enfance.

Notre bien-être ne peut attendre! Ni vous ni moi ne pouvons nous payer le luxe d'attendre, ne serait-ce qu'une année, un mois ou même une journée de plus, que quelqu'un ou quelque chose nous aide à aller mieux. Nous sommes la seule personne qui puisse le faire, car notre vie ne pourra changer que si nous croyons mériter amour, bonheur et santé. Aucun programme alimentaire, aucune thérapie ne saura être efficace si nous ne franchissons pas d'abord cette première étape.

Nous ne pouvons oublier les blessures du passé. Mais nous pouvons apprendre à nous aimer, malgré tout, et poursuivre notre route.

Apprendre à dire non et à s'affirmer, manger sainement, se réserver chaque jour du temps pour se détendre, se reposer et se ressourcer, cultiver une vie spirituelle et sociale enrichissante, garder son corps en forme ou entreprendre une thérapie sont quelques-uns des actes que nous pouvons accomplir pour prendre soin de nous et nous réapproprier progressivement notre vie.

Mais, pour cela, nous devons d'abord nous donner la permission d'aller mieux.

Posez une action pour endosser le changement

Si vous en avez envie, invitez une amie, une collègue ou un membre de votre famille à aller marcher avec vous. Vous ne verrez pas le temps passer et vous aurez le sentiment d'être soutenue dans votre démarche.

Aujourd'hui, prenez soin de vous

Disposez-vous à examiner en douceur la façon dont vous vous parlez. Les mots que vous employez nourrissent-ils votre estime personnelle? Ou, au contraire, contribuent-ils à entretenir une image négative de vous-même? Dans la mesure du possible, efforcez-vous de remplacer les pensées négatives par des affirmations constructives qui feront que vous

vous sentirez mieux. Celle-ci, de Ruth Fushel, en est un exemple : « Aujourd'hui j'abandonne toute autocritique et je remplace tous mes jugements par des pensées d'amour. Je m'assouplis, je m'adoucis et je m'accepte moi-même, m'accordant ainsi plus d'espace pour ressentir l'amour et la joie. »

DEUXIÈME PRINCIPE
DÉTERMINEZ UN OBJECTIF RÉALISABLE

7 septembre

La vraie cuisine est une forme d'art. Un cadeau à partager.

OPRAH WINFREY

L'été dernier, mon mari a invité son cousin Pierre-Édouard à la maison pour cuisiner avec lui. Quelque temps auparavant, il avait goûté à sa blanquette de veau et se promettait bien d'en avoir la recette. Il faut dire que mon mari s'efforce, depuis quelques années, d'élargir son répertoire de recettes provenant de sa France natale, en particulier celles qui lui viennent de sa famille.

Ce jour-là, nous, les femmes, avons cru bon d'évacuer la cuisine et de laisser les « chefs » entre eux. Pendant quelques heures, nos hommes se sont bien amusés. Sous l'œil attentif de mon cher époux qui prenait des notes, ce généreux cousin a manié avec doigté une variété d'ingrédients frais et a révélé, étape par étape, son savoureux secret.

Au terme de cette expérience culinaire, mon mari était aux anges. Consignée dans son cahier de recettes manuscrites, la blanquette de veau venait s'ajouter aux autres trésors culinaires familiaux soutirés à son père, à sa tante et à sa grand-mère : gratin d'aubergine, crevettes au pastis, cassoulet, cake aux fruits, tarte aux pommes, îles flottantes…

Quels cadeaux !

Chaque fois que nous dégustons l'un de ces mets, nous sommes transportés quelque part dans le Sud de la France, près de ceux que nous aimons et avec qui il fait bon partager un repas.

Déterminez un objectif réalisable et passez à l'action

Ajoutez des légumes à tout ce que vous préparerez au cours de la journée. Cela est possible même lorsque vous avez très peu de temps à consacrer aux repas. Par exemple, vous pouvez augmenter la valeur nutritive d'une sauce à spaghetti commerciale en y ajoutant du céleri, des carottes, des épinards, des oignons ou des champignons. Même chose avec une pizza congelée. Garnissez-la de petits bouquets de brocoli ou de chou-fleur, de rondelles d'oignons rouges ou de tranches de poivron. À propos de poivrons, lorsque vous en avez la chance, choisissez les rouges! Ils contiennent plus de vitamine C qu'une orange et neuf fois plus de vitamine A que le poivron vert[12]!

Accompagnez votre repas d'une portion de salade d'au moins une tasse (250 ml).

Aujourd'hui, prenez soin de vous

Pourquoi ne pas inviter une amie à déguster un délicieux repas à la maison ? Ou, mieux encore, à le préparer avec vous ? Peut-être aurez-vous envie de préparer quelques conserves pour faire durer les plaisirs de l'été.

8 septembre

Que signifie s'aimer soi-même ? Cela signifie prendre du temps pour vous-même chaque jour. Vous respecter. Vous dorloter de temps en temps. Cela signifie découvrir vos talents personnels et profiter de tout ce qui vous fait plaisir. Cela signifie défendre votre point de vue quand vous avez la certitude que c'est nécessaire. C'est un processus quotidien par lequel vous apprenez à vous connaître tel que vous êtes, à être indulgent envers vous-même quand vous vous découvrez des petits côtés moins agréables et, finalement, à prendre toutes les mesures d'autovalorisation utiles à votre croissance personnelle.

JUDY FORD

Aujourd'hui, laissons-nous inspirer par les propos de Judy Ford.

Déterminez un objectif réalisable et passez à l'action

Je vous encourage à inclure une séance de marche dans votre emploi du temps. Une étude récente effectuée auprès de femmes souffrant d'embonpoint a révélé que le fait de combiner un régime légèrement réduit en calories et un programme de marche leur faisait perdre, en moyenne, huit pour cent de leur poids initial et dix-sept pour cent de leur graisse abdominale[20], ce qui est nettement supérieur aux résultats observés chez celles qui n'avaient eu recours qu'au régime.

Si vous vous en sentez capable, incluez quelques intervalles dans votre séance de marche. Les intervalles sont de courts segments pendant lesquels nous accélérons la cadence. Vous pouvez, par exemple, soutenir un rythme plus rapide pendant une minute ou deux, puis retourner à votre vitesse habituelle pendant une dizaine de minutes avant d'accélérer à nouveau la cadence pour une minute ou deux.

Au cours de vos intervalles, essayez ce petit truc de visualisation. Lorsque vous augmenterez légèrement votre vitesse, imaginez-vous marchant avec aisance et fluidité. Sentez votre respiration devenir régulière et profonde. Vos foulées, de plus en plus efficaces. Imaginez-vous couvrant de grandes distances sans effort. Vous serez surprise du bien-être que vous ressentirez au terme de cette séance d'entraînement.

Aujourd'hui, prenez soin de vous

Réservez au moins vingt minutes rien que pour vous au cours de votre journée. Faites-vous plaisir. Adonnez-vous à votre passe-temps favori. Livrez-vous aux délices d'une sieste bien méritée ou administrez-vous quelques soins douillets pour le corps.

9 septembre

Analysez votre vie en fonction de votre environnement.
Les choses qui vous entourent vous aident-elles à atteindre le succès?
Ou bien vous nuisent-elles dans votre entreprise?

W. Clement Stone

Les réserves de nourriture que nous gardons à la maison sont autant d'éléments pouvant faciliter notre démarche ou lui nuire. L'idée n'est pas de nous priver mais de *créer un environnement qui nous stimulera à faire des choix sains plus fréquemment.* Pour cela, il est essentiel de « s'équiper » d'aliments qui facilitent le maintien d'un poids-santé et nous aident à atteindre nos objectifs.

Aujourd'hui, pour mettre en pratique ce principe, nous irons faire un tour dans votre cuisine. Une vingtaine de minutes devraient suffire à cet exercice.

Déterminez un objectif réalisable et passez à l'action

Je vous invite à faire le tour de vos armoires, garde-manger et réfrigérateur et à inventorier les friandises, pâtisseries, biscuits, boissons gazeuses, chips et autres aliments à grignoter que vous y trouverez. Placez-les tous sur votre table ou votre comptoir de cuisine. Si vous trouvez la quantité de ces aliments excessive, mettez de côté ce qui vous semble de trop et dont vous arriveriez à vous passer sans trop de problème pour la semaine. Vous pourrez toujours garder cet excédent pour la semaine prochaine.

Placez le reste dans un contenant ou un panier de telle sorte que vous ayez une idée approximative de la quantité de « gâteries » que vous désirez garder à la maison. Faites la même chose avec les desserts et autres friandises glacées que vous trouverez dans votre congélateur.

Ensuite, faites le tour de vos réserves de fruits et de légumes, frais, en conserve, congelés ou séchés. Avez-vous, en tout, au moins trois ou quatre sortes de fruits différents ? trois ou quatre variétés de légumes ? Avez-vous une bonne sélection de produits frais ? Vos fruits et légumes sont-ils appétissants et faciles d'accès ? Vos réserves comptent-elles des légumes ou des fruits de quatre couleurs différentes ? Profitez-en pour prendre en note les différents fruits et légumes que vous désirez vous procurer à votre prochain passage à l'épicerie. Au besoin, faites provision de poivrons rouges, tomates, chou rouge, carottes, cantaloups, abricots, mangues et autres fruits et légumes de couleur rouge ou orangée, car les pigments qu'ils contiennent contribueraient à stimuler notre système immunitaire et à réduire nos risques de maladies cardiovasculaires et de certains cancers[12].

En gardant à portée de la main une attrayante variété de fruits et de légumes de saison – autant que possible – mais aussi congelés ou en conserve, vous créerez chez vous un environnement des plus favorables à votre réussite.

Aujourd'hui, prenez soin de vous

Assurez-vous de boire six verres d'eau au cours de la journée. Pour ma part, j'aime penser que le fait de consommer beaucoup d'eau garde ma peau bien hydratée et l'empêche de se « flétrir ». Ce n'est pas très scientifique – je n'ai vu aucune étude là-dessus –, mais cette image me motive à boire de l'eau !

10 septembre

Croire que la bonté a un pouvoir protecteur est terrible car ce pouvoir n'existe tout simplement pas. Vous aurez beau être la personne la plus généreuse du monde, il se trouvera toujours quelqu'un pour ne pas vous aimer – probablement parce que, justement, vous êtes trop bonne.

HARRIET BRAIKER

Selon la psychothérapeute Harriet Braiker, si nous voulons mener une vie équilibrée, il est impératif que nous rejetions la notion destructrice selon laquelle *il nous faut être bonnes à tout prix.* « Il est de beaucoup préférable de formuler clairement vos pensées, même si elles sont négatives, que de refouler votre ressentiment et sombrer dans la dépression, l'anxiété ou tout autre trouble psychologique par excès de bonté », nous dit-elle.

Une de mes amies a bien compris cela. Il y a quelques jours, je suis allée la rencontrer dans son studio d'art et, parmi les notes et les croquis affichés sur son mur, se trouvait la phrase suivante : *Le chemin le plus direct pour se rendre du point A au point B est la ligne droite.* « C'est pour me souvenir de dire les choses plus simplement, plus directement, m'a-t-elle expliqué, au lieu de faire toutes sortes de détours pour ménager la susceptibilité des gens. »

Je crois que nous gagnerions toutes à nous souvenir de cette petite phrase, et à la mettre en pratique dans nos relations.

Déterminez un objectif réalisable et passez à l'action

Je vous encourage à intégrer une trentaine de minutes d'activité physique à votre journée, que ce soit en une seule séance d'exercice ou en plusieurs petits blocs de temps. Les femmes qui font au moins une demi-heure d'exercice chaque jour réduiraient leurs risques de développer un cancer du côlon de trente à quarante pour cent[17]!

Aujourd'hui, prenez soin de vous

Lorsque vous aurez quelque chose à dire à quelqu'un au cours de la journée, efforcez-vous d'y aller simplement, sans détour. Vos rapports avec les autres seront infiniment plus agréables et détendus. C'est du moins ce que j'ai pu constater chaque fois que j'ai mis en pratique la méthode de la « ligne droite ».

11 septembre

Il ne suffit pas de dire : Je me suis trompé; il faut dire comment on s'est trompé, et c'est là précisément ce qui est important.

CLAUDE BERNARD

Un des outils les plus efficaces pour parvenir à ce genre d'introspection est sans nul doute le journal de bord. Le fait de consigner par écrit ce que vous mangez, ne serait-ce que quelques jours par semaine, vous permet de repérer vos écarts et ainsi, peut-être, de mieux comprendre les périodes où votre perte de poids ralentit ou plafonne. En jetant fréquemment un coup d'œil à votre journal, vous serez plus en mesure de déceler les facteurs pouvant expliquer une perte de poids plus lente et de réagir en conséquence.

Résistez cependant à la tentation de vous blâmer ou de culpabiliser. Là n'est pas du tout le but de la manœuvre. Ce qui importe, c'est de comprendre et, au besoin, d'apporter des correctifs. Là où vous décèlerez des lacunes, efforcez-vous simplement de faire des choix différents la prochaine fois. C'est tout.

Lorsque vous détectez des modifications à apporter à votre alimentation, évitez de vous attaquer à plus d'un changement à la fois. Concentrez-vous plutôt sur une seule habitude que vous aimeriez changer. Par exemple, si vous avez laissé tomber votre entraînement au centre de conditionnement physique et que vous avez tendance à manger beaucoup lorsque vous êtes de retour du travail, au cours des prochaines semaines, concentrez vos énergies *soit* sur le retour à une routine d'entraînement *soit* sur l'acquisition d'habitudes alimentaires plus saines en fin de journée.

D'abord et avant tout, voyez le journal comme un outil favorisant une rétroaction sur vos habitudes de vie, et non comme un instrument ayant pour but de vous culpabiliser en cas d'écarts.

Déterminez un objectif réalisable et passez à l'action

Si vous n'avez pas encore de journal de bord, maintenant pourrait être un bon moment pour commencer à en remplir un. Notez-y tout ce que vous mangez au cours de la journée, que ce soit aux repas ou aux collations. Si vous le désirez, vous pouvez aussi y inscrire vos séances d'exercice, en prenant soin de préciser le type d'activité et sa durée. L'idéal est de tenir un tel journal quotidiennement, mais si vous trouvez cette perspective trop astreignante, fixez-vous comme objectif de remplir votre journal pendant trois jours consécutifs ou lorsque le besoin se fait sentir, par exemple lorsque votre perte de poids plafonne et que vous désirez comprendre ce qui ralentit votre progression.

Aujourd'hui, prenez soin de vous

Réservez trente minutes dans votre horaire pour aller marcher. Je vous accompagnerai de mon côté!

12 septembre

Je suis en proie à une étrange sensation.
Si ce n'est pas une indigestion, ça doit être de la gratitude!
BENJAMIN DISRAELI

Le fait que vous désiriez perdre du poids sous-entend fort probablement que vous n'êtes pas satisfaite de votre apparence ou de votre état de santé actuel. Pour l'avoir constaté dans le cadre de mon travail et dans ma vie personnelle, l'insatisfaction est souvent le facteur déclenchant qui mène à un changement positif. L'irritation que nous cause cet état de manque nous pousse à l'action, ce qui est très bien en soi.

Toutefois, il m'apparaît important de ne pas faire de l'insatisfaction la force vitale derrière notre démarche. Après tout, l'insatisfaction est générée par un état de manque. Je ne pense pas que vous et moi ayons envie de passer le plus clair de notre temps à entretenir un tel état d'esprit, n'est-ce pas ?

Alors, comment faire pour nourrir notre volonté de changer ?

Une fois la source d'insatisfaction repérée, je suggère – bien que ce ne soit pas nécessairement facile – d'utiliser la gratitude comme force motrice. En effet, lorsque nous choisissons de respecter et d'apprécier notre corps tel qu'il est plutôt que de le dénigrer, nous remplaçons l'insatisfaction par une puissante force positive. L'acceptation de soi, le respect de soi et de son corps, la gratitude envers cette vie qui nous est donnée sont autant de sources d'énergie pouvant alimenter notre désir de progresser.

Mais, pour cela, nous devons nous efforcer de porter notre attention non pas sur ce qui manque à notre bien-être, mais bien sur ce que nous possédons déjà et qui enrichit notre vie en ce moment.

Déterminez un objectif réalisable et passez à l'action

Je vous encourage à essayer un nouvel aliment. À titre de suggestion, pourquoi ne pas essayer le quinoa ? De cuisson facile (20 à 25 minutes), les grains de quinoa peuvent être servis en accompagnement, comme le riz, ou comme céréales le matin. Nous venant de l'Amérique du Sud, ces minuscules perles nacrées regorgent d'éléments nutritifs et peuvent avantageusement remplacer la plupart des céréales. Le quinoa est riche en protéines, en fibres et en divers minéraux et vitamines. On peut se le procurer dans les magasins d'alimentation naturelle et dans un nombre croissant de supermarchés.

Aujourd'hui, prenez soin de vous

« La gratitude peut transformer votre routine en jours de fête », fait remarquer William Arthur Ward. C'est pourquoi je vous invite aujourd'hui à vous réserver dix minutes pour apprécier tout ce qui va déjà bien dans votre vie, que ce soit relativement à votre famille, à votre état de santé, à votre travail, à votre milieu de vie ou à vos objectifs personnels. Si vous le désirez, prenez en note ces éléments pour lesquels vous êtes reconnaissante. Le fait de consigner régulièrement par écrit les petites et grandes choses pour lesquelles nous sommes reconnaissantes, plutôt que de mettre l'accent sur ce qui va moins bien dans notre vie, peut contribuer à accroître significativement notre sentiment de bien-être[5].

TROISIÈME PRINCIPE
ABAISSEZ VOTRE POIDS-CONSIGNE

13 septembre

Un repas équilibré, du point de vue d'un petit garçon,
c'est une part de gâteau dans chaque main.
ANONYME

C'est pourquoi vous et moi avons une certaine dose d'éducation à faire à la maison.

Nul besoin, cependant, de faire subir à vos êtres chers un cours magistral de nutrition ou encore d'essayer de les convaincre du bien-fondé de votre démarche de santé. Votre seule persévérance fera toute la différence. En effet, en matière de saine nutrition familiale, le meilleur moyen est de prêcher par l'exemple.

Encore et encore.

Préparez les repas que vous savez sains et nourrissants, délectez-vous chaque jour de fruits, de légumes, de produits céréaliers de grains entiers. Et, surtout, ne vous découragez pas si vos enfants vous donnent du fil à retordre à table. Persévérez et continuez de leur présenter de nouveaux aliments sains. Vos efforts seront récompensés. Des chercheurs ont constaté qu'un nouvel aliment devait souvent être présenté de huit à quinze fois avant que l'enfant apprenne à l'aimer et finisse par l'accepter volontiers. Leurs recherches indiquent toutefois qu'après trois à cinq tentatives infructueuses, nous cessons habituellement de servir un aliment que notre enfant ne semble pas apprécier[2].

Ne désespérons donc pas, chère amie ! Parfois, une ou deux cuillérées pour goûter un nouvel aliment suffisent pour amorcer le processus d'apprivoisement. Chez nous ces temps-ci, ce sont les champignons, les oignons cuits et la courge qui font apparaître quelques mines récalcitrantes à table. Alors je continue de les cuisiner.

Et je garde espoir.

Posez une action pour abaisser votre poids-consigne

Je vous invite à ajouter un bloc de cinq ou dix minutes à votre séance habituelle d'exercice.

Aujourd'hui, prenez soin de vous

Pourquoi ne pas planifier une visite dans un verger près de chez vous pour cueillir des pommes en famille? Les enfants raffolent de ces sorties en plein air et se feront un plaisir, rendus à la maison, de vous aider à les apprêter. Si la cueillette des pommes ne s'avère pas possible pour vous, pourquoi ne pas vous préparer une délicieuse compote de pommes? Vous n'avez qu'à peler quelques pommes bien mûres, à les couper en quartiers, à les mettre dans une casserole avec un soupçon d'eau, à couvrir et à mettre le tout à cuire. Après seulement quelques minutes, vos pommes seront bien tendres et leur saveur naturellement sucrée aura été rehaussée par la cuisson.

14 septembre

Tant pis s'ils se font du mal. Tant pis si nous savons que nous pourrions les aider si seulement ils voulaient nous écouter, coopérer.
TANT PIS, TANT PIS, TANT PIS.

MELODY BEATTIE

Lorsque des personnes que nous aimons s'engagent dans des comportements malsains ou autodestructeurs, bon nombre d'entre nous prenons inconsciemment la responsabilité de leur conduite sur nos épaules. Nous voudrions tant les aider, les sortir de là! Mais à force d'essayer de leur faire entendre raison, d'aller les récupérer aux petites heures de la nuit ou d'être disponibles pour les écouter à toute heure du jour, nous finissons par y laisser notre santé et notre équilibre. Nous espérons leur venir en aide, mais si le recul n'est pas là, nous sombrons avec eux.

Si nous désirons vraiment les aider, il nous faut apprendre à nous ménager et à conserver notre équilibre. Mener une vie saine et démontrer du respect envers nous-mêmes. Si notre propre comportement envers ces personnes est compulsif, nous ne leur serons d'aucune utilité. Il faut toujours garder à l'esprit qu'ils ne souffriront pas moins si nous souffrons avec eux! Aussi difficile que cela paraisse, pour réellement aider nos proches aux prises avec des problèmes importants, nous devons apprendre à nous détacher émotionnellement de la situation. Lâcher prise, encore une fois.

Même si cela est parfois inquiétant, nous devons accepter de laisser les gens que nous aimons trouver leurs propres solutions, suivre leur propre cheminement. En nous appliquant à mener nous-mêmes une vie saine et équilibrée, non seulement nous serons plus heureuses, mais nous serons probablement plus utiles de cette façon.

Posez une action pour abaisser votre poids-consigne

Je vous encourage à inclure quelques *pliés* ou «squats» dans votre journée. Ces exercices ne prennent que quelques minutes et sont très efficaces pour tonifier les cuisses. Voici comment procéder. Mettez-vous debout, les pieds écartés à la largeur de vos épaules. Placez vos mains sur le dossier d'une chaise devant vous. Gardez le dos droit, les épaules ouvertes. Fléchissez les genoux et descendez. Plus bas vous descendrez, plus grande sera la charge de travail. Assurez-vous cependant de ne jamais dépasser un angle de quatre-vingt-dix degrés (cuisse parallèle au sol). Remontez doucement. Vous sentirez les muscles de vos cuisses travailler, ce qui est très bien. Les spécialistes de l'activité physique recommandent habituellement de huit à douze répétitions de l'exercice. Allez-y à votre rythme.

En ajoutant des pliés à votre programme d'exercice, vous augmenterez votre résistance physique et aurez l'agréable sensation de tonifier votre corps.

Aujourd'hui, prenez soin de vous

Au cours de la journée, n'hésitez pas à faire connaître et respecter vos limites. Bien des femmes qui se font littéralement engloutir par les autres ont tendance à évacuer leurs tensions en se tournant vers la nourriture. Établir des limites raisonnables et se faire respecter est donc une façon de prendre soin de soi physiquement et émotionnellement.

15 septembre

Faites quelque chose et, si ça ne réussit pas, essayez autre chose.

FRANKLIN DELANO ROOSEVELT

C'est aussi simple que ça!

Ne vous accrochez pas à une formule qui ne fonctionne pas bien pour vous. Certains aliments sains ne vous plaisent vraiment pas? Ne vous forcez pas à les manger. Vous préférez les sports d'équipe plutôt que de vous entraîner chez vous? Sortez de la maison et allez vous amuser entre amies! Vous vous sentez coupable de ne pas mesurer *toutes* vos portions? Ne les mesurez qu'une journée sur deux ou lorsque vous introduisez de nouveaux aliments dans votre menu. Vous n'êtes pas folle du yoga? Choisissez tout simplement autre chose qui collera davantage à vos goûts.

Il vaut mieux faire preuve de souplesse et, au besoin, adapter votre programme que de tout laisser tomber parce que vous n'avez pas réussi à trouver la bonne formule pour vous. L'important n'est pas de travailler à vous conformer coûte que coûte à un programme d'amaigrissement mais plutôt de travailler à trouver ce qui fonctionnera pour vous. Sentez-vous libre de faire des essais, osez apporter certains changements ou modifications. Choisissez les aliments et les activités qui *vous* procurent du plaisir.

En d'autres mots, n'hésitez pas à vous approprier votre démarche.

Posez une action pour abaisser votre poids-consigne

Au cours de votre séance de marche, essayez d'inclure quelques montées. Faites alors des foulées plus courtes, balancez bien les bras et pensez à regarder vers le haut de la côte plutôt que de fixer le sol. Dites-vous qu'à chaque foulée vous augmentez votre capacité à savourer les plus beaux moments de la vie.

Aujourd'hui, prenez soin de vous

Prenez quelques instants pour dresser le bilan des dernières semaines. Quelles sont les habitudes que vous avez eu de la facilité à maintenir? celles qui ont été difficiles à intégrer à votre routine? Quelles sont les modifications que vous pourriez apporter et qui rendraient votre expérience plus agréable et efficace?

16 septembre

C'est tellement rassurant de savoir qu'il existe toujours un endroit privilégié à l'intérieur de moi, où je peux ressentir la paix.
RUTH FISHEL

J'espère qu'à l'instar de Ruth Fishel, vous aussi avez découvert en vous-même un endroit privilégié où vous pouvez vous retirer paisiblement. Si ce n'est pas encore le cas, commencez dès aujourd'hui à cultiver cet espace de tranquillité, ce sanctuaire intérieur.

Comment ?

Prenez l'habitude de vous réserver un peu de temps chaque jour pour vous recueillir. Durant ces quelques minutes de quiétude, ne pensez à rien. Cherchez simplement à vous détendre, à apprécier le moment présent. Lorsqu'une pensée ou une inquiétude surgit dans votre esprit ou lorsqu'une tension fait surface, laissez-la simplement repartir. Respirez lentement et profondément. Avec un peu de pratique, vous découvrirez bientôt le pouvoir apaisant de cet exercice. Comme le dit si bien Susan Taylor : « Il faut des moments de calme pour observer sa vie ouvertement et honnêtement. Passer ces moments seul donne à ton esprit l'opportunité de se renouveler et de créer de l'ordre. »

Lorsque j'étais adolescente, ma mère avait des cassettes de relaxation et c'est de cette façon que je me suis initiée aux techniques de base de la relaxation et de la méditation. Elles m'ont été très utiles à toutes les étapes de ma vie : au cours de mes études, avec mes enfants, dans le cadre de mon travail ou lorsque je vivais des moments de grandes émotions.

En apprenant à accéder à cet endroit paisible qui se trouve en chacune de nous, nous développons un sentiment de confiance et de compétence. Nous savons qu'en tout temps nous pouvons puiser au fond de nous la force et le calme intérieur pour poursuivre notre route, peu importe les circonstances.

Et c'est cet état d'esprit que je vous invite à rechercher.

Posez une action pour abaisser votre poids-consigne

Je vous encourage à inclure une séance de marche rapide dans votre programme de la journée. Pour varier votre entraînement, pourquoi ne pas vous rendre à une piste d'athlétisme (ovale de 400 m) ? On en trouve à l'extérieur sur le terrain de certaines écoles ou centres de loisirs municipaux ou encore à l'intérieur, dans des complexes sportifs. Marcher sur une piste peut être très motivant. Il est facile de mesurer précisément la distance parcourue et très agréable de faire la connaissance d'autres marcheurs ou coureurs. Prenez vos enfants avec vous, ils pourront faire eux-mêmes quelques tours de piste ou en profiter pour s'amuser à l'extérieur pendant que vous vous entraînez

Aujourd'hui, prenez soin de vous

Plutôt que de vous diriger vers le frigo ou le garde-manger lorsque vous vous sentirez tendue, essayez d'opter pour des solutions qui renforceront votre estime personnelle. Par exemple, sortez marcher quelques instants, téléphonez à une amie, écrivez ce que vous ressentez dans votre journal ou, encore, prenez quelques minutes pour faire l'exercice de relaxation suggéré plus haut. En développant votre habileté à vous apaiser autrement que par la nourriture, vous atteindrez plus facilement votre poids-santé. Et, surtout, vous mènerez une vie épanouie et satisfaisante.

17 septembre

Nous apprenons à faire quelque chose en le faisant.
Il n'y a pas d'autre façon.
JOHN HOLT

Certaines femmes que je connais sont intimidées par l'exercice. Elles préfèrent s'abstenir, de peur de ne pas avoir la coordination ou la constitution requise pour s'adonner à des activités physiques. Après avoir lu *Maigrir pour la vie,* une cousine m'a confié ne jamais avoir ressenti le besoin de faire de l'exercice. « Les efforts, la transpiration, très peu pour moi ! » m'avait-elle dit.

Pour ces femmes, douleur, essoufflement, crampes et épuisement sont indissociables de l'exercice. Heureusement, ce n'est pas nécessairement le cas. Au contraire. La beauté, avec l'activité physique, est qu'il est *toujours* possible de l'adapter à ses goûts et à ses capacités. Et découvrir cela est un véritable cadeau que l'on se fait, comme nous le confirme ici la diététiste Louise Lambert-Lagacé : « J'ai longtemps fait partie des femmes qui se croient sédentaires pour la vie et qui n'en souffrent pas. J'avais nettement plus d'attirance pour la lecture et le brocoli que pour le ski ! Ce n'est qu'au milieu de la quarantaine que j'ai amorcé le virage vers plus d'activités physiques et sportives. Je suis maintenant convaincue que l'exercice fait une énorme différence dans ma qualité de vie. Je ne pourrais plus m'en passer. »

À mon avis, la clé du succès lorsqu'on débute est de se tourner vers l'activité qui nous attire le plus et d'y aller à son rythme. Quand on procède progressivement et dans le plaisir, les réticences finissent par tomber une à une. La preuve ? La cousine en question. Elle a découvert un centre de conditionnement physique pour femmes près de son travail et, depuis près d'un an, elle s'y rend plusieurs fois par semaine. « Je ne l'aurais jamais cru, mais j'adore ça ! » m'a-t-elle dit la dernière fois qu'on s'est vues…

Pas mal pour une sédentaire endurcie, non ?

Posez une action pour abaisser votre poids-consigne

L'automne est un excellent moment pour se familiariser avec l'exercice. La température est un peu plus fraîche et les occasions de bouger sont multiples : jardinage, entretien extérieur, randonnées pédestres, vélo, etc. Je vous encourage donc à consacrer au moins vingt minutes à une activité physique qui vous plaît.

Aujourd'hui, prenez soin de vous

Je vous invite à inclure un nouvel aliment dans votre menu, rien que pour le plaisir de la découverte.

18 septembre

Nous sommes ce que nous répétons chaque jour.
L'excellence n'est alors plus un acte, mais une habitude.
ARISTOTE

La perfection n'est pas exigée de nous.

Pour améliorer notre santé et être mieux dans notre peau, il suffit de faire en sorte que la *plupart* des choix que nous effectuerons au cours de la journée nous rapprochent de nos objectifs.

Posez une action pour abaisser votre poids-consigne

Je vous encourage à consommer au moins deux portions de produits laitiers au cours de la journée, car en plus de favoriser le maintien d'un poids-santé[26], les produits laitiers réduiraient le taux d'homocystéine dans le sang, une protéine associée aux maladies cardiovasculaires. Des chercheurs ont en effet constaté que les personnes qui consomment régulièrement du yogourt (plus de 15 fois/mois) ont un taux d'homocystéine 6 % inférieur à ceux qui n'en mangent jamais. Ce chiffre s'élève à quinze pour cent chez ceux qui boivent du lait chaque jour[7]!

Aujourd'hui, prenez soin de vous

Sortez faire une promenade. Pendant votre marche, profitez-en pour faire travailler vos muscles abdominaux. Contractez-les en retenant votre ventre pendant quelques secondes, puis relâchez en expirant. Refaites cet exercice plusieurs fois au cours de votre séance de marche.

QUATRIÈME PRINCIPE
APPRENEZ À RESPECTER VOS SIGNAUX INTERNES

19 septembre

À tout instant du jour, je me mets sur « pause »,
durant vingt secondes ou vingt minutes. La durée est sans importance.
Ce qui l'est, c'est de savoir s'arrêter. Les moines le savent bien,
qui font alterner les périodes de travail et de contemplation, de chant
et de silence, de veille et de sommeil, pour garder l'équilibre et l'harmonie.

JOHANNE LEDOUX

Dans le cadre de mon travail, j'ai côtoyé un homme qui dînait toujours avec son téléphone cellulaire sur la table. Bien sûr, puisque celui-ci ne cessait de sonner durant toute l'heure de son repas ! Propriétaire d'une petite entreprise, Stéphane avait pris l'habitude de manger tout en répondant aux nombreux appels de ses clients et employés. Ce jeune père de famille me disait ne pas comprendre pourquoi il se défonçait dans la nourriture le soir. Il voulait perdre du poids mais ne savait pas comment s'y prendre.

Le fait qu'il n'accordait pas d'importance à son repas du midi et qu'il ne s'allouait aucune pause au cours de la journée m'apparaissait un problème important et je me suis permis de lui en glisser un mot. Prendre le temps de manger et de savourer son repas procure une agréable sensation de ressourcement. Lorsque nous nous privons de cette expérience satisfaisante, nous pouvons être tentés de compenser par la quantité plus tard dans la soirée. Par ailleurs, en nous accordant des pauses au cours de la journée, nous nous donnons aussi la chance d'évacuer les tensions au fur et à mesure qu'elles se présentent au lieu de les laisser s'accumuler et culminer en fin de journée.

Plutôt que de chercher à perdre du poids, je lui ai suggéré de modifier certaines habitudes, par exemple, de laisser son cellulaire dans sa voiture pendant l'heure du repas au lieu de le prendre avec lui. Non seulement le silence est reposant, mais il nous permet aussi de prendre conscience du moment présent et d'apprécier pleinement le repas que nous sommes en train de manger. À ma grande surprise, il a accepté de le faire. En plus de s'accorder une « vraie heure de dîner », Stéphane a aussi pris l'initiative de modifier sa routine de fin de journée. En arrivant à la maison, il prend maintenant une douche pour se détendre au lieu de se diriger automatiquement vers le frigo.

Je suis persuadée que s'il maintient ces changements, non seulement il perdra plus facilement ses kilos en trop, mais il augmentera sensiblement sa qualité de vie au travail et à la maison.

Posez une action pour respecter vos signaux internes

Lorsque vous vous sentirez en panne d'énergie, plutôt que d'aller vous chercher un autre café ou quelque chose à manger, je vous suggère de faire une courte sieste de dix minutes. Une chaise longue peut convenir pour cela ou même une chaise de travail dont vous aurez incliné le dossier. Ces quelques minutes de repos vous feront le plus grand bien et vous aideront à poursuivre votre journée avec plus d'efficacité[21,22]. Et ce, sans vous surcharger de calories.

Aujourd'hui, prenez soin de vous

Que vous soyez au travail ou à la maison avec les enfants, accordez-vous plusieurs pauses au cours de la journée. Quelques minutes suffisent ça et là pour vous rafraîchir l'esprit et instaurer un climat de détente dans votre journée. Le midi, prenez le temps de vous asseoir et de savourer votre repas. Ne prétextez surtout pas le manque de temps! Car comme le dit si bien Sydney Harris : « C'est toujours lorsqu'on n'en a pas le temps qu'il faudrait faire une pause. »

Vous verrez, vous vous y ferez.

20 septembre

On a tous besoin de la reconnaissance des autres, mais peu de gens le font savoir aussi clairement que ce petit garçon qui demande à son père : « Jouons aux fléchettes, papa. Moi je lance et toi tu dis "Merveilleux!" »

TIRÉ DE *The Best of Bits and Pieces*

Que ce soit pour nous encourager à poursuivre dans les moments difficiles ou pour nous féliciter de nos bons coups, les remarques positives venant des gens que nous aimons font l'effet de véritables petits remontants. Alors pourquoi nous en priver?

Sans *exiger* des compliments de notre entourage, nous pouvons quand même informer les êtres qui nous sont chers des bienfaits qu'ont leurs encouragements à notre endroit. À plus forte raison s'ils ont tendance à oublier les merveilles que peuvent accomplir quelques compliments bien placés sur notre moral.

N'ayez crainte, l'idée n'est pas de carburer aux éloges. Comme je l'ai expliqué à quelques reprises, nous devons vouloir changer d'abord et avant tout pour nous-mêmes et ne pas chercher à nous appuyer sur les autres pour avancer. Notre désir réel de changer, notre motivation personnelle, devrait suffire à elle seule à nous faire avancer. Mais, alors que nous cheminons et surmontons les obstacles, qui a dit que nous ne pouvions recevoir quelques applaudissements au passage?

Posez une action pour respecter vos signaux internes

Parce qu'ils sont riches en fibres, les grains entiers sont particulièrement rassasiants. C'est pourquoi je vous recommande d'en manger au moins trois portions au cours de la journée.

Aujourd'hui, prenez soin de vous

Entretenez votre réseau de soutien. Faites savoir à vos proches à quel point leurs encouragements sont appréciés.

21 septembre

De chaque crise naît la chance de renaître, de nous concevoir à nouveau comme individus, de choisir le genre de changement qui nous aidera à grandir et à nous épanouir plus complètement.

NENA O'NEILL

Il peut arriver, malgré nos bonnes intentions, que nous perdions le contrôle face à la nourriture. Nous pensions manger une seule portion de notre gâterie favorite et voilà que la boîte y passe au complet. Lorsque cela arrive, nous pouvons être tentées de nous «punir» pour cet excès (manger encore plus, faire de l'exercice à outrance, sauter le prochain repas). Mais à partir d'aujourd'hui, je vous encourage à essayer quelque chose de différent. Quelque chose de plus constructif.

Plutôt que de vous blâmer pour ce dérapage et de sombrer dans la culpabilité, j'aimerais que vous preniez quelques instants pour comprendre ce qui s'est passé. Essayez de découvrir ce qui a déclenché cette perte de contrôle (événement, émotion ou autre). Ne vous culpabilisez pas. L'idée n'est pas de juger la situation mais de la comprendre. En prenant un peu de recul, essayez ensuite de voir comment cet épisode peut, malgré tout, vous rapprocher de votre objectif. Il vous signale peut-être ce sur quoi vous devriez commencer à travailler ou ce qu'il serait bon d'approfondir davantage. Une fois cette réflexion faite, tournez la page. Tout simplement. Dites-vous que demain sera une nouvelle journée, composée de vingt-quatre précieuses heures, et que vous aurez l'occasion d'arrêter des choix différents. Ce n'est pas facile, je le sais. Mais sachez que si vous et moi apprenons à voir dans nos diverses « rechutes » une *leçon* plutôt qu'un *échec*, nous cheminerons avec plus d'aisance et d'efficacité vers nos buts et nos rêves.

Posez une action pour respecter vos signaux internes

Savourez un bol de céréales chaudes à base de son d'avoine. Une portion correspond à un tiers de tasse (75 ml) de son d'avoine non cuit. Ces céréales chaudes et crémeuses prêtes en moins de deux minutes vous aideront à commencer la journée du bon pied tout en vous fournissant une source de fibres solubles rassasiantes. Pour un petit-déjeuner complet, ajoutez-y des tranches de fruits et des noix et servez avec un verre de lait.

Aujourd'hui, prenez soin de vous

Offrez-vous le cadeau de la santé et du bien-être en vous accordant au moins trente minutes pour aller marcher.

22 septembre

Nous remarquons rarement que nous vivons au milieu de l'extraordinaire.

PAULO COELHO

C'est vrai. Et c'est bien ce qui fait notre malheur. Car la vie est riche de beautés et de petits plaisirs qui ne demandent qu'à être appréciés.

Je viens tout juste de recevoir un courriel de mon amie Jane qui habite une ferme ancestrale en haut de la colline. « Viens souper à la maison ! » m'écrit-elle. « Je vais faire une croûte à pizza, il ne restera qu'à garnir de tomates, de fromage, de basilic et d'épinards du jardin. » Nos maris et nos enfants sont à l'extérieur de la ville pour quelques jours. Je ne résiste donc pas à son invitation. L'idée de ce simple et savoureux repas que nous dégusterons en toute quiétude me réjouit à l'avance.

Lorsque nous prenons la peine d'être attentives à ce qui nous entoure, lorsque nous ouvrons nos yeux et, surtout, notre cœur, nous réalisons bien vite que chacune de nos vies déborde de joies et de bonheurs qui nous échappent si nous ne les saisissons pas au passage. Il ne faut pas simplement être là. Il faut être attentives. Et disponibles. Pour se laisser toucher par ces parcelles de bonheur qui, telles des lucioles par une nuit d'été, sont d'une beauté éphémère.

Posez une action pour respecter vos signaux internes

Choisissez avec soin les aliments que vous mettez dans votre assiette et prenez plaisir à les apprêter. « Le problème n'est pas que l'on comble trop rarement nos désirs, mais plutôt que chaque fois qu'on les comble, on reste insatisfait et on en désire encore plus », constate Joel Goldsmith. En prenant le temps de planifier votre repas, de vous procurer des aliments débordants de fraîcheur et de saveur et de les cuisiner avec amour, vous invitez à votre table la satiété physique et émotionnelle. Vous nourrissez votre âme.

Aujourd'hui, prenez soin de vous

Réservez au moins vingt minutes rien que pour vous. Profitez de ces instants de quiétude pour apprécier votre quotidien et toutes les choses extraordinaires – et ordinaires – pour lesquelles vous pouvez être reconnaissante.

23 septembre

Vouloir être agréable physiquement n'est pas une préoccupation superficielle, c'est une affaire de respect. [...] Le corps ne doit pas être considéré comme une « masse », mais comme un ensemble de gestes à travers lesquels nous nous exprimons. Plus que la beauté plastique, ce sont les mouvements et les expressions du visage qui font qu'une personne est agréable ou non à regarder.

DOMINIQUE LOREAU

Une apparence propre et soignée, un corps en santé, une posture qui reflète joie de vivre et équilibre, un sourire chaleureux. Voilà des attributs qui peuvent nous mettre en valeur si nous nous donnons la peine de les faire nôtres. « Vous devez vous aimer et vous apprécier comme un tout, nous recommande la thérapeute Stephanie Marston. Vous devez être présente à vous-même si vous voulez changer les choses de votre vie qui vous empêchent d'avoir la vie la meilleure pour vous. »

Et l'une des façons d'y parvenir est de traiter notre corps avec respect et de soigner notre apparence.

Posez une action pour respecter vos signaux internes

Je vous propose aujourd'hui d'*ajouter une portion* de fruit ou de légume à votre consommation habituelle. Des chercheurs de l'Université de l'État de New York à Buffalo ont suivi deux groupes de personnes obèses et leurs familles[6]. Ils ont demandé au premier groupe de *réduire leur consommation de gras et de sucre* et au second d'*augmenter leur consommation de fruits et de légumes*. Un an plus tard, les scientifiques ont constaté que les familles à qui l'on avait demandé de manger davantage de fruits et de légumes avaient perdu plus de poids que ceux qui avaient reçu la recommandation de réduire le gras et le sucre. Comme quoi il est toujours plus motivant d'amplifier un comportement positif que de tenter de réduire un comportement néfaste.

Aujourd'hui, prenez soin de vous

Lorsque vous serez sous la douche, prenez cinq minutes pour vous frictionner tout le corps. Pour ce faire, utilisez une débarbouillette un peu plus rêche pour frotter, doucement mais avec fermeté, votre peau savonnée. Mieux encore, utilisez un luffa (concombre de mer) ou une brosse douce pour le corps. Si, en plus, vous avez la chance d'avoir une de ces brosses de bois munie d'un long manche pour le dos, vous voilà alors divinement équipée. Ce petit massage vivifiant rendra votre peau douce et chassera vos tensions.

24 septembre

J'ai développé une passion folle pour la musique à l'âge de douze ans [en écoutant la Huitième Symphonie *de Beethoven]. J'ai eu la sensation d'être projeté au-dessus du monde, sur un tapis volant. La musique m'a aussitôt sauvé de la perplexité et des tourments de l'adolescence.*

SIR COLIN DAVIS

Se livrer à son passe-temps favori est l'un des meilleurs remontants que je connaisse. Ces quelques heures volées au train-train quotidien nous permettent d'évoluer dans un autre monde, d'exploiter notre créativité et de nous amuser. Purement et simplement.

Se reposer et se récréer sont des besoins fondamentaux que nous ne pouvons nier sans que nous en subissions d'une façon ou d'une autre les conséquences. Lorsque nous nous donnons la permission de jouir de quelques heures d'activité régénératrice chaque semaine, nous mettons en place une stratégie saine et constructive pour échapper au stress et à l'ennui. Et, surtout, nous faisons un grand pas vers le respect de soi.

Posez une action pour respecter vos signaux internes

Pensez à ralentir. Au cours de votre prochain repas, efforcez-vous de prêter attention à la saveur mais aussi à l'odeur et à la texture de la nourriture. En prenant le temps de bien mastiquer et de goûter à toutes les saveurs de votre repas, vous en ferez une expérience sensorielle satisfaisante et laisserez le temps à votre organisme de vous signaler lorsqu'il sera rassasié.

Aujourd'hui, prenez soin de vous

Ménagez-vous une heure ou deux ou, encore mieux, une demi-journée complète pour vous adonner à votre passe-temps favori. Voyez ces moments de plaisir comme autant de façons saines de nourrir votre cœur et votre esprit. Vous ne voyez pas le jour où vous pourrez vous permettre ce genre de distraction ? Il est peut-être temps de mettre la pédale douce au travail ou de planifier un week-end de trois jours.

CINQUIÈME PRINCIPE
HONOREZ VOTRE ENGAGEMENT

25 septembre

On ne peut redécouvrir le plaisir de bien manger selon ses vrais goûts sans redécouvrir celui de faire les courses et de cuisiner.

GENEVIÈVE ST-GERMAIN

« Première étape de cette rééducation, écrit la journaliste Geneviève St-Germain, ne pas faire de ses courses une corvée ou une obsession, mais une réjouissance. »

Je veux bien, mais ce n'est pas toujours évident. À vrai dire, jusqu'à récemment, faire les courses était pour moi une sorte de sport extrême. Équipée d'une poussette double et d'un sac à dos, j'allais à l'épicerie à pied avec les enfants. *Tous* mes enfants. Rendue à destination, j'essayais de faire mes emplettes en un temps record tout en planifiant le menu des prochains jours et en gardant un œil sur les dix petites mains coquines qui s'agitaient en explorant les divers étalages. Comme j'étais un peu masochiste à l'époque – et, il faut le dire, pas mal moins organisée –, je répétais ce manège deux ou trois fois par semaine…

Heureusement, j'ai évolué quelque peu depuis. Et, je dois l'admettre, le résultat est nettement plus satisfaisant. À présent, je ne me rends à l'épicerie qu'une seule fois par semaine – c'est nettement plus économique ! Les enfants m'accompagnent aussi à tour de rôle, de sorte que je profite d'un tête-à-tête hebdomadaire avec l'un d'eux. L'expérience est tellement plus agréable ! Nous choisissons certains aliments ensemble et prenons le temps de lire les étiquettes. Nous prenons même le temps de faire quelques dégustations sur place.

Mme Saint-Germain serait fière de moi !

Posez une action pour honorer votre engagement

Si vous avez envie d'apporter un peu de variété à votre entraînement, enfilez un coupe-vent et, si nécessaire, des gants et sortez pédaler. Vous verrez comme une promenade à bicyclette dans la lumière automnale vous ravigotera de la tête aux pieds.

Aujourd'hui, prenez soin de vous

Ajoutez du psyllium à votre alimentation et à celle de votre famille. Outre son effet rassasiant[3], cette fibre, que l'on peut se procurer dans des magasins d'alimentation naturelle ou dans certaines céréales pour le petit-déjeuner, contribuerait à normaliser le taux de cholestérol chez l'adulte[11] mais aussi chez les enfants et les adolescents présentant un surplus de poids[18]. Commencez en ajoutant une cuillère à soupe (15 ml) de psyllium à vos céréales du matin ou à votre yogourt. Vous pouvez aussi en ajouter à vos muffins, gâteaux, pains ou biscuits.

26 septembre

L'aventure n'est pas faite de terres et de sommets lointains, elle réside plutôt dans la volonté d'échanger le foyer domestique contre un abri incertain.

REINHOLD MESSNER

Lorsque j'étais adolescente, l'alpiniste Reinhold Messner était pour moi une sorte d'idole. Je carburais à l'adrénaline et aspirais, comme lui, à gravir l'Everest et à me nourrir de la beauté sauvage de l'Himalaya. Mais la vie et les circonstances ont fait que ce rêve ne s'est que partiellement réalisé. Aujourd'hui, je ne fais plus de sports extrêmes comme sauter d'une falaise en parapente, escalader des parois de glace ou camper à cinq mille mètres d'altitude. Avec cinq enfants âgés de six à dix ans, la vie est un sport en soi ! Et j'ai réalisé qu'il ne m'était plus nécessaire de rêver de destinations lointaines pour nourrir ma fibre aventurière. Depuis que je suis mère, j'ai troqué mes crampons et mes piolets pour une vie en basse altitude mais combien haute en découvertes. L'adrénaline a fait place aux joies de la maternité, aux petits bonheurs de la vie à la maison, aux défis de l'éducation et aux autres sensations fortes liées à la vie familiale. Et cela est très bien.

Il faut garder à l'esprit que ce n'est pas parce que nous avons des enfants que nous devons mettre une croix sur l'exploration de nouveaux horizons ! Bien sûr, il faudra peut-être attendre quelques années pour le trekking au Kilimandjaro ou ce voyage sur le Mékong. Mais en plus de vivre l'aventure familiale, nous pouvons aussi continuer d'explorer ce qui est à notre portée. Un cours de photographie, de design d'intérieur ou de taï chi, des leçons d'espagnol ou de violon peuvent enrichir notre vie d'agréables découvertes. Gabrielle, par exemple, a découvert le karaté en suivant des cours avec ses filles. Elle y a pris goût et, à force de travail et de persévérance, a gravi les échelons. Dans une forme resplendissante, cette jeune grand-mère dans la cinquantaine est maintenant ceinture noire 3e dan et possède sa propre école de karaté à Ayer's Cliff ! Cette femme suscite beaucoup d'admiration autour d'elle, et pour cause. Elle a osé quitter sa zone de confort et essayé quelque chose de tout à fait nouveau. Et elle ne s'est pas fixé de limites.

Aujourd'hui, tout comme Gabrielle, je vous invite à vous ouvrir à de nouveaux horizons. Que vous soyez mère au foyer, retraitée ou femme de carrière, j'aimerais qu'à votre manière vous trouviez une façon d'exprimer votre côté aventurier, et que vous fassiez un geste en ce sens.

Posez une action pour honorer votre engagement

Incluez une séance d'exercice d'au moins trente minutes dans votre programme de la journée.

Aujourd'hui, prenez soin de vous

Au cours de la journée, essayez quelque chose de tout nouveau pour vous. Et ressentez la satisfaction de repousser un peu plus loin vos limites.

27 septembre

Ce qu'il y a parfois de beau avec l'automne, c'est lorsque le matin se lève après une semaine de pluie, de vent et brouillard et que tout l'espace, brutalement, semble se gorger de soleil.

VICTOR-LÉVY BEAULIEU

L'automne s'installe.

Prenez le temps aujourd'hui de regarder autour de vous et d'apprécier toutes les beautés de cette saison. Laissez-vous inspirer par la tranquillité des paysages. Humez l'air frais.

En vous attardant, ne serait-ce que quelques instants, à l'harmonie et à la quiétude qui se dégagent de la nature, vous vous imprégnerez d'une force paisible qui restera avec vous pour le reste de la journée.

Posez une action pour honorer votre engagement

Lorsque vous préparez les lunchs de votre famille, choisissez de préférence de vrais jus plutôt que des boissons gazeuses. Choisissez aussi des aliments contenant *peu de sucre ajouté*, tels que des fruits et légumes, des yogourts, du fromage, des muffins maison ou des craquelins à base de grains entiers. Une étude récente menée auprès d'enfants de deux à cinq ans vient de révéler que plus ces derniers consommaient de sucre ajouté, moins leur alimentation était variée[16]. Les recherches de cette équipe ont montré qu'en moyenne l'alimentation des enfants de cet âge était composée de seize pour cent de sucre ajouté, ce qui est considérable[15]. Avec une telle consommation de sucre ajouté, la plupart des enfants ont un apport déficient en calcium[16].

Certaines écoles primaires ont pris l'initiative de recommander aux parents de n'offrir à leurs enfants que des fruits, des légumes et du fromage comme collation. Il s'agit là d'une excellente initiative pour réduire la consommation de sucre ajouté.

Aujourd'hui, prenez soin de vous

La beauté est partout autour de nous, et en nous aussi. Aujourd'hui, prenez quelques instants pour énumérer au moins cinq aspects qui font de vous une belle femme, une personne qui a du charme. Ces aspects peuvent avoir trait à votre personnalité, à votre apparence, à votre façon d'être, de penser ou d'agir.

28 septembre

La douleur est inévitable. La souffrance, elle, est facultative.
KATHLEEN CASEY THEISEN

« Nous sommes inscrits à l'école de la vie, nous rappelle Chérie Carter-Scott. C'est un emploi à temps plein. Chaque jour, l'occasion nous est donnée d'apprendre une leçon. Qu'elle nous plaise ou non, elle est inscrite au programme. »

C'est bien vrai. Et il revient à chacune de nous de choisir notre attitude face à cette leçon. J'ai en effet la ferme conviction qu'à chaque instant nous pouvons choisir entre la voie de la souffrance et celle de l'apprentissage. Et ce, peu importe la leçon au programme ou la difficulté éprouvée. Si depuis quelque temps vous constatez que votre perte de poids stagne, par exemple, ou que vous avez repris du poids, deux solutions s'offrent à vous : vous pouvez abandonner ou apprendre de cette situation. Ce qui revient à dire que vous pouvez choisir entre *souffrir* et *grandir*.

Vues sous cet angle, laquelle des possibilités vous semble la plus attirante, la plus susceptible de vous aider à atteindre vos objectifs ?

Posez une action pour honorer votre engagement

Buvez six verres d'eau au cours de la journée.

Aujourd'hui, prenez soin de vous

Si vous avez repris du poids pendant les derniers jours, rien ne sert de vous blâmer. Comme le souligne Mme Carter-Scott : « Le développement personnel est le résultat d'expériences multiples, d'une série d'essais manqués et, plus rarement, réussis. Nos échecs nous en apprennent autant que nos succès. » Essayez simplement de découvrir – peut-être à l'aide de votre journal de bord – les facteurs qui ont contribué à ce regain de poids. Seraient-ce des portions mal calculées ou un peu moins d'exercice ? des sorties au restaurant plus fréquentes ? des tentations un peu trop nombreuses à la maison ? Se pourrait-il qu'une consommation insuffisante de fruits et de légumes soit en cause ? Prenez un instant pour réfléchir à tout cela.

Une fois que vous aurez décelé ce qui clochait, réajustez-vous en cours de journée.

29 septembre

Porter sa confiance en la vie comme un cierge. Trouver en soi dans les plus noires épreuves le fil d'Ariane qui ramènera vers la lumière.

CATHERINE II DE RUSSIE

Je suis tombée dernièrement sur un article traitant des petits plaisirs de la vie des femmes des régions rurales de la Nouvelle-Angleterre au XVIIIe siècle[13]. Ces femmes, bien souvent veuves en raison de la guerre civile ou seules – leur mari étant parti trouver du travail dans des villes plus prospères –, se retrouvaient isolées, et la plupart du temps sans le sou. Cependant, comme le fait remarquer l'auteure, ces femmes fières, pour qui la plupart des plaisirs de la vie étaient inaccessibles, réussissaient néanmoins à se créer des petits bonheurs au quotidien. Ainsi, comme en témoignent certains écrits, elles retiraient une grande fierté à porter une robe ou un bonnet impeccables, à soigner leur demeure ou, encore, à utiliser un joli service à thé. Ces plaisirs simples rehaussaient vraisemblablement leur qualité de vie, ce qui contribuait à leur préserver une certaine dignité malgré les circonstances.

À leur façon, ces femmes prenaient soin d'elles. Face à l'adversité, elles ne baissaient pas les bras. Et, plutôt que de s'apitoyer sur leur sort, elles cherchaient à illuminer leur quotidien de petits gestes porteurs de sens. Lorsque les temps se font durs, gardons à l'esprit ces femmes courageuses. Et, comme elles, trouvons en nous des moyens de rendre notre vie un peu plus douce.

Posez une action pour honorer votre engagement

Ce matin, prenez le temps de manger votre petit-déjeuner en compagnie de vos enfants. Dans une entrevue, le pédiatre Jean-François Chicoyne disait récemment qu'en plus de promouvoir de saines habitudes alimentaires, le fait de manger le matin avec nos enfants contribuait aussi à leur équilibre et à leur sécurité affective.

Aujourd'hui, prenez soin de vous

Lorsque toute la maisonnée sera tranquille, enfermez-vous dans la salle de bains pour une séance de soins relaxants. Je vous invite à vous prélasser d'abord dans un bain chaud et légèrement parfumé. Laissez le contact de l'eau sur votre peau et la vapeur autour de votre visage vous apaiser. Une fois vos ablutions terminées, et votre corps délicieusement reposé, prenez quelques minutes pour l'enduire soigneusement d'une lotion hydratante. Détendez-vous. Ce moment vous appartient. Au contact de la lotion, imaginez votre peau devenant plus satinée et votre corps s'emplissant de vitalité. Vous ressortirez de cette séance de soins corporels fraîche comme une rose.

Ces moments de détente sont une protection contre les assauts du quotidien. Lorsque nous apprenons à répondre au stress de la vie par des soins personnels plus soutenus et de petites attentions à notre égard, la moitié du travail est fait.

30 septembre

La première richesse, c'est la santé.
RALPH WALDO EMERSON

« La santé ne se limite pas à l'absence de maladies; elle se définit par la possession et l'exercice de la vitalité », nous dit Dominique Loreau. « Une personne équilibrée trouve conviction, énergie et motivation dans sa vie. Nous avons autant besoin d'énergie "vitale" que d'aliments. Il faut veiller à ne pas faire de la santé un but en soi, mais rechercher la forme pour pouvoir vivre et travailler avec joie et entrain. »

Au fil des mois, l'enthousiasme du début a tendance à s'effriter. Nous sommes portées à voir de moins en moins les aspects positifs de notre démarche et à mettre davantage l'accent sur les difficultés de parcours[10]. C'est normal. Et lorsque cela arrive, lorsque le parcours nous semble trop long, trop lent, il peut être bon de nous rappeler pourquoi nous faisons tout cela.

Pour avoir un corps en santé, bien sûr. Pour goûter la joie d'être à son meilleur et bien dans sa peau. Mais aussi, et surtout, pour jouir enfin d'une vie remplie d'entrain et de vitalité. « Il est temps de vivre la vie que tu t'es imaginée », nous dit Henry James. Et je propose que nous commencions dès maintenant, en choisissant de prendre soin de notre santé.

Posez une action pour honorer votre engagement

Vous aimez la cannelle? Voilà qui est une excellente chose! Des études indiquent en effet que la consommation de cannelle provoquerait une baisse significative du glucose sanguin tant chez l'animal que chez l'humain en plus d'abaisser le cholestérol total, les LDL, et les triglycérides sanguins chez des personnes atteintes de diabète de type II[14,19,24]. N'hésitez donc pas à en saupoudrer allégrement vos céréales, gâteaux, crêpes, yogourts et même vos plats en sauce.

Aujourd'hui, prenez soin de vous

Prenez dix minutes afin de préparer à l'avance pour vous et votre famille une réserve de crudités : poivrons rouges, carottes, céleri, brocoli, chou-fleur, etc. Une fois vos légumes lavés, coupés et rangés dans un contenant en plastique au réfrigérateur, vous aurez à portée de la main une collation saine et nutritive.

Octobre

Octobre flamboie.
Ultime spectacle qui réchauffe nos cœurs
et rougit nos mains.

Trois délicieuses recettes vous sont proposées :

Poulet au citron de Christine, p. 564
Challah, p. 565
Fettucines aux asperges et poivrons rouges, p. 566

PREMIER PRINCIPE
ENDOSSEZ LE CHANGEMENT

1er octobre

Si je suis incapable de laver la vaisselle avec plaisir ou si je désire en finir rapidement pour pouvoir reprendre ma place à table pour le dessert, je suis tout aussi incapable d'apprécier mon dessert! La fourchette à la main, je songe à la prochaine tâche qui m'attend et la texture et la saveur du dessert ainsi que le plaisir d'en profiter s'envolent. Je serai toujours entraîné dans le futur et je ne serai jamais capable de vivre le moment présent.

THICH NHAT HANTH

Lorsque nous nous gavons de choses à faire, nous saoulons de projets, lorsque nous croyons ne pouvoir être heureuses que dans le tourbillon de l'hyperactivité, nous sommes en réalité en train de fuir à toutes jambes. Nous fuyons l'instant présent. Nous nous sentons obligées de *faire,* car nous croyons qu'*être* ne suffit pas.

Il y a de cela plus de trois ans, le jour de mon anniversaire, je me suis offert le plus beau des cadeaux. Épuisée par mes divers engagements familiaux, professionnels et communautaires, j'ai pris la décision de cesser ce gavage, cette compulsion d'activités. J'en avais ras le bol. Et une irrépressible envie de me sentir bien, libérée de ce comportement compulsif, avait alors émergé. À trente-trois ans, j'avais soudainement envie de ralentir et de profiter de la vie plutôt que de l'engloutir. Et c'est ce que j'ai commencé à faire.

Moins d'engagements et de nouveaux projets, plus de repos. Moins d'obligations, plus de plaisir. Cette philosophie m'a servi de guide et, petit à petit, ma vie a changé. Avec du recul, je réalise que ce qui m'a le plus transformée, c'est de découvrir au fil des années que ce que j'étais était bien. Et que cela suffisait en soi.

Lorsque nous sommes calmes en dedans, rassurées sur notre valeur, il est plus facile d'apprécier le moment présent.

Posez une action pour endosser le changement

Je vous encourage ce matin à préparer vous-même votre petit-déjeuner et à le déguster dans le confort de votre foyer. Des études indiquent que les personnes qui prennent régulièrement leur petit-déjeuner à l'extérieur ont tendance à être plus grasses que celles qui préparent et consomment ce repas à la maison[10].

Aujourd'hui, prenez soin de vous

Valorisez la personne que vous *êtes*, et non ce que vous faites. Au cours de la journée, pourquoi ne pas en profiter pour épurer votre agenda, pour vous délester de quelques responsabilités ou encore mettre certains projets sur la glace ? Vous ne serez que plus disponible pour apprécier les beautés du quotidien.

2 octobre

Dans le doute, abstiens-toi. Lorsque le doute est envolé,
avance avec courage. Dans le brouillard, reste immobile ;
ne bouge pas tant que les rayons du soleil ne percent pas les nuages
et ne dissipent pas le brouillard qui t'entoure. Tôt ou tard,
le soleil vient à percer. Alors, agis avec courage.

WHITE EAGLE

Nombreuses sont les situations dans la vie où nous devons faire preuve de patience. Attendre la vente de notre maison, l'issue d'un procès, l'ouverture d'un poste, les résultats d'une biopsie... Nous aimerions savoir tout de suite, mais nous n'avons aucun contrôle sur la situation. Dans ces moments-là, comme dirait mon beau-père, « il est urgent d'attendre ».

Lorsque l'attente nous apparaît interminable et que notre vie semble être en suspens, nous pouvons être tentées de retomber dans nos anciens comportements compulsifs dans le but de soulager cet inconfort. Comme nous ne pouvons agir, nous nous agitons. Cigarettes, nourriture, alcool, travail acharné ou achats compulsifs peuvent alors devenir des refuges. Une façon de passer le temps et de « faire quelque chose ».

Mais bien souvent, il vaut mieux pour nous ne rien faire. Garder nos forces et ne pas nous éparpiller. Simplement laisser les choses prendre leur place. Devant l'attente, la meilleure chose est de capituler. Personnellement, lorsque je me retrouve devant une situation dont je ne peux contrôler l'issue, j'ai pris l'habitude d'y consacrer le moins d'énergie possible. Que faire alors de toute cette énergie nerveuse qui nous ronge? Nous pouvons l'utiliser pour prendre soin de nous et de notre famille. Cuisiner, faire du ménage ou du rangement, repriser, classer des photos, nous adonner à l'exercice, nous confier à une amie, organiser des sorties en famille, lire des textes inspirants, jardiner, méditer sont toutes des activités qui nous permettent de passer un trop-plein d'énergie de façon constructive.

Nous ne pouvons contrôler ce que l'avenir nous réserve. Mais il est rassurant de savoir que nous pouvons toujours contrôler notre comportement et choisir la façon dont nous vivrons les périodes d'attente qui jalonneront notre parcours.

Posez une action pour endosser le changement

Buvez au moins deux verres d'eau de plus qu'à l'habitude. Lorsque vous buvez cette eau, imaginez que chaque gorgée de ce liquide hydrate toutes les cellules de votre corps et vous emplit de vitalité.

Aujourd'hui, prenez soin de vous

Habillée confortablement, sortez faire une bonne marche. Et retrouvez votre tranquillité d'esprit un pas à la fois.

3 octobre

Quand nous prenons soin de notre corps,
il nous fait des cadeaux inattendus.
SARAH BAN BREATHNACH

Un de ces cadeaux est la fertilité.

En effet, certaines femmes obèses éprouvent de la difficulté à devenir enceinte en raison d'un problème de santé appelé « syndrome polykystique ovarien ». Le syndrome polykystique ovarien (ou dystrophie ovarienne polykystique) est l'un des problèmes hormonaux les plus courants chez la femme et qui affecte entre cinq et sept pour cent de celles qui sont en âge de se reproduire[5,10]. Parmi ses symptômes, on note des règles irrégulières (moins de 9 fois/an), une pilosité excessive (hirsutisme), de l'acné et une propension à développer un diabète de type II. Certains traitements pharmacologiques ou chirurgicaux peuvent soulager ces problèmes.

Cependant, une légère perte de poids peut réduire les symptômes de façon significative et même restaurer la fertilité. En effet, une perte de quelques kilos peut suffire à normaliser certaines fonctions hormonales et favoriser ainsi une ovulation spontanée chez la femme auparavant infertile[12,15]. Des travaux menés auprès de trente-trois femmes souffrant de ce syndrome ont révélé que le simple fait de perdre cinq pour cent de leur poids initial a permis à dix-huit d'entre elles de retrouver des règles régulières et à dix autres de devenir enceintes[4].

Cet exemple illustre combien notre corps bénéficie de nos soins et nous rappelle, comme le dit si bien Carol Newman, qu'« un corps en santé est un corps heureux ».

Posez une action pour endosser le changement

Apportez-vous une collation pour l'avant-midi et une pour l'après-midi. Voici quelques suggestions lorsque vous aurez un petit creux : un fruit avec quelques amandes ; un morceau de fromage et des bâtonnets de céleri ; un petit bol de céréales ; un yogourt ; des crudités accompagnées d'une trempette ; un muffin aux pommes et aux noix.

Aujourd'hui, prenez soin de vous

Reposez-vous. Lorsque vous sentirez vos paupières lourdes et que vous serez incapable de vous concentrer, plutôt que de combattre ces signes de fatigue, donnez à votre corps ce qu'il réclame : une petite sieste. Je sais que vous êtes occupée, alors n'ayez crainte, quelques minutes suffiront. En effet, une sieste de dix minutes suffit pour se sentir plus alerte et améliorer ses performances cognitives[21].

Si vous avez de la difficulté à dormir en pleine journée, troquez la sieste pour une « période de repos ». Cela marche à merveille pour moi. Une fois que vous aurez débranché la sonnerie du téléphone, installez-vous confortablement sur le divan ou dans un fauteuil. Assurez-vous d'avoir la tête soutenue par le dossier ou un coussin. Puis, fermez les yeux et détendez-vous. L'objectif n'est pas de vous endormir, mais de vous *assoupir*. Sentez votre corps s'alourdir et laissez-vous gagner par un agréable demi-sommeil. Ces pauses qui permettent au corps et à l'esprit de se reposer sont des plus bénéfiques. Lorsque vous rouvrirez les yeux quelques minutes plus tard, vous vous sentirez détendue et reposée.

4 octobre

Votre santé sera obligatoirement touchée si, jour après jour, vous dites l'opposé de ce que vous ressentez, si vous rampez devant ce que nous n'aimez pas et si vous vous réjouissez de ce qui ne vous apporte rien d'autre que la malchance.

BORIS PASTERNAK, *Docteur Jivago*

Il nous arrive toutes de nier ce que nous sommes. De nous taire au lieu de prendre la parole. De tolérer une situation inacceptable. De dire ce qui est bien plutôt que ce que nous pensons vraiment. Par crainte de représailles, par désir d'être aimées ou tout simplement pour ne pas faire de vagues, nous choisissons d'étouffer nos sentiments et de marcher sur notre précieuse identité. Nous agissons ainsi pour survivre, semble-t-il. Mais au fond, nous mourons un peu. « Chaque fois qu'on nie son besoin de dire non, le respect de soi diminue », expliquent John Robbins et Ann Mortifee. Et cela n'est pas sans conséquence.

Pour *vivre* et non pas seulement survivre, il est nécessaire de nous libérer de ces vieux schémas qui entravent notre épanouissement. En cessant de dire « oui » lorsque nous aimerions crier « non », nous contribuons à briser ce cycle. Nous cessons de nier ce que nous sommes vraiment et choisissons de nous respecter. Plus précisément, nous choisissons d'être *authentiques*, c'est-à-dire de faire concorder nos sentiments et nos pensées avec nos actes.

Et il s'agit là d'une excellente façon de prendre soin de nous.

Posez une action pour endosser le changement

Assurez-vous de consommer une portion suffisante de protéines à votre repas, soit environ deux onces (55 g) de viande. Bien souvent, la tranche de jambon dans votre sandwich ou le bœuf haché dans votre sauce à spaghettis sont insuffisants pour constituer une portion complète. Alors n'hésitez pas à peser votre portion de viande afin de vous assurer qu'elle est suffisante pour combler vos besoins nutritifs et vous rassasier.

Aujourd'hui, prenez soin de vous

Accomplissez un geste pour mener une vie plus authentique. Comme l'expliquent Stephanie Marston et ses collègues Jack Canfield et Mark Victor Hansen, celles qui choisissent de vivre une vie authentique ont certaines caractéristiques. En effet, ces femmes remarquables :

- Sont prêtes à assumer pleinement ce qu'elles savent, ce qu'elles ont vécu et qui elles sont ;
- Sont en contact avec leur passion, leur vitalité, leur sagesse et leur individualité ;
- Sont libres d'exprimer leurs pensées, leurs sentiments et leurs besoins ;
- Puisent en leur force intérieure ;
- Vivent leur vie avec intégrité, et assument leur responsabilité envers elles-mêmes, leur épanouissement et leurs actions ;
- Honorent leur corps comme étant le temple de leur esprit ;
- Sont le sujet principal de leur propre vie ;
- Poursuivent leurs rêves ;
- Font preuve d'amour, de compréhension et de compassion.

Aujourd'hui, je vous invite à vous inspirer de cette liste et à effectuer un geste concret en ce sens. Vous vous féliciterez de l'avoir fait.

5 octobre

Si on écoute la façon dont on se parle lorsqu'on fait des erreurs, on pourra peut-être entendre si on est en train d'alimenter notre estime de soi ou si on la détruit.

MARSHA SINETAR

Que ce soit dans le cadre de notre travail, de nos relations avec nos proches ou de nos activités quotidiennes, il nous arrive toutes de commettre des erreurs. De dire des choses que nous regrettons, d'avoir des oublis, de rater complètement la cible. Les erreurs font partie de chacune de nos vies et plus vite nous accepterons cet état des choses, mieux nous nous porterons.

Lorsque la crainte de faire des erreurs nous paralyse et inhibe nos pulsions créatrices, elle nous prive de notre plein potentiel. Et, de ce fait, quelque chose en nous demeure inachevé. Une de mes voisines me confiait l'autre jour qu'elle aimerait bien peindre sa maison d'une autre couleur, mais la peur de commettre une erreur l'empêchait de changer. Elle fait donc repeindre sa maison en blanc depuis vingt-huit ans. Même chose pour Sylvie. Maintenant que ses enfants sont grands, elle aimerait trouver un travail à temps partiel, mais la crainte de ne pas être à la hauteur, après toutes ces années à la maison, l'empêche de passer à l'action. Quant à Johanne, elle rêve depuis longtemps d'écrire un roman, mais la simple perspective de voir ses faiblesses relevées du doigt par les critiques freine ses ardeurs. Dommage… Vous ne trouvez pas?

Ce qui nous fait le plus souffrir, ce n'est pas tant la crainte de l'erreur elle-même, mais le jugement que nous posons sur nous-mêmes lorsque nous commettons une erreur ou vivons un échec. En effet, les «J'aurais dû», «Je suis nulle», «Qu'est-ce que les autres vont dire?» que nous nous infligeons impitoyablement font mal. Mais, surtout, ces pensées punitives freinent notre développement en nous gardant dans un rôle passif ou souffrant.

Si nous voulons apprendre et évoluer, il nous faut nécessairement prendre des risques et oser. Pour cela, il nous faut nous donner la permission de faire des erreurs. Dédramatiser et apprendre à mettre les choses en perspective.

Se pardonner ses erreurs et en tirer les leçons qui s'imposent est probablement l'une des façons les plus saines et efficaces d'évoluer et de nourrir son estime personnelle.

Posez une action pour endosser le changement

Aujourd'hui, échangez une heure d'activité sédentaire (ex. télévision, Internet, lecture) contre une heure d'activité physique modérée. La marche mais aussi les travaux ménagers ou d'entretien extérieur (ratisser les feuilles, corder du bois, préparer vos plates-bandes et arbustes pour l'hiver) en sont des exemples.

Aujourd'hui, prenez soin de vous

Efforcez-vous de dédramatiser lorsque vous commettez une erreur. Comme le dit si bien Katherine Mansfield : «Le jour où nous prenons nos échecs moins au sérieux, c'est le jour où nous cessons d'en avoir peur. Apprendre à rire de nous-même est d'une importance capitale.»

6 octobre

Faites-le même si vous avez peur.

SUSAN JEFFERS

Vous inscrire à un cours de danse aérobique à cinquante-deux ans.
Vous balader en maillot de bain dans une piscine publique.
Changer votre alimentation.
Changer de « look ».
Vous joindre à un groupe d'entraide.
Entreprendre un programme de musculation après votre accouchement.
Refuser de la nourriture.
Vous joindre à votre voisine qui marche chaque jour.
Vous débarrasser de vos vêtements trop grands.

Vous en avez envie ? Alors, allez-y ! Faites-le, même si vous avez peur :

- Peur de vivre un échec ;
- Peur du ridicule ;
- Peur « d'en manquer » ;
- Peur d'être jugée ;
- Peur de vous sentir rejetée ;
- Peur de l'inconnu.

« La peur est un merveilleux serviteur mais un piètre maître, » nous dit Dan Millman. Comme la souffrance, elle peut vous servir de système d'alarme et de conseillère, mais elle peut aussi vous limiter et vous aveugler. Vos peurs ne sont pas des murs, mais des obstacles, poursuit-il. Le courage, ce n'est pas de ne pas avoir de peurs, mais de les conquérir. »

Les situations nouvelles, les périodes de transition et le changement en général font peur. Mais si nous laissons nos craintes nous paralyser ou influencer nos choix, nous ralentissons d'autant notre progression vers nos objectifs. Nous imposons des limites à notre propre évolution. « Pour mener une vie gratifiante, vous devez vous fier à votre voix intérieure ; si vous laissez vos peurs en étouffer les appels, vous mènerez une existence sécuritaire et organisée, mais vide» nous prévient l'écrivaine Katharine Butler Hathaway.

Changer demande du courage, nul doute là-dessus. Mais nous n'avons pas à être des «Wonder Women». Bien souvent, tout ce qu'il faut, c'est le courage de faire les premiers pas, d'accomplir un geste significatif.

Et cela, vous et moi en sommes capables.

Posez une action pour endosser le changement

Ajoutez une portion de produits laitiers à votre menu de la journée. Les récents travaux d'une équipe de chercheurs montrent que les femmes qui suivent un régime amaigrissant devraient consommer davantage de calcium parce que leur organisme a alors un besoin accru de ce minéral. En effet, en période de restriction calorique, le corps semble absorber moins de calcium et, s'il ne reçoit pas une quantité suffisante de calcium par l'alimentation, il aura tendance à puiser dans ses réserves osseuses. Ces chercheurs ont constaté que les femmes ménopausées qui cherchent à perdre du poids devraient consommer près de deux grammes de calcium par jour (plutôt que 1 g) afin de conserver une masse osseuse saine[3], soit l'équivalent de deux ou trois portions de produits laitiers par jour.

Aujourd'hui, prenez soin de vous

Ne laissez pas la peur freiner votre progression. Faites ce que vous savez être bon pour vous et ne vous souciez pas de ce que les autres vont dire. Vous en retirerez un délicieux sentiment de satisfaction personnelle. «Nous ne pouvons pas échapper à la peur, ajoute Susan Jeffers. Nous la transformons simplement en un partenaire qui nous accompagne dans toutes nos aventures passionnantes... Prenez un risque par jour – un coup modeste ou risqué qui vous donnera des ailes, une fois que vous l'aurez fait.»

N'est-ce pas là une sage chose à faire?

DEUXIÈME PRINCIPE
DÉTERMINEZ UN OBJECTIF RÉALISABLE

7 octobre

S'il n'y avait qu'une vérité, on ne pourrait pas faire cent toiles sur le même thème.

PABLO PICASSO

Certains ingrédients de base comme l'engagement, la persévérance, une alimentation saine et équilibrée et une vie active sont présents chez la majorité des gens qui ont réussi à maigrir et à maintenir un poids plus sain. Cependant, au-delà de ces similitudes, il existe d'infinies variantes de ce qui constitue une vie saine. Les possibilités sont absolument illimitées !

Il n'en tient qu'à vous de choisir les aliments et les activités qui vous intéressent ainsi que la façon dont vous aimeriez les intégrer à votre quotidien. Vous préférez vous adonner à la marche à l'heure du midi plutôt qu'aux aurores ? Allez-y ! Vous aimez les activités de groupe ? Que diriez-vous de participer à des rencontres amicales de volley-ball ou de vous joindre à une ligue amateur de tennis ? Vous ne raffolez pas du poisson ? Allez chercher vos précieux oméga-3 dans les graines de lin, les noix, le tofu. La méditation ne vous dit rien ? Pourquoi ne pas opter pour une petite sieste ou encore une séance d'étirement musculaire pour vous détendre ? Le « style de vie idéal » n'existe pas – ce qui marche bien pour votre voisine ou votre sœur peut ne pas fonctionner pour vous. Ce qui existe cependant, c'est une *multitude de combinaisons idéales.*

Que vous soyez travailleuse de nuit ou retraitée, à la maison avec les enfants ou au bureau, il y a une combinaison de saines habitudes qui vous convient. Pour la découvrir, faites-vous confiance. Laissez-vous guider par vos goûts personnels et par le plaisir. Si une habitude vous est agréable, vous êtes sur la bonne voie ! Si un nouveau comportement s'insère naturellement dans votre routine, vous avez toutes les chances de le maintenir à long terme. Après quelques essais et erreurs, vous découvrirez bientôt ce qui fonctionne pour vous à ce moment de votre vie.

Pour réussir, chacune d'entre nous doit user de créativité et composer sa propre « toile ».

Déterminez un objectif réalisable et passez à l'action

Prenez cinq minutes pour dresser une liste de saines habitudes que vous aimeriez adopter. En voici quelques exemples :

- Marcher pour aller au travail tous les vendredis ;
- Ajouter une portion de légumes verts à mon menu quotidien ;
- Me réserver vingt minutes chaque jour pour me détendre ;
- Consommer une source de fibres solubles chaque jour ;
- Suivre un cours d'aquaforme…

Lorsque vous aurez énuméré quelques habitudes, choisissez-en *une seule* et mettez-la à l'essai au cours des prochains jours.

Aujourd'hui, prenez soin de vous

Au moment qui vous convient, allez marcher. Laissez le mouvement régulier de vos foulées rendre vos idées claires et fluides.

8 octobre

Comme c'est merveilleux de renoncer à mon but de perfection.
Lorsque je cesse de me juger, toutes les parties de mon être
sont en fusion et je me sens entière.

RUTH FISHEL

Bon nombre d'entre nous avons tendance à surestimer nos mensurations[20,22], en particulier celles de nos hanches, de nos fesses et de nos cuisses[6]. C'est comme si nous portions en permanence des verres grossissants pour scruter ces parties de notre corps !

Aujourd'hui, lorsque vous vous regarderez dans le miroir, je vous invite à vous regarder dans l'ensemble plutôt qu'en pièces détachées. À considérer votre corps comme un tout indivisible, rempli d'énergie. Votre corps, tout comme le mien, n'est peut-être pas parfait, mais il est parfaitement adapté à la personne que vous êtes en ce moment. En prenant soin de vous, vous dévoilerez progressivement, au fil des semaines et des mois, l'équilibre et l'harmonie de vos formes naturelles.

En apprenant à voir au-delà de nos imperfections – ou de ce que nous croyons être des imperfections – et en refusant de limiter notre bien-être à l'apparence de nos cuisses, de nos fesses ou de notre ventre, nous nous libérons des entraves qui nous empêchaient de jouir de toute la richesse de la vie.

Déterminez un objectif réalisable et passez à l'action

Je vous encourage à préparer pour vous et votre famille un repas à base de légumineuses. Pour ma part, je viens tout juste de savourer un bol de chili bien chaud. Préparé en quelques minutes seulement avec de la sauce tomate, une boîte de tomates en morceaux, du bœuf haché maigre, des haricots rouges, de l'oignon, de l'ail et des épices (dont du cumin et de la poudre de chili), ce repas simple et réconfortant est parfait pour contrer la grisaille d'une journée d'automne.

Aujourd'hui, prenez soin de vous

J'aimerais que vous preniez le temps de trouver au moins *cinq qualificatifs positifs* pour décrire votre corps dans son ensemble. Je me suis livrée à l'exercice de mon côté et, après réflexion, voici les termes positifs que j'ai trouvés pour décrire mon corps : robuste, endurant, souple, en santé et bien proportionné. À votre tour maintenant. Un petit effort ! Je suis certaine que vous pouvez y arriver aussi.

9 octobre

Le sens que vous avez de votre valeur personnelle détermine en grande partie le degré selon lequel vous laissez la joie, l'abondance et la santé entrer dans votre vie.

DAN MILLMAN

Si nous n'estimons pas et ne respectons pas la personne que nous sommes, notre capacité à mener une vie heureuse et satisfaisante s'en trouvera inévitablement affectée. Nous aurons beau être minces, nous ne serons pas pour autant bien dans notre peau.

Comment alors développer une meilleure estime personnelle? «Personne ne peut vous accorder un sens plus élevé de votre valeur personnelle, nous dit Dan Millman. C'est vous qui augmentez ce sens de votre valeur en faisant ce qui est méritoire.» Intéressant, n'est-ce pas? Se dire que nous sommes dignes de respect est un pas dans la bonne direction, mais accomplir des gestes concrets venant appuyer cette affirmation semble être le seul véritable moyen de développer le respect de soi. Chaque jour, de multiples occasions d'effectuer des gestes qui rehaussent notre estime personnelle se présentent à nous. En voici quelques exemples :

- Se fixer des buts réalistes et travailler à les atteindre;
- Se faire plaisir sainement;
- Respecter ses promesses;
- Surmonter ses peurs en osant quelque chose de nouveau;
- Retourner à ses bonnes habitudes après quelques écarts;
- Exprimer clairement ses limites et les faire respecter;
- Surmonter l'envie de satisfaire un plaisir immédiat au profit d'une récompense plus gratifiante à long terme;
- Se nourrir d'aliments sains;
- S'accorder des périodes de repos;
- Soigner son apparence;
- Nourrir son esprit par la créativité, les nouvelles connaissances, la spiritualité;
- Entretenir son corps en le gardant en mouvement;
- Faire de l'ordre autour de soi.

Abraham Heschel a déjà dit : «Le respect de soi vient avec la discipline personnelle.» Et je comprends de mieux en mieux ce qu'il voulait dire. Nous retirons un profond sentiment de fierté personnelle lorsque nous réussissons à maintenir un certain sens de l'ordre et de l'organisation dans notre quotidien, à nous créer une hygiène de vie, à ne plus nous laisser dominer par nos émotions. Nous découvrons qu'il existe en nous une personne mature, équilibrée et qui a le contrôle d'elle-même. Et plutôt que de mépriser la discipline personnelle comme auparavant, nous réalisons qu'elle nous nourrit et nous ouvre de nouveaux horizons.

Déterminez un objectif réalisable et passez à l'action

Je vous invite à consommer au moins deux portions de fruits ou de légumes rouges, jaunes ou orangés au cours de la journée. En plus d'être faibles en gras et riches en fibres, ces végétaux contiennent des substances protectrices qui vous aideront à rester en pleine santé.

Aujourd'hui, prenez soin de vous

Mettez-vous au lit une heure plus tôt que d'habitude.

10 octobre

Picorer tous les petits plaisirs jusqu'à ce que le grand bonheur arrive…
Et s'il n'arrive pas, on aura au moins joui de tous les petits bonheurs.

THEODOR FONTANE

Selon Caroline Gauthier, auteure de *Petits plaisirs et folies pour être heureux*, voici dix raisons pour avoir du plaisir et faire des folies dans la vie :

- Parce qu'on n'a qu'une vie à vivre ;
- Parce qu'on le vaut bien ;
- Pour éviter d'avoir des regrets ;
- Parce qu'on ne peut pas revenir en arrière ;
- Parce qu'oser ne tue pas ;
- Parce que le plaisir est partout où nous sommes ;
- Parce que l'humain est fait pour avoir du plaisir ;
- Parce qu'on veut être heureux ;
- Parce que le plaisir est le plus sain de tous les vices ;
- Et puis, toutes les raisons sont bonnes pour avoir du plaisir !

Peut-être qu'une de ces raisons suffira pour vous convaincre de l'importance de jouir, aujourd'hui et chaque jour, des petits plaisirs de la vie.

Déterminez un objectif réalisable et passez à l'action

Je vous suggère de vous adonner aux plaisirs de l'activité physique. Pourquoi ne pas aller nager à la piscine municipale avec une amie ou, encore, planifier une joute amicale de badminton ?

Aujourd'hui, prenez soin de vous

Mettez en valeur votre éclat et votre beauté naturelle. Vous ne savez pas trop comment vous y prendre? Vous avez envie de changement? Même si vous avez l'habitude de vous maquiller, peut-être aimeriez-vous recevoir quelques judicieux conseils d'une professionnelle? Dans la plupart des grands centres commerciaux, il existe des kiosques spécialisés en cosmétiques où des techniciennes peuvent vous maquiller, parfois même gratuitement. Vous découvrirez toutes sortes de trucs et de nouveaux produits qui mettront votre visage en valeur.

11 octobre

On ne peut pas faire de grandes choses dans cette vie.
On peut seulement faire de petites choses avec beaucoup d'amour.

MÈRE TERESA

J'aime relire cette phrase. Affichée dans mon bureau, elle me réconforte et me rappelle que le bonheur et tout ce qui se fait de bon ici-bas ne viennent pas d'actions spectaculaires mais bien d'une multitude de petits gestes ordinaires faits avec soin et attention. Cette perspective me réjouit. Accessible à chacune de nous, cet art de vivre n'exige aucun talent particulier, aucune richesse matérielle, aucune « technique d'illumination ». Il suffit de mettre temps et amour dans nos moindres gestes, pour que cesse l'agitation dans nos esprits. Plus besoin de s'épuiser à essayer d'accomplir de « grandes choses ». Plus de grand programme, de « Master Plan ». Rien que le moment présent et la tâche à accomplir. La vie prend tout à coup une saveur nouvelle, comme empreinte de sérénité et de joie de vivre.

Et cela est bon. Très bon. Ne trouvez-vous pas?

Déterminez un objectif réalisable et passez à l'action

Faites une sortie spéciale pour aller marcher un peu plus longtemps et apprécier la beauté discrète de cette période de l'automne. Si vous avez la chance d'habiter près d'un lac, d'un cours d'eau ou d'un boisé, allez-y. Observez les changements qui s'opèrent dans la nature et emplissez-vous de cette ambiance paisible.

Aujourd'hui, prenez soin de vous

« Choisissez une occupation solitaire, comme laver les sols, récurer les casseroles, marcher en forêt, prendre un bain ou faire de l'exercice », nous recommande Dominique Loreau, auteure du livre *L'art de la simplicité*. « Essayez de vous donner complètement à ces activités et exécutez-les consciencieusement, jusqu'à leur aboutissement complet. Ne vous pressez pas, ne pensez à rien d'autre. Contentez-vous de ne faire qu'un avec cette activité, ici et maintenant. Redécouvrez la richesse d'une action où les gestes ont l'air de faire partie de votre être, et apportez-y autant de fraîcheur et d'intérêt que si c'était pour la première fois. »

Je propose que nous répondions à l'appel de Mme Loreau et essayions, nous aussi, de mettre en pratique cet exercice au cours de la journée. Ainsi, nos moindres gestes seront, l'espace d'un moment, un rituel imprégné de grâce et d'harmonie.

12 octobre

Si ta maison est en flammes, réchauffe-toi près du brasier.
PROVERBE ESPAGNOL

Vous avez le moral à plat ces temps-ci ? Vous vous couchez le soir épuisée et vous levez le matin, toujours aussi fatiguée ? Votre énergie et votre joie de vivre semblent s'être volatilisées quelque part entre le dernier contrat, la rentrée scolaire et le réaménagement du sous-sol ?

Ne perdez pas espoir.

Vous retrouverez probablement votre enthousiasme et votre dynamisme habituels au cours des prochaines semaines. Mais auparavant, je vous invite à vivre cette expérience à fond et à profiter de ce qu'elle a à vous offrir. Eh oui, pourquoi pas après tout ? Voyez cette période comme une incitation à prendre soin de vous, une occasion de changer certains aspects de votre vie pour le mieux. Ne luttez pas contre la fatigue. Capitulez. Prenez une journée ou deux de congé, faites-vous aider à la maison, découvrez les vertus régénératrices de la sieste. Comme le dit si bien Ashleigh Brilliant : « Parfois, la chose la plus urgente et vitale que vous puissiez faire est de prendre un repos complet. »

Profitez de ce congé forcé pour reprendre contact avec vous-même et, au besoin, établir le bilan des derniers mois. Quels sont les événements qui ont pu contribuer à cet épuisement ? Quelles leçons pouvez-vous tirer de cette expérience? Que pouvez-vous faire pour éviter que cette situation devienne chronique?

Les périodes d'épuisement physique et psychologique ne sont pas des problèmes en soi. Au contraire, ce sont des facteurs de protection. Des messages puissants que nous envoie notre corps pour nous forcer à ralentir et à prendre mieux soin de nous. Si nous nous donnions la peine d'écouter ces messages, nous y trouverions peut-être la sagesse et la force nécessaires d'apporter les modifications qui s'imposent. Et plutôt que de voir là une période sombre, nous y verrions plutôt une source de lumière.

Déterminez un objectif réalisable et passez à l'action

Prenez le temps de garnir votre assiette d'aliments ayant au moins quatre couleurs différentes. Vous bénéficierez ainsi d'une variété de nutriments tout en ajoutant une note de gaieté à votre repas. Profitez-en pour dresser une jolie table pour le repas. « En faisant de votre repas un rituel, nous dit Sarah Ban Breathnach, vous faites un pas, petit mais important, vers l'amour de vous-même. » Je sais qu'elle a raison.

Aujourd'hui, prenez soin de vous

N'attendez pas de vous sentir au bout du rouleau pour prendre un peu de repos. Une après-midi sans les enfants ou un vendredi de congé peuvent accomplir des merveilles pour recharger vos piles.

TROISIÈME PRINCIPE
ABAISSEZ VOTRE POIDS-CONSIGNE

13 octobre

Une leçon se répète tant qu'elle n'est pas apprise.
CHÉRIE CARTER-SCOTT

Lorsque nous sentons que nous retombons dans nos anciens comportements, la meilleure chose est d'être honnête avec soi-même et de commencer par constater les faits, tout simplement. Une fois cette constatation faite, selon Melody Beattie, la solution la plus constructive consiste à se dire : « C'est correct, je l'ai encore fait ! » Cela, précise-t-elle, s'appelle la compassion de soi. Elle recommande ensuite de se poser deux questions :

1. Que dois-je faire pour prendre soin de moi ?
2. Que suis-je censée apprendre ?

Avec de la patience, nous finirons bien par découvrir quelques réponses qui nous guideront vers des comportements plus sains !

Posez une action pour abaisser votre poids-consigne

Assurez-vous de consommer au moins mille quatre cents calories. En dessous de cette marque, vous serez probablement tenaillée par la faim et votre corps ne recevra pas tous les nutriments dont il a besoin pour rester en santé. Il aura aussi tendance à réagir en ralentissant son métabolisme.

Aujourd'hui, prenez soin de vous

Selon Melody Beattie, lorsque nous retombons dans nos anciens comportements nocifs, la meilleure chose à faire est de prendre soin de nous. Il existe toutes sortes de façons de le faire, mais voici quelque-unes de ses suggestions :

- Évaluer de façon réaliste ce que nous pouvons contrôler ;
- Abandonner le rôle de victime ;
- Affronter nos sentiments ;
- Prendre au sérieux ce que nous voulons et ce dont nous avons besoin ;
- Nous fixer des limites ;
- Opérer des choix et en assumer la responsabilité ;
- Nous fixer des buts ;
- Devenir honnête ;
- Lâcher prise.

Si au cours de la journée vous vous sentez retourner à vos vieilles habitudes, je vous encourage à effectuer un geste concret pour prendre soin de vous. Au besoin, prenez un instant pour relire cette liste.

14 octobre

C'est dans l'effort que l'on trouve la satisfaction et non dans la réussite.
Un plein effort est une pleine réussite.
GANDHI

Voilà une pensée à la fois rafraîchissante et stimulante! Personnellement, j'aime penser que j'ai atteint mon objectif lorsque je sens que j'ai fait de mon mieux, peu importe le résultat. Et je suis persuadée qu'il en est de même pour vous aussi.

Il est important de ne pas se laisser gagner par l'obsession des chiffres lorsque nous entreprenons une démarche à long terme. Chiffres sur le pèse-personne, nombre de calories, centimètres perdus et chrono à l'entraînement peuvent facilement devenir les seuls moyens par lesquels nous jaugeons notre réussite. À eux seuls, cependant, ils ne peuvent témoigner que d'une fraction de notre évolution personnelle. Pour garder notre motivation, il est nécessaire de nous fier aussi à notre sens de l'effort, à nos impressions et à notre expérience.

Si nous savons que nous avons fait de notre mieux, il y a lieu que nous soyons fières de cette réussite.

Posez une action pour abaisser votre poids-consigne

Je vous invite à alterner les jours de marche avec des séances de travail musculaire. Cela pourrait vous aider à garder un ventre plus plat. Des chercheurs ont en effet suivi des femmes dans la quarantaine souffrant d'obésité et les ont soumises à l'un ou l'autre des programmes d'entraînement suivant : soit de l'exercice aérobique six jours par semaine, soit trois jours d'exercice aérobique et trois jours de musculation par semaine. Les résultats ont montré une amélioration significative de la santé des deux groupes de participantes, mais le programme combinant les deux types d'entraînement à été plus efficace pour réduire la quantité de graisse abdominale (sous-cutanée et viscérale) chez ces femmes[14].

Aujourd'hui, prenez soin de vous

De la même façon que la nature s'est revêtue de ses plus beaux atours ces jours-ci, mettez en valeur votre charme et votre beauté naturelle aujourd'hui en portant les vêtements qui vous vont le mieux.

15 octobre

Solvitur ambulando… Cela se résout en marchant…

SAINT AUGUSTIN

« Un jour à la fois, une promenade à la fois, et même un pas à la fois, ma vie triste et embrouillée s'est remise en ordre, nous confie Julia Cameron. Je dis "s'est remise en ordre" parce que tout ce que j'ai fait, c'est la traverser en marchant. Et depuis, je marche régulièrement. »

Comme je vous comprends, chère Julia ! Ma marche quotidienne m'aide à passer à travers les périodes les plus tourmentées de ma vie, à absorber le choc des bonnes et des mauvaises nouvelles, à effectuer les bons choix. C'est en marchant que je ventile le plus souvent mes angoisses et que je canalise mon énergie créatrice. Mais ce que j'aime pardessus tout, c'est que grâce à la marche, j'entre en contact avec la beauté des saisons et trouve ma connexion avec le monde. Marcher me relie à la vie, à la terre, et à ce qu'il y a de mieux en moi.

Je ne pourrais tout simplement pas m'en passer !

Posez une action pour abaisser votre poids-consigne

Allongez votre séance de marche habituelle de dix à quinze minutes supplémentaires. Cette « surcharge » stimulera votre organisme à abaisser son poids-consigne et à brûler davantage de calories.

Aujourd'hui, prenez soin de vous

Accordez un peu de temps au soin de vos pieds. Après tout, ce sont vos fidèles partenaires de marche ! Dans le bain ou sous la douche, vous pouvez commencer en utilisant un exfoliant ou encore un gel rafraîchissant. Poursuivez avec la taille de vos ongles d'orteils, puis terminez en enduisant vos pieds d'une crème hydratante. Ces soins tout simples sont très relaxants et vous donneront l'impression de découvrir cette partie de votre anatomie !

16 octobre

À mesure que notre besoin d'être obèse diminue,
nous perdons le besoin de nous suralimenter.
BILL B.

« Il est insensé d'être obèse pour continuer à me sentir mal si je ne me sens plus mal dans ma peau. » Cette phrase de Bill B, auteur de *Manger ses émotions,* a eu l'effet d'une révélation pour moi. Pourtant, je n'ai jamais souffert de compulsion alimentaire. J'ai longtemps entretenu certains comportements compulsifs, cependant. Une sorte d'hyperactivité chronique, une propension à créer des situations émotionnelles instables. Lorsque j'en ai eu assez de souffrir, de me retrouver dans des états de crise et des montagnes russes émotionnelles, lorsque j'ai compris que je m'infligeais moi-même cette souffrance, ma vie a commencé à changer. J'ai réalisé tout à coup que je n'avais plus envie de toute cette agitation. Je n'avais plus à me définir de cette façon. Je pouvais être moi-même, vivre mes émotions sans pour cela me cacher derrière cette façade de comportements compulsifs.

« Si je parviens à entretenir de bons sentiments face à moi-même, alors je mettrai fin aux activités compulsives dont j'avais besoin pour me sentir mal, ajoute Bill. Si nous sommes minces, nous ne sommes pas nécessairement bien, mais si nous sommes bien (si nous nous sentons bien avec nous-mêmes et que nous nous aimons) nous serons minces. Nous ne pouvons abuser de notre corps en outremangeant si nous avons du respect pour nous-mêmes », conclut-il.

Et je sais qu'il a raison.

Posez une action pour abaisser votre poids-consigne

Je vous encourage à ne pas acheter à l'avance vos friandises pour l'Halloween mais à attendre plutôt le jour même. Vous ferez ainsi des économies (les prix sont réduits les derniers jours) et limiterez les tentations. Mais vous pouvez aussi opter pour une tout autre solution. Une équipe américaine a observé deux cent quatre-vingt-quatre enfants âgés de trois à quatorze ans le soir de l'Halloween et a constaté que lorsqu'on donnait le choix entre des petits jouets et des friandises de tailles comparables, les enfants (tant les filles que les garçons) choisissaient aussi souvent le jouet que le bonbon[17]. Ces résultats montrent donc qu'il existe des alternatives aux friandises d'Halloween et qu'elles sont parfaitement acceptables aux yeux des enfants. Une dernière suggestion. Si vous avez de la difficulté à résister aux friandises d'Halloween, offrez-les dans de petits sachets-surprises individuels. Vous serez moins tentée d'en grignoter tout au long de la soirée.

Aujourd'hui, prenez soin de vous

Au cours de la journée, répétez-vous ces mots réconfortants de Sue Patton Thoele : « Je prends plaisir à être exactement comme je suis. J'accepte en mon cœur mes différences. Je suis parfaite comme je suis. Il n'est rien dont je puisse avoir honte. »

17 octobre

Il y a des circonstances où une femme ne peut être autrement que scandaleuse si elle veut réaliser ce qu'elle a en elle.

HELLA HAASSE

J'ai toujours admiré les personnes qui osaient faire les choses comme elles l'entendaient, sans se préoccuper de ce qu'allait en penser leur entourage. Ces personnes s'habillent en fonction du confort et non de la mode, elles ne demandent pas de permission pour prendre soin d'elles, elles savent aussi dire non avec grâce et fermeté. Lorsque l'envie leur prend d'opérer un virage radical dans leur vie, de changer pour le mieux ou d'explorer de nouvelles avenues, elles font confiance à leur instinct et s'exécutent, sans se soucier du regard des autres posé sur elles.

Je pense que nous pourrions toutes apprendre de ces fortes personnalités. Nous gagnerions à nous inspirer de leur audace, en particulier lorsque vient le temps de sortir de notre zone de confort pour relever de nouveaux défis. Quitter un emploi stable pour créer son entreprise, se joindre à un groupe d'entraide pour mangeurs compulsifs, retourner aux études à quarante ans, vivre de façon autonome malgré un handicap physique sont des choix que certaines parmi nous ont eu la force de faire. Pour d'autres, ce sera d'apprendre à nager à l'âge adulte ou d'enfiler une robe qui flatte leurs courbes au lieu de les camoufler qui les feront se sentir audacieuses et magnifiques. L'audace et le courage peuvent prendre une multitude de formes !

Ralph Waldo Emerson a déjà dit : « Je ne souhaite pas expier mais vivre. Ma vie existe pour elle-même et non pour la parade… Ce que je dois faire est tout ce qui me concerne, non pas ce que pensent les gens. » Puissions-nous garder ces mots à l'esprit la prochaine fois que nous aurons envie de changer de coiffure, de nous inscrire à un atelier d'opéra ou de faire repeindre la maison.

Posez une action pour abaisser votre poids-consigne

Osez vous adonner à l'exercice! Une étude récente indique que la majorité des femmes sont sédentaires mais que la plus forte proportion de sédentarité se trouve chez celles dont l'indice de masse corporelle est de vingt-sept ou plus[13]. Si un si grand nombre de femmes souffrant d'embonpoint ne font pas d'exercice, c'est peut-être qu'elles *n'osent* pas. La gêne, la crainte des « qu'en-dira-t-on », une piètre image corporelle sont tous des obstacles qui peuvent être surmontés si nous nous donnons la peine d'enfiler des vêtements confortables et de sortir ne serait-ce que pour une marche dans le quartier.

Aujourd'hui, prenez soin de vous

« De l'audace, de l'audace ; en toute occasion, de l'audace », recommande Edmund Spencer. Au cours de la journée, osez faire quelque chose d'audacieux qui vous aidera à atteindre votre poids-santé. Que votre courage soit récompensé!

18 octobre

Un peu de gaieté et un grand accueil font un joyeux festin.
SHAKESPEARE

Depuis l'âge de quatre ans, ma fille Élise aime préparer des « festins ». Elle sort une jolie nappe et de la vaisselle aussi colorée que disparate et y dispose soigneusement des morceaux de fruits, quelques noix et des craquelins décorés d'un peu de fromage ou de confiture. L'été, elle ne manque pas d'ajouter un petit bouquet de fleurs. Chaque membre de la famille a aussi droit à un jus de fruits servi dans une minuscule tasse à thé. Ma petite cuisinière a le sens de la fête et connaît l'importance des détails!

Nous avons toujours beaucoup de plaisir à nous attabler devant ce festin préparé avec amour.

Aujourd'hui, prenez le temps de vous dresser une jolie table. Il s'agit là d'un plaisir simple des plus réconfortants. Quelques bougies, vos plus beaux verres et une nappe fraîche feront plaisir à voir et ajouteront de la gaieté au repas.

Posez une action pour abaisser votre poids-consigne

Buvez six verres d'eau, huit si possible. Le manque d'eau peut causer des maux de tête[2] et jouer un rôle dans le développement des migraines, particulièrement celles qui s'étendent sur plusieurs jours. En vous hydratant suffisamment, vous vous sentirez plus rassasiée tout en évitant les inconforts causés par la déshydratation.

Aujourd'hui, prenez soin de vous

Au repas, amusez-vous et souriez ! Vous verrez comme vos convives auront eux aussi une mine réjouie. Des études montrent en effet que les humains ont une tendance naturelle à imiter les expressions faciales de la personne qu'ils regardent, particulièrement lorsque celle-ci sourit[24] ! Le sourire est donc littéralement contagieux !

QUATRIÈME PRINCIPE
APPRENEZ À RESPECTER VOS SIGNAUX INTERNES

19 octobre

Certains jours, je me rends compte que bien des choses peuvent fragmenter ma vie. Je peux alors oublier de faire le point et me sentir agitée ou nerveuse. Je sais maintenant que cela m'indique qu'il est temps de me reposer. Dans le calme, je peux faire un retour vers l'intérieur, me détendre et me tonifier.

EILEEN WHITE

Une des choses qui a le plus le pouvoir de nous apaiser est d'éliminer une ou plusieurs sources d'épuisement à « caractère émotif » dans notre vie. Nous pouvons aisément détecter ces situations, car généralement elles nous font éprouver de l'anxiété, un sentiment de détresse, une impression de « boule dans la gorge ». Voici quelques exemples de situations en apparence anodines mais qui peuvent néanmoins représenter de telles sources d'épuisement dans notre vie : remettre à plus tard un appel téléphonique difficile à faire, entretenir de la rancune à l'égard de quelqu'un, prolonger à répétition l'échéancier d'un projet, endurer une situation nocive au travail, reporter sans cesse une décision à prendre, s'en mettre trop sur les épaules. Ces situations nous vident sournoisement de notre énergie. Bien souvent, sans que nous nous en rendions compte, la qualité de notre sommeil s'en trouve aussi affectée ainsi que nos habitudes alimentaires. Il est donc important de savoir se délester de ce fardeau. Et ce, autrement que par des comportements d'évitement.

Le meilleur moyen pour se soulager de cette angoisse est, bien sûr, de prendre le taureau par les cornes et d'affronter ces situations, en commençant par se poser la question : Comment pourrais-je maintenant améliorer la situation ? Faire face au problème et effectuer un geste concret pour améliorer la situation demande un certain courage, mais nous libère instantanément d'attaches émotionnelles accablantes. Affronter nos peurs ou déployer un effort pour nous sortir de la paresse procure un agréable sentiment du devoir accompli. Une merveilleuse sensation de légèreté et de force intérieure.

Posez une action pour respecter vos signaux internes

Ne luttez pas contre la faim au cours de la journée. Nourrissez votre corps à des heures régulières. Aidez-le à vous fournir toute l'énergie dont vous avez besoin pour bien fonctionner.

Aujourd'hui, prenez soin de vous

Prenez une dizaine de minutes au cours de la journée pour définir et éliminer au moins une source d'épuisement dans votre vie.

20 octobre

Si nous possédons en nous la folie de vivre, nous devons chercher les situations où nous serons pénétrés par les éléments physiques, tels l'eau, l'oxygène, ou les aliments; par les éléments sensoriels tels que le toucher, la vue d'un visage ou la vocalité des mots; par des éléments sociaux tels que la famille, la profession et les discours.

BORIS CYRULNIK

Si nous nous tournons vers la nourriture pour donner de la saveur à notre existence, c'est peut-être que nous n'avons pas appris à goûter pleinement la vie.

À la déguster.

À nous en délecter.

À en extraire la substantifique moelle, comme disait Rabelais.

Nul besoin d'expériences hors du commun cependant pour satisfaire nos papilles «sensorielles», pour alimenter notre «folie de vivre». Il nous suffit d'être attentives aux manifestations nourricières de la vie. «Un petit coin parfait, un bon livre et une tasse de thé peuvent apporter une satisfaction extrême», fait remarquer Dominique Loreau.

Pour ma part, j'ai constaté que l'exercice, particulièrement en plein air, était tout spécialement stimulant à cet égard. Ainsi, lorsque ma séance de jogging m'amène à traverser la brume matinale qui se lève sur les champs du canton de Compton, je me sens devenir agile, endurante, magnifiquement vivante. Dans ce décor végétal, je m'imprègne des forces de la nature. Oxygène, eau et lumière alimentent mes sens, nourrissent mon âme et me rappellent à quel point la vie est bonne.

Comme le laisse entendre Boris Cyrulnik, rechercher la stimulation qu'apportent les rapports sociaux est une autre façon de mordre dans la vie. Même brefs, les contacts que nous avons avec nos proches ont le pouvoir d'alimenter notre vie sociale et affective. Après avoir conduit les enfants à l'école, il m'arrive souvent de m'arrêter chez mon amie Jane. À cette heure, elle travaille dans son écurie. Pendant qu'elle nourrit ses chevaux et nettoie les stalles, nous jasons quelques minutes des choses de la vie, petites et grandes. Véritables capsules de vitamines affectives, ces échanges amicaux tonifient et revitalisent mon quotidien.

Et vous? De quelles façons savourez-vous la vie au quotidien? Quelles sont les situations qui vous nourrissent par leurs éléments physiques, sensoriels ou sociaux?

Posez une action pour respecter vos signaux internes

Faites un petit effort pour mesurer les portions que vous consommez au cours de la journée afin de vous assurer qu'elles correspondent aux recommandations en matière de nutrition. Une étude effectuée par des chercheurs de l'Université de l'Illinois a révélé que les femmes qui consommaient des plats dont les portions avaient d'abord été mesurées maigrissaient davantage que celles qui consommaient les mêmes mets sans toutefois mesurer leurs aliments[8].

Aujourd'hui, prenez soin de vous

Aujourd'hui, mordez dans la vie. Savourez-la en vous adonnant à une activité qui vous nourrit par ses éléments physiques, sensoriels ou sociaux. Imprégnez-vous de chaque instant.

Rabelais serait fier de vous.

21 octobre

Quand deviendrons-nous aimables ? Quand nous sentirons-nous en sécurité ? Quand obtiendrons-nous toute la protection, la nourriture de l'esprit et l'amour que nous méritons largement ? Nous les obtiendrons quand nous commencerons à nous les accorder nous-mêmes.

MELODY BEATTIE

Rien ne sert d'attendre qu'on nous offre quelque chose que nous ne nous octroyons pas à nous-mêmes.

Si nous voulons que s'opère la transformation, si nous voulons être mieux dans notre peau, il nous faudra faire davantage que simplement croire que nous méritons amour et respect. Nous devons chaque jour accomplir des gestes concrets en ce sens. Prendre soin de nous est une façon de nous faire du bien mais aussi d'éduquer notre entourage, de lui montrer de quelle manière nous désirons être traitées. Lorsque nous menons une vie empreinte de respect personnel, de bienveillance et d'amour de soi, nous indiquons par notre comportement que c'est ce que nous méritons.

Posez une action pour respecter vos signaux internes

Si la faim vous tenaille fréquemment au cours de la journée, assurez-vous de consommer une source de protéines suffisante à chaque repas, soit environ quinze grammes. Une portion de trois onces (85 g) de poisson, de viande, de tofu, d'abats ou de fruits de mer cuits offre quinze grammes de protéines, tout comme une portion de une tasse (250 ml) de légumineuses cuites ou de deux onces (55 g) de fromage à pâte ferme.

Aujourd'hui, prenez soin de vous

Je vous invite au cours de la journée à vous répéter cette affirmation de Sue Patton Thoele : « Je suis gentille envers moi-même et les autres. Je fais connaître mes sentiments avec amour et gentillesse. Je m'adresse aux autres de la façon dont je veux qu'ils s'adressent à moi. »

22 octobre

Devenir une personne mince, c'est consommer ce dont on a réellement besoin et savoir l'apprécier, c'est accepter que ce que nous mangeons nous nourrisse, c'est savoir renoncer à consommer tout ce qu'on pourrait consommer, c'est cesser de faire seulement du remplissage.

GÉRARD APFELDORFER

S'il vous est arrivé de vous défoncer dans la nourriture, vous avez aussi constaté que le plaisir cédait rapidement la place à un profond malaise. En choisissant d'adopter des habitudes alimentaires plus saines, vous vous êtes ouverte à une toute nouvelle expérience du plaisir, le plaisir issu de la *modération*. Depuis que vous avez entrepris ce cheminement, vous avez peut-être constaté que la modération n'était pas synonyme de privation mais plutôt d'équilibre et de bien-être et qu'en ce sens elle peut aussi être une source de plaisir.

Manger trop, ce n'est pas bien se nourrir. Bien se nourrir, c'est choisir des aliments qui nourrissent notre corps, le rendent fort et le remplissent d'énergie. Bien se nourrir, c'est répondre adéquatement à ses besoins physiologiques en ne mangeant ni trop, ni trop peu. Le plaisir de bien se nourrir, c'est aussi de manger ce qui nous plaît sans perdre les pédales.

« La modération a bien meilleur goût », c'est vrai. Et c'est ce plaisir que je vous invite à rechercher aujourd'hui.

Posez une action pour respecter vos signaux internes

Soyez attentive à vos signaux de satiété. Au besoin, fermez les yeux lorsque vous mangerez, cela pourrait vous aider à mieux les percevoir. En effet, dans le cadre d'une étude, des chercheurs ont constaté que lorsqu'une personne obèse mangeait avec les yeux bandés, elle consommait vingt-quatre pour cent moins de calories. Ne pouvant voir ce qu'elle mangeait, ni ce qui restait dans son assiette, cette personne devait se fier à ses signaux intérieurs manifestant qu'elle était rassasiée[1].

Aujourd'hui, prenez soin de vous

Si vous vous êtes déjà pesée cette semaine, je vous suggère aujourd'hui de laisser le pèse-personne dans le placard. Une pesée hebdomadaire est bien suffisante. Fiez-vous plutôt à vos vêtements.

23 octobre

Être en conflit avec vos émotions est beaucoup plus épuisant que les émotions elles-mêmes.

DAN MILLMAN

Des recherches en psychologie indiquent que nous aurions une façon typiquement féminine d'exprimer nos émotions[18]. En effet, les femmes auraient tendance à supprimer les émotions négatives et à simuler les émotions positives. En d'autres mots, lorsque les choses ne vont pas bien, nous aurions tendance à « ravaler » les émotions pénibles et à afficher une mine positive. À l'opposé, le modèle typiquement masculin aurait tendance à supprimer les émotions positives et à simuler des émotions négatives. Feindre l'indifférence quand quelque chose va bien, par exemple, plutôt que d'exprimer sa joie.

Si ces résultats s'avèrent le reflet de la réalité, je ne peux que me poser la question suivante :

Qu'attendons-nous pour être plus authentiques ?!

La vie ne serait-elle pas plus simple, et surtout plus vraie, si nous nous donnions la permission de ressentir nos émotions et de les exprimer librement ? Le masque que nous portons pour dissimuler nos déceptions, nos colères ou nos moments de tristesse ne nuit-il pas davantage à notre bien-être que le fait de vivre simplement ces émotions ?

Réfléchissons à tout cela au cours de la journée.

Posez une action pour respecter vos signaux internes

Au cours de la journée, avant de mettre de la nourriture dans votre bouche, posez-vous la question suivante : « Pourquoi est-ce que je désire manger en ce moment ? » Si vous constatez que vous étiez sur le point de manger pour tromper l'ennui ou pour « gérer » vos émotions, vous feriez mieux de vous éloigner de la nourriture. Faites un petit effort pour vous changer les idées et vous consacrer à une activité agréable de votre choix. Dans quelques minutes, cette envie se sera probablement estompée.

Si, à l'inverse, vous constatez qu'une faim réelle vous tenaille, alors allez-y et mangez. Ne craignez rien, vous n'allez pas engraisser de façon incontrôlable ! Si vous avez faim, c'est que votre corps a besoin de ces aliments pour vivre. Il se servira de ces précieux nutriments pour entretenir vos organes et vous donner de l'énergie et non pour augmenter vos réserves de graisse. En apprenant à respecter les signaux de faim que vous envoie votre organisme, vous développerez un puissant outil pour maintenir un poids sain et un niveau d'énergie optimal.

Aujourd'hui, prenez soin de vous

Au cours de la journée, lorsque vous ressentirez une émotion, je vous invite à suivre la recommandation de Michelle Larivey, psychothérapeute : « Nos émotions ne sont pas toujours faciles à vivre, explique-t-elle dans son livre *La puissance des émotions*. Celles qui sont déplaisantes sont généralement considérées comme étant "négatives". Il n'existe pourtant pas d'émotions positives ou négatives au sens de valables ou non. Toutes sont bonnes et utiles. L'important est d'avoir à leur égard une attitude qui permette de bien les décoder. [...] il n'est pas rentable de faire obstacle à ce que nous ressentons, ou de tenter de le transformer artificiellement. Il est bien préférable, pour notre équilibre psychique, que nous acceptions nos émotions telles qu'elles sont, car elles constituent un instrument précieux, propre à nous orienter. »

24 octobre

Bien manger signifie manger avec délicatesse, lenteur et respect de la nourriture et du corps. Contrôler sa façon de manger, c'est contrôler son poids. Respirez avant de prendre une bouchée. Expirez le stress et la négativité. Déguster et manger lentement vont de pair.

DOMINIQUE LOREAU

Apprendre à « manger avec délicatesse, lenteur et respect de la nourriture et du corps », c'est prendre l'habitude d'être bonne pour nous. Lorsque nous devenons conscientes de ce que nous portons à notre bouche, nous créons un espace entre la pulsion et l'acte. Cet espace d'auto-détermination nous permet de choisir la quantité et la qualité de la nourriture que nous ingérons et, de ce fait, de choisir la qualité de notre vie, de notre apparence, de notre état de santé, de notre état d'âme. Tout cela parce que nous créons, l'espace d'un moment, un lieu de liberté. Et que nous nous approprions le pouvoir de choisir.

La nourriture peut être source de vie ou source de souffrance.

À nous de choisir, une bouchée à la fois.

Posez une action pour respecter vos signaux internes

À chaque repas que vous consommerez au cours de la journée, efforcez-vous de manger avec délicatesse et lenteur. Laissez le temps à votre corps de vous indiquer ses besoins. Prenez conscience, à chaque bouchée, que vous pouvez choisir entre le bien-être et la souffrance.

Aujourd'hui, prenez soin de vous

Alexandra David-Néel a déjà dit : « Le calme, la quiétude, sont choses qui dépendent plus des dispositions intérieures de l'esprit que des circonstances extérieures et l'on peut les goûter même au milieu d'une apparente agitation. » Et elle a bien raison. Au moment qui vous convient aujourd'hui, je vous invite à goûter, vous aussi, un moment de calme et de quiétude. Pour cela, quoi de mieux que de suivre ce conseil de Dan Millman : « Prenez une longue et profonde inspiration, aussi lente et profonde que vous le pouvez. Inspirez lumière, guérison et vitalité. Expirez en lâchant prise. Goûtez ce moment d'extase. »

CINQUIÈME PRINCIPE
HONOREZ VOTRE ENGAGEMENT

25 octobre

Si vous ressemblez à la plupart des femmes compulsives, votre rapport au temps est assez particulier. Vous n'en avez jamais assez pour vous détendre, pour vous amuser, pour vous adonner à des activités qui vous font plaisir, ou simplement pour penser à vous. D'autre part, ce temps est très élastique dès qu'il s'agit d'accomplir vos tâches, surtout lorsque ces tâches profitent à votre entourage.

HARRIET BRAIKER

« Les femmes dont les comportements compulsifs sont à l'origine de leur problème sont portées à veiller sur leur entourage au détriment de leurs propres besoins », explique la psychologue Harriet Braiker, forte de ses vingt-cinq années d'expérience clinique. « Si vous vous inscrivez dans cette catégorie, vous vous dépensez trop et trop souvent pour les autres, vous ne dites presque jamais "non", vous déléguez rarement des tâches, vous vous engagez à l'excès et vous êtes beaucoup trop disponible, poursuit Mme Braiker. Ces schémas autodestructeurs et générateurs de stress influencent votre bien-être et vos relations, et ils dominent complètement vos comportements, car ils sont la conséquence de votre besoin d'approbation excessif, voire compulsif. »

Et vlan !

Peut-être, comme moi, pensiez-vous simplement aider les autres en maintenant ce comportement « humanitaire », mais voilà qu'en lisant ces lignes, vous avez réalisé tout à coup que c'est peut-être vous qui aviez un problème ! Un « besoin d'approbation excessif, voire compulsif ».

Si tel est le cas, vous et moi devons chercher à nous valoriser autrement. En fait, nous devons apprendre à nous octroyer nous-même l'approbation que nous recherchons tant de notre entourage. Pour nous libérer de la compulsion à plaire et de toutes les conséquences néfastes qu'elle entraîne : montagnes russes émotionnelles, tension, épuisement, nous devons prendre conscience que notre valeur personnelle ne se mesure pas à ce que nous faisons pour les autres. Nous pouvons très bien avoir une saine estime personnelle et être respectée d'autrui sans pour autant être bonnes et gentilles *en tout temps*.

Si au cours de la journée vous sentez que la pression monte et que vos trop nombreuses obligations face à autrui vous étouffent, souvenez-vous que l'acceptation dont vous avez le plus besoin est la vôtre. Vous dépenser continuellement pour les autres dans le but de mériter leur affection ne fera qu'abîmer votre santé. Au besoin, annulez certains engagements ou remettez-les à plus tard. « En guérissant votre compulsion à plaire, vous ne sacrifierez ni votre générosité ni votre désir de faire le bonheur de votre entourage, nous rassure Harriet Braiker. Plutôt, vous renoncez à rechercher l'approbation de tous et à faire plaisir à tout le monde, en tout temps. »

À bien y penser, je trouve cela tout à fait raisonnable.

Posez une action pour honorer votre engagement

Je vous invite à vous joindre à moi et à inclure dans votre programme de la journée une séance d'exercice qui vous incitera à être de légèrement à modérément essoufflée. Vous verrez comme vingt à trente minutes de votre activité physique favorite, marche rapide, jogging, danse aérobique, marche en montagne, vélo d'exercice ou autre, vous rafraîchiront les idées et vous gratifieront d'un regain d'énergie !

Aujourd'hui, prenez soin de vous

Prenez le temps de réfléchir avant d'acquiescer à une demande de votre entourage. « Vous avez parfaitement le droit de réfléchir avant de faire quoi que ce soit, soutient Harriet Braiker. Quand vous aurez appris à intercaler une plage de temps entre une demande, une requête ou une invitation et votre réponse, vous aurez tout de suite l'impression de mieux dominer la situation. Ce faisant, vous prendrez une décision réfléchie basée sur le respect des autres mais aussi, de vous-mêmes. »

26 octobre

Un foyer est un endroit où une soupe mijote lentement sur le feu,
remplissant la cuisine de délicieux arômes… et remplissant votre cœur,
et plus tard votre estomac, dans une atmosphère de joie.

Keith Floyd

Les repas sont des points d'ancrage affectifs. Enfant, lorsque nous étions nourries à des heures régulières et que nous mangions en famille, nous nous sentions en sécurité. Lorsque notre mère prenait le temps de cuisiner nos mets préférés, nous nous sentions aimées. Choyées. Nourries corps et âme. Aujourd'hui, si l'arôme d'un mets qui mijote tranquillement nous fait soupirer d'aise, ce n'est pas seulement parce que nous anticipons le plaisir de le déguster. Nous savons à présent qu'il faut du temps et de l'amour pour préparer un bon repas.

Les repas commerciaux déjà préparés peuvent dépanner de temps à autre, mais ils ne peuvent remplacer l'acte de préparer soi-même la nourriture, aussi simple soit-elle. En effet, la fine cuisine peut réchauffer les cœurs, mais bien souvent les mets les plus simples, dégustés dans une atmosphère chaleureuse, sont encore ceux qui fonctionnent le mieux. Une soupe poulet et nouilles maison, une miche de pain, un rôti, une sauce à spaghettis bien assaisonnée, des crêpes aux rebords croustillants : autant d'arômes qui comblent nos sens et rappellent à toute la maisonnée que quelqu'un a pris le temps de cuisiner. Nous pouvons nous alimenter de presque n'importe quoi pour survivre, mais prendre le temps de choisir les aliments qui nous maintiendront en vie, de les apprêter avec soin et de les déguster est un acte qui nourrit les corps et les esprits et contribue à l'équilibre familial. Vu sous cet angle, cuisiner n'est pas une simple corvée, mais un privilège.

Posez une action pour honorer votre engagement

Au moment qui vous convient, habillez-vous confortablement et sortez faire une marche d'au moins trente minutes.

Aujourd'hui, prenez soin de vous

Que vous soyez seule ou en famille, je vous invite au cours de la journée à vous réserver le temps nécessaire pour préparer et déguster un repas chaud et délicieux.

Bon appétit!

27 octobre

On ne peut pas connaître la plénitude si l'on n'a pas su d'abord faire le vide en soi.

PAULO COELHO

Peu importe la façon dont nous nous y prenons, il m'apparaît important que nous nous réservions régulièrement des périodes pendant lesquelles nous évacuons toutes nos pensées et nous détachons de nos émotions du moment. Faire le vide n'est pas fuir. C'est une façon concrète de nous apaiser, de nous ressourcer et de laisser la place à ce qui est le plus important dans notre vie. Dans le silence et le détachement, nous pouvons reprendre contact avec cette partie de nous-mêmes qui est centrée, forte et paisible. Faire le vide est en réalité une manière de faire le plein.

Comment faire le vide en soi? « Écrivez tout ce que vous avez sur le cœur. Tirez ces choses de votre âme, mettez-les sur le papier, et ensuite jetez-les », nous suggère l'écrivain Paulo Coelho. Peut-être aurez-vous envie de mettre sa suggestion en application au cours de la journée. Mais peut-être préférerez-vous vous ménager quelques minutes pour vous recueillir en silence. À vous de trouver ce qui fonctionne le mieux pour vous.

Posez une action pour honorer votre engagement

Je vous encourage à faire une longue marche, au cours de la journée, pour vous délier les jambes et vider votre esprit. Si vous habitez la ville, vous aurez peut-être envie de prendre votre voiture et de vous trouver un endroit où vous pourrez déambuler dans la nature.

Aujourd'hui, prenez soin de vous

Prenez un moment pour vous imprégner de ces mots apaisants du moine Thich Nhat Hanh :

« Soyez bourgeon posé calmement sur la haie. Soyez sourire, faisant partie de cette merveilleuse existence. Tenez-vous là. Nul besoin de partir. »

28 octobre

Or là où je me suis sentie aimée et portée à aimer, je me suis trouvée en sécurité. Et là où je me suis trouvée en sécurité, j'ai retrouvé le courage. Seule l'affection, je le sais depuis maintenant longtemps, peut me porter à ce degré de confiance où je ne crains plus la vie.

GABRIELLE ROY

Un réseau familial ou amical pouvant nous fournir un amour et un appui inconditionnels est une grande richesse. Aujourd'hui, prenez un peu de temps pour échanger avec ceux que vous aimez. Si la motivation manque, puisez à même votre réseau de soutien le courage et l'énergie nécessaires pour continuer. Si tout va bien, n'hésitez pas à contacter vos proches simplement pour partager votre joie et vos réussites.

Posez une action pour honorer votre engagement

Je vous encourage à amener vos enfants avec vous lorsque vous irez marcher. En plus de vous entourer d'une petite équipe de « supporters », vous les aiderez, eux aussi, à maintenir un poids-santé. Une étude récente montre que pour qu'ils soient en santé et n'aient pas de problèmes de poids, les filles de six à douze ans devraient faire douze mille pas par jour, tandis que les garçons du même âge devraient en faire quinze mille, ce qui est significativement plus élevé que ce qui est recommandé pour les adultes (environ 10 000 pas/jour)[23]. Si vous avez un podomètre, prêtez-le à vos enfants pour qu'ils comptent le nombre de pas qu'ils feront au cours d'une journée. Leur motivation vous étonnera !

Aujourd'hui, prenez soin de vous

Prenez quelques instants pour donner un petit coup de fil ou pour envoyer un courriel à une amie afin de lui faire part de vos progrès. Dites-lui à quel point son soutien est important pour vous.

29 octobre

Quand on a maigri, on n'est plus tout à fait la même.
NANCY THAYER

Lorsque nous maigrissons, une partie du corps que nous connaissions disparaît littéralement. Et cela peut être un peu inquiétant. L'image que nous avions de nous-mêmes était familière et nous devons, à présent, nous réajuster à cette nouvelle personne que nous sommes en train de devenir.

C'est pourquoi, même si maigrir était ce que vous souhaitiez depuis longtemps, il est possible que vous ressentiez une certaine crainte ou un malaise à la vue des changements qui s'opèrent en vous. Où cela va-t-il me mener ? Vais-je rester moi-même ? Serai-je capable de maintenir ma perte de poids ? vous demandez-vous peut-être.

Ces craintes sont normales. Et, tout comme l'explique Elisabeth L., auteure du livre *Food for thought*, elles naissent parfois de la peur de ne pas savoir comment réagir aux difficultés sans avoir recours à la nourriture ou encore de la crainte de devoir affronter de nouvelles relations sans se dissimuler « derrière son gras ». Vivre une nouvelle vie, dans un nouveau corps, prend du courage. Mais vous n'avez pas à tout maîtriser d'un coup. Au fil des jours, en continuant de prendre soin de vous, vous vous approprierez ce corps plus en santé. Et progressivement, vous deviendrez plus à l'aise avec vous-même et avec les autres.

Posez une action pour honorer votre engagement

Certaines femmes trouvent particulièrement motivant de suivre leur perte de poids sur un graphique[16]. Si vous croyez que cela pourrait vous aider à rester motivée, munissez-vous d'une feuille quadrillée et notez-y votre poids à intervalles réguliers (ex. une fois par semaine). Vous obtiendrez ainsi une « image » de votre progression.

Aujourd'hui, prenez soin de vous

En sortant du bain ou de la douche, consacrez quelques minutes à vous enduire d'une lotion hydratante. Tout en massant votre peau, prenez le temps de vous familiariser avec les nouvelles formes de votre corps et de les apprécier.

30 octobre

Rien n'est jamais facile, mais rien n'est impossible
à celui qui nourrit ses rêves chaque jour.
RAYMOND VINCENT

Parfois, un petit rien suffit à nous donner des ailes, à nous convaincre que nous sommes sur la bonne voie : une pression artérielle un peu plus basse, un compliment sur notre apparence, la sensation d'être mieux dans notre peau. Ces moments de grâce peuvent nous aider à surmonter les difficultés, à entretenir notre motivation. Parfois, malheureusement, il est plus difficile de poursuivre dans la direction de nos rêves. Les résultats tardent à venir, les tentations sont nombreuses, les rechutes se multiplient. Durant ces moments, nous avons l'impression que tout concorde pour nous faire dévier de notre trajectoire et la tentation de tout abandonner peut être forte.

Lorsque ces moments arrivent – et ils arriveront – il est bon de se rappeler ces paroles de Cheryl Richardson : « Vous bifurquerez de la voie vers une santé parfaite au cours de votre vie ; voilà une certitude assurée. Toutefois, lorsque cela vous arrivera, rappelez-vous toujours qu'il ne suffit que d'un seul choix alimentaire ou d'une seule séance d'entraînement pour vous sentir bien dans votre peau à nouveau. »

Posez une action pour honorer votre engagement

Prenez un moment pour déterminer trois éléments (situation, personne, événement ou autre) qui font présentement obstacle à la réalisation de votre rêve d'atteindre votre poids-santé. Prenez ensuite le temps de trouver au moins une solution à chacun de ces problèmes.

Par exemple :

- **Problème 1 :** Un de mes enfants me demande beaucoup de temps et d'énergie en fin de journée en raison de difficultés scolaires.
- **Solution :** Je vais marcher le matin au lieu de réserver cet exercice pour la soirée.

- **Problème 2 :** Je mange souvent par ennui.
- **Solution :** Je m'inscris à des cours d'aquarelle et sors mes pinceaux dès que j'ai un peu de temps libre.

- **Problème 3 :** En plus de mon emploi, je m'occupe d'un de mes parents qui est gravement malade. Je n'ai tout simplement pas le temps de cuisiner !
- **Solution :** Je me réserve du temps le dimanche afin de préparer à l'avance quelques repas pour la semaine.

Maintenant, à vous de jouer !

Aujourd'hui, prenez soin de vous

Pourquoi ne pas vous offrir un supertraitement tonifiant pour le corps ? Appliquez-vous un masque facial et, pendant qu'il agit, profitez-en pour faire quelques pliés, des étirements ou encore utiliser vos petits haltères pour raffermir vos biceps. Complétez cette petite routine de soins corporels par une douche et des soins douillets pour la peau.

31 octobre

Mieux vivre ma ménopause, vieillir en santé,
c'est en fait prendre soin de ce que j'aime être.
LOUISE LAMBERT-LAGACÉ

Ma mère et ma grand-mère maternelle ont été ménopausées très jeunes, vers l'âge de quarante ans. Si la tendance se maintient, je devrais atteindre cette étape de ma vie dans quatre ans. Voilà une perspective avec laquelle ma sœur et moi devons composer. Au début de la trentaine, ma ménopause me semblait être à des années-lumière et je n'y pensais pas du tout, trop occupée à changer des couches et à nettoyer les taches de lait sur mes vêtements. Mais l'apparition soudaine de quelques cheveux gris m'oblige maintenant à apprivoiser cette éventualité. Peut-on être ménopausée et si jeune à la fois ? À voir notre histoire familiale, je suis forcée de croire que oui. Mais peu importe que nous soyons ménopausées à quarante, cinquante-deux ou cinquante-sept ans, sommes-nous jamais prêtes à vivre ce changement hormonal radical et sans appel? à voir notre corps vieillir?

Peut-être. Mais pour cela, je crois qu'il est nécessaire d'avoir des modèles inspirants. Peut-être avez-vous la chance d'avoir autour de vous quelques femmes qui vieillissent en force et en beauté. Pour ma part, je regarde ma mère qui aura bientôt soixante-dix ans et cela me réconcilie avec mon état de future ménopausée! Très active physiquement (elle marche et fait du yoga tous les jours), elle mange sainement et a choisi de ne pas avoir recours à la thérapie hormonale. J'admire son énergie et sa détermination à goûter chaque jour, en compagnie de mon père, les petits plaisirs de la vie : leçons d'espagnol, jardinage, lectures variées, créations de couture, visites de musées et d'expositions diverses, sorties familiales, etc. Jean Giono a déjà dit : « Les jours sont des fruits et notre rôle est de les manger. » Je crois que ma mère a compris cela il y a bien longtemps.

Et vous, peu importe votre âge, avez-vous le sentiment de déguster pleinement les fruits de la vie? Que pourriez-vous faire dès maintenant pour savourer encore davantage la saveur de vos journées?

Posez une action pour honorer votre engagement

Allez marcher au moins trente minutes dans votre quartier. Si vous êtes en période de péri-ménopause, le fait d'être active physiquement pourrait contribuer à limiter un éventuel gain de poids[19] mais aussi à réduire la fréquence et l'intensité de vos bouffées de chaleur[7].

Aujourd'hui, prenez soin de vous

Ne jetez pas votre citrouille après la fête de l'Halloween! Mis à part les patates douces et les carottes, les citrouilles contiennent une plus grande quantité de bêta-carotène que tout autre aliment[9]. Voici une façon simple de profiter de sa valeur nutritive. Une fois l'écorce enlevée, coupez la citrouille en cubes et mettez-la à cuire jusqu'à ce qu'elle devienne tendre. Une fois refroidie, congelez ensuite la citrouille cuite dans des sacs contenant environ une tasse (250 ml). Au cours de l'hiver, j'utilise cette « purée » de citrouille dans des gâteaux, des muffins et des biscuits. Tout comme la compote de pommes, elle rend ces desserts plus moelleux, sans ajouter de gras.

Novembre

Nous rapportons ces jours-ci
dans la douceur du foyer l'odeur de novembre :
feu de bois, laine mouillée
et givre.

Trois délicieuses recettes vous sont proposées :

Soupe rose d'automne, p. 567
Plat aux lentilles de Viviane, p. 568
Pain aux bananes, pacanes et graines de lin, p. 569

PREMIER PRINCIPE
ENDOSSEZ LE CHANGEMENT

1er novembre

J'ai décidé d'être heureux parce que c'est bon pour la santé.

VOLTAIRE

Nous aimons entretenir l'idée que le bonheur ne peut arriver que si toutes les conditions gagnantes sont réunies : maintenir un poids-santé, avoir notre propre maison, un conjoint, un meilleur salaire, etc. Il est évident que ces attributs ne sont pas négligeables, mais j'ai constaté, en observant les gens qui mènent une vie sereine et empreinte de contentement, qu'il est possible de goûter au bonheur quotidien quelles que soient les circonstances dans lesquelles nous évoluons.

L'aptitude au bonheur est une faculté qui réside dans l'individu et non dans les circonstances. C'est ce qui explique qu'il existe des personnes qui ont tout pour être heureuses : une famille unie, la santé, un travail intéressant, et qui pourtant ne le sont pas et d'autres, apparemment moins bien nanties, qui se disent parfaitement heureuses.

Quelle différence fondamentale y a-t-il entre ces deux types de personnes ?

Les premières attendent le bonheur, les secondes ont l'intime conviction de le porter en elles. Heureusement, l'aptitude au bonheur est une faculté qui se développe. Mais pour l'acquérir, nous devons au préalable être persuadées qu'en ce moment même, nous avons en nous tout ce qu'il faut pour être heureuses. Nous devons être convaincues que, peu importe notre poids, notre apparence ou les circonstances du moment, notre bonheur dépend principalement du regard que nous posons sur notre vie. Pour cette raison, je suis persuadée que nous pouvons, tout comme Voltaire, *décider* d'être heureuses. Nous pouvons choisir de vivre dès maintenant une vie empreinte de contentement en entrant en contact avec tout ce qui fonctionne déjà bien pour nous. Lorsque nous devenons conscientes des richesses que recèle notre vie, lorsque nous commençons à apprécier notre quotidien et à nous aimer telles que nous sommes, nous nous ouvrons à d'infinies possibilités en dépit des circonstances qui prévalent.

Mais par où commencer ?

Cela peut être aussi simple que de commencer à accepter avec gratitude les compliments que l'on vous fait. Il s'agit là d'une forme de respect que vous vous témoignerez et d'une façon de reconnaître que certaines choses vont déjà bien dans votre vie. Comme le dit si bien Stephanie Marston : « Un compliment est un cadeau verbal. Acceptez-le gracieusement et laissez-le faire son effet. » Vous ne vous en porterez que mieux.

Posez une action pour endosser le changement

Je vous invite à consommer au moins deux portions de viande ou de substitut (ex. noix, œufs, tofu, légumineuses telles que pois chiches, lentilles, haricots rouges). La plupart d'entre nous aimeraient manger plus souvent des légumineuses mais, bien souvent, nous ne savons pas trop comment les apprêter[5]. En cette période de l'année, j'aime bien manger de la soupe aux lentilles. Quand je suis trop pressée pour préparer une soupe maison, j'ajoute simplement une boîte de lentilles à une soupe de légumes en sachet ou en conserve. C'est une façon ultra-rapide d'ajouter des légumineuses au menu de ma famille.

Aujourd'hui, prenez soin de vous

Lorsqu'on vous fera un compliment, dites « merci » et rien de plus.

2 novembre

Personne ne vous donne la liberté – vous y croyez et vous la prenez.

KATHY ACKER

Je vois trois composantes essentielles dans ce message de l'écrivaine très libre qu'était Kathy Acker :

1. **Personne ne vous donne la liberté…** Cette idée sous-entend que *nous devons prendre la responsabilité* de ce choix et être autonomes dans notre démarche.
2. **… vous y croyez…** Pour réussir, *nous devons avoir la foi,* croire en nos rêves et être persuadées que nous pouvons atteindre nos buts.

3. **… et vous la prenez.** Une fois que nous avons endossé la responsabilité de notre démarche et que nous sommes convaincues que nous pouvons réussir, il ne nous reste plus qu'à *passer à l'action.*

Aujourd'hui, tout comme Kathy Acker, je vous invite à choisir la liberté. *Votre* liberté.

Comment ?

Gardez toujours à l'esprit que vous êtes libre d'opérer les choix que vous, et vous seulement, avez décidé d'intégrer à votre vie. Appropriez-vous cette liberté, et commencez dès maintenant à vivre la différence. N'attendez plus ! Prenez toute la place qui vous revient. Choisissez les aliments et les exercices qui vous conviennent. Déterminez votre emploi du temps. Et commencez à exprimer plus souvent vos besoins, à faire connaître vos limites, à faire valoir vos droits. Vous verrez bientôt comme liberté et santé sont étroitement liées.

Posez une action pour endosser le changement

Amenez une amie, un collègue ou votre conjoint pour aller marcher. Si vous bénéficiez du soutien d'un ou d'une partenaire, vous serez plus susceptible de maintenir votre programme de marche à long terme[10].

Aujourd'hui, prenez soin de vous

Libérez-vous des vêtements qui ne vous vont plus. Prenez vingt minutes pour examiner votre garde-robe et vos armoires et débarrassez-vous de tous les vêtements qui sont maintenant trop grands pour vous ou qui ne vous plaisent plus. Si vous êtes comme moi, cela vous fera le plus grand bien !

3 novembre

Le soleil accepte bien de passer par de petites fenêtres.
FREDERICK VAN EEDEN

Certains jours, nous avons l'impression que rien ne fonctionne et que le mauvais sort s'acharne sur nous. Dans ces périodes difficiles, rien de ce que nous faisons ne donne les résultats escomptés. Peut-être est-ce votre cas aujourd'hui. L'expérience m'a enseigné que dans ces moments sombres, si nous nous accrochons à de petites choses, la tempête finit par passer. Et nous survivons.

Une fois de plus.

Si vous vivez des temps difficiles à la maison ou au travail, essayez au cours de la journée de considérer que chaque petite action que vous accomplissez en matière d'alimentation ou d'exercice, aussi minime soit-elle, vous rapproche de vos objectifs. Accrochez-vous à votre quotidien. Voyez vos habitudes, telles que consommer une source de protéines le matin, boire six verres d'eau au cours de la journée ou encore faire votre marche bienfaisante, comme autant de balises qui jalonnent votre parcours, comme autant de petites lumières qui éclairent votre journée. La vie ne nous réserve pas que de bons moments, mais si nous apprenons à nous cramponner à nos saines habitudes lorsque la route se fait difficile, si nous prenons la peine de répéter ces gestes familiers qui nous apportent tranquillité d'esprit et réconfort, nous finirons par franchir chacun des passages délicats.

Posez une action pour endosser le changement

Où que vous alliez aujourd'hui, je vous encourage à repérer les escaliers et à vous efforcer de les emprunter. En plus de son action bénéfique sur votre cœur, cet exercice contribuera à tonifier les muscles de vos cuisses et de vos fesses.

Aujourd'hui, prenez soin de vous

Si votre journée n'a pas été de tout repos, je vous recommande de vous mettre au lit une heure plus tôt que d'habitude.

4 novembre

Vos diamants ne sont pas dans de lointaines montagnes
ni au fond des mers; ils sont dans votre propre cour,
mais vous devez creuser pour les y trouver.

RUSSELL H. CONWELL

Chacune d'entre nous a des talents, une combinaison unique de dons qui nous permettent de faire bien, tout naturellement, certaines choses. Ces talents naturels sont à l'œuvre quand une activité nous semble simple, facile, agréable. Peut-être ressentez-vous cette fluidité lorsque vous exécutez tranquillement des travaux de comptabilité, lorsque vous créez une toile ou encore lorsque vous nourrissez votre bébé.

Nous nous attarderons aujourd'hui à déceler ces talents naturels et à les utiliser dans notre démarche de santé. Voici pourquoi. Bien souvent, j'ai rencontré des femmes pleines de ressources qui croyaient ne pas avoir ce qu'il fallait pour maigrir. Elles se sentaient compétentes et efficaces à la maison ou au travail, mais avaient l'impression de n'être rien de cela lorsque venait le temps de perdre du poids. En fait, ce qui freinait ces femmes dans leur démarche de perte de poids, ce n'était pas un manque d'habiletés mais plutôt une utilisation insuffisante de leurs habiletés naturelles dans ce contexte.

Comme je soupçonne que ces femmes ne sont pas les seules dans cette situation, j'ai pensé qu'il était important de faire le petit exercice suivant. Alors si vous le voulez bien, prenez quelques instants pour énumérer trois de vos habiletés ou talents naturels, que ce soit dans un contexte social, professionnel, de loisirs ou autre. Par exemple :

- Je suis bien organisée au travail.
- Je me lie facilement d'amitié avec les autres.
- Je suis créative.

À présent, notez au moins trois de vos habiletés naturelles :

1. ____
2. ____
3. ____

Comme le dit si bien Dan Millman : « Vous ne pouvez augmenter votre valeur propre : vous pouvez seulement la découvrir. » Alors n'hésitez pas au besoin à faire un peu d'excavation pour découvrir vos « diamants ». Ensuite, prenez un moment pour voir de quelle façon ces talents peuvent être mis au service de votre démarche d'amaigrissement. Par exemple, votre talent d'organisation si apprécié au travail peut être mis à profit dans la planification de vos menus-santé pour la semaine, votre habileté naturelle à vous faire des amies peut être utile pour recruter des partenaires de marche. Enfin, votre créativité peut vous aider à réaliser un journal de bord attrayant dans lequel vous mettrez en mots et en images votre cheminement vers un poids-santé.

Vous voyez un peu ?

À présent, prenez le temps de réfléchir tranquillement. Voyez comment vos talents peuvent vous servir dans votre quête d'un poids-santé. Au besoin, relisez les exemples que j'ai donnés. Vos forces naturelles sont des richesses inestimables. Apprenez à les connaître et à les utiliser.

Posez une action pour endosser le changement

Je vous suggère d'essayer une recette à base de courge. L'automne est le moment idéal pour vous initier à leurs saveurs, car en cette saison, les courges abondent dans les épiceries. De plus, à cette époque de l'année, les courges sont particulièrement nutritives. En effet, les courges d'hiver en général (ex. la Butternut, la Buttercup ou la Hubbard), avec leur chair d'un riche orangé, sont de meilleures sources de caroténoïdes (en plus des vitamines, minéraux et fibres) que les courges d'été dont la chair est beaucoup plus pâle (ex. courgettes)[12]. Ma façon favorite d'apprêter une courge est la suivante : je la coupe en deux et la vide de ses graines. Je recouvre ensuite les moitiés d'une pellicule de cellophane et les mets à cuire cinq ou six minutes au micro-ondes jusqu'à ce qu'elles soient bien tendres. Après avoir retiré la chair orangée et bien sucrée avec une cuillère, je la réduis en purée avec un peu de beurre et de lait, du sel et du poivre. Un vrai régal ! Vous pouvez aussi incorporer la courge cuite à de la purée de pommes de terre.

Aujourd'hui, prenez soin de vous

Réservez au moins vingt minutes dans votre emploi du temps pour profiter des bienfaits d'une marche relaxante.

5 novembre

Quand des personnes changent quelque chose dans un certain domaine de leur vie, elles peuvent commencer par modifier la manière dont elles en parlent, leur façon d'agir, leur attitude ou une décision sous-jacente se rapportant à ce domaine.

JEAN ILLSLEY CLARKE

Aujourd'hui, j'aimerais que vous observiez la façon dont vous parlez de vous-même, que ce soit à d'autres personnes ou en votre for intérieur. Employez-vous des mots aimants et respectueux à votre égard ou avez-vous plutôt tendance à vous rabaisser, à vous critiquer ?

Il m'apparaît difficile de changer pour le mieux si nous entretenons continuellement un discours négatif à notre égard. Si vous avez tendance à être dure avec vous-même, je vous invite à vous inspirer du sage conseil de Jean Illsley Clarke et de commencer dès maintenant à changer la façon dont vous parlez de vous-même. Au cours de la journée, employez un discours intérieur bienveillant. Admirez ce que vous faites de bien. Adressez-vous des compliments. Trouvez-vous belle. En présence d'autres personnes, employez des termes positifs lorsque vous parlez de vous-même ou de vos réalisations. Vous dégagerez alors une impression d'équilibre et de confiance personnelle. Et, en retour, ces mêmes personnes vous renverront une image plus positive de vous-même. Mais, plus important encore, à force d'entretenir un discours bienveillant envers vous-même, vous deviendrez plus consciente de votre propre valeur personnelle.

Posez une action pour endosser le changement

Ne vous laissez pas décourager par le temps gris et sortez marcher au grand air. Un des nombreux bienfaits de l'exercice est qu'il aiderait à prévenir l'apparition de varices et contribuerait à en atténuer l'apparence. En effet, les varices apparaissent lorsque le sang a tendance à s'accumuler dans les veines de nos membres inférieurs plutôt que d'être poussé efficacement jusqu'au cœur. L'activité physique, en tonifiant et en activant les muscles de nos jambes, peut faciliter le transport de notre sang vers le cœur[26] et, ainsi, soulager la congestion veineuse.

Aujourd'hui, prenez soin de vous

Lorsque surgit dans votre esprit une pensée accablante du genre : « Il *faut* que je perde deux livres (1 kg) cette semaine », je vous invite à la remplacer par une pensée bienveillante qui vous encouragera à poursuivre votre démarche, telle que : « Chaque jour j'adopte des comportements qui m'aident à perdre du poids. Peu importe le changement, ce sera un pas dans la bonne direction. » Vous verrez comme le simple fait de modifier la perspective peut vous insuffler, en quelques instants, un regain d'énergie et d'optimisme.

6 novembre

Le rire est un tranquillisant sans effets secondaires.
ARNOLD GLASGOW

Il y a quelques jours, j'ai dû avoir recours à une double dose de ce « tranquillisant naturel ». Alors que j'entrais précipitamment dans l'auto pour aller conduire les enfants à l'école, je me suis rendu compte que ma fille de cinq ans avait laissé la fenêtre de la portière grande ouverte toute la nuit. Il faisait douze degrés Celsius sous zéro ce matin-là et la vitre était maintenant gelée dans cette position. Comme nous étions en retard, je me suis mise en route sans attendre. Alors que nous roulions, frigorifiés, en direction de l'école, nous avons entendu, un étrange « klonk » venant de sous la voiture. Un regard rapide au rétroviseur m'a permis de constater qu'une pièce, que je ne connaissais pas, traînait à présent sous notre mini-fourgonnette. Je décidai de poursuivre ma route, fermement résolue à ne pas accroître notre retard, lorsqu'un « ding-ding » persistant s'est fait entendre, indiquant à présent que ma portière grinçante ne voulait plus rester fermée... Tout en tenant ma portière d'une main et mon volant de l'autre, je poursuivais ma route en pestant contre ma mini-fourgonnette agonisante et frigorifiante. J'étais sur le point de lâcher un cri de rage quand, tout à coup, j'ai été prise d'un fou rire. Cinq paires d'yeux inquiets se sont ouverts à l'arrière du véhicule. La situation était vraiment trop cocasse et je n'arrêtais pas de rire. Mes enfants sont d'abord restés perplexes un instant puis se sont esclaffés, eux aussi, soulagés.

Il y avait longtemps que je n'avais autant ri avec eux. Trop longtemps. Nous sommes tous arrivés en retard ce matin-là. Mais nous étions détendus et de bonne humeur. Aujourd'hui, si rien ne semble aller, je vous invite à rire un bon coup. Cela ne changera peut-être rien à la situation mais, au moins, vous aurez eu quelques instants de plaisir et de détente. Et une bonne histoire à raconter.

Posez une action pour endosser le changement

Prenez quinze minutes afin d'organiser vos repas pour les prochains jours. Si vous trouvez que c'est trop de travail, ne planifiez que les soupers.

Aujourd'hui, prenez soin de vous

Pour la santé de votre corps et de votre esprit, je vous encourage à rechercher les occasions de rire et de vous amuser sainement. Entourez-vous de personnes avec qui vous avez du plaisir et qui ont le sens de l'humour. Le fait de rire et de nous amuser nous permet d'exprimer des émotions tout en relâchant la tension. Il a d'ailleurs été démontré que les gens qui rient beaucoup ont souvent une meilleure santé cardiovasculaire que les autres[4]. Alors, pourquoi nous en priver?

DEUXIÈME PRINCIPE
DÉTERMINEZ UN OBJECTIF RÉALISABLE

7 novembre

Nous gagnerions plus de nous laisser voir tels que nous sommes, que d'essayer de paraître ce que nous ne sommes pas.

La Rochefoucauld

Avez-vous déjà remarqué à quel point nous nous sentons à l'aise en compagnie d'une personne qui ne se prend pas trop au sérieux ou qui n'a pas peur de reconnaître ses petits manques? Nous nous sentons bien en sa compagnie parce que nous pouvons être naturelles, tout simplement nous-mêmes.

Aujourd'hui, pourquoi ne pas être cette personne pour nous-mêmes d'abord, puis pour les autres? Laissons tomber les façades. Laissons-nous voir telles que nous sommes et voyons tout ce que cela peut nous apporter de bon. Comme l'explique Melody Beattie : « En nous permettant d'être vulnérables, nous serons mieux en mesure d'établir des relations durables. En faisant connaître aux autres notre vulnérabilité, nous nous sentirons plus près d'eux et nous les aiderons à se sentir plus près de nous. Nous serons mieux en mesure de nous aimer et de nous accepter, de devenir des agents de guérison, de devenir pleinement nous-mêmes et accessibles aux autres. »

N'est-ce pas là une excellente chose?

Déterminez un objectif réalisable et passez à l'action

Assurez-vous de boire six verres d'eau. Si vous le désirez, prenez un instant pour inscrire dans votre journal de bord le nombre de verres d'eau que vous avez bus au cours de la journée.

Aujourd'hui, prenez soin de vous

Ne craignez pas d'être vous-même, même si cela vous oblige à paraître moins parfaite aux yeux des autres. Si vous commettez des erreurs au cours de la journée, soyez indulgente envers vous-même.

8 novembre

Qu'est-ce que la vie? C'est l'éclat d'une luciole dans la nuit. C'est le souffle d'un bison en hiver. C'est la petite ombre qui court dans l'herbe et se perd au couchant.

T. C. McLuhan

La vie est partout autour de nous. Et en nous aussi.

Contrairement à ce que nous sommes souvent portées à croire dans ce monde moderne, nous ne sommes pas en marge de la nature, extérieure à elle. De même qu'elle habite les cours d'eau et les forêts, la vie coule en nous. Lorsque nous sommes en santé et bien dans notre peau, nous découvrons cette extraordinaire énergie qui circule en nous et en chaque être vivant. Lorsque nous prenons soin de notre corps, nous faisons honneur à la vie.

Déterminez un objectif réalisable et passez à l'action

Essayez de faire au moins vingt-cinq minutes de marche rapide. Le fait de marcher d'un bon pas active notre cœur et l'aide à pomper plus efficacement l'oxygène dans toutes nos cellules, de la tête aux pieds. Voilà pourquoi une bonne marche agit comme un «tonique» pour le corps et l'esprit. De plus, le fait de pratiquer une activité physique de type cardiovasculaire aurait pour effet de réduire légèrement l'appétit[1,21].

Aujourd'hui, prenez soin de vous

Réservez-vous une quinzaine de minutes en fin de journée pour vous détendre dans un endroit paisible. Profitez-en pour prendre quelques profondes respirations et vous délester des tensions accumulées au cours de la journée.

9 novembre

Un jour, lorsque nous aurons dompté les vents, les océans, les marées et la gravité, nous devrons exploiter l'énergie de l'amour. Alors, pour la seconde fois dans l'histoire du monde, l'Homme aura découvert le feu.

TEILHARD DE CHARDIN

L'amour est énergie.

En apprenant à nous aimer chaque jour davantage, nous nous emplissons d'une énergie prodigieuse, aux pouvoirs illimités. Cette énergie vivante et contagieuse a le pouvoir de nous transformer et d'amener le meilleur de nous-mêmes à s'exprimer. Le plus beau dans tout cela, c'est que l'amour de soi est une ressource inépuisable, accessible à chacune d'entre nous.

Il suffit chaque jour de laisser cette énergie bienfaisante nous traverser et faire son œuvre.

Déterminez un objectif réalisable et passez à l'action

Je vous encourage à mettre bien en vue votre journal de bord et à y noter en couleur chacune de vos séances d'exercice (activité et durée). Donnez-vous comme objectif d'inscrire au moins cinq minutes d'exercice tous les jours (vingt à trente minutes serait l'idéal).

Aujourd'hui, prenez soin de vous

Apportez un soin particulier à la présentation de votre repas, même s'il ne s'agit que de votre lunch au bureau. Dans une vie où tout va vite, ces petits détails ont leur importance. Réservez les ustensiles de plastique pour les pique-niques et apportez de vrais couverts. Installez un petit napperon et versez votre boisson dans un joli verre. Prendre soin de soi – s'aimer –, c'est aussi cela.

10 novembre

S'aimer soi-même implique d'être capable d'admettre ses faiblesses en sachant que, même si les choses n'ont pas toujours été faciles, on a fait de son mieux. Quand on s'aime et qu'on s'accepte tel qu'on est, on n'a pas peur de grandir, d'apprendre et de changer.

JUDY FORD

Si les choses ne vont pas comme vous le souhaiteriez ces temps-ci, que votre perte de poids plafonne ou que vous avez tendance à reprendre du poids, ne soyez pas trop dure avec vous-même. Rien ne sert de vous critiquer ou de culpabiliser. Essayez plutôt de prendre un peu de recul pour comprendre la situation. Je vous invite ensuite à suivre ce conseil simple mais efficace de Kenneth Blanchard et Spencer Johnson, experts en management : « Prenez une minute : regardez vos objectifs. Regardez vos performances. Déterminez si vos comportements correspondent à vos objectifs. »

En prenant le temps d'analyser calmement vos comportements des dernières semaines, vous détecterez peut-être quelques failles, telles que des portions trop généreuses, des séances d'exercice moins fréquentes ou, encore, quelques « petites gâteries » en trop. Le but évidemment n'est pas de vous « punir » pour ces quelques écarts mais simplement de réajuster le tir. Si, en effet, au cours de cette autoévaluation, vous constatez que certains de vos comportements vont à l'encontre de vos objectifs, il vous sera alors possible de réagir en conséquence. Il est normal de devoir faire des ajustements en cours de route. Encore une fois, lorsque nous tentons de changer certains aspects de notre vie, l'important n'est pas d'avoir un parcours parfait, mais bien de ne pas laisser les difficultés éprouvées nous décourager.

Si au cours de la journée vous sentez votre motivation vaciller quelque peu, gardez à l'esprit ces propos réconfortants de Gertrude Jekyll : « Ne vous laissez pas décourager par tout ce qu'il y a à apprendre, car chaque nouveau pas est un peu plus confiant, chaque geste plus assuré. »

Déterminez un objectif réalisable et passez à l'action

Inscrivez en couleur dans votre agenda ou sur votre calendrier les séances d'exercice que vous prévoyez de faire au cours de la semaine.

Respectez ces engagements comme vous le feriez pour un rendez-vous important.

Aujourd'hui, prenez soin de vous

Prenez une petite demi-heure rien que pour vous. Vous pourriez en profiter pour vous servir votre boisson chaude favorite, donner un coup de fil à une amie ou tout simplement vous allonger.

11 novembre

Nous devenons ce que nous admirons.
GANDHI

Y a-t-il dans votre entourage des personnes que vous admirez pour leurs saines habitudes ? Une voisine que vous voyez marcher tous les jours, une belle-sœur qui planifie chaque semaine les repas pour sa famille ou encore une collègue de bureau qui se prépare des mets-santé ? Si c'est le cas, pourquoi ne pas vous joindre à elles pour cuisiner ou vous entraîner ? Le plaisir sera de la partie et vous apprendrez des tas de trucs qui vous aideront à progresser vers vos objectifs.

Comme l'explique Daphne Rose Kingma : « Grâce à un processus d'osmose presque mystique, la proximité engendre la transformation. Nous tirons avantage de l'essence d'une autre personne par les possibilités que nous nous voyons réaliser uniquement en étant près d'elle ; nous modifions certaines de nos façons d'être seulement et précisément parce que nous sommes en présence d'une autre personne. » Vous voyez maintenant pourquoi le choix de nos amies a tant d'importance ?

Déterminez un objectif réalisable et passez à l'action

Trouvez-vous quelques partenaires d'exercice. Il a été démontré que les femmes qui s'engageaient dans un programme de perte de poids accompagnées de trois amies complétaient dans quatre-vingt-quinze pour cent des cas ce programme (et 66 % d'entre elles maintenaient leur perte de poids après 10 mois), tandis que seulement soixante-seize pour cent des femmes qui s'inscrivaient seules terminaient le programme (et 24 % réussissaient à maintenir leur perte de poids)[24].

Tous les dimanches, vous pouvez prendre quelques instants pour téléphoner à vos partenaires de marche et leur demander à quel moment elles seront disponibles pour un entraînement avec vous au cours de la semaine. Notez ces «rendez-vous» sur votre calendrier ou dans votre journal de bord. En un clin d'œil, vous saurez donc avec quelle(s) amie(s) vous aurez le plaisir de marcher au cours des prochains jours.

Ces femmes sont plus que des partenaires d'entraînement, ce sont vos alliées. Tout comme vous, elles aspirent à une santé et à un bien-être meilleurs. «Il y a une profondeur d'intimité émotionnelle qu'échangent les femmes avec d'autres femmes qui existe rarement chez les hommes», fait remarquer Stephanie Marston. «Les femmes aiment explorer leur paysage intérieur – pas d'horaire, pas de résultat attendu – simplement pour écouter et être écoutées.» N'hésitez donc pas à partager avec ces partenaires féminines vos objectifs, vos difficultés. Vous vous offrirez ainsi un soutien mutuel inestimable.

Aujourd'hui, prenez soin de vous

Lorsque vous appliquerez votre crème pour le visage aujourd'hui, prenez votre temps. Ce petit rituel de beauté mérite toute notre attention mais, trop souvent, nous procédons rapidement et machinalement. Cette fois, prenez le temps de masser votre peau avec douceur. Tout en faisant pénétrer la crème, appréciez vos traits, le contour de votre visage et votre cou. Un peu d'attention à soi matin et soir peut faire beaucoup de bien!

12 novembre

L'ingrédient le plus indispensable de toute bonne cuisine maison, c'est l'amour envers ceux pour qui vous cuisinez.

SOPHIA LOREN

La cuisine devrait être un lieu où règnent la bonne humeur et l'amour. Le fait de préparer des plats nourrissants pour notre famille est un geste d'amour, de respect et de partage. Hélas, nous l'oublions trop souvent lorsque nous nous retrouvons, à dix-sept heures trente, épuisée par notre journée, sans la moindre idée de ce que nous pourrions bien préparer pour le souper.

Une façon de réintroduire le plaisir dans la cuisine est d'impliquer nos enfants dans le processus. Dans le tourbillon du quotidien, faute de temps, nous préférons souvent nous organiser seules à l'heure des repas mais de temps à autre, il peut être très agréable de s'entourer de jeunes marmitons. Les vendredis soir et les fins de semaine sont des moments privilégiés pour ce genre d'expérience. Mes enfants adorent feuilleter mes livres de cuisine et, lorsque le temps ne presse pas, j'aime les laisser choisir des recettes et m'aider dans la préparation. Mes plus vieux aiment beaucoup cuisiner avec moi et peuvent à présent laver les légumes, les éplucher, mesurer les ingrédients, retourner des crêpes, couper ou râper du fromage, casser des œufs et préparer des recettes simples qui ne demandent pas de cuisson. C'est super! Mes enfants m'aident, ils sont fiers d'eux, et en prime, j'ai remarqué que lorsqu'ils participent à la préparation du repas, ils sont toujours plus enclins à essayer de nouveaux aliments.

Peut-être avez-vous remarqué ce phénomène chez vous aussi.

Déterminez un objectif réalisable et passez à l'action

Choisissez avec vos enfants une recette-santé et préparez-la ensemble. Une étude a révélé récemment que les deux choses qui motivaient le plus les enfants à adopter des habitudes de vie plus saines étaient le fait de recevoir des encouragements et celui de procéder par petits objectifs à leur portée[2]. Vu sous cet angle, cuisiner en famille peut être une merveilleuse façon d'apprendre.

Aujourd'hui, prenez soin de vous

Que vous soyez seule ou en famille pour prendre le repas, je vous invite à vous donner la peine de mettre une nappe fraîche ou de jolis verres. Comme le fait si justement remarquer la journaliste Geneviève St-Germain : « Manger bien et beau, dans un environnement choisi, fait partie de ces détails qui font que vivre est un plaisir. »

TROISIÈME PRINCIPE
ABAISSEZ VOTRE POIDS-CONSIGNE

13 novembre

La réalisation d'un acte intelligent
est en elle-même source de plaisir.
GÉRARD CHARPENTIER

Quel délice que de mettre à l'essai un nouveau comportement et, après une période d'adaptation, de le voir s'intégrer avec fluidité dans notre quotidien ! Le plaisir et la satisfaction ressentis peuvent être des éléments de motivation importants si nous nous efforçons de les apprécier. Lorsque nous prenons le temps de célébrer ces changements positifs, ne serait-ce que mentalement, nous nous imprégnons de ces petites victoires et créons ainsi un renforcement positif. En effet, plus nous retirerons de satisfaction de nos nouveaux comportements, plus nous aurons tendance à les répéter.

C'est aussi simple que cela !

Posez une action pour abaisser votre poids-consigne

Je vous suggère d'inclure quelques exercices de musculation dans votre routine. Ce type d'exercice serait particulièrement bénéfique pour nous les femmes. En effet, des chercheurs de l'Utah ont suivi un groupe de femmes dans la quarantaine à qui l'on avait prescrit soit un programme de marche (3 fois/sem. pendant 12 sem.), soit un programme de musculation à la maison (3 fois/sem. pendant 12 sem.)[22]. Leurs travaux ont montré que les femmes qui marchaient avaient davantage amélioré leur *capacité cardiovasculaire,* tandis que celles qui avaient fait de la musculation avaient davantage amélioré leur *force musculaire.* Cependant, les participantes qui avaient fait des exercices de musculation ont démontré une plus grande amélioration de leur image corporelle que les marcheuses. Le fait de s'entraîner et de « travailler fort » physiquement pourrait donc engendrer des effets positifs sur notre image corporelle. Alors pourquoi s'en priver ?

Que ce soit à la maison avec des poids et haltères, devant une cassette vidéo d'exercice ou encore dans un centre de conditionnement physique, je vous encourage donc à inclure une séance d'exercices de musculation dans votre journée. Lorsque vous aurez complété votre séance d'entraînement, goûtez au plaisir de sentir votre corps plus ferme et plus en santé. Prenez un instant pour apprécier l'agréable sensation de détente et de satisfaction personnelle qui vient avec le sentiment du devoir accompli.

Aujourd'hui, prenez soin de vous

Je vous invite à inclure la patate douce dans votre menu. Délicieusement sucrée et très colorée, elle est aussi extrêmement riche en caroténoïdes (bêta-carotène). Ces composés naturels auraient une influence positive sur notre système immunitaire, nous permettant de mieux combattre les infections[3]. Vous pouvez servir la patate douce en accompagnement, seule ou mélangée à de la purée de pommes de terre ou encore la couper en cubes et la mettre à mijoter dans vos ragoûts. Pour la cuire, vous pouvez tout simplement la faire bouillir et la peler ensuite. Vous pouvez aussi la cuire au four (40 à 50 min.) ou encore au micro-ondes, de quatre à six minutes, en ayant piqué la pelure au préalable avec une fourchette.

14 novembre

Vous ne deviendrez jamais une personne gâtée
si vous faites votre propre repassage.
MERYL STREEP

Même les plus grandes stars, les femmes les plus riches ne peuvent payer quelqu'un d'autre pour faire l'exercice à leur place… Pour atteindre nos objectifs de santé, nous devons y mettre les efforts et surmonter un à un les obstacles qui se dressent sur notre route.

Selon les auteurs de l'ouvrage *Réussir un jour à la fois*, la réussite est un « mets » qui contient toujours un certain nombre d'ingrédients de base :

- Un désir profond et inébranlable d'atteindre un objectif que nous avons déjà clairement défini ;
- Un travail systématique et continu afin d'atteindre cet objectif en balayant tous les facteurs et barrières qui peuvent nuire à l'atteinte de cet objectif ;

- La capacité de reconnaître et de célébrer la réalisation d'un objectif.

Le deuxième point me frappe en particulier aujourd'hui, car plusieurs obstacles se sont présentés sur mon chemin durant les derniers jours et m'ont empêchée de suivre mon programme d'exercice habituel. Je vois là un « signal d'alarme » et je désire y remédier dès aujourd'hui. Je vous invite à faire de même si vous constatez qu'un obstacle quelconque vous empêche de maintenir votre programme d'entraînement.

Vous trouverez ci-dessous quelques-uns des obstacles les plus souvent rencontrés par les femmes qui désirent perdre du poids :

- Le manque de temps ;
- Le manque de motivation ;
- Le manque d'enthousiasme des autres membres de la famille pour ce nouveau style de vie ;
- Le manque de résultats ;
- Le découragement ;
- Le manque d'intérêt pour l'exercice.

Prenez un instant pour déceler l'obstacle principal qui nuit présentement à votre démarche et efforcez-vous ensuite de trouver trois moyens d'éliminer cette barrière.

Par exemple, l'obstacle principal vécu par Lise est « le manque de motivation pour faire de l'exercice ». Voici les trois solutions qu'elle va mettre de l'avant pour le surmonter :

1. Plutôt que de me réinscrire au cours d'aquaforme que je n'apprécie pas tellement, je commence à faire de la marche, une activité qui me plaît davantage ;
2. Je demande à mon amie Sylvie de marcher avec moi ;
3. Au lieu de me lever plus tôt pour faire ma marche le matin, j'y vais en soirée quand les enfants sont couchés et que je ne suis pas pressée.

À vous maintenant !

Posez une action pour abaisser votre poids-consigne

Si vous avez envie de tonifier les muscles de vos mollets, je vous suggère cet exercice tout simple, recommandé par Janie Barette, physiothérapeute. Sur une marche ou un annuaire, sur la plante d'un seul pied (de façon à ce que le talon soit dans le vide), descendez le talon plus bas que la marche, puis montez sur la pointe du pied. Passez ensuite à l'autre pied. Variez les répétitions en fonction de vos capacités.

Aujourd'hui, prenez soin de vous

Si vous vivez une période difficile et que vous avez tendance à vous offrir des sucreries ou toute autre nourriture réconfortante parce que « vous le méritez bien », souvenez-vous qu'il est vrai que vous méritez vraiment ce qu'il y a de mieux, c'est-à-dire de *prendre soin de votre corps et de votre esprit. Vous méritez de faire une marche* dans votre quartier pour vous détendre. *Vous méritez de vous étendre* pour écouter votre musique préférée. *Vous méritez de prendre vingt minutes* de tranquillité pour faire votre programme d'exercices de relaxation.

15 novembre

Je n'aime pas le travail, nul ne l'aime ; mais j'aime ce qui est dans le travail, l'occasion de se découvrir soi-même.

JOSEPH CONRAD

Je tiens à vous rassurer, il n'est pas nécessaire d'aimer faire du sport ou d'aimer cuisiner pour atteindre votre poids-santé. Vous devez simplement avoir envie de prendre soin de vous et être prête à découvrir de nouvelles facettes de votre personne dans la poursuite de vos objectifs. Le reste se fera avec le temps.

Pour réussir cependant, il est essentiel de ne pas considérer votre démarche comme un mauvais moment à passer mais bien comme une occasion de vous réaliser. Souvenez-vous que vous n'êtes pas une victime que l'on force à changer ses habitudes de vie. Au contraire, le travail que vous investissez dans votre santé est une source de liberté et d'autodétermination. « À chaque instant, une femme fait un choix entre l'état de reine et l'état d'esclave », nous rappelle Marianne Williamson. Et le fait de choisir tel ou tel aliment, telle activité plutôt qu'une autre, est une façon d'accéder à l'un ou l'autre de ces états.

Posez une action pour abaisser votre poids-consigne

Je vous suggère d'ajouter des fibres à votre petit-déjeuner et à celui de vos enfants. Une étude montre[23] en effet que les enfants qui ont un surplus de poids et qui consomment un déjeuner à faible indice glycémique (riche en fibres) mangent moins au dîner que ceux qui ont mangé un déjeuner à indice glycémique élevé (faible en fibres), et ce, même s'ils ont consommé le même nombre de calories au petit-déjeuner. Une façon très simple d'y parvenir est d'ajouter, comme je l'ai fait ce matin, quelques cuillérées de céréales riches en fibres (ex. All Bran ou Bran Buds de Kellogg's) dans les céréales pour déjeuner.

Aujourd'hui, prenez soin de vous

Je vous invite à boire six verres d'eau.

16 novembre

Nous avons tous la nostalgie des mets de chez nous. Chacun éprouve de la nostalgie pour la simplicité et le bon goût des mets que nous savourions autrefois à la ferme ou dans le village natal que nous avons quitté.

CLEMENTINE PADDLEFORD

Quels sont les plats, les saveurs, de votre enfance? Quels sont les mets que vous considérez comme réconfortants? Les mets simples et en particulier ceux qui ont une texture et une saveur douce font souvent partie de nos préférés. Pour ma part, le pâté chinois de ma mère demeure un des mets les plus réconfortants qui soient. Les œufs brouillés accompagnés de rôties beurrées, la crème caramel et un grand bol de chocolat chaud viennent ensuite.

Et vous, quels sont les plats, les aliments qui vous font chaud au cœur?

On croit souvent à tort que le fait d'adopter des habitudes de vie saines implique nécessairement un sevrage total de ces petits plaisirs de la vie. Mais personnellement je suis persuadée qu'une vie saine et équilibrée doit comporter des sources de plaisir variées, telles que :

- Le plaisir de bien dormir après une journée de travail ;
- Le plaisir de s'adonner à une activité physique agréable ;
- Le plaisir de s'amuser entre amies ;
- Le plaisir de se détendre seule ou en famille ;
- Et, bien sûr, le plaisir de savourer ses mets favoris.

Posez une action pour abaisser votre poids-consigne

Augmentez légèrement soit la *durée*, soit l'*intensité* ou encore la *fréquence* de vos séances d'exercice. En modifiant l'une de ces trois composantes de votre entraînement, vous enclencherez ou accélérerez votre perte de poids[20].

Aujourd'hui, prenez soin de vous

Préparez l'un de vos mets favoris. Il arrive que l'on puisse créer une version « santé » de ces mets, mais mon expérience est qu'il est généralement mieux de s'en tenir à la version originale.

17 novembre

Tout ce que nous acceptons réellement dans notre vie change.
KATHERINE MANSFIELD

J'ai l'impression que nous consacrons beaucoup de temps et d'énergie vitale à masquer les signes de notre vieillissement : les cheveux gris, les petites rides, les bourrelets… Nous avons beau nier le passage du temps, la vie n'a malheureusement pas besoin de notre permission pour opérer ses changements. La ménopause en est un exemple concret. Sa venue en bouscule plus d'une parmi nous, nous obligeant à prendre conscience de notre âge physiologique. À cette prise de conscience s'ajoute aussi, bien souvent, la crainte de grossir.

Des études récentes indiquent toutefois que le gain de poids n'est pas un élément inévitablement associé à la ménopause. En effet, des chercheurs de Pittsburgh ont suivi pendant cinq ans l'évolution du poids de plus de cinq cents femmes en période de ménopause. Leurs résultats, encourageants, ont montré que cinquante-cinq pour cent de celles qui avaient suivi un programme prônant une saine alimentation et une vie active ont soit maintenu leur poids, soit maigri, tandis que seulement vingt-six pour cent de celles qui n'avaient pas changé leur style de vie ont réussi à faire de même[19]. Nous ne pouvons pas contrôler notre corps – et son vieillissement –, mais cette étude met en lumière le fait qu'il nous est toujours possible de contrôler *nos comportements* et *les choix de vie* que nous faisons.

Et je trouve cela infiniment réconfortant. Pas vous ?

Posez une action pour abaisser votre poids-consigne

Habillez-vous confortablement et sortez marcher au moins trente minutes. Si vous désirez augmenter l'intensité de votre séance d'exercice, je vous suggère de marcher en tenant un petit haltère dans chaque main ou, encore, en mettant des poids à vos chevilles – vous savez, les modèles qui s'attachent avec des bandes velcro.

Aujourd'hui, prenez soin de vous

Prenez quelques minutes dans votre bain ou au cours de votre marche pour apprécier votre corps tel qu'il est présentement. Sentez-le bouger et prenez conscience de la vie qui circule dans chacun de vos membres, de vos cellules. Dites-vous que même si l'âge le modifie progressivement, les saisons de la vie ne peuvent effacer votre vitalité et votre joie de vivre.

18 novembre

Ne vous énervez pas; cela ne règle rien
et vous donne une drôle de démarche.
KATHRYN CARPENTER

Avez-vous une drôle de démarche ces temps-ci ?

Il est étonnant de voir à quel point notre corps et notre état de santé en général reflètent assez fidèlement notre niveau de tension. Il y a quelques années, j'ai commencé à avoir de vives migraines. Ces migraines, qui revenaient de plus en plus souvent, pouvaient durer quelques jours et m'obligeaient à m'allonger. À cette époque, mon travail et mes divers engagements m'accaparaient beaucoup. Après mûre réflexion, j'ai décidé petit à petit d'épurer mon agenda. Et, petit à petit... mes migraines se sont espacées. Depuis, je n'en ai pratiquement plus. Et lorsqu'une migraine se pointe, je sais d'emblée que c'est parce que j'en fais trop.

Les *situations* stressantes sont inévitables. Cependant, il n'est pas normal que notre *vie* soit chroniquement stressante. Le stress chronique mine notre moral et notre santé, et il est primordial de l'éviter. Lorsque nous incluons régulièrement des moments de repos et de ressourcement dans nos journées, nous faisons preuve de respect envers nous-mêmes.

Posez une action pour abaisser votre poids-consigne

Échangez votre dessert habituel contre un fruit.

Aujourd'hui, prenez soin de vous

Au moment qui vous convient, réservez-vous au moins une demiheure rien que pour vous détendre. Voici quelques suggestions :

- Faites quelques étirements;
- Faites-vous masser les épaules;
- Écrivez une lettre à une amie;
- Installez-vous confortablement dans un fauteuil, fermez les yeux et rêvassez;
- Prélassez-vous dans un bain relaxant;
- Écoutez votre musique favorite allongée sur le divan;
- Louez un bon film;
- Lisez le dernier numéro de votre revue préférée.

QUATRIÈME PRINCIPE
APPRENEZ À RESPECTER VOS SIGNAUX INTERNES

19 novembre

Les gestes nobles et les bains chauds
sont les meilleurs remèdes contre la dépression.
DODIE SMITH

Quand tout va mal, quand nous nous sentons lasses, déprimées, il arrive que nous cherchions refuge dans la nourriture. Certaines d'entre nous vont grignoter sans cesse au fil de la journée, d'autres vont manger de grandes quantités d'aliments en peu de temps. Bien que le fait de manger puisse nous apaiser momentanément, nous savons fort bien que la seule chose qui restera de ce grignotage, ce sont les remords et les kilos. Il serait donc fort utile de trouver des solutions de rechange à ce comportement.

On croit souvent que pour maigrir, il faut faire des efforts à longueur de journée. Cependant, si vous examinez de plus près vos habitudes au cours d'une journée, vous constaterez probablement que, tout comme pour la plupart d'entre nous, vos moments de « vulnérabilité » face à la nourriture surviennent à peu près toujours aux mêmes heures ou dans les mêmes circonstances et qu'un certain rituel de « grignotage » s'est instauré machinalement.

La première étape pour réduire le problème sera donc de découvrir quels sont ces moments où vous êtes plus vulnérable aux fringales. Est-ce au retour du travail ? devant la télévision ? Est-ce en période de stress ? Prenez un moment pour décrire brièvement ces situations sur une feuille de papier ou encore dans votre journal de bord. Par exemple, Chantale décrit comme suit la situation : « Lorsque je rentre du travail, je suis stressée, affamée et fatiguée. Je mange tout ce qui me tombe sous la main. » Voici donc le « moment de vulnérabilité » sur lequel elle devra travailler. Visiblement, Chantale a très faim en fin de journée et elle a de la difficulté à garder le contrôle face à la nourriture. Elle doit aussi trouver un moyen de se détendre autrement qu'en mangeant.

La deuxième étape consistera à mettre en place un mini-plan d'action qui vous permettra d'opérer des choix plus sains dans ces circonstances spécifiques. Pour ce faire, prenez quelques instants pour établir et noter trois comportements (ou stratégies) qui pourraient remplacer ce rituel de grignotage. Par exemple, dans le cas de Chantale, voici les trois stratégies qu'elle compte mettre en place :

1. Après ma journée de travail, je prends quelques instants pour manger une collation-santé au bureau.
2. En arrivant à la maison, je mets ma musique préférée et je prends quelques minutes pour me détendre en buvant un rafraîchissement.
3. Je prépare à l'avance la fin de semaine des repas-santé que je congèle. Quand j'arrive le soir, il ne me reste qu'à faire réchauffer mon repas.

Voici à présent l'exemple de Stéphanie : « Quand je me dispute avec mon conjoint ou quand je vis des difficultés au travail, j'ai tendance à perdre le contrôle face à la nourriture. » Apparemment, le stress et les situations chargées d'émotions ont tendance à créer chez Stéphanie une certaine vulnérabilité face à la nourriture.

Pour y faire face, Stéphanie a choisi de mettre en place les trois stratégies suivantes :

1. Même lorsque ce n'est pas facile, j'essaie d'exprimer mes besoins et mes émotions à mon conjoint. Je ne garde pas tout en « dedans ».
2. Au travail, j'évite de me mettre de la pression sur les épaules en acceptant trop de responsabilités. Quand je peux, je délègue.
3. Je n'achète que des petits formats de mes gâteries préférées (crème glacée et biscuits). De cette façon, je peux limiter les « dégâts » en cas de fringale.

À vous maintenant de découvrir ce qui déclenche vos épisodes de grignotage ou de perte de contrôle face à la nourriture. Prenez ensuite quelques instants pour trouver trois stratégies qui vous aideront à soulager ce problème. Dès que vous sentirez poindre les facteurs déclencheurs, passez à l'action !

Posez une action pour respecter vos signaux internes

Au cours de la journée, plutôt que de recourir à la nourriture pour vous apaiser, mettez en œuvre votre mini-plan d'action.

Aujourd'hui, prenez soin de vous

Si vous vous sentez morose, laissez faire la douche « express » et optez plutôt pour un bon bain chaud. Pourquoi ne pas en profiter pour essayer les très agréables boules effervescentes pour le bain ? De la taille d'une balle de tennis, ces boules à base de bicarbonate de soude fondent dans l'eau du bain dans un tournoiement de petites bulles effervescentes légèrement parfumées. Relaxation garantie !

20 novembre

On finirait par devenir fou, ou par mourir,
si on ne pouvait pas pleurer.
GUY DE MAUPASSANT

Je partage votre avis, monsieur de Maupassant.

Sur l'épaule de notre conjoint, devant un film ou dans l'intimité de notre chambre, il nous arrive toutes de pleurer. De tristesse, de rage, de joie, de fatigue… Il y a des périodes dans notre vie où nous pleurons plus souvent. Des moments dans le mois où nous avons la larme facile. Les larmes font partie de nos vies et c'est très bien comme ça.

Mon but aujourd'hui n'est pas de vous inciter à pleurer. Mais j'aimerais seulement que cette petite douche oculaire ne soit plus perçue comme quelque chose d'inutile ou de honteux. Lorsque nous pleurons, nous nous exprimons, nous vidons un trop-plein d'émotions, nous gérons notre stress. Bien souvent, si nous « mangeons nos émotions », c'est que nous laissons les émotions nous étouffer, prendre le dessus et contrôler notre comportement.

Alors voici mon conseil : la prochaine fois que vous vous sentirez triste, plutôt que de vous diriger vers le frigo, prenez quelques instants pour vivre cette émotion. Vivez-la tout simplement. Laissez la tristesse vous habiter et pleurez si vous en avez envie. Parlez-en à une amie ou à un proche, ou, si vous préférez, écoutez de la musique triste ou nostalgique et laissez-vous transporter par elle. « La musique parle aux blessures qui n'ont pas de mots pour s'exprimer », nous dit Julia Cameron, écrivaine et compositrice de musique. Alors n'hésitez pas à libérer et à exprimer vos émotions, même si cela implique que vous versiez quelques larmes. Lorsque nous exprimons ce que nous ressentons, nous nous libérons sainement de la tension accumulée.

Posez une action pour respecter vos signaux internes

Assurez-vous d'inclure une portion de protéines dans votre petit-déjeuner (ex. œuf, beurre d'arachide ou d'amande, noix, jambon, cretons faibles en gras, etc.). Vous resterez rassasiée plus longtemps au cours de l'avant-midi.

Aujourd'hui, prenez soin de vous

Au moment qui vous convient, sortez marcher tranquillement, une vingtaine de minutes, rien que pour vous détendre et vous changer les idées.

21 novembre

Les enfants n'ont pas peur d'essayer de nouvelles choses ;
ils n'ont pas peur d'échouer et d'essayer encore.
Alors, pourquoi nous, les adultes, sommes-nous si obsédés par l'échec
– le nôtre et celui de nos enfants ? Pourquoi est-ce si difficile
de laisser nos enfants se classer dans la moyenne ou faire des erreurs ?
Pourquoi sommes-nous si angoissés dès qu'ils font des gaffes ?
JUDY FORD

La pression que nous exerçons sur nos enfants est une extension de la pression que nous mettons sur nous-mêmes. Bien souvent, nous voyons nos enfants comme un prolongement de nous-mêmes, de notre corps, de nos comportements.

Un jour, j'ai reçu un courriel d'une mère me disant qu'elle voulait faire maigrir sa fille de treize ans. D'après les informations qu'elle m'avait données, sa fille avait pourtant un poids-santé. Dans la même semaine, cette jeune adolescente m'avait envoyé un message me disant qu'elle cherchait par tous les moyens à maigrir et désirait avoir des conseils. La pauvre !

Si vous et moi voulons avoir des enfants en bonne santé et bien dans leur peau, nous devons commencer par le devenir nous-mêmes ! Ce qui va suivre n'est pas particulièrement agréable à lire, mais je me sens l'obligation d'informer les parents de l'impact que peut avoir sur la santé de leurs enfants leur attitude à l'égard du poids.

Voici donc les faits :

- Quarante-six pour cent des filles et quarante-trois pour cent des garçons que les mères encouragent à maigrir ne font pas d'embonpoint[8].
- Les filles que les parents encouragent à maigrir sont plus susceptibles de fumer, d'utiliser des laxatifs ou des diurétiques, que les autres enfants[6].
- Les garçons que les mères encouragent à maigrir sont sept fois plus à risque de souffrir de compulsion alimentaire que les autres[8].
- Les fillettes enveloppées âgées de cinq à neuf ans peuvent déjà développer une attitude négative face à leur corps et tenter de maigrir. Il a cependant été démontré qu'à cet âge, le fait de vouloir contrôler son poids engendre le plus souvent un gain de poids[18].

Aujourd'hui, lâchons prise face à la perfection, celle que nous nous imposons et celle que nous imposons trop souvent à nos enfants. Laissons nos enfants jouir de la vie et faisons de même. Le meilleur service que nous pouvons leur rendre est d'adopter nous-mêmes un style de vie sain. Le reste se fera naturellement.

Posez une action pour respecter vos signaux internes

Attendez de ressentir la faim avant de vous servir quelque chose à manger. Avec une alimentation maintenant plus riche en fibres et légèrement plus riche en protéines, il est possible que vous soyez rassasiée plus rapidement et ayez besoin de moins de nourriture pour vous satisfaire[7].

Aujourd'hui, prenez soin de vous

Lâchez prise face à la perfection. Faites-le pour vous. Faites-le pour vos enfants. Au cours de la journée, que vous soyez au travail ou à la maison, apprenez à faire les choses simplement en recherchant le plaisir plutôt que la performance. Vous n'avez pas à être parfaite. *Simplement vous-même.*

22 novembre

C'est ce que nous voulions tous quand nous étions enfants – être aimés et acceptés tels que nous étions alors, non lorsque nous serions plus grands ou plus minces ou plus jolis... et nous le voulons encore... mais nous ne l'obtiendrons pas d'autrui tant que nous ne l'aurons pas obtenu de nous-mêmes.

LOUISE HAY

Certaines d'entre nous ont vécu dans des familles qui leur renvoyaient dès leur enfance une image négative d'elles-mêmes. Comme nous l'explique Melody Beattie dans son livre *Au-delà de la codépendance*, il peut être très douloureux de sentir que nous ne sommes pas aimées pour ce que nous sommes. Il en résulte souvent que nous intégrons ces messages négatifs et que nous vivons sous leur emprise. Nous devenons alors très dures envers nous-mêmes et avons tendance à être intransigeantes.

Pour continuer de progresser vers la santé et le bien-être, cependant, il est nécessaire de nous « reprogrammer » en nous envoyant nous-mêmes des messages positifs. Si l'approbation et l'amour inconditionnel ne sont pas venus de notre entourage, alors il devient crucial et urgent qu'ils viennent de l'intérieur. Lorsque nous commencerons à croire que nous sommes réellement une personne bien, alors les portes du changement et de la croissance s'ouvriront.

Posez une action pour respecter vos signaux internes

Si vous n'avez pas d'appétit le matin, il est possible que ce soit parce que vous mangez après le souper. Si tel est le cas, essayez de ne pas manger après vingt heures pendant quelques jours et voyez si cela ne vous ouvre pas l'appétit à l'heure du petit-déjeuner.

Aujourd'hui, prenez soin de vous

Efforcez-vous tout au long de la journée de nourrir une image positive de vous-même. Puis, soyez attentive à ce qui va se produire. Vous trouverez ci-dessous quelques suggestions d'actions qui, selon Melody Beattie, favorisent l'affirmation de soi et une saine estime personnelle :

- Définir et écrire ses buts ;
- Utiliser la visualisation ;
- Faire de l'autosuggestion, moyen par lequel nous nous efforçons de penser de manière positive ;
- S'entourer d'amis qui croient en nous ;
- Prendre du temps pour se relaxer et avoir du plaisir ;
- Célébrer nos succès et nos réalisations ;
- Faire de l'exercice et avoir une saine alimentation ;
- Adopter une attitude reconnaissante ;
- Se dire souvent qu'on s'aime.

Ne vous inquiétez pas si ces gestes ne vous viennent pas naturellement au début. À force de les effectuer et de vous affirmer, vous deviendrez habile et à l'aise avec ces comportements.

23 novembre

Vous n'avez pas épousé l'homme qu'il vous fallait. Vous êtes devenue enseignante plutôt que chanteuse country. Vous n'avez pas terminé vos études universitaires, ne vous êtes pas engagée dans un organisme de coopération, n'êtes pas allée vivre à New York. Si vous l'aviez fait, votre vie aurait été différente. Mais pas nécessairement meilleure. *Car c'est* nous, *et non les circonstances extérieures, qui déterminons la qualité de notre vie.*

SARAH BAN BREATHNACH

Aujourd'hui, je vous invite à apprécier votre vie pour tout ce qu'elle est en ce moment. « Regardez votre vie de plus près, votre univers quotidien ainsi que les gens et les activités qui s'y trouvent », nous enjoint de faire Melody Beattie. « Si tout vous était arraché d'un coup, qu'est-ce qui vous manquerait ? Quelles vues, quels sons, quelles odeurs ? La vue de la fenêtre de votre cuisine vous manquerait-elle ? [...] Et ces jouets éparpillés ou le bébé qui pleure parce qu'il a faim ou qu'il est mouillé ? Et les bruits de la ville où vous vivez, quand elle s'éveille chaque matin ? Et l'odeur de votre petite fille après son bain ? Ou lorsqu'elle rentre et qu'elle a froid après avoir joué dans la neige ? »

«Alors que vous êtes reconnaissant, poursuit-elle, n'oubliez pas d'exprimer une pure gratitude pour la beauté réelle de l'ordinaire. Nous pouvons aisément négliger l'ordinaire, le tenir pour acquis. Le soleil se lève et se couche, les saisons vont et viennent, et nous oublions à quel point le familier est beau et sensationnel.»

En témoignant de la gratitude à l'égard de notre situation actuelle – quelle qu'elle soit –, nous ne renonçons pas à notre évolution ou à l'amélioration de cette situation. Au contraire, je crois profondément que de témoigner de la gratitude pour toutes les choses dans notre vie, même les plus pénibles, accélère notre croissance personnelle en nous ouvrant aux enseignements de la vie. Chaque expérience qu'il nous est donné de vivre peut nous apprendre quelque chose sur nous-mêmes ou sur la vie. Et si cet apprentissage tarde à se manifester, la gratitude aura, à tout le moins, empreint nos journées d'un peu plus de sérénité.

Posez une action pour respecter vos signaux internes

Consommez au moins deux portions de produits céréaliers de grains entiers au cours de la journée. Une excellente façon d'augmenter votre consommation de grains entiers est de choisir des céréales de qualité pour déjeuner. Je vous suggère de privilégier celles qui contiennent quatre grammes ou plus de fibres par portion de trente grammes. Il y en a de plus en plus sur le marché, il suffit de prendre quelques instants pour lire les étiquettes. Personnellement, j'aime beaucoup les produits de l'entreprise canadienne Nature's Path (tels que leurs Flocons huit grains, leurs Flocons Heritage ou encore les Flax Plus aux graines de lin). En plus d'être très riches en fibres, elles sont de culture biologique.

Aujourd'hui, prenez soin de vous

Prenez toute l'énergie que vous consacrez aux pensées négatives que vous entretenez à l'égard de votre vie (votre apparence, vos relations, votre travail, etc.) et transformez cette énergie en gratitude. Pour chaque pensée accablante ou frustrante que vous ressentirez à propos de votre vie au cours des vingt-quatre prochaines heures, j'aimerais que vous trouviez au moins une chose pour laquelle vous pouvez être reconnaissante.

24 novembre

C'est le fait de dénier perpétuellement les conflits qui conduit au comportement compulsif qui caractérise toute dépendance. Lorsqu'on refuse d'affronter et de définir ce qui nous tracasse vraiment, on est porté à regarder ailleurs.

MARGO ADAIR

Que nous soyons toxicomanes, acheteuses compulsives, boulimiques ou, encore, joueuses compulsives, de nombreux spécialistes s'accordent pour dire que ces comportements sont une façon de fuir quelque chose en nous. La compulsion serait une façon de regarder ailleurs, de se couper de ses émotions, comme en témoigne ici Bill B., auteur de l'ouvrage *Manger ses émotions*: «Certains mangent pour engourdir leur souffrance psychique. Je dévorais pour cette raison, mais aussi lorsque je me sentais bien. Je mangeais presque constamment. Lorsque je me sentais dépressif, en colère ou effrayé, je mangeais autant pour excuser ce sentiment que pour le perpétuer. Si j'étais mal dans ma peau, même quand tout allait bien, je mangeais pour m'expliquer cette absurdité et pour produire un peu de culpabilité pour l'entretenir», ajoute-t-il. Cette fuite a cependant un prix. «Tout comportement compulsif tend à bloquer l'évolution. Et à s'aggraver, jusqu'à ce que le message qu'il crie de plus en plus fort soit entendu», expliquent Frédérique de Gravelaine et Pascale Senk dans leur ouvrage *Se libérer de ses dépendances.*

Peut-être êtes-vous présentement aux prises avec un problème de compulsion alimentaire ou tout autre comportement compulsif. Peut-être en avez-vous assez de souffrir et aimeriez-vous continuer d'évoluer vers la santé. Peut-être êtes-vous maintenant prête à affronter ce qui vous tracasse. Si tel est le cas, je ne peux que vous encourager à lire sur le sujet, à parler avec d'autres femmes qui s'en sont sorties et à aller chercher de l'aide à votre rythme. Tout cela peut sembler un peu effrayant au début, mais, avec le temps, vous apprivoiserez les émotions qui vous habitent et apprendrez à y faire face. Une journée à la fois, vous vous familiariserez avec de nouveaux comportements, de nouvelles habitudes qui vous permettront d'être enfin bien dans votre peau.

Tout cela prend du temps, je le sais. Mais nous avons tout notre temps.

Posez une action pour respecter vos signaux internes

Si la compulsion alimentaire fait partie de votre vie et que vous aimeriez vous en libérer, vous pouvez contacter un groupe de soutien comme les Outremangeurs Anonymes. Vous trouverez là des personnes qui s'en sont sorties et qui pourront vous offrir du soutien.

Aujourd'hui, prenez soin de vous

Si aujourd'hui le temps est maussade et que vous êtes en congé, pourquoi ne pas en profiter pour prendre une petite heure pour vous et vous adonner à un passe-temps créatif? S'il vous est impossible de vous libérer pour le moment, prenez quelques instants pour déterminer quelle sera votre journée de ressourcement cette semaine. Inscrivez-la dans votre agenda ou sur le calendrier.

CINQUIÈME PRINCIPE
HONOREZ VOTRE ENGAGEMENT

25 novembre

Le ciel est gris et lumineux. C'est une journée pour manger de la soupe et faire du tricot, pour autant que ces choses se pratiquent encore. C'est certainement une journée pour se tricoter l'âme.

JULIA CAMERON

Certaines journées sont tout simplement faites pour se relaxer et se détendre tranquillement à la maison. Il ne sert à rien de lutter contre cet état de choses. Dans ces moments, il vaut mieux capituler et accepter de bonne grâce de ne pas être, pendant les prochaines heures, productives, actives, branchées, disponibles ou même utiles. Ces journées de décrochage sont d'une importance capitale et mon expérience personnelle m'a appris qu'il est toujours extrêmement enrichissant de s'y abandonner.

Lire. S'amuser à quelques jeux de société en famille. Cuisiner tranquillement, rien que pour le plaisir. Aller au cinéma. Mettre de l'ordre dans ses photos. Faire la sieste. Bricoler. Vingt-quatre heures pour se détendre et se tricoter l'âme. Ce n'est pas du luxe. C'est une nécessité.

Peut-être qu'aujourd'hui est l'une de ces journées pour vous. Si c'est le cas, profitez-en bien.

Posez une action pour honorer votre engagement

Sortez vous balader au grand air. Tout en marchant, prenez de profondes inspirations en gonflant lentement votre ventre, puis expirez progressivement. Ce petit exercice vous oxygénera à fond et vous détendra.

Aujourd'hui, prenez soin de vous

Mettez-vous au lit une heure plus tôt qu'à l'habitude. Demain vous vous lèverez reposée et revigorée.

26 novembre

Les pensées voyagent du plan invisible au plan visible et tendent naturellement à se matérialiser, à se manifester sur un plan concret.

MICHÈLE LEMIEUX

De nombreux athlètes, notamment les gymnastes et les patineurs artistiques, ont recours à des exercices de visualisation[9,15] dans le but d'améliorer leurs performances. En s'imaginant en train d'exécuter chaque mouvement avec grâce et efficacité, ils « programment » en quelque sorte leur cerveau à accomplir ces gestes avec autant de grâce et d'efficacité qu'en pensée. Lorsque viendra le moment d'effectuer physiquement ces mouvements, au cours d'entraînements ou de compétitions, ces athlètes les auront déjà répétés avec succès des milliers de fois.

Peu d'études scientifiques ont été consacrées au mode de fonctionnement de la visualisation et à ses effets. Il est possible que le fait de s'imaginer en train de vivre une expérience avec succès (par exemple un mouvement en gymnastique) crée entre nos cellules nerveuses des connexions qui facilitent cette expérience. Il est possible aussi que les effets bénéfiques de la visualisation proviennent simplement du sentiment de confiance qui se développe à force de s'imaginer en train de réussir quelque chose à répétition.

Dans le cadre d'une approche globale de la santé, la visualisation est parfois encouragée chez certains patients souffrant de maladies cardiovasculaires[13], de cancer[17] ou d'autres problèmes de santé[16]. Les commentaires positifs abondent mais, là encore, les études scientifiques pour appuyer ce phénomène se font rares.

Sans vouloir lui prêter de vertus médicales, je crois personnellement que la visualisation peut être utile dans une démarche de santé, ne serait-ce que par la détente et le sentiment de bien-être qu'elle engendre habituellement. Nous imaginer en meilleure santé, plus fortes et mieux dans notre peau, n'est-ce pas là une image qu'il vaudrait la peine de graver dans notre esprit ?

Dans son livre *Techniques de visualisation créatrice*, Shakti Gawain nous explique que : « Pour vivre une expérience, il faut d'abord la "rêver". Par la visualisation nous développons notre pouvoir de création et découvrons que nous avons la possibilité de choisir consciemment ce que nous voulons vivre. Plutôt que de subir des situations dans lesquelles nous dépendons d'autrui, ou de nos conditionnements, nous devenons les artisans de chaque instant, les créateurs de notre réalité quotidienne. » Et elle ajoute cette recommandation : « Plutôt que d'attendre que le monde s'améliore autour de vous, transformez vos façon de penser en visualisant toujours plus de santé, d'épanouissement et de joie de vivre. »

Je pense que vous et moi n'aurions rien à perdre et aurions tout à gagner à mettre en pratique cette suggestion.

Posez une action pour honorer votre engagement

À l'occasion, planifiez un dessert qui ajoutera une petite touche spéciale à votre menu. Par exemple, préparez un « sundae » composé de une demi-tasse (125 ml) de yogourt glacé à la vanille et d'une banane tranchée dans le sens de la longueur, le tout recouvert de deux cuillères à thé (10 ml) de sirop de chocolat.

Aujourd'hui, prenez soin de vous

Au moment qui vous conviendra, je vous invite à prendre quelques minutes pour vous détendre et faire un peu de visualisation. Pour cela, suivez ces indications de Shakti Gawain :

1. « Fixez-vous un but : Décidez de quelque chose que vous aimeriez réaliser ou créer, un objectif que vous aimeriez atteindre. »

2. « Créez une image ou une idée claire. Créez une idée ou une image mentale de l'objet ou de la situation qui soit conforme à ce que vous désirez. Pensez-y, au présent, comme si déjà cela existait comme vous le voulez. Imaginez-vous dans la situation telle que vous la souhaitez. Mettez-y autant de détails que possible. »
3. « Concentrez-vous souvent sur votre but. Mettez souvent votre esprit sur l'idée ou l'image mentale, durant les périodes calmes de méditation, et aussi de temps en temps pendant la journée, lorsque vous y pensez. Elle s'intégrera alors à votre vie, deviendra plus réelle à vos yeux, et vous réussirez mieux à la projeter. »
4. « Nourrissez votre but d'énergie positive. Lorsque vous concentrez votre attention sur votre but, faites-le de façon positive et encourageante. »

Personnellement, j'utilise fréquemment ce genre d'exercice pour me recentrer sur un objectif et refaire le plein d'énergie. Quelques minutes suffisent pour clarifier mes pensées et régénérer mon enthousiasme. Essayez-le, vous verrez.

27 novembre

L'ouvrier qui veut bien faire son travail doit commencer par aiguiser ses instruments.

CONFUCIUS

Mettez-moi dans le feu de l'action et tout ira à merveille. Mais lorsqu'il s'agit de planifier et de préparer les choses à l'avance… je suis décidément hors de ma zone de confort.

À cet égard, mon conjoint est à l'opposé. C'est un homme réfléchi. Le genre de personne qui aime préparer à l'avance tout le matériel dont il a besoin pour chaque projet qu'il entreprend. Il lit même les instructions du manuel *avant* de commencer – cela m'épate toujours. C'est aussi la seule personne que je connaisse qui *aime* prendre le temps d'aiguiser les couteaux avant de cuisiner. Au sens propre comme au sens figuré, Julien aime « aiguiser ses instruments » avant de faire son travail.

En observant mon homme au fil des années, j'ai constaté qu'en toute chose une bonne préparation permettait de gagner beaucoup de temps et d'économiser notre énergie. Particulièrement dans la cuisine. En effet, on a beau vouloir manger sainement, si l'on est toujours à la dernière minute pour préparer les repas, on risque de payer plus cher pour rien, de manger souvent la même chose ou encore d'avoir fréquemment recours au restaurant et aux mets surgelés.

C'est d'ailleurs mon cher époux qui m'a enseigné l'importance de planifier les repas. En effet, j'aime bien cuisiner, mais je n'aime pas planifier tout ce qui vient *avant*! En suivant son exemple (eh oui, je dois bien l'admettre), j'ai réussi à développer quelques habitudes qui nous font économiser de l'argent et beaucoup d'énergie vitale. Cela dit, je ne suis pas devenue experte en matière de planification domestique, mais à présent :

- Mon réfrigérateur, mon congélateur et mon garde-manger sont pratiquement toujours garnis d'aliments qui me permettent de préparer rapidement des repas sains et délicieux pour toute notre famille ;
- Je compose des repas en fonction de ce que j'ai déjà à la maison. Au besoin, j'accommode les restes ;
- Je décongèle à l'avance la viande dont j'aurai besoin pour mon prochain repas ;
- Je me prépare une liste d'épicerie en fonction de quelques repas que je désire préparer et je m'en tiens à ce que j'y ai inscrit ;
- Je ne fais l'épicerie qu'une seule fois par semaine plutôt qu'à « l'emporte-pièce » comme je le faisais avant, ce qui me permet de gagner temps et argent.

Rien d'extraordinaire, me direz-vous, mais pour moi, ces habitudes représentent une nette amélioration par rapport à mon ancienne façon de procéder et j'en suis très fière ! Si, tout comme moi, vous doutiez de l'importance de l'organisation et de la planification des repas dans l'atteinte de vos objectifs de santé, je vous invite à faire l'expérience pendant trois semaines d'une des habitudes mentionnées plus haut. Vous m'en donnerez des nouvelles !

Posez une action pour honorer votre engagement

Prenez quinze minutes pour planifier les deux ou trois prochains repas.

Aujourd'hui, prenez soin de vous

Qu'on se le dise, mesdames, l'activité physique est bonne pour la santé de notre cœur et… celle de nos seins! En effet, les femmes qui s'adonnent à l'exercice régulièrement seraient moins à risque d'avoir un cancer du sein[11]. Plus précisément, les femmes sédentaires courent de vingt à trente pour cent plus de risques de développer ce type de cancer que celles qui font trente à soixante minutes d'exercice par jour[14].

Je vous invite donc à faire au moins trente minutes de votre exercice favori.

28 novembre

Le mariage doit être une éducation mutuelle et infinie.
HENRI-FRÉDÉRIC AMIEL

Prendre sa santé en main est une affaire hautement personnelle. Personne ne peut effectuer ce choix à notre place et notre engagement est d'abord et avant tout envers nous-mêmes. Le changement est, de par sa nature, une affaire solitaire.

Cela dit, rien n'empêche que nous ayons recours à du renfort pour faciliter notre cheminement. Au contraire. Une source de soutien souvent inexploitée dans le cadre d'une démarche d'amaigrissement est la participation du conjoint. Peut-être cela vient-il du fait que nous tenons pour acquis que notre homme ne sera pas intéressé par une démarche de santé ou qu'il n'aura pas envie de changer ses habitudes. Quoi qu'il en soit, bien souvent, nous ne nous donnons même pas la peine d'en discuter avec lui.

Je vous encourage à renverser cette tendance. Prenez quelques instants aujourd'hui pour expliquer à votre conjoint que son soutien est important pour vous. Si c'est ce que vous souhaitez, dites-lui que vous aimeriez qu'il vous épaule dans votre virage vers la santé. S'il se montre un peu réticent, vous pouvez tout de suite le rassurer; il ne sera pas obligé de manger du tofu tous les jours ou de faire du yoga pendant son heure de lunch… En fait, votre conjoint peut vous aider de multiples façons sans toutefois opérer une transformation extrême de sa propre vie. Vous trouverez dans les prochaines lignes une petite liste qui pourra peut-être l'inspirer. Par exemple, pour vous témoigner son soutien, il peut :

- S'adonner à l'exercice avec vous;
- Démontrer une ouverture d'esprit à l'égard des nouvelles recettes que vous présentez à votre famille;
- Valoriser vos efforts;
- Émettre des commentaires positifs sur votre apparence;
- Participer au choix du menu pour la semaine;
- Cuisiner *avec* vous des repas-santé pour toute la famille;
- Cuisiner *pour* vous des repas-santé;
- Apprécier votre engagement à l'égard de votre santé;
- Choisir lui aussi d'intégrer de nouvelles habitudes saines dans sa vie;
- Vous soutenir dans les périodes difficiles.

Posez une action pour honorer votre engagement

Demandez le soutien de votre conjoint.

Aujourd'hui, prenez soin de vous

Enfilez des vêtements chauds et confortables et sortez prendre l'air une petite demi-heure. Faites le tour du quartier, allez acheter le journal à pied ou promener le chien si vous en avez un. Profitez-en pour vous détendre complètement et vider votre esprit.

29 novembre

La pire des solitudes n'est pas d'être seul, c'est d'être un compagnon épouvantable pour soi-même. La solitude la plus violente, c'est de s'ennuyer en sa propre compagnie.

JACQUES SALOMÉ

Que faites-vous lorsque vous êtes seule? Êtes-vous du genre à profiter de ce moment en solitaire pour vous consacrer à l'un de vos passe-temps favoris? Ou avez-vous plutôt tendance à grignoter pour passer le temps?

Si, comme bon nombre d'entre nous, vous mangez pour tromper l'ennui, c'est peut-être que vous entretenez la conviction que lorsque vous êtes seule, il n'y a rien d'intéressant à faire, mis à part manger. Bien entendu, il existe des façons plus constructives de se désennuyer. Il faut simplement prendre le temps de trouver ce qui vous intéresse vraiment. Aujourd'hui, je vous invite à prendre cinq minutes pour dresser une liste d'activités qui n'ont pas trait à la nourriture, et que vous pourriez exercer lorsque vous êtes seule. Inscrivez toutes les activités qui vous plaisent même si vous ne les avez pas pratiquées depuis longtemps : bricolage, bénévolat, activités sociales, travaux manuels, lecture, autres. Vous constaterez rapidement qu'il y a une foule de choses que vous aimez faire.

Gardez cette liste à portée de la main. La prochaine fois que vous vous retrouverez seule, plutôt que de vous tourner vers le sac de biscuits, jetez-y un coup d'oeil. Choisissez une activité puis passez à l'action. Vous verrez que cette nouvelle habitude vous procurera rapidement un intense sentiment de satisfaction et de bien-être.

Posez une action pour honorer votre engagement

Au cours de la journée, prenez les escaliers le plus souvent possible. Si vous en êtes capable, montez les marches deux par deux, cela renforcera les muscles de vos cuisses.

Aujourd'hui, prenez soin de vous

Réservez-vous du temps rien que pour vous. Si vous n'en avez pas l'habitude, une vingtaine de minutes au cours de votre journée peuvent représenter un pas dans la bonne direction. Vous pouvez utiliser ce temps pour vous reposer, créer ou encore vous amuser. Voyez ces moments comme de mini-vacances que vous vous offrez. Pour ma part, j'aime bien créer de jolies choses lorsque j'ai un peu de temps libre. Composer un bouquet de fleurs, ajouter quelques touches décoratives à une pièce ou, encore, esquisser un plan d'aménagement pour un coin de mon jardin sont des activités qui m'absorbent et me font oublier le temps qui file. Je suis certaine que vous pouvez trouver, vous aussi, quelque chose qui vous procure ce même sentiment de calme intérieur et de satisfaction personnelle.

30 novembre

Il y a quatre sortes d'amis qui sont appelés les amis au cœur sincère : celui qui aide, celui qui reste semblable dans la prospérité et dans l'infortune, celui qui donne un bon conseil, celui qui a une sympathie réelle.

DIGHA-NIKAYA

Il arrive qu'en période d'amaigrissement, certaines personnes de votre entourage, peut-être mêmes des amies, se révèlent hostiles à votre égard. Comme si le fait pour vous de prendre le contrôle de votre vie les mettait mal à l'aise. Si vous vivez ce genre de situation, ne laissez pas leur attitude changer vos plans et poursuivez tout simplement votre cheminement.

Dans la mesure du possible, entourez-vous de personnes qui soutiennent vos efforts et célèbrent vos succès. Entre amies partageant les mêmes valeurs, vous pourrez ainsi discuter, échanger des recettes, vous adonner à l'exercice, cuisiner, parler de vos difficultés et de vos réussites. En plus de vivre une expérience agréable, vous augmenterez aussi vos chances d'atteindre vos objectifs. En effet, des études montrent que lorsqu'une femme est soutenue par son entourage dans sa démarche d'amaigrissement, elle développe un sentiment positif d'auto-contrôle et d'efficacité personnelle[25], deux facteurs associés au maintien d'un poids-santé.

Choisissez avec soin vos relations. De bonnes amies, de bons partenaires d'exercice peuvent faire toute la différence.

Posez une action pour honorer votre engagement

Demandez à une amie de se joindre à vous pour aller marcher ou faire du jogging.

Aujourd'hui, prenez soin de vous

Donnez-vous du temps. Plutôt que de vous précipiter à chacune de vos activités, accordez-vous dix minutes de marge additionnelle pour chaque activité que vous entreprendrez. Il vous suffira de vous préparer un peu à l'avance. Ce court répit vous permettra de ralentir la cadence et d'ajouter un peu de sérénité à votre journée.

Décembre

Il y a une grâce dans l'air de décembre.
Tout autour de nous scintille doucement,
comme rempli d'amour
et de lumière.

Trois délicieuses recettes vous sont proposées :

Soupe irlandaise, p. 570
Fricassée de dinde et de légumes d'hiver, p. 571
Petits bonshommes de pain d'épices, p. 572

PREMIER PRINCIPE
ENDOSSEZ LE CHANGEMENT

1er décembre

Un jour, vous ferez un voyage. Le plus long de votre vie.
C'est le voyage qui vous mènera à la découverte de vous-même.

KATHERINE SHARP

Les divers événements de notre vie – mariage, maternités, défis personnels et professionnels, déménagements, maladies, retraite, etc. –, et la manière dont nous y réagissons, sont d'excellentes occasions d'en apprendre davantage sur nous-mêmes. Parce qu'ils bouleversent notre quotidien et nous obligent à nous adapter, ces événements nous forcent à puiser dans nos ressources personnelles. Et c'est souvent dans ces moments de déséquilibre que nous nous découvrons des ressources insoupçonnées.

Depuis le début de votre démarche de santé, peut-être avez-vous découvert en vous des trésors d'adaptabilité et de créativité ? Peut-être avez-vous été agréablement surprise par votre condition physique ou encore votre capacité à apprêter de nouveaux aliments ? Peut-être avez-vous découvert chez vous de nouveaux talents ou intérêts ? Si c'est le cas, vous avez fait cette année la découverte de richesses inestimables !

Aujourd'hui, je vous invite à voir votre démarche de santé comme un voyage qui vous mène à la découverte de vous-même. Ralentissez et appréciez votre quotidien. Car sur la route de la découverte de soi, la destination importe moins que le cheminement.

Posez une action pour endosser le changement

Essayez une nouvelle recette au cours de la journée.

Aujourd'hui, prenez soin de vous

Ménagez-vous vingt à trente minutes pour une activité de détente. Si vous en avez la chance, pourquoi ne pas vous faire donner un massage ? Il semble que des séances régulières de massage réduiraient les symptômes de dépression, d'anxiété et de colère, en plus d'activer notre système immunitaire[12]. N'est-ce pas là une agréable façon de prendre soin de son corps et de son esprit ?!

2 décembre

Ne soyez pas trop timides au sujet de vos actions. La vie tout entière est une expérience. Plus vous faites d'expériences, mieux cela vaut. Et si elles sont un peu rudes et que vous salissez ou déchirez votre manteau? Et si vous échouez et roulez quelque peu dans la boue à une ou deux reprises? Allez hop! Relevez-vous; vous n'aurez plus jamais aussi peur d'une chute.

RALPH WALDO EMERSON

Personne n'aime les chutes. On peut se faire mal en tombant et puis, surtout, c'est dur pour l'amour-propre.

Je le sais. Seule ou devant des spectateurs, j'ai fait des tas de chutes dans ma vie : à cheval, à ski, en parapente, en m'adonnant à l'escalade. Mais aussi dans mon travail et dans ma vie personnelle. Mon cheminement a été parsemé de «chutes» : erreurs de jugement, manque de communication, contre-performances, etc. En dressant le bilan de mon parcours, je constate à quel point j'ai souvent mordu la poussière! Mais après avoir épousseté mon *ego,* je me suis relevée. Et puis, j'ai recommencé.

Ce n'est pas toujours facile, j'en conviens. Mais j'en suis venue à la conclusion que c'était le prix à payer si nous voulions progresser dans quelque domaine que ce soit. Pour certaines femmes, entamer une démarche d'amaigrissement peut être intimidant, paralysant même. Elles craignent d'essuyer un nouvel échec, ont peur de ce que les gens vont dire ou, encore, de ce qu'elles vont découvrir sur elles-mêmes en cours de route.

Peut-être êtes-vous dans cette situation. Si tel est le cas, souvenez-vous que, quoi que nous fassions, nous sommes susceptibles de commettre des erreurs et de vivre des échecs. Cela fait partie de la vie. Pour moi, c'est honorer la vie que d'embrasser *tout* ce qu'elle a à nous donner. Si le patinage artistique est si apprécié, n'est-ce pas justement parce que nous savons que, pour quelques minutes d'une prestation remarquable, l'athlète a dû se remettre sur ses patins des centaines de fois à l'entraînement?

Aujourd'hui, ne laissez pas vos craintes bloquer votre progression et vous priver de vivre une expérience enrichissante. Sautez sur la glace, et amusez-vous!

Posez une action pour endosser le changement

Je vous suggère de limiter votre consommation d'alcool. En effet, des travaux ont montré que les personnes qui consomment un apéritif alcoolisé ont tendance à manger plus rapidement et plus longtemps (et ainsi à consommer davantage de calories) que ceux qui ont opté pour un apéritif sans alcool[20]. Par ailleurs, cette étude indique qu'après avoir consommé un apéritif alcoolisé, nous sommes aussi plus susceptibles de poursuivre notre repas même lorsque nous sommes pleinement rassasiés.

Aujourd'hui, prenez soin de vous

Enlevez-vous de la pression sur les épaules. Que ce soit en matière d'amaigrissement ou dans un autre domaine, acceptez dès le départ que les chutes – et rechutes – font partie du jeu. Si l'un de vos faux pas vous cause du tourment, gardez en tête ces mots de Sue Patton Thoele : « Je suis une femme de valeur, bien que je commette parfois des erreurs. »

Et dites-vous bien que c'est la vérité.

3 décembre

Lorsque nos moyens nous permettent de nous prendre en main – établir des limites, dire non, changer un vieux comportement –, nous pouvons susciter de vives critiques de la part de certaines personnes. C'est normal. Nous n'avons pas à nous laisser contrôler ou arrêter par leurs réactions, ni à les laisser influencer notre décision de prendre soin de nous.

MELODY BEATTIE

En cette période de festivités, vous êtes probablement appelée à revoir des gens que vous n'avez pas vus depuis un certain temps. Certaines personnes vous adresseront peut-être des compliments sur votre apparence ou sur vos nouvelles habitudes de vie, ce qui est toujours apprécié. Cependant, il peut arriver qu'une belle-sœur, une tante ou une même une amie vous exprime ses « inquiétudes » à votre sujet. Tu as trop maigri ! Tu fais trop d'exercice, ce n'est pas bon pour toi, etc. Si cela arrive, n'y accordez pas trop d'attention. Remerciez ces personnes de leur sollicitude à votre égard et passez à autre chose.

Le « sabotage » est un phénomène bien connu des psychologues[3]. Des proches, souvent inconsciemment, peuvent tenter de freiner votre progrès. On peut vous offrir à répétition vos gâteries favorites ou vous resservir sans que vous l'ayez demandé, par exemple. Même chose avec le tabagisme. Si vous essayez de cesser de fumer, certaines personnes, même au courant de vos efforts, vont vous offrir une cigarette. La meilleure chose est de vous éloigner d'elles, le temps d'être plus solide. Vous pouvez aussi leur faire part de vos sentiments en leur expliquant que leur comportement ne vous aide pas dans votre démarche.

Bien entendu, il n'est pas question de nous isoler de toute âme qui vive. Il est important de rester ouvertes aux commentaires de notre entourage, qui la plupart du temps ne veut que notre bien. Cependant, il faut toujours garder à l'esprit qu'au bout du compte, nous sommes les seules à savoir ce qui nous convient vraiment.

Posez une action pour endosser le changement

Planifiez vos repas pour les prochains jours. Si vous devez aller à l'épicerie, préparez votre liste à l'avance et efforcez-vous de la respecter, car les tentations sont fortes en cette période de l'année. Les étalages regorgent d'aliments et de plats spéciaux du temps des fêtes et nous sommes tentées d'acheter en grandes quantités en prévision des rencontres familiales et autres festivités. Si vous avez peur de perdre le contrôle et de « piocher » dans vos réserves de victuailles, usez d'astuces ! Attendez le plus tard possible avant d'entrer ces aliments dans la maison. Sinon, entreposez-les loin de la vue, comme au sous-sol ou au congélateur.

Aujourd'hui, prenez soin de vous

Il est particulièrement important d'hydrater nos mains fréquemment en hiver. Je vous invite donc à consacrer quelques minutes aux soins de vos mains aujourd'hui. Pour ma part, je garde un tube de crème hydratante dans le tiroir de ma table de chevet et un autre dans mon bureau. Dès que j'y pense, je m'accorde un petit traitement.

Prendre soin de soi, c'est aussi cela.

4 décembre

Une seule conversation avec un sage
vaut tout un mois d'étude livresque.
PROVERBE CHINOIS

Quelle que soit la nature du comportement modifié, le processus de changement est une expérience humaine que je trouve fascinante. Il n'y a rien que j'aime plus qu'écouter les gens parler des changements positifs qu'ils ont réussi à incorporer dans leur vie. Je veux tout savoir : ce qui les a poussés à changer, comment ils y sont parvenus, leurs « trucs » personnels pour réussir, les difficultés qu'ils ont éprouvées, les changements dont ils sont le plus fiers… J'aime être témoin de ces réussites. L'expérience de ces personnes est une preuve vivante et concrète qu'il est possible de triompher de l'adversité quand on a trouvé la façon de faire qui *nous* convient.

Aujourd'hui, je vous encourage à échanger avec une personne qui a réussi à changer ses habitudes de vie, que ce soit quelqu'un qui a cessé de fumer ou de boire, qui ne souffre plus de compulsion alimentaire ou qui est devenu physiquement plus actif. Ne soyez pas timide. Recherchez ces personnes et discutez avec elles, particulièrement si vous vivez une baisse de motivation. Bien souvent, elles aiment partager leur expérience et ont beaucoup de choses à dire. Vous serez peut-être surprise de constater qu'elles sont passées par des moments ou des étapes similaires à votre cheminement et vous découvrirez leur méthode pour vaincre les obstacles.

Leur témoignage peut enrichir votre expérience et vous stimuler dans des passages difficiles. Ne vous en privez pas.

Posez une action pour endosser le changement

Je vous encourage à inclure une marche dans votre programme de la journée. Si marcher ne vous motive plus comme avant, pourquoi ne pas vous offrir (ou vous faire offrir) un podomètre? Bien que certains podomètres manquent de précision pour mesurer le nombre de pas que vous faites dans une journée[15], ils demeurent des outils peu coûteux (certains coûtent moins de 20 $) qui vous permettent de suivre vos progrès tout en vous motivant à en faire davantage[6].

Aujourd'hui, prenez soin de vous

Si vous planifiez de recevoir pendant le temps des fêtes, faites-vous aider. Demandez à chaque invité de cuisiner un plat ou encore d'apporter quelque chose pour le repas. Vous serez plus reposée lorsque les convives arriveront et vous aurez le plaisir de goûter des plats nouveaux. Pour un effet encore plus positif, demandez aux convives de choisir des mets-santé. Eux aussi seront ravis de manger sainement en cette période de surabondance.

5 décembre

Je ne vous suggère pas de quitter votre forteresse et d'abandonner tous les outils qui en général vous aident à tenir le coup mais simplement d'ouvrir les fenêtres et d'envisager de nouvelles perspectives.

JENNIFER JAMES

Le changement peut nous ébranler, et il arrive qu'en cours de route nous ayons peur de perdre nos repères. Nous avons alors l'impression que tout va trop vite, et que notre vie est sens dessus dessous. Si cela vous arrive, ne craignez rien. Sachez que vous avez toujours le contrôle!

Gardez à l'esprit qu'en tout temps, c'est vous qui choisissez la *nature* des changements que vous désirez apporter à votre vie et le *rythme* de ces changements. Si vous devez vous accrocher à certaines « mauvaises » habitudes pendant que vous travaillez sur autre chose, c'est normal. Cela vous permettra de procéder étape par étape.

Prenez le temps d'être à l'aise depuis plusieurs semaines – voire quelques mois – avec un nouveau comportement ou une nouvelle habitude avant d'en intégrer un autre ou une autre. C'est ainsi que pas à pas, étape par étape, vous évoluerez vers l'atteinte de vos objectifs.

Posez une action pour endosser le changement

Si vous avez envie de manger de la pizza ou du poulet rôti, efforcez-vous d'aller chercher votre repas vous-même au restaurant plutôt que de le commander.

Aujourd'hui, prenez soin de vous

Allez faire un tour dehors pour prendre l'air et vous dégourdir les jambes.

6 décembre

De chaque crise naît la chance de renaître, de nous concevoir à nouveau comme individus, de choisir le genre de changement qui nous aidera à grandir et à nous épanouir plus complètement.

NENA O'NEIL

Peut-être vous arrive-t-il de penser à abandonner ou de croire que vous ne réussirez jamais à changer. Ces moments arrivent à tout le monde et peuvent être très décourageants. Je le sais, j'essaie moi-même de modifier certains de mes comportements.

Peut-être vivez-vous en ce moment une telle « crise ». Comme nous l'indique Nena O'Neil, ces crises peuvent être des occasions de grandir et de nous épanouir encore davantage. Mais pour cela, nous devons nous y attarder un peu. Aujourd'hui, je vous invite à vous ménager un peu de temps pour réfléchir à votre démarche d'amaigrissement et clarifier vos idées à ce sujet. Je vous suggère d'amorcer cette réflexion en vous posant cette question toute simple : « Pourquoi est-ce que je désire apporter des changements à mon style de vie ? » Lorsque nous savons exactement pourquoi nous désirons remplacer certains comportements, il devient plus facile de conserver notre motivation durant les périodes difficiles.

Désirez-vous changer vos habitudes de vie :

- Pour améliorer votre santé ?
- Pour avoir plus d'énergie, de vitalité ?
- Pour améliorer votre apparence ?
- Pour devenir un exemple plus sain pour vos enfants ?
- Pour profiter pleinement de vos enfants et petits-enfants ?
- Pour cesser de « manger vos émotions » ?
- Pour être mieux dans votre peau ?
- Ou pour d'autres raisons personnelles ?...

Pour une efficacité optimale, je vous encourage à prendre le temps d'écrire les raisons pour lesquelles vous entreprenez ces changements. Cela pourra devenir une forme d'engagement écrit, une source d'inspiration pour vous.

Au cours de la journée, quand arrive le temps d'arrêter des choix, référez-vous à ce que vous avez écrit. Demandez-vous si ce choix vous aidera à vous rapprocher de vos objectifs ou si, au contraire, il vous en éloignera.

Posez une action pour endosser le changement

Commencez votre journée par un petit-déjeuner comprenant au moins trois des quatre groupes alimentaires. Ajouter une portion de fruit peut être une bonne façon d'équilibrer notre repas matinal. Personnellement, j'ai tendance à « oublier » de prendre cette portion de fruit. Je dois donc y prêter attention. Une équipe de Chicago a suivi de près les habitudes de vie de soixante-quinze mille femmes âgées de trente-huit à soixante-trois ans pendant douze ans. Leurs résultats ont révélé qu'au cours de ces douze années, le poids des participantes a eu tendance à s'élever. Cependant, celles qui avaient augmenté le plus leur consommation de fruits et de légumes au fil de ces années couraient beaucoup moins de risques (24 % de moins) de devenir obèses que celles qui avaient réduit leur apport en fruits et légumes au cours de cette même période[10]. Alors n'hésitez pas, toutes les occasions sont bonnes pour ajouter un fruit à votre menu de la journée.

Aujourd'hui, prenez soin de vous

Si vous vivez présentement une période difficile et que vos habitudes s'en ressentent, ne laissez surtout pas ces événements ponctuels mettre en péril votre démarche. Prenez une petite minute pour relire les raisons pour lesquelles vous désirez changer. Puis, faites tout simplement des choix plus équilibrés au prochain repas.

DEUXIÈME PRINCIPE
DÉTERMINEZ UN OBJECTIF RÉALISABLE

7 décembre

Il y a des gens qui mettent leurs rêves dans une petite boîte et qui disent : « Oui, j'ai des rêves, bien sûr. J'ai des rêves. » Puis, ils rangent la boîte et la ressortent de temps à autre pour regarder à l'intérieur, et ils sont encore là. Ce sont de grands rêves, mais ils ne sortent même pas de la boîte. Il faut énormément de courage pour exposer ses rêves.

ERMA BOMBECK

Vous rêvez de courir un marathon ou tout simplement d'enfiler vos vêtements d'avant la grossesse ? Votre but est d'abaisser votre pression artérielle ou encore d'avoir plus d'énergie et de vitalité ? Aujourd'hui, je vous invite à sortir vos rêves de leur petite boîte et à les admirer à la lumière du jour. Confiez vos aspirations à une ou deux personnes que vous savez être positives et qui accueilleront avec enthousiasme vos projets.

Parler de nos rêves demande du courage, car nous nous exposons au regard des autres et devenons vulnérables à leurs commentaires. Faire connaître nos aspirations peut aussi être intimidant du simple fait que cela donne un caractère un peu plus concret aux choses. Les idées avec lesquelles nous jonglions ne sont que des rêveries mais, une fois exposées au grand jour, elles prennent à nos yeux et aux yeux des autres l'allure de véritables projets. Lorsque j'ai eu l'idée d'écrire mon premier livre, j'ai pris un peu de temps avant d'en parler à mon entourage. Peut-être de crainte de voir mon projet analysé sous toutes ses coutures ou, encore, de ne pas être prise au sérieux. Mais une fois prête, j'ai beaucoup apprécié les discussions que j'ai eues à ce sujet avec ma famille, mes amis et mes collègues. Grâce à ces échanges, mes idées se sont éclaircies et ma motivation a été décuplée.

Au moment qui vous conviendra, partagez vous aussi vos espoirs avec quelques personnes qui vous respectent et qui sont ouvertes d'esprit. Il s'agit là d'une étape très stimulante sur la voie de la concrétisation de vos rêves. Vous serez surprise de tout le soutien et des encouragements que votre entourage vous prodiguera.

Déterminez un objectif réalisable et passez à l'action

Je vous encourage à consommer au moins deux portions de produits laitiers au cours de la journée. Sachez que si vous buvez du lait fréquemment, votre fille aura tendance à le faire aussi. C'est ce qu'une étude effectuée auprès de cent quatre-vingt-douze fillettes et de leurs mères a révélé[7]. Par ailleurs, le suivi de ces petites filles de l'âge de cinq ans jusqu'à neuf ans a aussi montré que celles qui consommaient tous les jours la quantité de produits laitiers recommandée avaient une densité osseuse plus élevée que celles qui ne le faisaient pas.

Je vous suggère de mesurer à quelques reprises les portions que vous vous servez afin de vous assurer qu'elles correspondent aux recommandations des diététistes, c'est-à-dire une tasse (250 ml) pour une portion de lait. Pour faciliter les choses, servez-vous toujours dans le même verre.

Aujourd'hui, prenez soin de vous

Prenez quelques minutes pour donner un coup de fil à une amie, rien que pour le plaisir d'échanger des nouvelles. Cela ne prend qu'un instant et fait tellement de bien !

8 décembre

Quand l'amour garnit une maison,
les autres décorations sont secondaires.

ANONYME

Au cours de la semaine, faisons-nous une promesse, vous et moi : celle de nous efforcer de ne consacrer notre précieuse énergie vitale qu'à ce qui est réellement important. Le meilleur antidote pour ne pas se laisser bousculer par la frénésie du temps des fêtes et pour résister un tant soit peu à cette furieuse consommation est sans conteste d'accorder un peu plus d'importance aux présents venant du cœur. Pour ce faire, pourquoi ne pas commencer par simplifier nos préparatifs des fêtes ? Quitter un peu plus tôt les magasins bondés, limiter les décorations et simplifier les menus, voilà quelques façons concrètes de rassembler nos énergies.

Nos invités ne se souviendront probablement plus de ce qu'ils auront mangé chez nous dans quelques semaines, mais ils se souviendront certainement de l'atmosphère qui régnait alors dans notre maison. Notre sourire, la qualité de notre présence et notre joie de vivre sont autant de présents qui leur réchaufferont le cœur et que nous pouvons leur offrir si nous décidons simplement de ralentir le pas.

Déterminez un objectif réalisable et passez à l'action

Je vous suggère de passer un moment en tête-à-tête avec un de vos enfants ou quelqu'un que vous aimez. Réservez-vous une demi-heure pour aller patiner avec lui ou encore pour marcher main dans la main sur le trottoir enneigé. Ces moments de qualité deviennent des souvenirs précieux et contribuent à promouvoir de saines habitudes de vie.

Aujourd'hui, prenez soin de vous

Mettez l'accent sur le plaisir d'être en famille et entre amis. Le reste peut attendre.

9 décembre

Notre corps est un habit sacré, notre premier et notre dernier vêtement ; il nous enveloppe de la naissance à la mort et mérite d'être honoré.

MARTHA GRAHAM

Des chercheurs américains ont démontré récemment que la liposuccion engendrait peut-être des bénéfices esthétiques mais n'améliorait pas la santé. Cette étude publiée dans le célèbre *New England Journal of Medicine,* et qui portait sur des femmes ayant perdu plus de dix kilos par la liposuccion, a surpris plus d'un scientifique. En effet, les chercheurs croyaient jusque-là que l'amaigrissement, même chirurgical, était bénéfique pour la santé. Selon le Dr Samuel Klein, membre de cette équipe, cette étude souligne le fait que ce n'est pas tant la quantité de graisse que nous perdons qui est importante que *la façon dont nous la perdons.* La chirurgie par liposuccion ne retire que la graisse sous-cutanée et non celle qui s'accumule autour des viscères et qui est dangereuse pour la santé. Par opposition, augmenter notre activité physique et adopter une alimentation saine et équilibrée aident à réduire la graisse viscérale nocive pour notre santé.

Voilà de quoi nous encourager à maintenir nos saines habitudes de vie!

Déterminez un objectif réalisable et passez à l'action

Je vous suggère de consommer une source de fibres solubles au cours de la journée. Les légumineuses représentent d'excellentes sources de fibres solubles. Si vous n'avez pas l'habitude de les apprêter, voici une recette toute simple. Prenez une grosse boîte de fèves au lard (eh oui, ce sont des légumineuses!) et faites-les mijoter avec de la courgette et des oignons coupés en dés et préalablement revenus dans un peu d'huile. Au moment de servir, ajoutez un peu de crème sure faible en gras. Servez avec du pain de grains entiers et une salade.

Aujourd'hui, prenez soin de vous

Honorez votre corps en prenant soin de lui. Voici quelques façons de lui témoigner de la gratitude :

- Étendez-vous une petite demi-heure en après-midi pendant que les enfants font la sieste;
- Préparez un bon repas chaud et équilibré pour vous et votre famille;
- Faites régulièrement des pauses pour vous détendre au bureau;
- Allez marcher, courir, danser;
- Exposez-vous au moins quinze minutes à la lumière du soleil pour refaire le plein d'énergie et de bonne humeur;
- Dans votre fauteuil favori, savourez tranquillement une boisson chaude en regardant la neige tomber;
- Réservez-vous tous les jours un moment de quiétude pendant lequel vous pouvez méditer ou faire un peu de yoga;
- Buvez six verres d'eau au cours de la journée;
- Enduisez votre corps d'une lotion délicieusement parfumée;
- Couchez-vous tôt dans des draps fraîchement lavés.

Votre corps vous le rendra au centuple.

10 décembre

Tant que vous ne serez pas réconcilié avec ce que vous êtes,
vous ne serez pas content de ce que vous avez.
DORIS MORTMAN

Aujourd'hui, je nous incite, vous et moi, à entamer un processus de paix avec notre corps. Pour notre santé mentale et notre bien-être général, je suggère que nous déclarions un arrêt des hostilités pour les vingt-quatre prochaines heures.

Voici pourquoi.

Lorsque nous détestons notre apparence et haïssons notre corps, nous ne faisons pas que nous nuire en minant notre estime de nous-mêmes. Nous nous égarons. Ce ne sont pas nos cuisses, notre ventre ou nos fesses qui doivent changer. Ce sont nos comportements ! Notre corps ne peut changer si nos comportements demeurent les mêmes. Pour réussir un changement en profondeur, nous devons d'abord opérer une forme de réconciliation avec nous-mêmes.

Aujourd'hui, je nous invite donc à faire une trêve, un « cessez-le-feu ». Apprenons à regarder notre corps avec bienveillance, sans honte, sans rancune. Ce n'est pas facile, je le sais. Mais nous avons tout notre temps. Je suis persuadée que si nous le voulons vraiment, nous pouvons apprendre à voir notre corps non plus comme un ennemi mais bien comme notre allié. Nous pouvons apprendre à respecter sa force vitale et sa capacité d'adaptation et de guérison.

Tout cela est à notre portée. Il ne s'agit que de nous ouvrir à cette possibilité.

Déterminez un objectif réalisable et passez à l'action

Réservez une demi-heure dans votre horaire pour jouer dehors. Pour ma part, je vais justement profiter du fait que mon mari joue au « hockey-bottines » avec les enfants pour aller faire une séance de marche rapide de mon côté. Vous venez avec moi ?

Aujourd'hui, prenez soin de vous

Si vous avez tendance à éviter les miroirs, que ce soit dans les endroits publics ou dans l'intimité de votre salle de bains, je vous invite à prendre quelques instants aujourd'hui pour vous y regarder attentivement.

Regardez-vous avec bienveillance, dans votre ensemble, et non en parties détachées.

Cette personne, c'est vous. Et cette personne est très bien!

11 décembre

Je me sens plus légère et mieux dans ma peau quand je ne remets pas les choses au lendemain. Aujourd'hui, je découvre la liberté après avoir terminé au moins une chose que j'ai mise de côté.

RUTH FISHEL

Y a-t-il quelque chose que vous remettez à plus tard et qui vous aiderait à atteindre vos objectifs? Avez-vous mis de côté une activité ou une habitude qui est saine pour vous? Par exemple, avez-vous «oublié» depuis quelque temps de vous rendre au centre de conditionnement physique ou, encore, de consommer vos cinq portions quotidiennes de fruits et de légumes? Personnellement, je constate que depuis quelques semaines j'ai délaissé mon habitude de boire mes six verres d'eau au cours de la journée.

Aujourd'hui, je vous encourage à accomplir cette chose que vous mettiez de côté depuis un certain temps et qui vous aidera à être en meilleure santé (pour ma part, je m'en vais de ce pas me verser un grand verre d'eau!). Je vous demande seulement de fournir cet effort *aujourd'hui*. Si demain vous ne vous en sentez pas capable, faites autre chose, tout simplement.

Déterminez un objectif réalisable et passez à l'action

Au cours de votre séance de marche, dynamisez votre entraînement en y incluant de courts segments pendant lesquels vous augmenterez significativement votre vitesse. Pour cela, vous pouvez allonger le pas ou, encore, en faire de plus courts plus fréquemment.

Aujourd'hui, prenez soin de vous

Choisissez une seule chose que vous remettez à plus tard depuis un certain temps et passez à l'action. Une fois que vous aurez accompli votre «action-santé», savourez cette petite victoire. Ne vous sentez-vous pas un peu plus légère et mieux dans votre peau?

12 décembre

La vie ne nous demande pas d'être les meilleurs,
mais seulement de faire de notre mieux.
H. JACKSON BROWN JR.

Comme la majorité des gens ont tendance à accumuler un peu de poids (en moyenne 0,4 kg) au cours de ces deux ou trois semaines fastes[2], je vous suggère en cette période de festivités de ne pas vous mettre trop de pression sur les épaules et de viser le maintien de votre poids plutôt que de tenter de maigrir.

Si vos objectifs demeurent réalistes et que vous les adaptez aux circonstances, il vous sera plus facile de cumuler des victoires tout en gardant votre bonne humeur.

Déterminez un objectif réalisable et passez à l'action

Que ce soit au centre de conditionnement physique ou encore à la maison (à l'aide d'une cassette vidéo d'exercice par exemple ou en effectuant les exercices recommandés dans mon livre *Maigrir pour la vie*), je vous encourage à inclure un bloc de quinze minutes d'exercices de musculation.

Certaines femmes craignent que les exercices de musculation leur donnent une allure masculine. Si c'est votre cas, ne vous inquiétez pas. Nous, les femmes, ne produisons tout simplement pas assez de testostérone pour qu'un entraînement régulier transforme notre corps à ce point. Les exercices de musculation que je vous propose ne feront que renforcer et tonifier vos muscles. Comme les muscles sont plus compacts que la graisse, au fur et à mesure que votre condition physique s'améliorera, vous aurez tendance à perdre du volume et à porter des vêtements plus petits.

Aujourd'hui, prenez soin de vous

Vous raffolez du fromage mais n'osez pas en utiliser dans vos recettes de peur d'ajouter trop de gras à votre mets ? Choisissez des variétés qui ont un goût prononcé, telles que le cheddar fort, le gorgonzola, la feta ou encore le parmesan. Une petite quantité suffira à donner beaucoup de saveur à votre mets.

TROISIÈME PRINCIPE
ABAISSEZ VOTRE POIDS-CONSIGNE

13 décembre

On ne doit jamais être aveuglés par cette philosophie futile qui prétend qu'on n'est que les infortunées victimes de notre héritage, de notre expérience de vie et de notre environnement – que ce sont là les seules forces qui prennent des décisions pour nous. Là n'est pas la voie vers la liberté. On doit croire qu'on peut vraiment choisir.

BILL WILSON

Linda m'a écrit il y a quelques mois pour me demander de l'aider. Elle avait pris la peine de me décrire en détail tous les facteurs qui, selon elle, étaient la cause de son problème de poids ; ses deux parents étaient obèses, elle se disait trop lourde pour faire du sport, son patron la stressait beaucoup (ce qui l'incitait à « manger ses émotions ») et, en plus, son conjoint n'aimait pas la cuisine-santé. Linda me confiait ne pas savoir comment s'y prendre pour maigrir dans de telles circonstances.

Effectivement, il y avait là un problème. Mais il ne venait pas des facteurs énumérés par Linda (génétique, stress, conjoint récalcitrant). Je ne veux pas dire qu'ils n'avaient aucune influence sur son poids, au contraire, ces facteurs jouent probablement tous un rôle dans le maintien de la situation. Le problème vient plutôt du fait que cette jeune femme ne voyait pas ce qu'*elle* pouvait changer. Comme on le sait, il n'est pas possible d'agir sur les *autres* (ex. conjoint, patron, parents) et encore moins sur notre bagage génétique.

Pour amorcer des changements positifs dans sa vie, Linda devra donc découvrir sur quels facteurs elle a la liberté et la capacité d'agir, notamment certains de ses propres comportements. Par exemple, elle pourrait décider de marcher un peu tous les jours (au lieu d'opter pour des sports plus intenses). Aussi, plutôt que de viser la minceur (et vivre des échecs), elle pourrait apprendre à se fixer des objectifs de perte de poids plus réalistes qui tiendraient compte de son bagage génétique. Enfin, le fait que son conjoint ne soit pas emballé par les mets-santé ne lui enlève pas la liberté de manger ce qu'elle veut chaque matin pour le petit-déjeuner et pour ses lunchs du midi (sans compter les compromis qu'elle pourrait instaurer pour les soupers).

Vous voyez ce que je veux dire?

Janette Bertrand a dit un jour à la journaliste Joëlle M. Currat : « Se comporter en victime ne mène nulle part. Un jour il faut décider de se prendre en main et d'aller de l'avant! » Et elle a bien raison. En prenant la responsabilité de nos comportements, nous quittons le rôle de victime et devenons instantanément libres. Libres de vivre la vie que nous désirons mener.

Et c'est ce que je pourrais souhaiter de mieux à cette jeune femme.

Posez une action pour abaisser votre poids-consigne

Plutôt que d'ajouter du gras ou davantage de sauce à vos salades, côtelettes de porc, plats de pâtes ou pizzas-santé, accommodez-les avec quelques cœurs d'artichauts marinés. Ils sont faibles en calories mais rehausseront agréablement la saveur de ces mets.

Aujourd'hui, prenez soin de vous

Gardez à l'esprit ces mots de Janette Bertrand : « Quand on fait le choix de ne plus être victime, on devient quelqu'un de serein, d'heureux. Et on attire le bonheur. »

14 décembre

Le bonheur ne se définit pas par un grand calme,
mais plutôt par la sensation d'être terriblement vivant.
TARA DUPRÉ

Chaque matin, pendant que les enfants terminent leur déjeuner, j'enfile mes bottes et mon manteau et me rends à notre ruisseau pour y puiser l'eau pour nos chevaux. Dans l'accomplissement de ce travail physique qui me met en contact avec les éléments de la nature, le froid mordant, les cris du geai bleu, le soleil du matin et l'eau glacée, je me sens alerte. Sereine. Terriblement vivante. Et j'adore cette sensation.

Le travail physique, quel qu'il soit, met tous nos sens en éveil. Il nous permet d'entrer en contact avec notre corps et nous fait prendre conscience de la vie qui circule en nous. C'est pourquoi je vous encourage à rechercher les occasions de travailler physiquement au cours de votre journée. Pelleter l'entrée, aller chercher du bois de chauffage dehors, faire les courses à pied et porter les sacs au retour sont quelques exemples de travaux qui vous mettent en contact avec votre corps. Bien sûr, si vous le voulez, vous pouvez aussi m'aider à porter les seaux!

Posez une action pour abaisser votre poids-consigne

Assurez-vous de consommer une source de protéines au petit-déjeuner. Vous pouvez par exemple manger vos tartines avec du fromage, du beurre d'amandes ou encore des cretons végétariens plutôt que de la confiture. Un œuf dur ou une tranche de jambon peuvent aussi faire partie d'un petit-déjeuner équilibré. En consommant une portion de protéines le matin, vous serez rassasiée beaucoup plus longtemps et éviterez les fringales en milieu d'avant-midi.

Aujourd'hui, prenez soin de vous

Dorlotez votre corps. Au sortir de la douche, prenez quelques minutes pour enduire votre peau d'une crème hydratante délicatement parfumée. Si votre peau est très sèche, choisissez une lotion contenant du beurre de karité, de l'huile d'amande ou des extraits d'avoine. En plus d'être relaxant, le contact de vos mains sur votre corps peut aussi être une façon d'apprécier les changements qui s'opèrent en vous et de découvrir vos nouvelles formes si vous avez perdu du poids récemment.

15 décembre

À partir du moment où l'on réussit à franchir les obstacles
qui se dressent sur sa route, on connaît un mode de vie différent.

J. STONE

Pour la plupart des gens qui cherchent à perdre du poids, la période des fêtes est un véritable parcours du combattant truffé d'obstacles et de «pièges». Mon rôle est de vous aider à franchir avec succès ce parcours du combattant, non pas en évitant les obstacles (il n'est pas question de jouer les ermites) mais en apprenant à les franchir, un à un. Après tout, le poète Robert Frost n'a-t-il pas déjà dit : « Le meilleur moyen de se sortir d'une mauvaise situation, c'est de passer au travers » ?

Un de ces obstacles est « l'effet d'entraînement ». Il est démontré que nous avons tendance à manger davantage lorsque nous sommes en groupe que lorsque nous sommes seules[11]. Certains chercheurs croient que lorsque nous sommes en groupe, nous nous fions inconsciemment aux autres pour savoir s'il est temps de cesser de manger, plutôt que de nous fier à nos signaux intérieurs. Ainsi, si les autres continuent de manger, nous mangeons aussi !

Voici trois suggestions toutes simples pour éviter de succomber à l'effet d'entraînement :

- Après vous être servie convenablement au buffet, tenez-vous loin de la table de service.
- Faites un effort conscient pour savourer votre repas et prêtez attention à vos signaux de satiété.
- Lorsque vous avez terminé votre repas, allez porter votre assiette au lave-vaisselle pour éviter de vous resservir par gourmandise. S'il s'agit d'une assiette en carton, jetez-la sans tarder.

En mettant en pratique ces suggestions, vous franchirez sans trop de problèmes ce premier obstacle affronté durant la période des fêtes.

Posez une action pour abaisser votre poids-consigne

Consommez au moins deux portions de viande ou de substituts pendant la journée. Cela vous assurera un apport suffisant de protéines. Des scientifiques ont cherché récemment à savoir si le fait d'augmenter légèrement l'apport de protéines après la phase d'amaigrissement pouvait limiter le regain de poids. Les résultats ont révélé que les personnes qui consommaient davantage de protéines, c'est-à-dire dix-huit pour cent de leur apport calorique, avaient regagné deux fois moins de poids après trois mois que ceux dont l'alimentation était composée de quinze pour cent de protéines[19]. J'ai pu observer des résultats similaires dans le cadre d'une étude menée auprès d'un groupe de femmes ayant participé à un programme d'amaigrissement contenant environ vingt pour cent de protéines[8]. Bien que légèrement supérieur à la moyenne, cet apport n'est cependant pas excessif. À titre indicatif, le Guide alimentaire canadien recommande un apport quotidien de protéines se situant entre quinze et vingt pour cent.

Aujourd'hui, prenez soin de vous

Allez faire un tour dehors même si vous êtes invitée à une réception. Mieux encore, pourquoi ne pas suggérer aux autres convives de se joindre à vous pour une marche dans les rues du quartier ?

16 décembre

Le sommeil est pour l'ensemble des hommes
ce que le remontage est à la pendule.
ARTHUR SCHOPENHAUER

Une étude étonnante effectuée auprès de cinq cents adultes a révélé récemment qu'entre vingt-sept et trente-quatre ans, ceux qui dorment peu sont plus gras que ceux qui dorment plus longtemps. Après l'âge de trente-cinq ans, cette association entre la durée du sommeil et l'obésité semble s'estomper[9]. De plus amples études seront nécessaires pour explorer davantage le lien entre le sommeil et l'obésité.

Toutefois, nous savons depuis longtemps qu'une bonne nuit de sommeil nous permet de nous reposer physiquement et mentalement, d'effacer la tension et de régénérer nos cellules. Un sommeil reposant est donc une composante essentielle d'une vie saine.

Si vous avez de jeunes enfants, il est probable que la qualité de vos nuits n'est plus ce qu'elle était et que votre niveau d'énergie s'en ressent au cours de la journée. Le manque de sommeil est une des causes les plus importantes de fatigue chez l'adulte, encore plus que ne l'est la charge de travail[1]. Durant cette phase de notre vie où les enfants sont jeunes, il est donc particulièrement important pour nous, les femmes, de nous assurer d'avoir un sommeil réparateur si nous voulons demeurer en santé et de bonne humeur.

Posez une action pour abaisser votre poids-consigne

Habillez-vous chaudement et essayez de marcher plus de trente minutes. Lorsque nous faisons de l'exercice, nous modifions la biochimie de notre cerveau, ce qui contribuerait à abaisser notre poids-consigne[5,18,21]. Notre corps cherche alors à maintenir un poids moins élevé, ce qui expliquerait pourquoi les gens qui sont physiquement actifs ont plus de facilité à maintenir leur perte de poids.

Si vous désirez tonifier vos bras et augmenter votre dépense énergétique, marchez d'un pas énergique et balancez vos bras en cadence.

Aujourd'hui, prenez soin de vous

Je vous invite à préparer ce qu'il faut pour passer une bonne nuit de sommeil. Abaissez la température de la pièce et, si possible, mettez-vous au lit un peu plus tôt que d'habitude. Peut-être aimeriez-vous prendre un bain ou une douche avant de vous coucher ? lire un peu ou encore écouter de la musique ? Mettez-vous à l'aise et savourez ce moment de détente. Avant de fermer les yeux, dites-vous que demain, vous vous réveillerez fraîche, reposée et pleine d'énergie.

17 décembre

J'ai pleuré parce que je n'avais pas de chaussures,
jusqu'à ce que je rencontre un homme qui n'avait pas de pieds.
ANONYME

La cellulite ajoute de la texture à nos cuisses ? Cela ne nous empêche quand même pas de marcher, de courir ou de danser. N'est-ce pas ?

Notre maillot de bain laisse paraître quelques bourrelets ? Et puis après ? Devrions-nous nous priver des plaisirs et des bienfaits de la baignade pour autant ?

Des vergetures ornent à présent notre ventre ? Eh oui, la vie est passée par là ! Notre corps est ce qu'il est. La belle affaire !

Être en vie est un privilège et ce privilège n'est pas éternel. Il n'en tient qu'à nous de jouir pleinement de la vie ou de laisser ces marques mettre un frein à notre bonheur. Car c'est de cela qu'il s'agit. Lorsque nous mettons l'accent sur nos imperfections physiques et les laissons conditionner nos pensées et nos actions, nous hypothéquons notre bien-être et nos chances de mener une vie heureuse. Sommes-nous prêtes à leur céder autant de pouvoir ?

Pour ma part, je n'ai plus envie de laisser des détails esthétiques limiter ma qualité de vie et je m'engage à y travailler.

Aimeriez-vous vous joindre à moi ?

Posez une action pour abaisser votre poids-consigne

Je vous invite à inclure au moins trente minutes de votre activité physique favorite dans votre journée. En plus de m'aider à maintenir un poids sain, j'ai remarqué que pratiquer une activité physique, n'importe laquelle, m'aidait à faire la paix avec mon corps. L'exercice m'aide à percevoir les forces plutôt que les points faibles de mon physique. Vous remarquerez peut-être qu'il en est de même pour vous.

Aujourd'hui, prenez soin de vous

Vous avez envie de porter des vêtements plus colorés, plus audacieux aujourd'hui ? de créer des liens avec de nouvelles personnes ? de vous amuser plus souvent ? Osez vous libérer des contraintes que vous vous imposez inutilement et voyez comme il fait bon vivre.

18 décembre

Si les gens savaient à quel point j'ai travaillé
pour développer ce talent, ils ne s'étonneraient plus.

MICHEL-ANGE

Nous pouvons être tentées de croire que les femmes que nous croisons et qui maintiennent un poids-santé sont « nées comme cela » et qu'elles ne font pas d'effort particulier pour maintenir cet acquis. En réalité, les femmes qui peuvent manger tout ce qu'elles désirent en quantités illimitées, rester sédentaires et ne pas prendre de poids sont de véritables exceptions. De tels bagages génétiques sont rarissimes !

Chez toutes les autres, on peut déceler, en y regardant de plus près, des habitudes et des comportements quotidiens qui, sans impliquer un régime particulier, leur permettent de maintenir leur poids. Un petit effort par-ci pour faire de l'exercice régulièrement, un petit effort par-là pour manger davantage de légumes ou encore pour consommer des grains entiers. Et voilà comment, jour après jour, elles réussissent, à force de petits efforts constants, à maintenir un poids sain. Gardez à l'esprit que vous n'êtes pas différente de la majorité des femmes qui réussissent à conserver un poids-santé. Il s'agit d'abord et avant tout d'une question *d'habitudes* et non pas de génétique.

Pas de magie.
Pas de « gènes minceur ».
Juste de la constance.

Et ça, c'est à la portée de chacune de nous.

Posez une action pour abaisser votre poids-consigne

Le manque de vigilance quant à notre apport alimentaire est un autre obstacle auquel nous devons faire face durant la période des fêtes. Mais il est possible de le surmonter. Une façon d'y arriver est de tenir votre journal alimentaire. Il a été démontré que les personnes qui souffrent d'embonpoint et qui prennent le temps de remplir leur journal alimentaire gagnent moins de poids durant la période des fêtes que celles qui ne le font pas[4]. Je vous suggère donc de prendre quelques minutes au cours de la journée pour inscrire dans votre journal la quantité et le type d'aliments que vous mangerez.

En prenant le temps de remplir votre journal, vous deviendrez plus attentive aux choix alimentaires que vous ferez au cours de cette journée. Cela vous permettra de déceler les aliments que vous consommez en trop grande quantité ainsi que ceux que vous mangez en quantité insuffisante.

Aujourd'hui, prenez soin de vous

Réservez-vous quelques instants pour souffler et vous détendre. Si vous en êtes à l'étape d'emballer vos cadeaux, plutôt que de vous y mettre à la hâte, transformez cette tâche en une expérience agréable. Faites jouer de la musique de Noël et profitez de l'occasion pour savourer une bonne tasse de thé. Certaines études indiquent d'ailleurs que la consommation quotidienne de thé pourrait engendrer des bienfaits pour la santé cardiovasculaire[17,22,23]. Une tasse de Lady Grey fumant agrémenté d'un nuage de lait et d'un soupçon de sucre m'attend justement dans la cuisine. Pourquoi ne pas m'accompagner de votre côté?

QUATRIÈME PRINCIPE
APPRENEZ À RESPECTER VOS SIGNAUX INTERNES

19 décembre

Les regrets sont aussi personnels que les empreintes digitales.

MARGARET CULKIN BANNING

Nous avons presque toutes des regrets dans la vie, des choses que nous aurions aimé faire ou dire, des gestes que nous aurions pu accomplir, des gens que nous aurions aimé rencontrer… Mais les regrets, chacun à leur façon, nous ramènent dans le passé et nous mettent face à notre impuissance. Force est de constater que de nourrir des regrets, quels qu'ils soient, est une voie pleine d'amertume et sans issue.

Les regrets appartiennent au passé, et nous, nous appartenons au présent. S'il y a des actions que vous pouvez entreprendre, en ce moment, et qui pourraient régler une situation qui traîne, faites-le. Bouclez la boucle sans plus tarder. Sinon, je vous encourage à lâcher prise sur ces regrets et à vous en libérer. Tirez-en une leçon, mais ne les laissez plus vous accabler. Tournez la page et poursuivez votre vie.

Une vie passionnante et pleine de possibilités.

Posez une action pour respecter vos signaux internes

Assurez-vous de consommer deux portions complètes de viande ou de substituts au cours de la journée. En phase de perte de poids, un apport un peu plus élevé de protéines favoriserait la satiété tout en aidant à maintenir un taux de sucre plus constant[13,14].

Aujourd'hui, prenez soin de vous

En cette période de l'année, la lumière du jour est de courte durée et cela peut affecter notre moral. Je vous invite donc à vous exposer le plus possible à la lumière du soleil. Une marche de trente minutes en plein jour vous aidera à refaire le plein de lumière et d'énergie !

20 décembre

Il existe en chacun de nous, un désir insatiable d'aimer et d'être aimé. L'amour que nous recherchons est beaucoup plus que la sensation euphorique des papillons dans l'estomac que provoque une nouvelle romance ; c'est aussi la consolation ineffable d'être connu en son for intérieur, accepté et entouré de bons soins. C'est le sentiment profond de paix et de tranquillité d'esprit qui découle d'un rapprochement intime avec un autre être humain.

DAPHNE ROSE KINGMA

En lisant ces mots, je n'ai pu m'empêcher de faire le rapprochement entre le réconfort que procure l'amour inconditionnel et notre recherche de sensations réconfortantes par la nourriture. Ce n'est d'ailleurs peut-être pas par hasard que Daphne Rose Kingma emploie le terme « insatiable » pour parler de notre désir immense d'aimer et d'être aimé.

Une femme très obèse m'a confié un jour que la nourriture était sa meilleure amie. Elle affirmait trouver dans cette « relation alimentaire » de la chaleur, de la douceur et du réconfort. Paradoxalement, elle disait avoir toujours faim. Peut-être tentait-elle de remplir le mauvais « réservoir ». En effet, pourquoi se remplir l'estomac si ce que nous désirons réellement est de s'emplir du « sentiment profond de paix et de tranquillité d'esprit qui découle d'un rapprochement avec un autre humain » ?

Le meilleur des tiramisus ne remplacera jamais une tendre étreinte et un plat de pâtes fait un bien piètre confident. Lorsque le besoin d'entrer en contact avec un autre être humain se fait sentir, il nous faut apprendre à y répondre adéquatement, c'est-à-dire autrement que par la nourriture. Serrer un être aimé dans ses bras, téléphoner à une amie, se confier à un membre de sa famille, se détendre en tête-à-tête avec son conjoint, participer à une activité sociale ou communautaire sont autant de façons de nourrir sainement notre besoin de rapprochement.

Si nous apprenons à répondre adéquatement à nos besoins affectifs, la nourriture retrouvera naturellement sa juste place dans notre vie.

Posez une action pour respecter vos signaux internes

Je vous encourage à récompenser vos bons coups autrement que par la nourriture. Pour ma part, j'ai constaté que j'avais tendance à m'offrir des gâteries à mon retour d'une journée particulièrement stressante ou fatigante de travail. Inconsciemment, le fait de manger ces sucreries sur le chemin du retour ou en arrivant à la maison était une forme de récompense que je m'offrais, une façon de me détendre. À présent, je prépare une collation-santé que je laisse dans la voiture pour le chemin du retour, puis en rentrant, je prends une douche pour me délasser et évacuer les tensions. L'effet relaxant est assurément plus satisfaisant et je sais que je fais quelque chose de bien pour ma santé. Peut-être aimeriez-vous, vous aussi, essayer quelque chose de semblable.

Aujourd'hui, prenez soin de vous

Prenez quelques minutes pour donner un coup de fil ou prendre un café avec une amie ou un membre de votre famille. Entretenir des relations chaleureuses avec nos proches est une excellente façon de nourrir notre vie affective.

21 décembre

Ma cuisine est un endroit mystique.
C'est là où les sons et les arômes prennent leur signification
à partir du passé pour rejoindre le futur.

PEARL BAILEY

Je vous encourage à créer des souvenirs mémorables en inventant vos propres rituels familiaux du temps des fêtes. À cette époque de l'année, mon terrain de jeu favori est la cuisine et je vous invite à vous y amuser un peu, vous aussi. Ressortez les recettes de Noël de votre enfance ou laissez-vous inspirer par de nouvelles saveurs pour créer vos propres petits délices. Pour un maximum de plaisir, optez pour des recettes simples et faciles à réaliser.

Pour ma part, j'ai remplacé depuis quelques années la traditionnelle dinde du temps des fêtes par un savoureux canard rôti. Ce canard fait à présent partie de notre rituel festif. Après l'avoir rempli de pommes, je le mets tout doucement à cuire pour le repas du soir. Une demi-heure avant de le servir, je le badigeonne de sirop d'érable et le fait dorer. Simple et délicieux !

La fabrication des traditionnels petits bonshommes de pain d'épices est aussi un rituel dont on ne pourrait se passer chez nous. Rouler la pâte (et la manipuler abondamment!), découper les personnages et surtout les décorer est l'une des activités favorites de mes enfants.

Un autre de mes rituels favoris est d'allumer des bougies de tailles variées dans le salon, la salle à manger et la salle de séjour. J'allume aussi des lampions rouges au bord des fenêtres. La maison brille alors d'une douce lumière apportant un cachet ancien aux fêtes et une atmosphère chaleureuse à nos repas.

Posez une action pour respecter vos signaux internes

Si vous êtes invitée pour un repas, voici un petit truc pour éviter de trop manger. Lorsque vous aurez terminé, repoussez légèrement votre assiette en plaçant vos ustensiles parallèlement, à «cinq heures» sur votre assiette. Cela indiquera à votre hôtesse que vous avez fini votre repas et que vous ne prendrez pas une seconde portion.

Aujourd'hui, prenez soin de vous

Et des gens que vous aimez. Plutôt que d'offrir des chocolats ou d'autres friandises à votre hôte, pourquoi ne pas arriver avec un coffret de thés ou de tisanes, un assortiment d'épices exotiques, un vinaigre balsamique ou encore une huile d'olive de qualité supérieure? L'année prochaine, vos invités auront peut-être la bonne idée de vous apporter des cadeaux similaires!

22 décembre

J'ai longtemps retenu mes sentiments et bloqué mon expression naturelle. Jamais plus je ne retournerai à une telle existence. Mes besoins sont réels et méritent mon attention. J'ai besoin qu'on me touche, qu'on m'aime, qu'on m'écoute et qu'on prenne soin de moi.

ROKELLE LERNER

Nous, les femmes, sommes programmées pour déceler les besoins de notre entourage, et y répondre sans délai. Enfants, conjoint, famille élargie, amis, collègues, membres moins fortunés de notre communauté reçoivent avec empressement notre compassion et nos soins. Vous avez besoin de quelque chose? Nous sommes là! Jour et nuit à votre disposition…

Le problème est que nos antennes hypersensibles nous permettent de détecter les moindres besoins chez les autres, mais ne semblent pas fonctionner pour nous. Ou peut-être est-ce simplement que nous ne prenons jamais la peine d'utiliser cette sensibilité pour explorer nos propres besoins. À quand remonte la dernière fois où vous vous êtes dit : « Ceci est un besoin chez moi. Voici ce que je vais faire pour le combler ? » Comme pour la plupart d'entre nous, je suis persuadée que cela fait bien longtemps.

Tout cela doit changer si nous aspirons à retrouver notre énergie vitale et notre santé. Daphne Rose Kingma l'a bien compris et nous invite à remédier à la situation : « Vous avez donc intérêt à découvrir quels sont vos besoins et à trouver les mots pour les formuler, nous enjoint-elle de faire. À mesure que se révéleront leur ampleur, leur contenu, ainsi que les privations, les pertes, la fragilité et les talents auxquels ils sont associés, apparaîtra sous vos yeux une espèce de radiographie de vous-même. Vous verrez de quoi vous êtes fait, de quoi vous avez vraiment besoin, et quelle serait votre joie si vos besoins étaient comblés. »

Merveilleux ! Quand est-ce qu'on commence ?

Aujourd'hui, je suggère que nous répondions à l'invitation de Mme Kingma, en prenant l'habitude de nous poser la question suivante : de quoi aurais-je besoin aujourd'hui pour être une femme plus sereine, plus épanouie, plus heureuse ? Et voyons comment le fait d'accorder de l'attention à *nos* besoins peut nous ouvrir de nouvelles avenues…

Posez une action pour respecter vos signaux internes

Préparez à l'avance une variété de crudités que vous placerez bien en vue dans votre frigo. Assurez-vous d'en avoir pour quelques jours, voire pour la semaine. Lorsqu'une petite faim se fera sentir, vous serez contente d'avoir une collation saine à portée de la main.

Aujourd'hui, prenez soin de vous

Que ce soit au sein de votre famille ou dans le cadre de vos relations professionnelles ou amicales, efforcez-vous d'exprimer clairement vos besoins au cours de la journée. Cela demande un petit effort, mais la vie est tellement plus agréable lorsque nous nous donnons la permission d'exprimer ce que nous ressentons et désirons vraiment.

23 décembre

Je ne connais rien de plus encourageant que la capacité incontestable de l'homme à élever sa vie par un effort conscient.

HENRY DAVID THOREAU

Un jour, alors que je retournais à ma voiture après avoir tourné une émission portant sur la perte de poids, j'ai retrouvé dans le stationnement le groupe de participantes que je venais de quitter.

Ces cinq femmes qui avaient entrepris une démarche d'amaigrissement quelques mois plus tôt s'affairaient joyeusement à échanger des contenants Tupperware. Piquée par la curiosité, je suis allée les voir. Elles m'ont expliqué que, chaque semaine, chacune cuisinait un mets-santé différent qu'elle partageait ensuite en cinq portions pour les membres du groupe. Chacune d'entre elles repartait donc avec une variété de délicieux repas-santé pour la semaine.

J'ai trouvé cette idée d'entraide tout simplement géniale. Cette organisation toute simple permettait à ces femmes de découvrir de nouvelles recettes et de manger sainement tout en tissant des liens d'amitié.

Posez une action pour respecter vos signaux internes

Assurez-vous de consommer au moins trois portions de légumes au cours de la journée.

Aujourd'hui, prenez soin de vous

Incluez une marche rapide de trente minutes ou plus dans votre programme. Je vous accompagnerai de mon côté!

24 décembre

La gourmandise peut devenir une vertu si le plaisir qu'elle procure devient une action de grâces, un partage. On est loin alors de l'« empiffrage » en solitaire au service à l'auto d'un fast-food.

GENEVIÈVE ST-GERMAIN

C'est bien vrai. Mais pour cela, il faut que nous nous réappropriions le droit de jouir des plaisirs de la table, le droit de savourer, sans honte, des mets qui nous envoient au septième ciel.

« Ça fera, s'indigne Geneviève St-Germain, rien qu'à voir on voit bien : des années de grattage de bobo plus tard, la proportion de femmes obèses et/ou mal dans leur peau ne cesse d'augmenter, en même temps que se complexifient les troubles alimentaires. Il me semble qu'on pourrait justement aller au-delà des apparences et s'interroger plutôt sur notre rapport fondamental à la vie et au plaisir », poursuit l'épicurienne journaliste. « Pour l'heure, c'est ce que je nous propose : la nourriture comme terrain de créativité ; les repas comme espaces privilégiés de petits bonheurs ; les aliments comme sources sans cesse renouvelées d'émotions esthétiques. Beau programme, non ? »

En effet. Un bien beau programme. Et je pense que nous pourrions toutes l'adopter.

Bon réveillon !

Posez une action pour respecter vos signaux internes

Je vous suggère d'éliminer les sources de distraction pendant vos repas. Le fait de lire une revue, de regarder une émission de télévision ou encore de parler au téléphone, tout en mangeant, est une habitude qui peut engendrer un gain de poids à la longue. En effet, ces distractions vous empêchent de savourer et d'apprécier pleinement ce que vous êtes en train de manger et favorise le grignotage plus tard dans la journée.

Aujourd'hui, prenez soin de vous

Si vous désirez manger un aliment « gourmand » au cours de la journée, servez-vous une portion du mets en question dans un joli bol ou une belle assiette. Et dégustez-la en prenant le temps de savourer chaque bouchée. Mieux encore, partagez ce petit délice en bonne compagnie.

CINQUIÈME PRINCIPE
HONOREZ VOTRE ENGAGEMENT

25 décembre

La vie est une chance, saisis-la
La vie est beauté, admire-la
La vie est béatitude, savoure-la
La vie est un rêve, fais-en une réalité
La vie est un défi, fais-lui face
La vie est un devoir, accomplis-le
La vie est un jeu, joue-le
La vie est précieuse, prends-en soin
La vie est une richesse, conserve-la
La vie est amour, jouis-en
La vie est promesse, remplis-la
La vie est tristesse, surmonte-la
La vie est un hymne, chante-le
La vie est un combat, accepte-le
La vie est une tragédie, prends-la à bras-le-corps
La vie est une aventure, ose-la
La vie est un bonheur, mérite-le
La vie est la vie, défends-la

MÈRE TERESA

Joyeux Noël!

Aujourd'hui, au milieu des festivités et entourées de ceux que nous aimons, souvenons-nous que la vie est notre plus grande richesse et que chaque jour nous comble de présents.

Rions, mangeons et célébrons! Que cette journée soit remplie d'amour et d'humour, qu'elle nous rappelle combien la vie est bonne!

Posez une action pour honorer votre engagement

Après le repas, plutôt que de vous asseoir au salon, invitez vos convives à se joindre à vous pour une marche. Vous pouvez aussi faire comme mon beau-frère Arnaud : lorsque nous sommes reçus chez lui à Noël, nous prenons les luges et les traîneaux et nous allons glisser dans l'après-midi avec tous les enfants sur un terrain de golf pas très loin de chez eux. Tout le monde s'amuse et bénéficie d'une bonne heure d'exercice.

Aujourd'hui, prenez soin de vous

Accordez-vous un petit dix minutes ce matin et en fin de journée rien que pour vous détendre et apprécier cette journée spéciale.

26 décembre

L'important ce ne sont pas les grandes joies ;
c'est de vivre pleinement les petites.
JEAN WEBSTER

Je participais récemment à une émission de télévision consacrée à la conciliation « travail-famille ». Mon rôle était d'aider les membres d'une famille « à bout de souffle » à modifier certaines habitudes de vie afin d'améliorer leur santé et leur bien-être. Ce que j'ai constaté chez eux, et chez la majorité des familles dans lesquelles les deux parents travaillent à temps plein, c'est qu'ils ne se réservent pratiquement aucun moment dans leur semaine simplement pour se détendre en famille. Même les loisirs sont organisés, particulièrement ceux des enfants. Je connais des parents bienveillants qui ont inscrit leur fille de six ans à la fois à des cours de piano, de taekwondo et de ballet !

Si vous avez la chance d'être en congé en même temps que vos enfants et votre conjoint, profitez-en ! Réservez-vous du temps pour ne « rien faire ». Ne planifiez rien, décidez seulement de passer du temps ensemble. Profitez-en pour jaser, jouer à un jeu de société, cuisiner, jouer dehors ou regarder un film en famille. Mine de rien, ces moments de douce tranquillité sont très sains. Ils nous aident à gérer notre stress, nous permettent d'arrêter le temps et de nous ressourcer. Les enfants, eux aussi, ont des semaines bien remplies et ont besoin de décompresser.

Pour notre plus grand bien, et celui de nos enfants, nous devons apprendre à valoriser le repos et à savourer les petites joies de la vie. Les vacances de Noël me paraissent l'occasion idéale de mettre cette saine habitude en pratique.

Posez une action pour honorer votre engagement

Allez faire une grande marche en famille dans les rues enneigées.

Aujourd'hui, prenez soin de vous

Profitez de quelques instants de tranquillité pour réfléchir à l'année qui s'achève. Voici quelques questions qui pourront peut-être vous aider à amorcer cette réflexion :

- Quelles sont les victoires dont vous êtes le plus fière ?
- Votre santé s'est-elle améliorée ? Si oui, sur quels plans ?
- Avez-vous réussi à surmonter certaines craintes ?
- Est-ce que vous vous sentez plus énergique que l'année dernière ?
- Vous êtes-vous rapprochée de votre poids-santé ?
- Quelles sont les bonnes habitudes que vous avez acquises ?

27 décembre

Vivre ce n'est pas seulement changer, c'est continuer.
PIERRE LEROUX

À plusieurs reprises, j'ai rencontré des femmes qui, une fois leur poids-santé atteint, ont perdu toute motivation. La phase d'amaigrissement pendant laquelle les chiffres sur le pèse-personne ne cessaient de descendre était excitante, mais une fois l'objectif atteint, la démarche perdait de l'intérêt à leurs yeux.

Pour ne pas vous retrouver dans cette situation, il faut garder en tête que la perte de poids n'est pas une fin en soi. Une fois votre poids-santé atteint, vos efforts devront passer de l'*acquisition* de nouvelles habitudes au *maintien* de celles-ci dans votre routine quotidienne. Car au bout du compte ce qui importe le plus, ce n'est pas d'atteindre un chiffre particulier sur le pèse-personne mais bien d'intégrer des habitudes plus saines à votre routine et de continuer d'évoluer sur les plans physique et personnel.

Posez une action pour honorer votre engagement

Variez vos sources de protéines. Pour changer un peu du poulet, du bœuf et du tofu, je prépare la recette suivante. Dans un plat qui va au four, je mêle du riz brun cuit, une boîte de crème de céleri ou de champignon (non diluée), deux boîtes de thon, un paquet d'épinards et je recouvre le tout de fromage mozzarella. Je mets le couvercle et fais cuire à trois cent cinquante degrés Fahrenheit (175 °C) pendant trente minutes. Ce plat très simple est aussi riche en fibres.

Aujourd'hui, prenez soin de vous

Variez votre programme d'entraînement. Plutôt que d'aller faire votre jogging, pourquoi ne pas opter pour vingt minutes d'exercices au sol ce matin ? Vous avez l'habitude de faire de la marche rapide ? Que diriez-vous d'essayer le cardio-salsa ? Varier votre entraînement est excellent pour entretenir la motivation mais aussi pour éviter les blessures causées par une sur-utilisation de certains muscles ou articulations[16].

28 décembre

Les habitudes sont comme des cordes. Nous en tissons un fil chaque jour et bientôt, elles ne peuvent plus se rompre.

HORACE MANN

Chaque jour, nous pouvons choisir les habitudes que nous allons renforcer : celles qui nuisent à notre santé ou celles qui font que nous nous sentons bien dans notre peau. Chaque jour, nous avons le choix de la corde que nous allons tisser.

Il y a un an, vous n'auriez peut-être pas cru cela possible. Mais à présent, certains comportements, telles la marche quotidienne, la consommation de produits céréaliers de grains entiers ou la méditation, sont peut-être devenus comme une seconde nature pour vous. « Ce que nous persistons à faire devient plus facile, nous explique Ralph Waldo Emerson, non que la nature de la tâche ait changé, mais parce que notre capacité à l'accomplir s'est accrue. »

N'est-ce pas là quelque chose de rassurant ?

Posez une action pour honorer votre engagement

Pourquoi ne pas créer votre propre «cuisine collective» avec quelques amies intéressées à manger sainement, tout comme vous? Vous pouvez choisir de vous réunir pour concocter ensemble de délicieux mets une fois par semaine puis partager votre production ou, encore, cuisiner chacune de votre côté et faire des échanges par la suite. Au menu : découvertes, plaisir et motivation!

Profitez des réunions du temps des fêtes pour lancer cette idée. Qui sait? Votre projet de cuisine collective se concrétisera peut-être au cours de la nouvelle année?

Aujourd'hui, prenez soin de vous

Sortez marcher, même si vous ne pouvez y consacrer que quinze minutes. Cette séance d'exercice vous dégourdira les jambes tout en vous aérant l'esprit.

29 décembre

La vie est ce qu'on en fait. C'est ainsi depuis toujours,
ce le sera jusqu'à la fin des temps.
GRANDMA MOSES

Anna Mary Robertson, alias Grandma Moses, a vécu jusqu'à l'âge de cent un ans, dans sa campagne bien-aimée du nord de l'État de New York. Ses charmants tableaux d'art naïf qui dépeignent la vie rurale du début du siècle sont maintenant célèbres partout dans le monde. Mais il n'y a pas que les tableaux de Grandma Moses qui sont remarquables. La vie de cette artiste autodidacte est aussi une véritable source d'inspiration. C'est avec peu de moyens qu'elle a élevé ses cinq enfants sur une ferme. Et ce n'est que vers l'âge de soixante-quinze ans, lorsque ses mains ne lui ont plus permis d'effectuer des travaux d'aiguille, qu'elle s'est mise à la peinture. Cette étonnante grand-mère a su gagner le cœur de millions de personnes par la qualité de ses œuvres mais aussi sa vitalité et son humour légendaire. Grandma Moses aurait peint plus de vingt-cinq tableaux dans la dernière année de sa vie.

Ce qui m'impressionne le plus dans la vie de cette femme extraordinaire est le fait qu'à soixante-quinze ans elle ait eu le désir – et le courage – de poursuivre sa passion et de mener jusqu'au bout une vie créative et authentique.

Puissions-nous, chacune à notre façon, en faire autant.

Posez une action pour honorer votre engagement

Lorsque vous irez marcher, essayez de conserver un rythme assez soutenu. Pour cela, laissez-vous guider par votre respiration. Si vous êtes capable de soutenir une conversation sans être à bout de souffle, c'est parfait, mais si vous êtes capable de chanter, c'est que vous ne marchez pas assez rapidement.

Aujourd'hui, prenez soin de vous

Même si vous vous sentez bousculée par le temps et tous les préparatifs des fêtes, faites des minipauses au cours de votre journée. Une des choses qui me détend le plus est de m'offrir de courtes pauses musicales. Je ferme la porte (du salon ou de mon bureau), lève le son, ferme les yeux et me laisse transporter avec délectation par une pièce musicale qui me détend et m'inspire. Cinq minutes plus tard, je suis une femme nouvelle. « Apparemment, le son est une sorte de nourriture pour le cerveau et le corps tout entier », fait remarquer Joy Gardner-Gordon. Et je partage tout à fait son avis. C'est pourquoi je vous encourage aujourd'hui à vous livrer aux délices d'une petite pause musicale en solitaire.

30 décembre

Votre corps est le véhicule qui vous transporte à travers la vie.
Vous n'en aurez pas d'autre ici-bas. Aimez-le, respectez-le, chérissez-le
et traitez-le bien. Il vous le rendra au centuple.

SUZY PRUDDEN

« Respecter notre corps, comme nous le rappelle sagement Chérie Carter-Scott, c'est ne rien négliger qui puisse contribuer à son bien-être. Traitez votre corps avec respect, comme vous le feriez de tout objet précieux et irremplaçable ; c'est une condition essentielle à la vie. »

Aujourd'hui, je vous encourage à suivre son précieux conseil et à ne rien négliger qui puisse contribuer au bien-être de votre corps. Offrez-lui la nourriture la plus savoureuse et saine qui soit, adonnez-vous à une activité physique agréable et stimulante et réservez-vous un moment de détente. Ce traitement cinq étoiles vous fera le plus grand bien, j'en suis certaine. Comme le dit si bien Gabrielle Roth : « Libérer le corps conduit inévitablement à libérer l'esprit. »

N'est-ce pas là une heureuse perspective ?

Posez une action pour honorer votre engagement

Je vous invite à ajouter dix minutes à votre entraînement habituel.

Aujourd'hui, prenez soin de vous

Réservez-vous quinze minutes au cours de la journée pour méditer ou vous recueillir. Pour ce faire, retirez-vous dans un endroit confortable où vous ne serez pas dérangée. Pour être plus à l'aise, retirez vos chaussures, desserrez votre ceinture et fermez les yeux. Utilisez ce moment de tranquillité pour reposer complètement votre corps et votre esprit.

31 décembre

Ce qu'il y a devant nous et ce que nous laissons derrière,
ceci est peu de chose comparativement à ce qui est en nous.
Et lorsque nous amenons dans le monde
ce qui dormait en nous, des miracles se produisent.
HENRY DAVID THOREAU

Chère amie, il est temps de faire nos adieux à l'année qui s'achève. Une année merveilleuse qui nous a permis de grandir, d'évoluer, d'atteindre certains objectifs et de progresser vers d'autres.

Je ressens toujours un petit pincement au cœur à la fin d'une année. Un autre calendrier vient de se terminer et il est temps de passer à autre chose. Heureusement, cette fin marque aussi le début d'un renouveau. La promesse de ces douze mois tout neufs m'emplit chaque fois d'une irrésistible bouffée d'optimisme et d'énergie. J'espère qu'il en est de même pour vous.

Mon souhait le plus cher, pour cette nouvelle année qui s'annonce, est qu'au fil des jours nous arrivions, chacune à notre façon, à « amener dans le monde ce qui dort en nous ». Je sais que nous en sommes capables. Mais pour ce faire, nous devrons nous appliquer à suivre, un jour à la fois, le sentier du respect et de l'amour de soi.

Mes meilleurs vœux vous accompagnent sur cette route.

Posez une action pour honorer votre engagement

Où que vous soyez, joignez-vous à moi pour une marche de trente à quarante minutes. Nous en profiterons pour respirer profondément et transformer tout cet oxygène en énergie !

Aujourd'hui, prenez soin de vous

Lorsque vous aurez un petit moment, faites une pause pour apprécier le chemin parcouru au cours de ces trois cent soixante-six dernières journées : vos apprentissages, vos progrès, vos découvertes.

Il y a là de quoi célébrer, j'en suis certaine !

RÉFÉRENCES SCIENTIFIQUES

Janvier

1. Beitz R, Doren M. Physical activity and postmenopausal health. J Bri Menopause Soc. 2004, 10 (2) : 70-4.
2. Berggren JR, Hulver MW, Dohm GL et al. Weight loss and exercise : implications for muscle lipid metabolism and insulin action. Med Sci Sports Exerc. 2004, 36 (7) : 1191-5.
3. Berzins LG. Protecting the consumers through truth-in-dieting laws. J Soc Issues. 1999, 55 : 371-82.
4. Bond-Brill J, Perry C, Parker L et al. Dose-response effect of walking exercise on weight loss. How much is enough? Int J Obes. 2002, 26 : 1484-93.
5. Boutelle KN, Birnbaum AS, Lytle LA, Murray DM, Story M. Associations between perceived family meal environment and parent intake of fruit, vegetables, and fat. J Nutr Educ Behav. 2003, 35 (1) : 24-9.
6. Brunstrom JM, Yates HM, Witcomb GL. Dietary restreint and heightened reactivy to food. Physiol Behav. 2004, 81 (1) : 85-90.
7. Cabanac M. La quête du plaisir; étude sur le conflit des motivations. Liber, 1995, 167 p.
8. Camacho TC, Roberts RE, Lazarus NB et al. Physical activity and depression : evidence from the Alameda County Study. Am J Epidemiol. 1991, 134 (2) : 220-31.
9. Dallman MF, Pecoraro N, Akana SF et al. Chronic stress and obesity : a new view of « comfort food ». Proc Natl Acad Sci USA. 2003, 100 (20) : 11696-701.
10. Desroches S, Lamarche B. Diet and low-density lipoprotein particle size. Curr Atheroscler Rep. 2004, 6 (6) : 453-60.
11. Desroches S, Paradis ME, Perusse M et al. Apolipoprotein A-I, A-II and VLDL-B-100 metabolism in men : Comparison of a low fat high carbohydrate diet and a high fat high monounsaturated fatty acid diet. J Lipid Res. 2004 Sep 1 (Epub ahead of print).
12. de Castro JM. The time of day of food intake influences overall intake in humans. J Nutr. 2004, 134 (1) : 104-11.
13. Diaz VA, Mainous AG 3rd, Koopman RJ et al. Undiagnosed obesity : implications for undiagnosed hypertension, diabetes, and hypercholesterolemia. Fam Med. 2004, 36 (9) : 639-44.
14. Doucet E, St-Pierre S, Alméras N et al. Evidence for the existence of adaptive thermogenesis during weight loss. Br J Nutr. 2002, 85 (6) : 715-23.
15. Drapeau V, Després J-P, Bouchard C et al. Modifications in food-group consumption are related to long-term body-weight changes. Am J Clin Nutr. 2004, 80 (1) : 29-37.
16. Drapeau V, Therrien F, Richard D et al. Is visceral obesity a physiological adaptation to stress? Panminerva Med. 2003, 45 (3) : 189-95.
17. Elfhag K, Rossner S. Who succeeds in maintaining weight loss? A conceptual review of factors associated with weight loss maintenance and weight regain. Obes Rev. 2005, 6 (1) : 67-85.
18. Farshchi HR, Taylor MA, Macdonald IA. Decreased thermic effect of food after an irregular compared with regular meal pattern in healthy lean women. Int J Obes Relat Metab Disord. 2004, 28 (5) : 653-60.
19. Gaziano JM et al. A prospective study of consumption of carotenoids in fruits and vegetables and decreased cardiovascular mortality in the elderly. Ann Epidemiol. 1995, 255-60.
20. Grewen KM, Anderson BJ, Girdler SS et al. Warm partner contact is related to lower cardiovascular reactivity. Behav Med. 2003, 29 (3) : 123-30.
21. Himaya A, Louis-Sylvestre J. The effect of soup on satiation. Appetite. 1998, 30 : 199-210.
22. Hulens M, Vansant G, Claessens AL et al. Predictors of 6-minute walk test in lean, obese and morbidly obese women. Scand J Med Sci Sports. 2003, 13 (2) : 98-105.
23. Ikeda JP, Lyons P, Schwartzman F et al. Self-reported dieting experiences of women with body mass indexes of 30 or more. J Am Diet Assoc. 2004, 104 (6) : 972-4.
24. Joshipura PF et al. Fruit and vegetable intake in relation to risk of ischemic stroke. JAMA. 1999, 282 : 1223-39.

25. King AC, Baumann K, O'Sullivan P et al. Effects of moderate-intensity exercise on physiological, behavioral, and emotional responses to family caregiving : a randomized controlled trial. J Gerontol A Biol Sci Med Sci. 2002 Jan, 57 (1) : M26-36.
26. Kouvonen A, Kivimaki M, Cox SJ et al. Relationship between work stress and body mass index among 45,810 female and male employees. Psychosom Med. 2005, 67 (4) : 577-83.
27. Kumanyika SK, Bowen D, Rolls BJ, Van Horn L, Perri MG, Czjkowski SM, Schron E. Maintenance of dietary behavior change. Health Psychol. 2000, 19 (1 suppl) : 42-56.
28. Lambert GW, Reid C, Kaye DM et al. Effect of sunlight and season on serotonin turnover in the brain. Lancet. 2002, 360 (9348) : 1840-2.
29. Langille DB, Joffres MR, MacPherson KM, Prevalence of risk factors for cardiovascular disease in Canadians 55 to 74 years of age : results from the Canadian Heart Health Surveys, 1986-1992, CMAJ. 1999, 161 (8 suppl) : S3-9.
30. Parshad O. Role of yoga in stress management. West Indian Med J. 2004, 53 (3) : 191-4.
31. Pecoraro N, Reyes F, Gomez F et al. Chronic stress promotes palatable feeding, which results in signs of stress : feedforward and feedback effects of chronic stress. Endocrinology. 2004, 145 (8) : 3754-62.
32. Powley TL, Phillips RJ. Gastric satiation is volumetric, intestinal satiation is nutritive. Physiol Behav. 2004, 82 (1) : 69-74.
33. Provencher V, Drapeau V, Tremblay A et al. Eating behaviors and indexes of body composition in men and women from the Quebec family study. Obes Res. 2003, 11 (6) : 783-92.
34. Rolls BJ, Bell EA, Thorwart ML. Water incorporated into a food but not served with a food decreases energy intake in lean women. Am J Clin Nutr. 1999, 70 : 448-55.
35. Scagliusi FB, Placow VO, Artioli GG et al. Selective underreporting of energy intake in women : magnitude, determinants, and effect of training. J Am Diet Assoc. 2003, 103 (10) : 1306-13.
36. Shade ED, Ulrich CM, Wener MH et al. Frequent intentional weight loss is associated with lower natural killer cell cytotoxicity in postmenopausal women : possible long-term immune effects. J Am Diet Assoc. 2004, 104 (6) : 903-12.
37. Steptoe A, Wardle J. Cardiovascular stress responsivity, body mass and abdominal adiposity. Int J Obes Relat Metab Disord. 2005 Jun 14 (Epub ahead of print).
38. Westenhoefer J, von Falck B, Stellfeldt A et al. Behavioural correlates of successful weight reduction over 3 y. Results from the Lean Habits Study. Int J Obes Relat Metab Disord. 2004, 28 (2) : 334-5.
39. Whiteley JA, Winett RA. Gender and fitness : enhancing women's health through principled exercise training. In : Handbook of gender, culture ND HEALTH (edited by : Eisler RM, Hersen M). Mahwah, NJ : Lawrence Erlbaum Associates. 2000, 343-73.

Février

1. Berg A, Konig D, Deibert P et al. Effect of an oat bran enriched diet on the atherogenic lipid profile in patients with an increased coronary heart disease risk. A controlled randomized lifestyle intervention study. Ann Nutr Metab. 2003, 47 (6) : 306-11.
2. Boutelle KN, Birnbaum AS, Lytle LA, Murray DM, Story M. Associations between perceived family meal environment and parent intake of fruit, vegetables, and fat. J Nutr Educ Behav. 2003, 35 (1) : 24-9.
3. Boyer J, Liu RH. Apple phytochemicals and their health benefits. Nutr J. 2004, 3 (1) : 5.
4. Cabanac M, Gosselin C. Ponderostat : hoarding behavior satisfies the condition for a lipostat in the rat. Appetite. 1996, 27 : 251-61.
5. Cullinen K, Caldwell M. Weight training increases fat-free mass and strength in untrained young women. J Am Diet Assoc. 1998, 98 : 414-8.
6. Eastman CI, Young MA, Fogg LF et al. Bright light treatment of winter depression. Arch Gen Psychiat. 1998, 55 : 883-9.
7. Ferguson PJ, Kurowska E, Freeman DJ et al. A flavonoid fraction from cranberry extract inhibits proliferation of human tumor cell lines. J Nutr. 2004, 134 (6) : 1529-35.
8. Fung TT, Hu FB, Pereira MA et al. Whole-grain intake and the risk of type 2 diabetes : a prospective study in men. Am J Clin Nutr. 2002, 76 (3) : 535-40.

9. Gonzalez M, Rivas C, Caride B et al. Effects of orange and apple pectin on cholesterol concentration in serum, liver and faeces. J Physiol Biochem. 1998, 54 (2) : 99-104.
10. Granholm AC, Moore HA, Bimonte-Nelson RS et al. A high fat, high cholesterol diet impairs working memory in middle-aged rats. Communication, Society for Neuroscience, oct 2004, Program no. 323.4
11. Hahn-Obercyger M, Stark AH, Madar Z. Grapefruit and oroblanco enhance hepatic detoxification enzymes in rats : possible role in protection against chemical carcinogenesis. J Agric Food Chem. 2005 Mar 9, 53 (5) : 1828-32.
12. Hakim LA. Assessing dietary D-limonene intake for epidemiological studies. J Food Composition and Analysis. 2000, 13 : 329-36.
13. Hirano T, Abe K, Gotoh M et al. Citrus flavone tangeretin inhibits leukaemic HL-60 cell growth partially through induction of apoptosis with less cytotoxicity on normal lymphocytes. Br J Cancer. 1995 Dec, 72 (6) : 1380-8.
14. Hornbuckle LM, Bassett DR Jr, Thompson DL. Pedometer-determined walking and body composition variables in african-american women. Med Sci Sports Exerc. 2005, 37 (6) : 1069-74.
15. Jepson RG, Mihaljevic L, Craig J. Cranberries for preventing urinary tract infections. Cochrane Database Syst Rev. 2004 (2) : CD001321.
16. Kolehmainen M, Vidal H, Ohisalo JJ et al. Hormone sensitive lipase expression and adipose tissue metabolism show gender difference in obese subjects after weight loss. Int J Obes Relat Metab Disord. 2002, 26 (1) : 6-16.
17. Lanningham-Foster L, Nysse LJ, Levine JA. Labor saved, calories lost : the energetic impact of domestic labor-saving devices. Obes Res. 2003, 11 (10) : 1178-81.
18. McCullough ML, Feskanich D, Stampfer MJ et al. Diet quality and major chronic disease risk in men and women : moving toward improved dietary guidance. Am J Clin Nutr. 2002, 76 (6) : 1261-71.
19. Mee KA. Apple fiber and gum arabic lowers total and low-density lipoprotein cholesterol levels in men with mild hypercholesterolemia. J Am Diet Asso. 1997 : 422-4.
20. Mursu J, Voutilainen S, Nurmi et al. Dark chocolate consumption increases HDL cholesterol concentration and chocolate fatty acids may inhibit lipid peroxidation in healthy humans. Free Radic Biol Med. 2004, 37 (9) : 1351-9.
21. Newmark-Szteiner D, Wall M, Perry C et al. Correlates of fruit and vegetable intake among adolescents. Findings from Projects EAT. Prev Med. 2003, 37 (3) : 198-208.
22. Ott, MJ. Mindfulness meditation : a path of transformation & healing. J Psychosoc Nurs Ment Health Serv. 2004, 42 (7) : 22-9.
23. Pereira MA, Swain J, Goldfine AB et al. Effects of a low-glycemic load diet on resting energy expenditure and heart disease risk factors during weight loss. JAMA. 2004, 292 (20) : 2482-90.
24. Polivy J, Herman CP. Diagnosis and treatment of normal eating. J Consult Clin Psychol. 1987, 65 : 1-10.
25. Reed J. Cranberry flavonoids, atherosclerosis and cardiovascular health. Crit Rev Food Sci Nutr. 2002, 42 (3 suppl) : 301-16.
26. Rosenbaum M, Hirsch J, Murphy E, Leibel RL. Effects of changes in body weight on carbohydrate metabolism, catecholamine excretion, and thyroid function. Am L Clin Nutr. 2000, 71 : 1421-32.
27. Ruel G, Pomerleau S, Couture P et al. Daily cranberry juice consumption increases plasma HDL cholesterol levels in men. Communication au Congrès canadien sur la santé cardiovasculaire, Calgary, oct. 2004.
28. Sbrocco T, Nedegaard RC, Stone JM et al. Behavioral choice treatment promotes continuing weight loss : preliminary results of a cognitive-behavioral decision-based treatment for obesity. J Consult. Clin. Psychol. 1999, 67 : 260-6.
29. Shephard RJ. Metabolic adaptations to exercise in the cold. An update. Sports Med. 1993, 16 (4) : 266-89.
30. Westenhoefer J, von Falck B, Stellfeldt A et al. Behavioural correlates of successful weight reduction over 3 y. Results from the Lean Habits Study. Int J Obes Relat Metab Disord. 2004, 28 (2) : 334-5.

Mars

1. Bacon L, Stern JS, Keim NL et al. Low bone mass in premenopausal chronic dieting obese women. Eur J Clin Nutr. 2004, 58 (6) : 966-71.
2. Baessler K, Schuessler B. Childbirth-induced trauma to the urethral continence mechanism : review and recommendations. Urology. 2003, 62 (4 suppl 1) : 39-44.
3. Belza B, Warms C. Physical activity and exercise in women's health. Nurs Clin North Am. 2004, 39 (1) : 181-93.
4. Bo K. Urinary incontinence, pelvic floor dysfunction, exercise and sport. Sports Med. 2004, 34 (7) : 451-64.
5. Bouchard L, Drapeau V, Provencher V et al. Neuromedin beta : a strong candidate gene linking eating behaviors and susceptibility to obesity. Am J Clin Nutr. 2004, 80 (6) : 1478-86.
6. Chen J, Millar WJ. Starting and sustaining physical activity. Health Reports Statistics Canada. 2001, 12 : 33-43.
7. Colcombe SJ, Kramer AF, McAuley E et al. Neurocognitive aging and cardiovascular fitness : recent findings and future directions. J Mol Neurosci. 2004, 24 (1) : 9-14.
8. Folland JP, Irish CS, Roberts JC et al. Fatigue is not a necessary stimulus for strength gains during resistance training. Br J Sports Med. 2002, 36 (5) : 370-3.
9. Frank LD, Andresen MA, Schmid TL. Obesity relationships with community design, physical activity, and time spent in cars. Am J Prev Med. 2004 Aug, 27 (2) : 87-96.
10. Fritel X, Fauconnier A, Levet C et al. Stress urinary incontinence 4 years after the first delivery : a retrospective cohort survey. Acta Obstet Gynecol Scand. 2004 Oct, 83 (10) : 941-5.
11. Hasic S, Kiseljakovic E, Jadric R et al. Influence of long term stress exposure on somatisation symptoms outcome. Bosn J Basic Med Sci. 2004, (4) : 28-31.
12. He K, Hu FB, Colditz GA et al. Changes in intake of fruits and vegetables in relation to risk of obesity and weight gain among middle-aged women. Int J Obes Relat Metab Disord. 2004, 28 (12) : 1569-74.
13. Hellhammer J, Schlotz W, Stone AA et al. Allostatic load, perceived stress, and health : a prospective study in two age groups. Ann N Y Acad Sci. 2004, 1032 : 8-13.
14. Janisse HC, Nedd D, Escamilla S et al. Physical activity, social support, and family structure as determinants of mood among European-American and African-American women. Women Health. 2004, 39 (1) : 101-16.
15. Kapoor DS, Davila GW, Rosenthal RJ et al. Pelvic floor dysfunction in morbidly obese women : pilot study. Obes Res. 2004, 12 (7) : 1104-7.
16. Klem ML, Wing RR, Lang W et al. Does weight loss maintenance become easier over time ? Obes Res. 2000, 8 (6) : 438-44.
17. Kral TV, Rolls BJ. Energy density and portion size : their independent and combined effects on energy intake. Physiol Behav. 2004, 82 (1) : 131-8.
18. Macdonald HM, New SA, Campbell MK et al. Longitudinal changes in weight in perimenopausal and early postmenopausal women : effects of dietary energy intake, energy expenditure, dietary calcium intake and hormone replacement therapy. Int J Obes Relat Metab Disord. 2003, 27 (6) : 669-76.
19. Matthiessen J, Fagt S, Biltoft-Jensen A. Size makes a difference. Public Health Nutr. 2003, 6 (1) : 65-72.
20. McCullough ML, Feskanich D, Stampfer MJ et al. Diet quality and major chronic disease risk in men and women : moving toward improved dietary guidance. Am J Clin Nutr. 2002, 76 (6) : 1261-71.
21. Mota M, Panus C, Mota E et al. The metabolic syndrome ? a multifaced disease. Rom J Intern Med. 2004, 42 (2) : 247-55.
22. Pereira MA, Jacobs DR Jr, Pins JJ et al. Effect of whole grains on insulin sensitivity in overweight hyperinsulinemic adults. Am J Clin Nutr. 2002, 75 (5) : 848-55.
23. Qi BB, Dennis KE. The adoption of eating behaviors conducive to weight loss. Eat Behav. 2000, (1) : 23-31.
24. Rothacker DQ, Watemberg S. Short-term hunger intensity changes following ingestion of a meal replacement bar for weight control. Int J Food Sci Nutr. 2004, 55 (3) : 223-6.
25. Ruxton C. Health benefits of omega-3 fatty acids. Nurs Stand. 2004, 18 (48) : 38-42.
26. Schwartz MW, Porte D Jr. Diabetes, obesity, and the brain. Science. 2005, 307 (5708) : 375-9.

27. Shoda Y, Mischel W, Peake PK. Predicting adolescent cognitive and self-regulatory competencies from preschool delay of gratification. Dev Psychol. 1990, 26 (6) : 978-86.
28. Stoebele N, de Castro JM. Television viewing is associated with an increase in meal frequency in humans. Appetite. 2004, 42 (1) : 111-3.
29. Thompson DL, Rakow J, Perdue SM. Relationship between accumulated walking and body composition in middle-aged women. Med Sci Sports Exerc. 2004, 36 (5) : 911-4.
30. Tworoger SS, Yasui Y, Vitiello MV et al. Effects of a year-long moderate-intensity exercise and a stretching intervention on sleep quality in postmenopausal women. Sleep. 2003, 26 (7) : 830-6.
31. Williams G, Bing C, Cai XJ et al. The hypothalamus and the control of energy homeostasis : different circuits, different purposes. Physiol Behav. 2001, 74 (4-5) : 683-701.
32. Zemel MB. Role of calcium and dairy products in energy partitioning and weight management. Am J Clin Nutr. 2004, 79 (5) : 907S-912S.
33. Zemel MB, Thompson W, Milstead A et al. Calcium and dairy acceleration of weight and fat loss during energy restriction in obese adults. Obes Res. 2004, 12 (4) : 582-90.

Avril

1. Anderson DA, Williamson DA Johnson WG et al. Estimation of food intake : effects of the unit of estimation. Eat Weight Disord. 1999, 4 (1) : 6-9.
2. Blackberry I, Kouris-Blazos A, Wahlqvist ML et al. Legumes : the most important dietary predictor of survival in older people of different ethnicities. Asia Pac J Clin Nutr. 2004, 13 : S126.
3. Bloedon LT, Szapary PO. Flaxseed and cardiovascular risk. Nutr Rev. 2004, 62 (1) : 18-27.
4. Cash TF, Pruzinsky T. Body images : development, deviance, and change. New York : The Guilford Press. Thompson JK. Body-image disturbance : assessment and treatment. Elmsford, NY : Pergamon Press. 1990.
5. Colodny LR et al. The role of esterin processed alfalfa saponins in reducing cholesterol. J Am Nutraceut Asso. 2001, 3 : 6-15.
6. Covington MB. Omega-3 fatty acids. Am Fam Physician. 2004, 70 (1) : 133-40.
7. Dawson J, Juszczak E, Thorogood M et al. An investigation of risk factors for symptomatic osteoarthritis of the knee in women using a life course approach. J. Epidemiol Community Health. 2003, 57 (10) : 823-30.
8. Diabetes Prevention Program Research Group. Reduction in the incidence of type 2 diabetes with lifestyle intervention or metformin. N Engl J Med. 2002, 346 : 393-403.
9. Dubnov G, Brzezinski A, Berry EM. Weight control and the management of obesity after menopause : the role of physical activity. Maturitas. 2003, 44 (2) : 89-101.
10. Harris MI, Eastman RC. Early detection of undiagnosed diabetes mellitus a US perspective. Diabetes Metab Res Rev. 2000, 16 : 230-36.
11. Health Canada : Diabetes in Canada : Centre for chronic disease prevention and control, population and public health branch, Health Canada. Cat. H49-121/2002 E2. Edition 2002.
12. Jarry JL, Coambs RB, Polivy J et al. Weight gain after smoking cessation in women : the impact of dieting status. Int J Eat Disord. 1998, 24 (1) : 53-64.
13. Jennen C, Uhlenbruck G. Exercise and Life-Satisfactory-Fitness : Complementary Strategies in the Prevention and Rehabilitation of Illnesses. Evid Based Complement Alternat Med. 2004, 1 (2) : 157-165.
14. Kleiner SM. Water : an essential but overlooked nutrient. J Am Diet Assoc. 1999, 99 (2) : 200-6.
15. Knowler WC, Barrett-Connor E, Fowler SE et al. Reduction in the incidence of type 2 diabetes with lifestyle intervention or metformin. N Engl J Med. 2002, 346 (6) : 393-403.
16. Koseoglu E, Akboyraz A, Soyuer A et al. Aerobic exercise and plasma beta endorphin levels in patients with migrainous headache without aura. Cephalalgia. 2003, 23 (10) : 972-6.
17. Le Bigot Macaux A. Eat to live or live to eat? Do parents and children agree? Public Health Nutr. 2001, 4 (1A) : 141-6.
18. McCullough ML, Feskanich D, Stampfer MJ et al. Diet quality and major chronic disease risk in men and women : moving toward improved dietary guidance. Am J Clin Nutr. 2002, 76 (6) : 1261-71.

19. Mehrotra C, Naimi TS, Serdula M et al. Arthritis, body mass index, and professional advice to lose weight : implications for clinical medicine and public health. Am J Prev Med. 2004, 27 (1) : 16-21.
20. Mertens DJ, Kavanagh T, Campbell RB et al. Exercise without dietary restriction as a means to long-term fat loss in the obese patient. J Sports Med Phys Fitness. 1998, 38 (4) : 310-16.
21. Messier SP, Loser RF, Miller GD et al. Exercise and dietary weight loss in overweight and obese older adults with knee osteoarthritis : the Arthritis, Diet, and Activity Promotion Trial. Arthritis Rheum. 2004, 50 (5) : 1501-10.
22. Olmstead M, McFarlane T. Body weight and body image. BMC Women's Health. 2004, 4 (suppl 1) : S5.
23. Pereira MA, Jacobs DR Jr, Pins JJ et al. Effect of whole grains on insulin sensitivity in overweight hyperinsulinemic adults. Am J Clin Nutr. 2002 May, 75 (5) : 848-55.
24. Ruidavets JB, Bongard V, Bataille V et al. Eating frequency and body fatness in middle-aged men. Int J Obes. 2002, 26 : 1476-83.
25. Shick SM, Wing RR, Klem ML et al. Persons successful at long-term weight loss and maintenance continue to consume a low-energy, low-fat diet. J Am Diet Assoc. 1998, 98 (4) : 408-13.
26. Shields DH, Corrales KM, Metallinos-Katsaras E. Gourmet coffee beverage consumption among college women. J Am Diet Assoc. 2004, 104 (4) : 650-3.
27. Tuomilehto J, Lindstrom J, Eriksson et al. Prevention of type 2 diabetes mellitus by changes in lifestyle among subjects with impaired glucose tolerance. N Engl J Med. 2001, 344 : 1343-50.
28. Venn BJ, Mann JI. Cereal grains, legumes and diabetes. Eur J Clin Nutr. 2004, 58 (11) : 1443-61.
29. Waller, SM, Vander, Wal JS, Klurfeld DM et al. Evening ready-to-eat cereal consumption contributes to weight management. J Am Coll Nutr. 2004, 23 (4) : 316-21.
30. Westerterp KR. Diet induced thermogenesis. Nutr Metab. 2004, 1 : 5.
31. Wien MA, Sabate JM, Ikle DN et al. Almonds vs complex carbohydrates in a weight reduction program. Int J Obes Relat Metab Disord. 2003, 27 (11) : 1365-72.

Mai

1. Bacon SL, Sherwood A, Hinderliter A et al. Effects of exercise, diet and weight loss on high blood pressure. Sports Med. 2004, 34 (5) : 307-16.
2. Bharshankar JR, Bharshankar RN, Deshpande et al. Effect of yoga on cardiovascular subjects above 40 years. Indian J Physiol Pharmacol. 2003, 47 (2) : 202-6.
3. Clemens LHE, Slawson DL, Klesges RC. The effects of eating out on quality of diet in premenopausal women. J Am Diet Assoc. 1999, 99 : 442-4.
4. Drury CA, Louis M. Exploring the association between body weight, stigma of obesity, and health care avoidance. J Am Acad Nurs Pract. 2002, 14 (12) : 554-61.
5. Fahey JW et al. Broccoli sprouts : an exceptionnaly rich source of inducers of enzymes that protect against chemical carcinogens. Proc Nat Acad Sci. 1997, 94 : 10367-72.
6. Gissane C, Corrigan DL, White JA. Gross efficiency responses to exercise conditioning in adult males of various ages. J Sports Sci. 1991, 9 (4) : 383-91.
7. Hartel C, Strunk T, Bucsky P et al. Effects of vitamin C on intracytoplasmic cytokine production in human whole blood monocytes and lymphocytes. Cytokine. 2004, 7, 27 (4-5) : 101-6.
8. He J, Streiffer RH, Muntner P et al. Effect of dietary fiber intake on blood pressure : a randomized, double-blind, placebo-controlled trial. J Hypertens. 2004, 22 (1) : 73-80.
9. Kearny JM, Hulshof KF, Gibney MJ. Eating patterns ? temporal distribution, converging and diverging foods, meals eaten inside and outside of the home ? implications for developing FBDG. Public Health Nutr. 2001, 4 (2B) : 693-8.
10. Koh-Banerjee P, Franz M, Sampson L et al. Changes in whole-grain, bran, and cereal fiber consumption in relation to 8-y weight gain among men. Am J Clin Nutr. 2004, 80 (5) : 1237-45.
11. Levine JA, Lanningham-Foster LM, McCrady SK et al. Interindividual variation in posture allocation : possible role in human obesity. Science. 2005 Jan 28, 307 (5709) : 530-1.
12. Lloyd-Jones C et al. Young adults who maintain their weight, even if overweight, have lower risk factor levels for heart disease in early middle age. Communication, American Heart Association Annual Meeting, nov. 2004.

13. Lovejoy JC, Most MM, Lefevre M et al. Effects of diets enriched in almonds on insulin action and serum lipids in adults with normal glucose tolerance or type 2 diabetes. Am J Clin Nutr. 2002, 76 : 1000-6.
14. Mayo MJ, Grantham JR, Balasekaran G. Exercise-induced weight loss preferentially reduces abdominal fat. Med Sci Sports Exerc. 2003, 35 (2) : 207-13.
15. Pakes KR. Shift work and age as interactive predictors of body mass index among offshore workers. Scand J Work Environ Health. 2002, 28 (1) : 64-71.
16. Pereira MA, O'Reilly E, Augustsson K et al. Dietary fiber and risk of coronary heart disease : a pooled analysis of cohort studies. Arch Intern Med. 2004, 164 (4) : 370-6.
17. Qi BB, Dennis KE. The adoption of eating behaviors conducive to weight loss. Eat Behav. 2000, (1) : 23-31.
18. Rampersaud GC, Kauwell GP, Bailey LB. Folate : a key to optimizing health and reducing disease risk in the elderly. J Am Coll Nutr. 2003, 22 (1) : 1-8.
19. Seddon JM et al. Dietary carotenoids, vitamins A, C, and E, and advanced age-related macular degeneration. JAMA, 1994, 272 (1413) : 20.
20. Setchell KD, Cassidy A. Dietary isoflavones : biological effects and relevance to human health. J Nutr. 1999 Mar, 129 (3) : 758S-767S.
21. Teucher B, Olivares M, Cori H. Enhancers of iron absorption : ascorbic acid and other organic acids. Int J Vitam Nutr Res. 2004, 74 (6) : 403-19.
22. Valachovicova M, Krajcovicova-Kudlackova M, Ginter E et al. Antioxidant vitamins levels ? nutrition and smoking. Bratisl Lek Listy. 2003, 104 (12) : 411-4.
23. Wang Y, Jones PJ, Ausman LM et al. Soy protein reduces triglyceride levels and triglyceride fatty acid fractional synthesis rate in hypercholesterolemic subjects. Atherosclerosis. 2004, 173 (2) : 269-75.
24. Waterhouse J, Buckley P, Edwards B et al. Measurement of, and some reasons for, differences in eating habits between night and day workers. Chronobiol Ont. 2003, 20 (6) : 1075-92.
25. Willett WC, Leibel RL. Dietary fat is not a major determinant of body fat. Am J Med. 2002, 113 suppl 9B : 47S-59S.
26. Zhang Y et al. Anticarcinogenic activities of sulforaphane and structurally related synthetic norbornyl isothiocyanates. Proc Nat Acad Sci. 1994, 91 : 3147-50.

Juin

1. Birch LL, Fischer JO. Food intake regulation in children. Fat and sugar substitutes and intake. Ann NY Acad. 1997, 23 (819) : 194-220.
2. Birch LL, Johnson SL, Andersen G, Peters JC, Schulte MC. The variability of young children's energy intake. New Engl J Med. 1991, 324 : 232-5.
3. Cipriani D, Abel B, Pirrwitz D. A comparison of two stretching protocols on hip range of motion : implications for total daily stretch duration. J Strength Cond Res. 2003, 17 (2) : 274-8.
4. da Luz PL, Coimbra SR. Wine, alcohol and atherosclerosis : clinical evidences and mechanisms. Braz J Med Biol Res. 2004, 37 (9) : 1275-95. Epub 2004 Aug 24.
5. Faith MS, Berkowitz RI, Stallings VA et al. Parental feeding attitudes and styles and child body mass index : prospective analysis of a gene-environment interaction. Pediatrics. 2004, 114 (4) : e429-36.
6. Faith MS, Scanlon KS, Birch LL et al. Parent-child feeding strategies and their relationships to child eating and weight status. Obes Res. 2004 Nov, 12 (11) : 1711-22.
7. Folts JD. Potential health benefits from the flavonoids in grape products on vascular disease. Adv Exp Med Biol. 2002, 505 : 95-111.
8. Goldfield GS, Epstein LH. Can fruits and vegetables and activities substitute for snack foods? Health Psychol. 2002, 21 (3) : 299-303.
9. Hahn-Smith AM, Smith JE. The positive influence of maternal identification on body image, eating attitudes, and self-esteem of Hispanic and Anglo girls. Int J Eat Disord. 2001 May, 29 (4) : 429-40.
10. Hanson NI, Neumark-Sztainer D, Eisenberg ME et al. Associations between parental report of the home food environment and adolescent intakes of fruits, vegetables and dairy foods. Public Health Nutr. 2005, 8 (1) : 77-85.

11. Hashizume H. Skin aging and dry skin. J Dermatol. 2004, 31 (8) : 603-9.
12. Henning RA, Jacques P, Kissel GV et al. Ergonomics. Frequent short rest breaks from computer work : effects on productivity and well-being at two field sites. 1997, 40 (1) : 78-91.
13. Irwin ML, Yasui Y, Ulrich CM et al. Effect of exercise on total and intra-abdominal body fat in postmenopausal women : a randomized controlled trial. JAMA. 2003, 289 (3) : 323-30.
14. Jacqmain M, Doucet E, Despres JP et al. Calcium intake, body composition, and lipoprotein-lipid concentrations in adults. Am J Clin Nutr. 2003, 77 (6) : 1448-52.
15. Kral TV, Rolls BJ. Energy density and portion size : their independent and combined effects on energy intake. Physiol Behav. 2004, 82 (1) : 131-8.
16. Lam TH, Ho SY, Hedley AJ et al. Leisure time physical activity and mortality in Hong Kong : case-control study of all adult deaths in 1998. Ann Epidemiol. 2004, 14 (6) : 391-8.
17. Lemaitre RN, Siscovick DS, Raghunathan TE et al. Leisure-time physical activity and the risk of primary cardiac arrest. Arch Intern Med. 1999 Apr 12, 159 (7) : 686-90.
18. Leslie WS, Lean MEJ, Baillie HM et al. Weight management : a comparison of existing dietary approaches in a work-site setting. Int J Obes. 2002, 26 : 1469-75.
19. Levitsky DA, Youn T. The more food young adults are served, the more they overeat. J Nutr. 2004, 134 (10) : 2546-9.
20. Long CR, Seburn M, Averill JR et al. Solitude experiences : varieties, settings, and individual differences. Pers Soc Psychol Bull. 2003, 29 (5) : 578-83.
21. Lowe MR. Self-regulation of energy intake in the prevention and treatment of obesity : is it feasible? Obes Res. 2003, 11 suppl : 44S-59S.
22. McCullough ML, Feskanich D, Stampfer MJ et al. Diet quality and major chronic disease risk in men and women : moving toward improved dietary guidance. Am J Clin Nutr. 2002, 76 (6) : 1261-71.
23. Mirmiran P, Esmaillzadeh A, Azizi F. Dairy consumption and body mass index : an inverse relationship. Int J Obes Relat Metab Disord. 2005 Jan, 29 (1) : 115-21.
24. Morgan WA, Clayshulte BJ. Pecans lower low-density lipoprotein cholesterol in people with normal lipid levels. J Am Diet Asso. 2000, 100 (3) : 312-8.
25. Morgan JM, Horton K, Reese D et al. Effects of walnut consumption as part of a low-fat, low cholesterol diet on serum cardiovascular risk factors. Int J Vit Nutr Res. 2002, 72 (5) : 341-7.
26. Murphy SP, Allen LH. Nutritional importance of animal source foods. J Nutr. 2003, 133 (11 suppl 2) : 3932S-3935S.
27. Orlet Fisher J, Rolls BJ, Birch LL. Children's bite size and intake of an entree are greater with large portions than with age-appropriate or self-selected portions. Am J Clin Nutr. 2003, 77 (5) : 1164-70.
28. Qi BB, Dennis KE. The adoption of eating behaviors conducive to weight loss. Eat Behav. 2000, (1) : 23-31.
29. Rajaram S, Burke K, Connell B et al. A monounsaturated fatty acid-rich pecan enriched diet favorably alters serum lipid profile of healthy men and women. J Nutr. 2001, 131 (9) : 2275-9.
30. Regan BC, Julliot C, Simmen B et al. Fruits, foliage and the evolution of the primate colour vision. Philos Trans R Soc Lond B Biol Sci. 2001, 356 (1407) : 229-83.
31. Ros E, Perez-Heraz A, Serra M et al. A walnut diet improves endothelial function in hypercholesterolemic subjects : a randomized crossover trial. Circulation. 2004, 109 (13) : 1609-14.
32. Shimamoto H, Adachi Y, Takahashi M et al. Low impact aerobic dance as a useful exercise mode for reducing body mass in mildly obese middle-aged women. Appl Human Sci. 17 (3) : 109-14.
33. Smith DJ. Horticultural therapy : the garden benefits everyone. J Psychosoc Nurs Ment Health Serv. 1998, 36 (10) : 14-21.
34. Wildman RP, Schott LL, Brockwell S et al. A dietary and exercise intervention slows menopause-associated progression of subclinical atherosclerosis as measured by intima-media thickness of the carotid arteries. J Am Coll Cardiol. 2004, 44 (3) : 579-85.

Juillet

1. Barkeling B, Rössner S, Björvell H. Effect of a high-protein meal (meat) and a high-carbohydrate meal (vegetarian) on satiety measured by automatic computerized monitoring of subsequent food intake, motivation to eat and food preferences. Int J Obes. 1990, 260 : R-743-51.

2. Bellisle F, Rolland-Cachera MF, Deheeger M et al. Obesity and food intake in children : evidence for a role of metabolic and/or behavioral daily rhythms. Appetite. 1988, 11 (2) : 111-8.
3. Berkey CS, Rockett HR, Gillman MW et al. Longitudinal study of skipping breakfast and weight change in adolescents. Int J Obes Relat Metab Disord. 2003, 27 (10) : 1258-66.
4. Boutelle KN, Birnbaum AS, Lytle LA, Murray DM, Story M. Associations between perceived family meal environment and parent intake of fruit, vegetables, and fat. J Nutr Educ Behav. 2003, 35 (1) : 24-9.
5. Brankston GN, Mitchell BF, Ryan EA et al. Resistance exercise decreases the need for insulin in overweight women with gestational diabetes mellitus. Am J Obstet Gynecaol. 2004, 190 (1) : 188-93.
6. Byrne S, Cooper Z, Fairburn C. Weight maintenance and relapse in obesity : a qualitative study. Int J Obes Relat Metab Disord. 2003, 27 (8) : 955-62.
7. Cho S, Dietrich M, Brown CJ et al. The effect of breakfast type on total daily energy intake and body mass index : results from the Third National Health and Nutrition Examination Survey (NHANES III). J Am Coll Nutr. 2003 Aug, 22 (4) : 296-302.
8. Dejonckheere W, Steurbaut W, Drieghe S et al. Pesticide residue concentrations in the Belgian total diet, 1991-1993. J AOAC Int. 1996, 79 (2) : 520-8.
9. Dobrosielski DA, Brubaker PH, Berry MJ et al. The metabolic demand of golf in patients with heart disease and in healthy adults. J Cardiopulm Rehabil. 2002, 22 (2) : 96-104.
10. Doucet E, St-Pierre S, Almeras N et al. Evidence for the existence of adaptive thermogenesis during weight loss. Br J Nutr. 2001, 85 (6) : 715-23.
11. Elfhag K, Rossner S. Who succeeds in maintaining weight loss? A conceptual review of factors associated with weight loss maintenance and weight regain. Obes Rev. 2005 Feb, 6 (1) : 67-85.
12. Fenicchia LM, Kanaley JA, Azevedo JL Jr et al. Influence of resistance exercise training on glucose control in women with type 2 diabetes. Metabolism. 2004 Mar, 53 (3) : 284-9.
13. Grieve FG, Vander Weg MW. Desire to eat high – and low – fat foods following a low-fat dietary intervention. J Nutr Educ Behav. 2003, 35 (2) : 98-102.
14. Harte JL, Eifert GH, Smith R. The effects of running and meditation on beta-endorphin, corticotropin-releasing hormone and cortisol in plasma, and mood. Biol Psychol. 1995, 40 (3) : 251-65.
15. Ibanez J, Izquierdo M, Arguelles I et al. Twice-weekly progressive resistance training decreases abdominal fat and improves insulin sensitivity in older men with type 2 diabetes. Diabetes Care. 2005 Mar, 28 (3) : 662-7.
16. Joseph JA, Denisova NA, Arendash G et al. Blueberry supplementation enhances signaling and prevents behavioral deficits in an Alzheimer disease model. Nutr Neuroscience. 2003, 6 (3) : 153-62.
17. Kleiner SM. Water : an essential but overlooked nutrient. J Am Diet Asso. 1999, 99 (4) : 200-6.
18. Knio KM, Saad A, Dagher S. The fate and persistence of zineb, maneb, and ethylenethiourea on fresh and processed tomatoes. Food Addit Contam. 2000, 17 (5) : 393-8.
19. Lee SW, Mancuso CA, Charlson ME. Prospective study of new participants in a community-based mind-body training program. J Gen Intern Med. 2004, 19 (7) : 760-5.
20. Lentza-Rizos C, Avramides EJ, Argyropoulou A et al. Field trials to determine residues of chlozolinate in table grapes. J Agric Food Chem. 2000, 48 (6) : 2522-7.
21. Maas, JL et al. Ellagic acid, an anticarcinogen in fruits, especially in strawberries. Horticultural Sci. 1991, 26 : 10-14.
22. Narayanan BA, Geoffroy O, Willingham MC et al. p53/p21 (WAF1/CIP1) expression and its possible role in G1 arrest and apoptosis in ellagic acid treated cancer cells. Cancer Lett. 1999 Mar 1, 136 (2) : 215-21.
23. Neumark-Szteiner D, Hannan PJ, Story M, Croll J, Perry C. Family meal patterns : associations with socio-demographic characteristics and improved dietary intake among adolescents. J Am Diet Assoc. 2003, 103 (3) : 317-22.
24. Polivy J. The false hope syndrome : unrealistic expectations of self-change. Int J Obes Relat Metab Disord. 2001, 25 (suppl 1) : S80-4.
25. Raben A, Agerholm-Larsen L, Flint A et al. Meals with similar energy densities but rich in protein, fat, carbohydrate, or alcohol have different effects on energy expenditure and substrate metabolism but not appetite and energy intake. Am J Clin Nutr. 2003, 77 : 91-100.

26. Ramirez EM, Rosen JC. A comparison of weight control and weight control plus body image therapy for obese men and women. J Consult Clin Psychol 2001, 69 : 440-446.
27. Rolls BJ, Roe LS, Meengs JS. Salad and satiety : Energy density and portion size of a first-course salad affect energy intake at lunch. J Am Diet Assoc. 2004, 104 (10) : 1570-6.
28. Ruggiero GM, Levi D, Ciuna A et al. Stress situation reveals an association between perfectionism and drive for thinness. Int J Eat Dis. 2003, 34 (2) : 220-6.
29. Saelens BE, Sallis JF, Nader PR, Broyles SL, Berry CC, Taras HL. Home environmental influences on children's television watching from early to middle childhood. J Dev Behav Pediatr. 2002, 23 (3) : 127-32.
30. Schmitz KH, Jensens MD, Kugler KC et al. Strength training for obesity prevention in midlife women. Int J Obes Relat Metab Disord. 2003, 27 (3) : 326-33.
31. Schulze MB, Manson JE, Ludwig DS et al. Sugar-sweetened beverages, weight gain, and incidence of type 2 diabetes in young and middle-aged women. JAMA. 2004, 292 (8) : 927-34.
32. Steinberg H, Sykes EA, Moss T et al. Exercise enhances creativity independently of mood. Br J Sports Med. 1997, 31 (3) : 240-5.
33. Tuckman BW, Hinkle JS. An experimental study of the physical and psychological effects of aerobic exercise on schoolchildren. Health Psychol. 1986, 5 (3) : 197-207.
34. Tworoger SS, Yasui Y, Vitiello MV et al. Effects of a yearlong moderate-intensity exercise and a stretching intervention on sleep quality in postmenopausal women. Sleep. 2003, 26 (7) : 830-6.
35. Urbszat D, Herman CP, Polivy J. Eat, drink, and be merry, for tomorrow we diet : effects of anticipated deprivation on food intake in restrained and unrestrained eaters. J Abnorm Psychol. 2002, 111 (2) : 396-401.
36. Waters A, Hill A, Waller G. Bulimics' responses to food cravings : is binge-eating a product of hunger or emotional state? Behav Res Ther. 2001, 39 (8) : 877-86.
37. Wyatt HR, Grunwald GK, Mosca CL et al. Long-term weight loss and breakfast in subjects in the National Weight Control Registry. Obes Res. 2002, 10 (2) : 78-82.

Août

1. Agarwal S et al. Tomato lycopene and low-density lipoprotein oxidation : a human dietary intervention study. Lipids 33. 1998 : 981-84.
2. Arjmandi BH, Khali DA, Lucas EA et al. Dried plums improve indices of bone formation in postmenopausal women. J Womens Health Gend Based Med. 2002, 11 (1) : 61-8.
3. Bahadori B, Yazdani-Biuki B, Krippl P et al. Low-fat, high-carbohydrate (low-glycaemic index) diet induces weight loss and preserves lean body mass in obese healthy subjects : results of a 24-week study. Diabetes Obes Metab. 2005, 7 (3) : 290-3.
4. Blaak EE, Saris WH. Substrate oxidation, obesity and exercise training. Best Pract Res Clin Endocrinol Metab. 2002, 16 (4) : 667-78.
5. Borugian MJ, Sheps SB, Kim-Sing C et al. Waist-to-hip ratio and breast cancer mortality. Am J Epidemiol. 2003, 158 (10) : 963-8.
6. Brouns F, van der Vusse GJ. Utilization of lipids during exercise in human subjects : metabolic and dietary constraints. Br J Nutr. 1998, 79 (2) : 117-28.
7. Boschmann M, Steiniger J, Hille U et al. Water-induced thermogenesis. J Clin Endocrinol Metab. 2003, 88 (12) : 6015-9.
8. Chaouloff F. Physical exercise and brain monoamines : a review. Acta Physiol Scand. 1989 Sep, 137 (1) : 1-13.
9. Ebbeling CB, Leidig MM, Sinclair KB, et al. A reduced-glycemic load diet in the treatment of adolescent obesity. Arch Pediatr Adolesc Med. 2003 Aug, 157 (8) : 773-9.
10. Frazer CJ, Christensen H, Griffiths KM. Effectiveness of treatments for depression in older people. Med J Aust. 2005 Jun 20, 182 (12) : 627-32.
11. Gann P et al. Lower prostate cancer risk in men with elevated plasma lycopene levels : results of a prospective analysis. Cancer Res. 1999, 59 : 1225-30.

12. Giovannucci E. Tomatoes, tomato-based products, lycopene, and cancer : review of the epidemiologic literature. J Natl Cancer Inst. 1999, 91 (4) : 317-31.
13. Govindasamy D, Paterson DH, Poulin MJ et al. Cardiorespiratory adaptation with short term training in older men. Eur J Appl Physiol Occup Physiol. 1992, 65 (3) : 203-8.
14. Gross SM, Bronner Y, Welch C et al. Breakfast and lunch meal skipping patterns among fourth-grade children from selected public schools in urban, suburban, and rural Maryland. J Am Diet Assoc. 2004, 104 (3) : 420-3.
15. Haimovitz D, Lansky LM, O'Reilly P. Fluctuations in body satisfaction across situations. Int J Eat Disord. 1993, 13 (1) : 77-84.
16. Hak AE, Ma J, Powell CB et al. Prospective study of plasma carotenoids and tocopherols in relation to risk of ischemic stroke. Stroke. 2004, 35 (7) : 1584-8.
17. Himmerick H, Schuld A, Haak M et al. Early prediction of changes in weight during six weeks of treatment with antidepressants. J Psychiatr Res. 2004, 38 (5) : 485-9.
18. Hodge AM, English DR, O'Dea K et al. Diabetes Care. Glycemic index and dietary fiber and the risk of type 2 diabetes. 2004 Nov, 27 (11) : 2701-6.
19. Holt SH, Brand-Miller JC, Stitt PA. The effects of equal-energy portions of different breads on blood glucose levels, feelings of fullness and subsequent food intake. J Am Diet Assoc. 2001 Jul, 101 (7) : 767-73.
20. Hunter GR, Bryan DR, Wetzstein CJ et al. Resistance training and intra-abdominal adipose tissue in older men and women. Med Sci Sports Exerc. 2002, 34 (6) : 1023-8.
21. Kirby S. The positive effect of exercise as a therapy for clinical depression. Nurs Times. 2005 Mar 29-Apr 4, 101 (13) : 28-9.
22. Ludwig DS. Novel treatments for Obesity. Asia Pac J Clin Nutr. 2003, 12 suppl : S8.
23. Ma Y, Olendzki B, Chiriboga D et al. Association between dietary carbohydrates and body weight. Am J Epidemiol. 2005, 161 (4) : 359-67.
24. Manger TA, Motta RW. The impact of an exercise program on posttraumatic stress disorder, anxiety, and depression. Int J Emerg Ment Health. 2005 Winter, 7 (1) : 49-57.
25. McCullough ML, Feskanich D, Stampfer MJ et al. Diet quality and major chronic disease risk in men and women : moving toward improved dietary guidance. Am J Clin Nutr. 2002, 76 (6) : 1261-71.
26. Moreno LA, Tresaco B, Bueno G et al. Psyllium fibre and the metabolic control of obese children and adolescents. J Physiol Biochem. 2003, 59 (3) : 235-42.
27. Noble RE. Depression in women. Metabolism. 2005 May, 54 (5 suppl 1) : 49-52.
28. Schroeder ET, Hawkins SA, Jaque SV. Musculoskeletal adaptations to 16 weeks of eccentric progressive resistance training in young women. J Strength Cond Res. 2004 May, 18 (2) : 227-35.
29. Shaw J, Tiggemann M. Dieting and working memory : preoccupying cognitions and the role of the articulatory control process. Br J Health Psychol. 2004, 9 (Pt 2) : 175-85.
30. Shirai T, Asamoto M, Takahashi S et al. Diet and prostate cancer. Toxicology. 2002, 27, 181-182 : 89-94.
31. Sierra M, Garcia JJ, Fernandez N et al. Therapeutic effects of psyllium in type 2 diabetic patients. Eur J Clin Nutr. 2002, 56 (9) : 830-42.
32. Sun J, Chu YF, Wu X et al. Antioxidant and antiproliferative activities of common fruits. J Agric Food Chem. 2002, 50 (25) : 7449-54.
33. Swartz AM, Strath SJ, Bassette DR et al. Increasing daily walking improves glucose tolerance in overweight women. Prev Med. 2003, 37 (4) : 356-62.
34. Vijayalakshmi P, Madanmohan, Bhavanani AB et al. Modulation of stress induced by isometric handgrip test in hypertensive patients following yogic relaxation training. Indian J Physiol Pharmacol. 2004, 48 (1) : 59-64.
35. Vreugdenburg L, Bryan J, Kemps E. The effect of self-initiated weight-loss dieting on working memory : the role of preoccupying cognitions. Appetite. 2003, 41 (3) : 291-300.
36. Watts K, Beye P, Siafarikas A et al. Effects of exercise training on vascular function in obese children. J Pediatr. 2004, 144 (5) : 620-5.
37. White LJ, Dressendorfer RH, Muller SM et al. Effectiveness of cycle cross-training between competitive seasons in female distance runners. J Stregth Cond Res. 2003, 17 (2) : 319-23.

38. Williamson DA, Gleaves DH, Watkins PC, Schlundt DG. Validation of a self-ideal body size discrepancy as a measure of body size dissatisfaction. J Psychol Behav Assess 1993, 15 (suppl 1) : 57–68.
39. Winters-Stone KM, Snow CM. Musculoskeletal response to exercise is greatest in women with low initial values. Med Sci Sports Exerc. 2003, 35 (10) : 1691-6.

Septembre

1. Berry D. An emerging model of behavior change in women maintaining weight loss. Nurs Sci Quart. 2004, 17 (3) : 242-52.
2. Carruth BR, Ziegler PJ, Gordon A et al. Prevalence of picky eaters among infants and toddlers and their caregivers' decisions about offering a new food. J Am Diet Assoc. 2004, 104 (1 suppl 1) : S57-64.
3. Delargy HJ, O'Sullivan KR, Fletcher RJ et al. Effects of amount and type of dietary fibre (soluble and insoluble) on short-term control of appetite. Int J Food Sci Nutr. 1997, 48 (1) : 67-77.
4. Elfhag K, Rossner S. Who succeeds in maintaining weight loss? A conceptual review of factors associated with weight loss maintenance and weight regain. Obes Rev. 2005, 6 (1) : 67-85.
5. Emmons RA, McCullough ME. Counting blessings versus burdens : an experimental investigation of gratitude and subjective well-being in daily life. J Pers Soc Psychol. 2003, 84 (2) : 377-89.
6. Epstein LH, Gordy CC, Raynor HA et al. Increasing fruit and vegetable intake and decreasing fat and sugar intake in families at risk for childhood obesity. Obes. Res. 2001, 9 (3) : 171-8.
7. Ganji V, Kafai MR. Frequent consumption of milk, yogurt, cold breakfast cereals, peppers, and cruciferous vegetables and intakes of dietary folate and riboflavin but not vitamins B-12 and B-6 are inversely associated with serum total homocysteine concentrations in the US population. Am J Clin Nutr. 2004, 80 (6) : 1500-7.
8. Grilo CM, Masheb RM, Brody M et al. Childhood maltreatment in extremely obese male and female bariatric surgery candidates. Obes Res. 2005, 13 (1) : 123-30.
9. Hanson NI, Neumark-Sztainer D, Eisenberg ME et al. Associations between parental report of the home food environment and adolescent intakes of fruits, vegetables and dairy foods. Public Health Nutr. 2005, 8 (1) : 77-85.
10. Jeffery RW, Kelly KM, Rothman AJ et al. The weight loss experience : a descriptive analysis. Ann Behav Med. 2004, 27 (2) : 100-6.
11. Jenkins DJ, Kendall CW, Marchie A et al. The Garden of Eden ? plant based diets, the genetic drive to conserve cholesterol and its implications for heart disease in the 21st century. Comp Biochem Physiol A Mol Integr Physiol. 2003, 136 (1) : 141-51.
12. Joseph JA, Nadeau DA, Underwood A. Variez les couleurs dans votre assiette. Les Éditions de l'Homme, 2004, 332 p.
13. Keating GC. Fashionable pride : an ageless concern. Int J Aging Hum Dev. 1991, 33 (3) : 187-96.
14. Khan A, Safdar M, Ali Khan MM et al. Cinnamon improves glucose and lipids of people with type 2 diabetes. Diabetes Care. 2003 Dec, 26 (12) : 3215-8.
15. Kranz S, Siega-Riz AM. Sociodemographic determinants of added sugar intake in preschoolers 2 to 5 years old. J Pediatr. 2002, 140 (6) : 667-72.
16. Kranz S, Smiciklas-Wright H, Siega-Riz AM et al. Adverse effect of high added sugar consumption on dietary intake in American preschoolers. J Pediatr. 2005, 146 (1) : 105-11.
17. Lee IM. Physical activity and cancer prevention : data from epidemiologic studies. Med Sci Sports Exerc. 2003, 35 (11) : 1823-7.
18. Moreno LA, Tresaco B, Bueno G et al. Psyllium fibre and the metabolic control of obese children and adolescents. J Physiol Biochem. 2003 Sep, 59 (3) : 235-42.
19. Qin B, Nagasaki M, Ren M et al. Cinnamon extract prevents the insulin resistance induced by a high-fructose diet. Horm Metab Res. 2004 Feb, 36 (2) : 119-25.
20. Ryan AS, Nicklas BJ, Berman DM et al. Dietary restriction and walking reduce fat deposition in the midthigh in obese older women. Am J Clin Nutr. 2000, 72 (3) : 708-13.
21. Takahashi M, Nakata A, Haratani T et al. Post-lunch nap as a worksite intervention to promote alertness on the job. Ergonomics. 2004, 47 (9) : 1003-13.

22. Tietzel AJ, Lack LC. The recuperative value of brief and ultra-brief naps on alertness and cognitive performance. J Sleep Res. 2002, 11 (3) : 213-8.
23. Tucker LA, Mortell R. Comparison of the effects of walking on weight training programs on body image in middle-aged women : an experimental study. Am J Health Promot. 1993, 8 (1) : 34-42.
24. Verspohl EJ, Bauer K, Neddermann E. Antidiabetic effect of Cinnamomum cassia and Cinnamomum zeylanicum in vivo and in vitro. Phytother Res. 2005 Mar, 19 (3) : 203-6.
25. Williamson DF, Thompson TJ, Anda RF et al. Body weight and obesity in adults and self-reported abuse in childhood. Int J Obes Relat Metab Disord. 2002, 26 (8) : 1075-82.
26. Zemel MB. Role of calcium and dairy products in energy partitioning and weight management. Am J Clin Nutr. 2004, 79 (5) : 907S-912S.

Octobre

1. Barkeling B, Linne Y, Melin E, Rooth P. Vision and eating behavior in obese subjects. Obes Res. 2003, 11 (1) : 130-4.
2. Blau JN, Kell CA, Sperling JM. Water-deprivation headache with two variants. Headache. 2004, 44 (1) : 79-83.
3. Cifuentes M, Riedt CS, Brolin RE, Field MP, Sherrell RM, Shapses SA. Weight loss and calcium intake influence calcium absorption in overweight postmenopausal women. Am J Clin Nutr. 2004 : 80 (1) : 123-30.
4. Crosignani PG, Colombo M, Vegetti W et al. Overweight and obese anovulatory patients with polycystic patients ovaries : parallel improvements in anthropometric indices, ovarian physiologic and fertility rate induced by diet. Hum Reprod. 2003, 18 (9) : 1928-32.
5. Diamanti-Kandarakis E, Kouli CR, Bergiele AT et al. A survey of the polycystic ovary syndrome in the Greek island of Lesbos : hormonal and metabolic profile. J Clin Endocrinol Metab. 1999, 84 : 4006.
6. Gupta MA, Chaturvedi SK, Chandarana PC et al. Weight-related body image concerns among 18-24-year-old women in Canada and India : an empirical comparative study. J Psychosom Res. 2001, 50 (4) : 193-8.
7. Guthrie JR, Dennerstein L, Taffe JR et al. Hot flushes during the menopause transition : a longitudinal study in Australian-born women. Menopause. 2005 July/August, 12 (4) : 460-467. Epub 2005 Jul 21.
8. Hannum SM, Carson L, Evans EM et al. Use of portion-controlled entrees enhances weight loss in women. Obes Res. 2004, 12 (3) : 538-46.
9. Joseph JA, Nadeau DA, Underwood A. Variez les couleurs dans votre assiette. Les Éditions de l'Homme. 2004, 332 p.
10. Knochenhauer ES, Key TJ, Kahsar-Miller M et al. Prevalence of the polycystic ovary syndrome in unselected black and white women of the southeastern United States : a prospective study. J Clin Encocrinol Metab. 1998, 83 : 3078.
11. Ma Y, Bertone ER, Stanek EJ 3rd et al. Association between eating patterns and obesity in a free-living US adult population. Am J Epidemiol. 2003, 158 (1) : 85-92.
12. Norman RJ, Noakes M, Wu R. et al. Improving reproductive performance in overweight/obese women with effective weight management. Hum Reprod Update. 2004, 10 (3) : 267-80.
13. Olmstead M, McFarlane T. Body weight and body image. BMC Women's Health. 2004, 4 (suppl 1) : S5.
14. Park SK, Park JH, Kwon YC et al. The effect of combined aerobic and resistance training on abdominal fat in obese middle-aged women. J Physiol Anthropol Appl Human Sci. 2003, 22 (3) : 129-35.
15. Pasquali R, Gambineri A. Roles of changes in dietary habits in polycystic ovary syndrome. Reprod Biomed Online. 2004, 8 (4) : 431-9.
16. Qi BB, Dennis KE. The adoption of eating behaviors conducive to weight loss. Eat Behav. 2000, (1) : 23-31.
17. Schwartz MB, Chen EY, Brownell KD. Trick, treat, or toy : children are just as likely to choose toys as candy on Halloween. J Nutr Educ Behav. 2003, 35 (4) : 207-9.
18. Simpson PA, Stroh LK. Gender differences : emotional expression and feelings of personal inauthenticity. J Appl Psychol. 2004, 89 (4) : 715-21.

19. Sternfeld B, Wang H, Quesenberry CP Jr et al. Physical activity and changes in weight and waist circumference in midlife women : findings from the Study of Women's Health Across the Nation. Am J Epidemiol. 2004 Nov 1, 160 (9) : 912-22.
20. Thompson JK, Dolce JJ. The discrepancy between emotional vs. rational estimates of body size, actual size, and ideal body ratings : theoretical and clinical implications. J Clin Psychol. 1989, 45 (3) : 473-8.
21. Tietzel AJ, Lack LC. The recuperative value of brief and ultra-brief naps on alertness and cognitive performance. J Sleep Res. 2002, 11 (3) : 213-8.
22. Tovee MJ, Benson PJ, Emery JL et al. Measurement of body size and shape perception in eating-disordered and control observers using body-shape software. Br J Psychol. 2003, 94 (Pt 4) : 501-16.
23. Tudor-Locke C, Pangrazi RP, Corbin CB et al. BMI-referenced standards for recommended pedometer-determined steps/day in children. Prev Med. 2004, 38 (6) : 857-64.
24. Wild B, Erb M, Eyb M et al. Why are smiles contagious? An FMRI study on the interaction between perception of facial affect and facial movements. Psychiat Res. 2003, 123 (1) : 17-36.

Novembre

1. Blundell JE, Stubbs RJ, Hughes DA et al. Cross talk between physical activity and appetite control : does physical activity stimulate appetite? Proc Nutr Soc. 2003, 62 (3) : 651-61.
2. Borra ST, Kelly L, Shirreffs MB et al. Developing health messages : qualitative studies with children, parents and teachers help identify communications opportunities for healthful lifestyles and the prevention of obesity. J Am Diet Assoc. 2003, 103 (6) : 721-8.
3. Chew BP, Park JS. Carotenoid action on the immune response. J Nutr. 2004, 134 (1) : 257S-261S. Bendich A. From 1989 to 2001 : what have we learned about the "biological actions of beta-carotene"? J Nutr. 2004 Jan, 134 (1) : 225S-230S.
4. Clark A, Seidler A, Miller M. Inverse association between sense of humor and coronary heart disease. Int J Cardiol. 2001, 80 (1) : 87-8.
5. Desrochers N, Brauer PM. Legume promotion in counselling : an e-mail survey of dietitians. Can J Diet Pract Res. 2001, 62 (4) : 193-8.
6. Dixon R, Adair V, O'Connors S. Parental influences on the dieting beliefs and behaviors of adolescent females in New Zealand. J Adolesc Health. 1996, 19 : 303-7.
7. Frankham P, Gosselin C, Cabanac M. Diet induced weight loss accelerates onset of negative alliesthesia in obese women. BMC Public Health. 2005, 5 : 112.
8. Fulkerson JA, McGuire MT, Neumark-Szteiner D et al. Weight-related attitudes and behaviors of adolescent boys and girls who are encouraged to diet by their mothers. Int J Obes. 2002, 26 : 1579-87.
9. Gould D, Finch LM, Jackson SA. Coping strategies used by national champion figure skaters. Res Q Exerc Sport. 1993, 64 (4) : 453-68.
10. Hovell M, Sallis J, Hofstetter R et al. Identification of correlates of physical activity among Latino adults. J Community Health. 1991 Feb, 16 (1) : 23-36.
11. John EM, Horn-Ross PL, Koo J. Lifetime physical activity and breast cancer risk in a multiethnic population : the San Francisco Bay area breast cancer study. Cancer Epidemiol Biomarkers Prev. 2003, 12 (11 pt 1) : 1143-52.
12. Joseph JA, Nadeau DA, Underwood A. Variez les couleurs dans votre assiette. Les Éditions de l'Homme. 2004, 332 p.
13. Kennedy JE, Abbott RA, Rosenberg BS. Changes in spirituality and well-being in a retreat program for cardiac patients. Altern Ther Health Med. 2002, 8 (4) : 64-6, 68-70, 72-3.
14. Lee IM. Physical activity and cancer prevention : data from epidemiologic studies. Med Sci Sports Exerc. 2003, 35 (11) : 1823-7.
15. Liggett DR, Hamada S. Enhancing the visualization of gymnasts. Am J Clin Hypn. 1993, 35 (3) : 190-7.
16. Luskin FM, Newell KA, Griffith M et al. A review of mind/body therapies in the treatment of musculoskeletal disorders with implications for the elderly. Altern Ther Health Med. 2000, 6 (2) : 46-56.
17. Peace G, Manasse A. The Cavendish Centre for integrated cancer care : assessment of patients' needs and responses. Complement Ther Med. 2002, 10 (1) : 33-41.

18. Shunk JA, Birch LL. Girls at risk for overweight at age 5 are at greater risk for dietary restraint, disinhibited overeating, weight concerns, and greater weight gain from 5 to 9 years. J Am Diet Assoc. 2004, 104 (7) : 1120-6.
19. Simkin-Silverman LP, Wing RR, Boraz MA. Lifestyle intervention can prevent weight gain during menopause : results from a 5-year randomized clinical trial. Ann Behav Med. 2003, 26 (3) : 212-20.
20. Slentz CA, Duscha BD, Jonhson J et al. Effects of the amount of exercise on body weight, body composition, and measures of central obesity : STRRIDE a randomized controlled study. Arch Intern Med. 2004, 164 (1) : 31-9.
21. Tsofliou F, Pitsiladis YP, Malkova D et al. Moderate physical activity permits acute coupling between serum leptin and appetite-satiety measures in obese women. Int J Obes Relat Metab Disord. 2003, 27 (11) : 1332-9.
22. Tucker LA, Mortell R. Comparison of the effects of walking and weight training programs on body image in middle-aged women : an experimental study. Am J Health Promot. 1993, 8 (1) : 34-42.
23. Warren JM, Henry CJ, Simonite V. Low glycemic index breakfasts and reduced food intake in preadolescent children. Pediatrics. 2003, 112 (5) : e414.
24. Wing RR, Jeffery RW. Benefits of recruiting participants with friends and increasing social support for weight loss and maintenance. J Consult Clin Psychol. 1999, 67 (1) : 132-8.
25. Wolfe WA. A review : maximizing social support ? a neglected strategy for improving weight management with African-American women. Ethn Dis. 2004, 14 (2) : 212-8
26. Yang D, Vandongen YK, Stacey MC. Effect of exercise on calf muscle pump function in patients with chronic venous disease. Br J Surg. 1999 Mar, 86 (3) : 338-41.

Décembre

1. Akerstedt T, Knutsson A, Westerholm P et al. Mental fatigue, work and sleep. J Psychosom Res. 2004, 57 (5) : 427-33.
2. Andersson I, Rossner S. The Christmas factor in obesity therapy. Int J Obes Relat Metab Disord. 1992, 16 (12) : 1013-5.
3. Andrews G. Intimate saboteurs. Obes. Surg. 1997, 7 (5) : 445-8.
4. Boutelle KN, Kirschenbaum DS, Baker RC. How can obese weight controllers minimize weight gain during the high risk holiday season ? By self-monitoring very consistently. Health Psychol. 1999, 18 (4) : 364-8.
5. Cabanac M, Morrissette J. Acute, but not chronic, exercise lowers the body weight set-point in male rats. Physiol Behav. 1992, 52 (6) : 1173-7.
6. Croteau KA. A preliminary study on the impact of a pedometer-based intervention on daily steps. Am J Health Promot. 2004, 18 (3) : 217-20.
7. Fischer JO, Mitchell DC, Smicklas-Wright H et al. Meeting calcium recommendations during middle childhood reflects mother-daughter beverage choices and predicts bone mineral status. Am J Clin Nutr. 2004, 79 (4) : 698-706.
8. Gosselin C, Côté G. Weight maintenance in women 2 to 11 years after participating in a commercial weight loss program based on Canada's food guide : A survey. BMC Women's Health. 2001, 1 : 2.
9. Hasler G, Buysse DJ, Klaghofer R et al. The association between short sleep duration and obesity in young adults : a 13-year prospective study. Sleep. 2004, 27 (4) : 661-6.
10. He K, Hu FB, Colditz GA et al. Changes in intake of fruits and vegetables in relation to risk of obesity and weight gain among middle-aged women. Int J Obes Relat Metab Disord. 2004, 28 (12) : 1569-74.
11. Herman CP, Roth DA, Polivy J. Effects of the presence of others on food intake : a normative interpretation. Psychol Bull. 2003, 129 (6) : 873-86.
12. Hernandez-Reif M, Ironson G, Field T et al. Breast cancer patients have improved immune and neuroendocrine functions following massage therapy. J Psychosom Res. 2004, 57 (1) : 45-52.
13. Layman DK, Boileau RA, Erickson DJ et al. A reduced ratio of dietary carbohydrate to protein improves body composition and blood lipid profiles during weight loss in adult women. J Nutr. 2003, 133 (2) : 411-7.

14. Layman DK, Shiue H, Sather C et al. Increased dietary protein modifies glucose and insulin homeostasis in adult women during weight loss. J Nutr. 2003, 133 (2) : 405-10.
15. Melanson EL, Knoll JR, Bell ML et al. Commercially available pedometers : considerations for accurate step counting. Prev Med. 2004, 39 (2) : 361-8.
16. O'Toole ML. Prevention and treatment of injuries to runners. Med Sci Sports Exerc. 1992, 24 (9 suppl) : S360-3.
17. Shimada K, Kawarabayashi T, Tanaka A et al. Oolong tea increases plasma adiponectine levels and low-density lipoprotein particle size in patients with coronary artery disease. Diabetes Res Clin Oract. 2004, 65 (3) : 227-34.
18. Tremblay A, Doucet E. Influence of intense physical activity on energy balance and body fatness. Proc Nutr Soc. 1999, 58 (1) : 99-105.
19. Westerterp-Plantenga MS, Lejeune MP, Nijs I et al. High protein intake sustains weight maintenance after body weight loss in humans. Int J Obes Relat Metab Disord. 2004, 28 (1) : 57-64.
20. Westerterp-Plantenga MS, Verwegen CR. The appetizing effect of an aperitif in overweight and normal-weight humans. Am J Clin Nutr. 1999, 69 (2) : 205-12.
21. Wood PD et al. Comparison of nutrient intake in sedentary and active middle-aged men and women. Med Sci Sports & Exerc. In : Bennett W, Gurin J. The dieter's dilemma : Eating less weighing more. New York, Basic Books. 1982.
22. Yang YC, Lu FH, Wu JS et al. The protective effect of habitual tea consumption on hypertension. Arch Intern Med. 2004, 164 (14) : 1534-40.
23. Zheng G, Sayama K, Okubo T et al. Anti-obesity effects of three major components of green tea, catechins, caffeine and theanine in mice. In Vivo. 2004, 18 (1) : 55-62.

RECETTES DE JANVIER

Soupe minestrone rapide

Servez-vous un bol de cette soupe et vous vous sentirez nourrie corps et âme.

1 c. à soupe (15 ml) d'huile d'olive
1/2 tasse (125 ml) d'oignon haché
1 tasse (250 ml) de carottes en rondelles
1/2 tasse (125 ml) de céleri en dés
1 tasse (250 ml) de chou émincé
1 grosse boîte (796 m/28 oz) de tomates en dés
2 tasses (500 ml) d'eau
2 tasses (500 ml) de bouillon de poulet ou de légumes faibles en matières grasses
2 c. à thé (10 ml) de basilic séché
1/4 c. à thé (1 ml) de sel
3 gousses d'ail en purée
1/3 tasse (75 ml) de riz basmati
2 tasses (500 ml) de jeunes pousses d'épinards hachés
1 boîte (540 ml/19 oz) de haricots rouges, rincés et égouttés

Faire sauter dans l'huile les oignons, les carottes, le céleri et le chou. Ajouter tous les ingrédients sauf les épinards et les haricots et amener à ébullition. Réduire la chaleur, couvrir, puis laisser mijoter 20 minutes ou jusqu'à ce que le riz et les légumes soient tendres. Ajouter les épinards et les haricots. Cuire 5 minutes de plus.

Donne 10 portions.

Par portion

Calories : 160 • Glucides : 27 g • Protéines : 9 g • Lipides : 2 g • Fibres : 9 g

Riz au poulet à l'espagnole

Un plat qui se prépare facilement un soir de semaine et s'apporte bien en lunch le lendemain.

2 gros oignons hachés fin
1 gros poivron vert haché
2 c. à thé (10 ml) d'huile d'olive
1 tasse (250 ml) de sauce tomate
1/4 tasse (50 ml) d'eau
2 c. à soupe (30 ml) de persil haché
1/2 c. à thé (2 ml) de poivre
3 gousses d'ail écrasées
6 tasses (1,5 l) de riz basmati cuit (2 tasses de riz cru)
4 tasses (1 l) de poitrine de poulet cuite et coupée en dés

Dans une grande poêle, faire revenir les oignons et le poivron 5 minutes dans l'huile. Ajouter la sauce tomate, l'eau et les assaisonnements. Bien remuer. Incorporer le riz et le poulet. Bien mélanger le tout.

Donne 6 portions.

Par portion

Calories : 434 • Glucides : 54 g • Protéines : 34 g • Lipides : 7 g • Fibres : 2 g

Délice aux mangues

Frais et parfumé, ce dessert nous fait pleinement profiter de la délicate saveur de la mangue.

2 enveloppes de gélatine sans saveur
1/2 tasse (125 ml) de sucre
1 tasse (250 ml) d'eau chaude
3 tasses (750 ml) de mangues en purée
1 1/2 tasse (375 ml) de lait 1 %

Mettre la gélatine et le sucre dans l'eau chaude et mélanger jusqu'à dissolution complète. Dans un grand bol, mélanger la purée de mangues et le lait. Ajouter la gélatine dans le mélange de mangues et bien remuer. Verser dans des coupes et réfrigérer au moins 3 heures.

Donne 8 portions.

Par portion

Calories : 116 • Glucides : 27 g • Protéines : 3 g • Lipides : 1 g • Fibres : 1 g

RECETTES DE FÉVRIER

Salade d'épinards au fromage et à l'orange

Une salade qui marie agréablement une variété de textures, de saveurs et de couleurs.

4 tasses (1 l) de jeunes pousses d'épinards
1 orange pelée, en dés
1/2 tasse (125 ml) de feta en petits cubes
3 c. à soupe (45 ml) de pignons
2 c. à soupe (30 ml) de yogourt nature 2 %
1 c. à soupe (15 ml) d'huile d'olive
1 c. à soupe (15 ml) de jus d'orange
Sel et poivre

Mettre dans un grand bol les 4 premiers ingrédients. Mélanger ensuite les autres ingrédients pour faire la vinaigrette. Ajouter la vinaigrette à la salade, bien remuer. Servir immédiatement.

Donne 4 portions.

Par portion

Calories : 119 • Glucides : 9 g • Protéines : 4 g • Lipides : 8 g • Fibres : 2 g

Porc aux pommes et patates douces

Un mets coloré et réconfortant.

4 c. à soupe (60 ml) de farine
1/2 c. à thé (2 ml) de sel
1/4 c. à thé (1 ml) de poivre
1 1/2 lb (700 g) de filet de porc en cubes
1 c. à soupe (15 ml) d'huile végétale
3 oignons hachés
1 tasse (250 ml) de jus de pomme
1 1/2 tasse (375 ml) de bouillon de poulet faible en matières grasses
4 gousses d'ail écrasées
2 pommes, pelées, évidées, en tranches
2 grosses patates douces, pelées, en petits cubes

Dans un petit bol, mélanger la farine, le sel et le poivre. Enrober les cubes de porc du mélange de farine. Chauffer l'huile, ajouter le porc et les oignons et faire revenir de 3 à 4 minutes. Ajouter le jus de pommes, le bouillon, l'ail, les pommes et les patates douces. Amener à ébullition. Baisser le feu, couvrir et laisser mijoter de 20 à 25 minutes jusqu'à ce que la viande soit cuite.

Donne 6 portions.

Par portion

Calories : 355 • Glucides : 37 g • Protéines : 30 g • Lipides : 9 g • Fibres : 4 g

Crêpes moelleuses aux bananes

Que ce soit pour un dessert ou pour un petit-déjeuner soutenant, ces crêpes sauront plaire à toute votre famille.

1 1/2 tasse (375 ml) de farine non blanchie
1/2 tasse (125 ml) de farine de blé entier
1 1/2 c. à thé (7 ml) de poudre à pâte
1/2 c. à thé (2 ml) de bicarbonate de soude
1 1/4 tasse (300 ml) d'eau
3/4 tasse (200 ml) de yogourt nature 2 %
1 c. à soupe (15 ml) d'huile végétale
1 œuf
1 c. à soupe (15 ml) de miel
1 c. à thé (5 ml) de vanille
1/2 tasse (125 ml) de banane mûre, écrasée

Mélanger les ingrédients secs dans un grand bol. Dans un bol moyen, fouetter ensemble l'eau, le yogourt, l'huile, l'œuf, le miel et la vanille. Verser la préparation sur les ingrédients secs et mélanger légèrement. Incorporer les bananes au mélange. Pour cuire, chauffer une poêle légèrement huilée. Pour chaque crêpe, verser environ 1/2 tasse (125 ml) de pâte. Retourner lorsque des bulles apparaissent et que les rebords commencent à brunir. Cuire ensuite de l'autre côté.

Donne environ 10 crêpes.

Par portion (1 crêpe)
Calories : 140 • Glucides : 25 g • Protéines : 5 g • Lipides : 2 g • Fibres : 1 g

RECETTES DE MARS

Bouquets de brocoli et de chou-fleur citronnés

Simple et élégant, cet accompagnement vous changera agréablement des brocolis nature.

2 tasses (500 ml) de brocoli en petits bouquets
2 tasses (500 ml) de chou-fleur en petits bouquets
1 c. à soupe (15 ml) d'huile d'olive
2 c. à soupe (30 ml) de jus de citron
2 gousses d'ail écrasées
3 c. à thé (15 ml) de persil haché

Faire cuire le brocoli et le chou-fleur à la vapeur. Dans une poêle, mélanger l'huile, le jus de citron et l'ail. Cuire de 2 à 3 minutes. Ajouter les légumes et bien les enrober de la sauce. Garnir de persil et servir.

Donne 8 portions.

Par portion

Calories : 28 • Glucides : 2 g • Protéines : 1 g • Lipides : 2 g • Fibres : 1 g

Filets de truite à l'aneth

La cuisson en papillote laisse le poisson tendre et délicatement parfumé.

4 filets de truite de 5 oz (140 g) chacun
1 oignon haché fin
1 petite gousse d'ail émincée
Sel et poivre
1 c. à soupe (15 ml) de graines d'aneth
4 c. à soupe (60 ml) de jus de citron

Déposer les filets de truite au centre d'une grande feuille de papier d'aluminium. Répartir uniformément l'oignon, l'ail, le sel et le poivre, l'aneth et le jus de citron sur le poisson. Refermer le papier d'aluminium de façon à créer une papillote. Cuire 15 minutes à 350 °F (180 °C).

Donne 4 portions.

Par portion

Calories: 163 • Glucides: 4 g • Protéines: 24 g • Lipides: 5 g • Fibres: 0 g

Biscottis aux amandes et à l'orange

Ma colocataire Catherine m'a fait découvrir les biscottis – ces petits biscuits italiens croquants – alors que j'étais étudiante à l'Université Laval. J'aime les déguster avec un bol de café au lait ou une tasse de thé.

1 1/2 tasse (375 ml) de farine non blanchie
2/3 tasse (175 ml) de sucre
1/3 tasse (75 ml) d'amandes moulues
1/2 c. à thé (2 ml) de cannelle
1/2 c. à thé (2 ml) de poudre à pâte
1/3 tasse (75 ml) d'amandes entières
1/2 tasse (125 ml) de jus d'orange ou le jus d'une orange et demie
1 c. à soupe (15 ml) de zeste d'orange

Dans un grand bol, mélanger la farine, le sucre, les amandes moulues, la cannelle et la poudre à pâte. Bien remuer puis ajouter les amandes entières. Dans un petit bol, mélanger le jus d'orange et le zeste d'orange. Ajouter au mélange à base de farine et remuer jusqu'à l'obtention d'une pâte ferme et humide. Placer la pâte sur une plaque à pâtisserie antiadhésive ou recouverte de papier parchemin. Façonner un cylindre d'environ 15 po (40 cm) de long. Cuire au four préchauffé à 350 °F (180 °C) 30 minutes. Laisser refroidir le cylindre quelques minutes et le déposer sur une planche à découper. Couper en diagonales des tranches de 1/2 po (1 cm) d'épaisseur. Déposer les biscuits sur la plaque (côté coupé vers le bas), puis poursuivre la cuisson encore 15 minutes ou jusqu'à ce qu'ils soient secs et légèrement dorés. À déguster en trempant dans le café ou le thé.

Donne environ 30 biscuits.

Par portion (2 biscuits)
Calories: 86 • Glucides: 17 g • Protéines: 2 g • Lipides: 1 g • Fibres: 0 g

RECETTES D'AVRIL

Salade de lentilles à l'avocat

Une façon simple et délicieuse d'apprêter les légumineuses.

1/2 tasse (125 ml) de crème sure faible en gras
Le jus d'une lime
1 c. à soupe (15 ml) de coriandre hachée
1 tomate en dés
Sel et poivre
1 tasse (250 ml) de lentilles cuites
1/2 tasse (125 ml) de pois chiches cuits
1 avocat mûr
4 tasses (1 l) de laitue

Dans un bol, mélanger la crème sure, le jus de lime, la coriandre, la tomate, le sel et le poivre. Ajouter les lentilles et les pois chiches et bien remuer. Au moment de servir, ajouter l'avocat coupé en dés. Servir sur un lit de laitue.

Donne 4 portions.

Par portion

Calories : 218 • Glucides : 25 g • Protéines : 10 g • Lipides : 10 g • Fibres : 9 g

Saumon simple et savoureux

Même mes enfants, qui ne sont pas de grands amateurs de poisson, aiment ce plat.

4 darnes de saumon de 5 oz (140 g) chacune
1/2 tasse (125 ml) de jus de citron
1/4 tasse (50 ml) d'aneth haché
2 gousses d'ail écrasées
2 c. à thé (10 ml) de cassonade
Sel et poivre

Placer les darnes de saumon dans un plat allant au four. Mélanger les autres ingrédients ensemble dans un petit bol. Verser cette marinade sur le saumon et bien l'en enrober. Couvrir et réfrigérer au moins 30 minutes. Cuire à 425 °F (220 °C) environ 10 minutes ou jusqu'à ce que la chair soit opaque en son centre et se détache facilement à la fourchette.

Donne 4 portions.

Par portion

Calories : 191 • Glucides : 5 g • Protéines : 29 g • Lipides : 5 g • Fibres : 0 g

Muffins aux grains entiers et aux bleuets

Chez mon amie Line, elle aussi mère de cinq enfants, il y a toujours quelque chose de bon et de sain à se mettre sous la dent. J'ai mis au point cette recette en m'inspirant d'un livre qu'elle m'a offert. Ces muffins au blé entier sont légers et tendres à souhait.

2 tasses (500 ml) de farine de blé entier
1 c. à thé (5 ml) de bicarbonate de soude
1/3 tasse (75 ml) de cassonade
1 c. à thé (5 ml) de cannelle
1/2 c. à thé (2 ml) de sel
1/4 tasse (50 ml) de raisins secs
1 tasse (250 ml) de yogourt nature faible en gras
1 œuf battu
1/3 tasse (75 ml) de lait écrémé
3 c. à soupe (45 ml) d'huile végétale
3/4 tasse (200 ml) de bleuets frais ou congelés
2 c. à soupe (30 ml) de sucre pour saupoudrer les muffins

Préchauffer le four à 375 °F (180 °C). Tapisser un moule à muffins de 12 moules en papier. Bien mélanger tous les ingrédients secs, y compris les raisins. Dans un autre bol, mélanger le yogourt, l'œuf, le lait et l'huile. Ajouter les bleuets. Verser la préparation liquide sur les ingrédients secs. Brasser pour humecter le tout. Déposer par cuillérées dans les moules. Saupoudrer chaque muffin d'un peu de sucre. Cuire de 20 à 25 minutes jusqu'à ce que les muffins soient fermes au toucher.

Donne 12 muffins.

Par portion

Calories : 163 • Glucides : 28 g • Protéines : 5 g • Lipides : 5 g • Fibres : 3 g

RECETTES DE MAI

Cari de pois chiches à la pakistanaise

Cette recette est une adaptation d'un mets que j'ai découvert lors d'un voyage au Pakistan. Originellement, ce plat est extrêmement épicé, mais cette version-ci est douce et parfumée, parfaite pour les enfants. Servir comme plat principal végétarien avec des pitas de blé entier.

1 c. à soupe (15 ml) d'huile végétale
2 oignons hachés fin
1 c. à thé (5 ml) de coriandre moulue
2 c. à thé (10 ml) de graines de cumin
1 tomate en dés
3 tasses (750 ml) de jus de pomme
2 grosses pommes de terre pelées, en dés
1 pomme pelée, évidée, en dés
2 boîtes (540 ml/19 oz) de pois chiches, rincés, égouttés
6 gousses d'ail écrasées
1 feuille de laurier
Le jus d'une lime
Sel et poivre
Sauce piquante aux piments rouges (facultatif)

Dans une grande poêle, faire chauffer l'huile et y faire revenir l'oignon jusqu'à ce qu'il soit tendre. Ajouter la coriandre, les graines de cumin, bien remuer. Incorporer la tomate, le jus de pomme, les pommes de terre, la pomme, les pois chiches, l'ail et la feuille de laurier. Amener à ébullition puis baisser le feu et laisser mijoter à découvert jusqu'à ce que les pommes de terre soient cuites et que le mélange ait épaissi (environ 45 minutes). Incorporer le jus de lime. Bien remuer. Ajouter, au goût, le sel, le poivre et la sauce piquante.

Donne 4 portions.

Par portion

Calories : 356 • Glucides : 68 g • Protéines : 10 g • Lipides : 6 g • Fibres : 9 g

Orge en salade avec asperges et crevettes

Ma sœur Viviane m'a envoyé cette recette de Vancouver. Il s'agit d'une façon exotique de servir l'orge. Pour une salade-repas, doubler la quantité de crevettes.

3/4 tasse (200 ml) d'orge perlé

2 tasses (500 ml) d'asperges coupées en morceaux de 1 po (2,5 cm)

1 c. à soupe (15 ml) d'huile d'olive

1 1/2 tasse (375 ml) de champignons tranchés (des shiitakes, préférablement)

1/2 tasse (125 ml) d'oignons verts hachés

1 poivron rouge en dés

1 poivron vert en dés

2 branches de céleri en dés

6 oz (170 g) de crevettes cuites, décortiquées

VINAIGRETTE

2 c. à soupe (30 ml) d'huile d'olive

1 c. à soupe (15 ml) de vinaigre de vin

2 c. à soupe (30 ml) de sauce soya

2 c. à thé (10 ml) d'huile de sésame

2 c. à thé (10 ml) de gingembre frais émincé

2 gousses d'ail émincées

Cuire l'orge dans l'eau environ 45 minutes. Pendant ce temps, blanchir les asperges 3 minutes dans l'eau bouillante. Rincer à l'eau froide et mettre de côté. Chauffer l'huile d'olive et y faire sauter les champignons et les oignons verts environ 5 minutes. Mettre de côté. Égoutter l'orge et verser dans un grand bol. Ajouter les poivrons, le céleri, les crevettes, les champignons et les asperges en mêlant délicatement. Dans un petit bol, bien mélanger les ingrédients pour la vinaigrette. Ajouter à la salade et remuer. Servir tiède ou froid.

Donne 6 portions.

Par portion

Calories : 224 • Glucides : 28 g • Protéines : 10 g • Lipides : 9 g • Fibres : 6 g

Biscuits à l'avoine et aux canneberges

Des biscuits sains et savoureux qui s'apportent bien en lunch.

1 tasse (250 ml) de farine de blé entier
1/4 tasse (50 ml) de farine tout usage
1/2 c. à thé (2 ml) de poudre à pâte
1/2 tasse (125 ml) de beurre
1 tasse (250 ml) de cassonade
1 œuf
2 c. à thé (10 ml) de vanille
1 tasse (250 ml) de gros flocons d'avoine*
1/2 tasse (125 ml) de canneberges séchées (ou raisins secs)
1/3 tasse (75 ml) d'amandes hachées

* Les gros flocons d'avoine sont moins raffinés et contiennent davantage de fibres que les flocons à cuisson rapide.

Mélanger les farines et la poudre à pâte dans un petit bol. Dans un plus grand bol, battre en crème le beurre, la cassonade, l'œuf et la vanille. Ajouter le mélange de farine et bien mélanger. Incorporer les flocons d'avoine, les canneberges et les amandes. Déposer la pâte à l'aide d'une cuillère sur des plaques à biscuits recouvertes de papier parchemin. Cuire à 350 °F (180 °C) environ 12 minutes.

Donne 32 biscuits.

Par portion (1 biscuit)
Calories : 98 • Glucides : 15 g • Protéines : 2 g • Lipides : 4 g • Fibres : 1 g

RECETTES DE JUIN

Salade de thon aux haricots blancs

Lorsque vous n'avez pas envie de cuisiner, accompagnez cette salade riche en protéines et en fibres d'une tranche de pain multigrains et d'un produit laitier. Vous aurez un repas complet sans même avoir mis la cuisinière en marche!

1 boîte (170 g) de thon, mis en conserve dans l'eau, égoutté
1 boîte (540 ml/19 oz) de haricots blancs, rincés et égouttés
2 oignons verts hachés fin
1/2 lb (250 g) de haricots verts cuits à la vapeur
4 c. à thé (20 ml) de basilic haché fin
Le jus d'un citron
2 c. à soupe (30 ml) d'huile d'olive
1 c. à thé (5 ml) de moutarde de Dijon
2 c. à thé (10 ml) de vinaigre de vin rouge
1 gousse d'ail écrasée
4 tasses (1 l) de laitue déchiquetée

Dans un grand bol, couper le thon en morceaux, incorporer les haricots blancs, les oignons verts, les haricots verts, le basilic et le jus de citron. Bien mélanger. Dans un petit bol, fouetter l'huile, la moutarde, le vinaigre et l'ail. Ajouter à la salade et bien remuer. Servir sur un lit de laitue.

Donne 4 portions.

Par portion

Calories : 255 • Glucides : 25 g • Protéines : 20 g • Lipides : 8 g • Fibres : 8 g

Escalopes de poulet parfumées à l'estragon

Ma mère fait un délicieux poulet à l'estragon. Vous trouverez ici une version express de ce mets qui se marie bien avec des pâtes.

2 c. à thé (10 ml) d'huile d'olive
3 poitrines de poulet (un peu plus d'1 lb/500 g), chacune tranchée en 4 petites escalopes
2 gousses d'ail émincées
1/2 tasse (125 ml) de vin blanc
3/4 tasse (200 ml) de bouillon de poulet
1 c. à thé (5 ml) de persil haché
1 c. à thé (5 ml) d'estragon haché
1 c. à soupe (15 ml) de fécule de maïs
2 c. à soupe (30 ml) d'eau froide
Sel et poivre

Chauffer l'huile dans une poêle et y faire revenir les escalopes 4 minutes de chaque côté. Retirer de la poêle et laisser reposer. Faire revenir l'ail quelques secondes, puis déglacer la poêle avec le vin blanc. Laisser réduire le vin de moitié. Ajouter le bouillon, le persil et l'estragon. Cuire encore 4 à 5 minutes. Délayer la fécule dans l'eau et l'ajouter à la sauce. Saler et poivrer. Poursuivre la cuisson jusqu'à l'obtention d'une sauce onctueuse. Remettre les escalopes dans la poêle et les enrober de cette sauce. Servir immédiatement.

Donne 4 portions.

Par portion

Calories : 202 • Glucides : 4 g • Protéines : 30 g • Lipides : 4 g • Fibres : 0 g

Mousse aux fraises

Un dessert aérien qui me vient de ma mère, Jacqueline.
S'apprête aussi avec des pêches ou des bananes.

2 blancs d'œufs
1/4 c. à thé (1 ml) de crème de tartre
1/4 tasse (50 ml) de sucre
1 tasse (250 ml) de fraises réduites en purée

Battre les blancs d'œufs en mousse. Tout en battant, incorporer la crème de tartre. Ajouter graduellement le sucre. Battre la meringue jusqu'à l'obtention de pics durs. À l'aide d'une spatule, incorporer délicatement la meringue à la purée de fraises jusqu'à l'obtention d'un mélange homogène. Servir immédiatement.

N.B. : Si vous choisissez de faire la mousse aux bananes, ajouter 1 c. à soupe (15 ml) de jus de citron aux fruits en purée.

Donne 4 portions.

Par portion
Calories : 58 • Glucides : 12 g • Protéines : 2 g • Lipides : 0 g • Fibres : 1 g

RECETTES DE JUILLET

Haricots jaunes à la lyonnaise

Apprêtée avec des haricots frais qui fondent dans la bouche, cette recette peut faire aimer les légumes même aux plus récalcitrants !

1 lb (500 g) de haricots jaunes
1/4 tasse (50 ml) d'oignons hachés fin
1 c. à soupe (15 ml) de beurre
1 c. à soupe (15 ml) de persil
Sel et poivre

Faire cuire à la vapeur les haricots jaunes. Pendant ce temps, faire revenir les oignons dans le beurre. Une fois les haricots tendres, ajouter les oignons puis mêler le tout délicatement avec le persil. Saler et poivrer.

Donne 4 portions.

Par portion
Calories : 63 • Glucides : 6 g • Protéines : 2 g • Lipides : 3 g • Fibres : 3 g

Burgers savoureux

Si vous en avez assez des hamburgers secs,
vous aimerez cette version juteuse et relevée.

2 tomates pelées, épépinées, en dés
1 avocat en dés
1/4 tasse (50 ml) de crème sure faible en gras
1/4 c. à thé (1 ml) de coriandre moulue
1/2 lb (250 g) de bœuf haché maigre
1/4 tasse (50 ml) de salsa légèrement piquante
1 c. à thé (5 ml) de chili
1/4 c. à thé (1 ml) de cumin
4 pains hamburger de blé entier

Dans un petit bol, mélanger les 4 premiers ingrédients. Réserver. Dans un autre bol, bien mélanger la viande, la salsa, le chili et le cumin. Former 4 boulettes avec ce dernier mélange, puis les aplatir. Griller la viande sur le barbecue. Servir dans un pain hamburger et garnir du mélange de tomates et avocat.

Donne 4 portions.

Par portion (sans le pain)
Calories : 231 • Glucides : 10 g • Protéines : 14 g • Lipides : 17 g • Fibres : 4 g

Gâteau délice tropical

Ce gâteau bien moelleux et nourrissant
se prépare en quelques minutes seulement.

2 œufs battus
1/2 tasse (125 ml) de miel
2 tasses (500 ml) de farine de blé entier
1/2 c. à thé (2 ml) de sel
2 c. à thé (10 ml) de bicarbonate de soude
3/4 tasse (200 ml) de noix de Grenoble hachées
2 1/2 tasses (625 ml) d'ananas broyé non sucré avec le jus
1 tasse (250 ml) de dattes en morceaux
1/2 tasse (125 ml) de noix de coco râpée non sucrée
1/4 tasse (50 ml) de germe de blé

Mélanger tous les ingrédients. Verser dans un moule huilé et enfariné. Cuire au four à 350 °F (180 °C) de 35 à 40 minutes jusqu'à ce qu'un couteau inséré au centre en ressorte propre.

Donne 12 portions.

Par portion
Calories : 219 • Glucides : 35 g • Protéines : 7 g • Lipides : 7 g • Fibres : 5 g

RECETTES D'AOÛT

Poulet aux olives de Laurent

Mon frère Laurent vient fréquemment passer quelques jours à la campagne. Lors d'un de ces séjours, il a préparé cette recette pour notre famille. Nous nous sommes régalés !

2 c. à soupe (30 ml) d'huile d'olive
8 cuisses de poulet ou 8 poitrines (3 lb/1,4 kg)
1 oignon haché finement
2 c. à soupe (30 ml) de pâte de tomate
2 tasses (500 ml) de bouillon de poulet
1 tasse (250 ml) d'olives noires
Sel et poivre

Dans une cocotte, chauffer l'huile, y dorer le poulet. Ajouter l'oignon et la pâte de tomate. Cuire 2 minutes. Ajouter le bouillon et les olives. Laisser mijoter doucement, mi-couvert, une heure. Saler et poivrer au goût.

Donne 8 portions.

Par portion

Calories : 248 • Glucides : 4 g • Protéines : 36 g • Lipides : 9 g • Fibres : 0 g

Pâtes primavera

Un mode de cuisson étonnant qui donne d'excellents résultats.
Servir ces pâtes pour accompagner une viande grillée.

2 tasses (500 ml) de fusillis non cuits
1 tasse (250 ml) de petits bouquets de brocoli
1/2 tasse (125 ml) de carottes en rondelles
1/2 tasse (125 ml) de céleri en tranches
2 c. à soupe (30 ml) d'huile d'olive
1 tasse (250 ml) de tomates-cerises en quartiers
1/4 tasse (50 ml) de fromage parmesan râpé
2 c. à soupe (30 ml) de basilic haché
Sel et poivre

Cuire les pâtes selon les directives sur l'emballage. Trois minutes avant la fin de la cuisson, ajouter le brocoli, les carottes et le céleri. Égoutter et transférer dans un grand plat de service. Ajouter l'huile, les tomates, le parmesan et le basilic. Saler et poivrer. Bien mélanger le tout et servir immédiatement.

Donne 4 portions.

Par portion
Calories : 182 • Glucides : 18 g • Protéines : 6 g • Lipides : 10 g • Fibres : 2 g

Boisson glacée aux fruits bleus

Mes enfants raffolent de cette boisson légèrement pétillante.

2 tasses (500 ml) de bleuets congelés
1 tasse (250 ml) de jus de raisin
2 tasses (500 ml) de boisson gazeuse au citron/limette, sans sucre (de type « diète »)

Laisser les bleuets décongeler partiellement puis les mettre au mélangeur avec le jus de raisin. Liquéfier complètement. Verser ce mélange dans un pichet. Ajouter la boisson gazeuse. Servir immédiatement.

Donne 4 portions.

Par portion

Calories : 82 • Glucides : 20 g • Protéines : 0 g • Lipides : 0 g • Fibres : 2 g

RECETTES DE SEPTEMBRE

Légumes à l'indienne

Lorsque vous voulez ajouter une note d'exotisme à votre repas.

1 lb (500 g) de haricots verts
2 c. à soupe (30 ml) d'huile végétale
1 c. à thé (5 ml) de graines de moutarde
2 oignons hachés finement
3/4 tasse (200 ml) de carottes en allumettes
1 c. à thé (5 ml) de coriandre moulue
1/4 c. à thé (1 ml) de gingembre moulu
1/2 c. à thé (2 ml) de sel
2 c. à soupe (30 ml) de jus de citron

Couper diagonalement les haricots en tronçons. Faire chauffer l'huile et y faire revenir les graines de moutarde jusqu'à ce qu'elles sautent. Ajouter les légumes et faire revenir 5 minutes en remuant. Incorporer les assaisonnements (sauf le jus de citron), réduire le feu et laisser mijoter 8 minutes. Ajouter le jus de citron au moment de servir.

Donne 4 portions.

Par portion

Calories : 130 • Glucides : 14 g • Protéines : 2 g • Lipides : 7 g • Fibres : 4 g

Veau à la bavaroise

Un plat satisfaisant que l'on prépare la fin de semaine. Délicieux aussi avec du bœuf.

1 1/2 lb (700 g) de veau en cubes (ou bœuf)
2 oignons émincés
1 c. à soupe (15 ml) d'huile végétale
1 1/2 tasse (375 ml) d'eau
1 c. à thé (5 ml) de graines de carvi
1/4 c. à thé (1 ml) de gingembre moulu
Sel et poivre
1 feuille de laurier
1/4 tasse (50 ml) de vinaigre blanc
1 c. à soupe (15 ml) de sucre
1/2 chou rouge en quatre quartiers
1 c. à soupe (15 ml) de fécule de maïs

Dans une cocotte, faire brunir la viande et l'oignon dans l'huile. Ajouter l'eau, les graines de carvi, le gingembre, le sel, le poivre et le laurier. Amener à ébullition. Réduire la chaleur, couvrir et laisser mijoter 1 h 15. Ajouter le vinaigre et le sucre. Bien mélanger. Ajouter le chou sur la viande. Couvrir et laisser cuire encore 45 minutes. Retirer la viande et le chou et placer sur un plat de service. Délayer la fécule de maïs dans un peu d'eau et ajouter au liquide de cuisson. Bien mélanger. Ajouter assez d'eau pour obtenir 1 1/2 tasse (375 ml) de sauce. Cuire jusqu'à ce que la sauce épaississe. Verser sur la viande et le chou avant de servir.

Donne 6 portions.

Par portion

Calories : 193 • Glucides : 12 g • Protéines : 24 g • Lipides : 5 g • Fibres : 2 g

Prunes caramélisées

Prêt en 5 minutes, ce délicieux dessert gagne à être servi encore tiède dans des petites coupes individuelles.

4 grosses prunes encore fermes ou 8 petites
1 c. à soupe (15 ml) de beurre
1/4 tasse (50 ml) de jus d'orange
1 c. à soupe (15 ml) de cassonade
8 amandes hachées
Une pincée de muscade (facultatif)

Laver et couper les prunes en tranches. Faire fondre le beurre dans une poêle. Faire revenir les prunes pendant 3 minutes. Ajouter le jus d'orange, la cassonade, les amandes et la muscade. Cuire de 2 à 3 minutes de plus, jusqu'à ce que les prunes soient cuites mais encore fermes et que le liquide se soit évaporé. Laissez tiédir. Servir nature ou avec un peu de yogourt ou de crème glacée.

Donne 4 portions.

Par portion (sans le yogourt ou la crème glacée)
Calories : 96 • Glucides : 13 g • Protéines : 1 g • Lipides : 5 g • Fibres : 1 g

RECETTES D'OCTOBRE

Poulet au citron de Christine

Dès que j'ai goûté ce mets lors d'un séjour en France, j'ai su qu'il me fallait la recette! Christine, la tante de mon mari, a bien voulu m'en révéler le secret.

4 poitrines de poulet (6 oz/175 g chacune)
Sel et poivre
Farine
1 c. à soupe (15 ml) d'huile d'olive
2 c. à soupe (30 ml) de jus de citron
1/4 tasse (50 ml) de bouillon de poulet
1 c. à thé (5 ml) de beurre
3 c. à soupe (45 ml) de persil haché

Couper chaque morceau de poulet en deux dans le sens de la longueur. Saler et poivrer la farine. Enrober le poulet de ce mélange. Dans une poêle, chauffer l'huile et y faire cuire le poulet 5 à 6 minutes de chaque côté. Retirer de la poêle et garder au chaud. Verser le jus de citron et le bouillon dans la poêle. Porter à ébullition et laisser bouillir une minute. Ajouter le beurre et le persil. Bien mélanger. Verser sur le poulet et servir immédiatement.

Donne 4 portions.

Par portion

Calories: 380 • Glucides: 5 g • Protéines: 39 g • Lipides: 21 g • Fibres: 0 g

Challah

Le challah est un pain traditionnel juif aux œufs. Petite, j'allais parfois chez notre voisine, Mme *Hoffman, pour la voir préparer cette tresse recouverte de graines de pavot. La recette originale est à base de farine blanche et contient davantage de beurre et de sucre. Vous trouverez ici une version allégée mais néanmoins savoureuse.*

1 1/2 tasse (375 ml) de lait écrémé tiède-chaud
1 sachet de levure
2 c. à soupe (30 ml) de sucre
3 tasses (750 ml) de farine tout usage
1 1/2 tasse (375 ml) de farine de blé entier
1 c. à thé (5 ml) de sel
2 gros œufs battus
2 c. à soupe (30 ml) de beurre fondu (ou d'huile végétale)

GARNITURE

1 œuf battu + 1 c. à thé (5 ml) d'eau
2 c. à soupe (30 ml) de graines de pavot (ou de graines de sésame)

Mélanger 1/4 tasse (50 ml) de lait tiède-chaud, la levure et le sucre. Laisser reposer 5 minutes. Dans un grand bol, mélanger les farines et le sel. Faire un puits au centre et y verser les œufs, le beurre et le mélange à base de lait. Bien mélanger le tout. La pâte sera molle et élastique. Placer dans un bol légèrement huilé. Couvrir d'un linge propre et laisser gonfler une heure dans un endroit chaud. Abaisser la pâte d'un coup de poing. Couvrir et laisser gonfler jusqu'au double du volume. Bien pétrir (si la pâte est trop collante, ajouter un peu de farine au besoin). Diviser ensuite la pâte en trois. Rouler chaque morceau et les façonner en trois lanières d'égale longueur. Tresser les lanières de pâtes en pinçant les extrémités. Placer le pain sur une plaque à pâtisserie recouverte de papier parchemin. Couvrir et laisser gonfler à nouveau jusqu'au double du volume. Préchauffer le four à 375 °F (190 °C). Badigeonner le pain du mélange d'œuf et d'eau. Saupoudrer de graines de pavot. Cuire de 45 à 50 minutes ou jusqu'à ce qu'il soit bien doré.

Donne un gros pain tressé ou deux petits (16 portions).

Par portion

Calories : 173 • Glucides : 30 g • Protéines : 6 g • Lipides : 3 g • Fibres : 2 g

Fettucines aux asperges et poivrons rouges

Vous apprécierez les légumes colorés et encore un peu croquants ainsi que l'arôme du basilic qui se dégage de ce délicieux plat d'accompagnement.

1 lb (500 g) de fettucines non cuits
1 lb (500 g) d'asperges en morceaux
1 poivron rouge en lanières
2 c. à soupe (30 ml) d'huile d'olive
2 c. à soupe (30 ml) d'eau
2 gousses d'ail écrasées
1/2 tasse (125 ml) de parmesan râpé
1/2 tasse (125 ml) de basilic haché
Sel et poivre

Faire cuire les fettucines *al dente.* Pendant ce temps, faire cuire 3 minutes à la vapeur les asperges et le poivron. Égoutter les pâtes et ajouter le reste des ingrédients. Saler et poivrer. Bien mélanger. Servir immédiatement.

Donne 6 portions.

Par portion

Calories : 395 • Glucides : 60 g • Protéines : 17 g • Lipides : 10 g • Fibres : 4 g

RECETTES DE NOVEMBRE

Soupe rose d'automne

Simple, réconfortante et divinement colorée,
cette soupe saura vous faire oublier la grisaille de novembre.

1 tasse (250 ml) de pommes de terre pelées, en dés
1 tasse (250 ml) de carottes en rondelles
1 tasse (250 ml) de betteraves en dés
1 tasse (250 ml) d'eau
Sel et poivre
1 tasse (250 ml) de crème sure réduite en matières grasses

Dans une casserole, mettre les légumes et l'eau. Porter à ébullition. Saler et poivrer. Réduire le feu et couvrir. Cuire juste assez longtemps pour que les légumes soient tendres. Ajouter la crème sure. Bien mélanger. Servir immédiatement.

Donne 4 portions.

Par portion
Calories: 122 • Glucides: 14 g • Protéines: 5 g • Lipides: 5 g • Fibres: 2 g

Plat aux lentilles de Viviane

Voici une adaptation d'une autre recette que ma sœur prépare fréquemment pour sa famille.

1/2 tasse (125 ml) de vin blanc (ou de jus de pomme)
1 1/2 tasse (375 ml) de bouillon de poulet ou de légumes
1/2 tasse (125 ml) de lentilles sèches, bien rincées
1/2 tasse (125 ml) de riz brun non cuit
1 tasse (250 ml) de tomates en conserve, broyées ou en morceaux
1 oignon haché
1 gousse d'ail écrasée
1/4 c. à thé (1 ml) de thym
1/2 c. à thé (2 ml) de basilic
Sel et poivre
Mozzarella râpée

Mélanger tous les ingrédients sauf le fromage, dans un plat allant au four. Couvrir et cuire pendant 1 h 30 à 350 °F (180 °C). Au moment de servir, garnir de mozzarella râpée.

Donne 4 portions.

Par portion (sans le fromage)
Calories : 204 • Glucides : 36 g • Protéines : 9 g • Lipides : 1 g • Fibres : 9 g

Pain aux bananes, pacanes et graines de lin

Mon mari et moi aimons bien déguster une tranche de ce pain en après-midi avec une tasse de thé. Nos enfants, quant à eux, sont toujours ravis d'en avoir comme collation, à la maison ou à l'école.

3 bananes bien mûres
2 œufs
3/4 tasse (200 ml) de sucre
1 3/4 tasse (450 ml) de farine
1/4 tasse (50 ml) de graines de lin moulues
1/2 c. à thé (2 ml) de sel
1 c. à thé (5 ml) de bicarbonate de soude
1/2 tasse (125 ml) de pacanes hachées grossièrement

Préchauffer le four à 350 °F (180 °C). Écraser les bananes, ajouter les œufs et battre en mousse. Dans un autre bol, mélanger les ingrédients secs sauf les pacanes et incorporer à la mousse. Incorporer les pacanes. Cuire dans un moule à pain légèrement huilé de 50 à 55 minutes jusqu'à ce qu'un couteau inséré au centre en ressorte propre.

Donne 12 portions.

Par portion

Calories : 203 • Glucides : 36 g • Protéines : 5 g • Lipides : 5 g • Fibres : 2 g

RECETTES DE DÉCEMBRE

Soupe irlandaise

Dehors il neige, il vente, et vous avez envie de quelque chose de chaud? Enfilez votre chandail de laine favori et versez-vous un bol de cette soupe campagnarde. Vous serez comblée!

2 c. à thé (10 ml) d'huile végétale
2 poireaux en rondelles
1 oignon haché
4 tasses (1 l) de chou haché
4 1/2 tasses (1,125 l) de bouillon de poulet
3 grosses pommes de terre pelées, en dés
1 carotte en rondelles
4 oignons verts hachés
2/3 tasse (175 ml) de lait écrémé
Sel et poivre

Dans une grande casserole, faire chauffer l'huile. Cuire les poireaux, l'oignon et le chou quelques minutes. Ajouter le bouillon, les pommes de terre, les carottes et les oignons verts. Porter à ébullition. Baisser le feu, couvrir et laisser mijoter de 25 à 30 minutes. Ajouter le lait. Bien remuer. Saler et poivrer.

Donne 10 portions.

Par portion

Calories: 94 • Glucides: 19 g • Protéines: 3 g • Lipides: 1 g • Fibres: 3 g

Fricassée de dinde et de légumes d'hiver

Servir ce plat consistant avec une salade verte et un morceau de pain croûté.

2 tasses (500 ml) d'eau
2 grosses pommes de terre en tranches minces
2 oignons hachés
1 carotte en rondelles
1 panais en rondelles
2 tasses (500 ml) de dinde cuite, en dés
2 c. à thé (10 ml) de sauce Worcestershire
2 gousses d'ail émincées
3 oignons verts hachés
1 c. à soupe (15 ml) d'huile végétale
Sel et poivre

Dans un grand poêlon, porter à ébullition l'eau, les pommes de terre, les oignons, la carotte et le panais. Faire cuire à feu moyen jusqu'à ce que les légumes soient tendres. Ajouter la dinde, la sauce Worcestershire, l'ail, les oignons verts et l'huile. Bien mélanger. Faire cuire à feu moyen jusqu'à ce que le liquide se soit presque évaporé. Saler et poivrer.

Donne 4 portions.

Par portion

Calories : 299 • Glucides : 49 g • Protéines : 22 g • Lipides : 3 g • Fibres : 7 g

Petits bonshommes de pain d'épices

Je n'ai pas pu résister! Que serait Noël
sans ces petites douceurs d'autrefois?

1/2 tasse (125 ml) de beurre
1/2 tasse (125 ml) de sucre
1/4 c. à thé (1 ml) de sel
1 œuf
1/2 tasse (125 ml) de mélasse
1 c. à soupe (15 ml) de vinaigre blanc
3 tasses (750 ml) de farine non blanchie
1 c. à thé (5 ml) de bicarbonate de soude
2 c. à thé (10 ml) de gingembre moulu
1/2 c. à thé (2 ml) de chaque épice : cannelle, muscade, clou de girofle moulu

GLAÇAGE

3/4 tasse (200 ml) de sucre à glacer
1/4 c. à thé (1 ml) de crème de tartre
1 blanc d'œuf

Battre en crème le beurre, le sucre et le sel dans un grand bol. Ajouter l'œuf, la mélasse, le vinaigre et bien mélanger. Dans un autre bol, mélanger la farine, le bicarbonate de soude et les épices. Incorporer progressivement les ingrédients secs au premier mélange. Bien remuer. Former une grosse boule et réfrigérer 3 heures. Rouler la pâte jusqu'à 1/4 pouce (environ 1/2 cm) d'épaisseur. Découper les petits bonshommes à l'aide d'emporte-pièces. Préchauffer le four à 375 °F (190 °C). Faire cuire sur une plaque à pâtisserie recouverte de papier parchemin 10 minutes. Mélanger le sucre à glacer, la crème de tartre et le blanc d'œuf. Glacer les biscuits lorsqu'ils sont refroidis.

Donne 36 biscuits.

Par portion (1 biscuit)
Calories: 97 • Glucides: 17 g • Protéines: 2 g • Lipides: 3 g • Fibres: 0 g

GUIDE ALIMENTAIRE CANADIEN POUR MANGER SAINEMENT

Portions recommandées pour chaque groupe alimentaire

Produits céréaliers : 5 à 12 portions/jour.
Exemples de 1 portion : 1 tranche de pain, 30 g de céréales pour déjeuner, 3/4 tasse de céréales chaudes. Un muffin, un pain pita, un bagel ou un petit pain représentent 2 portions, tout comme 1 tasse (250 ml) de pâtes alimentaires ou de riz cuit.

Légumes et fruits : 5 à 10 portions/jour.
Exemples de 1 portion : 1 fruit ou 1 légume de grosseur moyenne, 1/2 tasse (125 ml) de légumes ou fruits frais, surgelés ou en conserve, 1 tasse (250 ml) de laitue, 1/2 tasse (125 ml) de jus de fruits.

Produits laitiers : 2 à 4 portions/jour (adultes), 3 à 4 portions/ jour (femmes enceintes ou allaitant).
Exemples de 1 portion : 1 tasse (250 ml) de lait, 3/4 tasse (175 g) de yogourt, 50 g de fromage, 1 tasse (250 ml) de fromage cottage, 1/2 tasse (125 ml) de yogourt glacé, 1/2 tasse (125 ml) de pouding à base de lait.

Viandes et substituts : 2 à 3 portions/jour.
Exemples de 1 portion : 50 à 100 g de viande, volaille ou poisson, 1/2 à 1 tasse (125-250 ml) de légumineuses, 1/3 tasse (100 g) de tofu, 1 ou 2 œufs.

TABLE DES MATIÈRES

Introduction 9

Cinq principes menant à *votre* poids idéal 12

Janvier 15
Février 65
Mars 107
Avril 151
Mai 191
Juin 231
Juillet 273
Août 315
Septembre 355
Octobre 395
Novembre 437
Décembre 481

Références scientifiques 521

Recettes de janvier
Soupe minestrone rapide 537
Riz au poulet à l'espagnole 538
Délice aux mangues 539
Recettes de février
Salade d'épinards au fromage et à l'orange 540
Porc aux pommes et patates douces 541
Crêpes moelleuses aux bananes 542
Recettes de mars
Bouquets de brocoli et de chou-fleur citronnés 543
Filets de truite à l'aneth 544
Biscottis aux amandes et à l'orange 545
Recettes d'avril
Salade de lentilles à l'avocat 546
Saumon simple et savoureux 547
Muffins aux grains entiers et aux bleuets 548

Recettes de mai
Cari de pois chiches à la pakistanaise 549
Orge en salade avec asperges et crevettes 550
Biscuits à l'avoine et aux canneberges 551
Recettes de juin
Salade de thon aux haricots blancs 552
Escalopes de poulet parfumées à l'estragon 553
Mousse aux fraises 554
Recettes de juillet
Haricots jaunes à la lyonnaise 555
Burgers savoureux 556
Gâteau délice tropical 557
Recettes d'août
Poulet aux olives de Laurent 558
Pâtes primavera 559
Boisson glacée aux fruits bleus 560
Recettes de septembre
Légumes à l'indienne 561
Veau à la bavaroise 562
Prunes caramélisées 563
Recettes d'octobre
Poulet au citron de Christine 564
Challah 565
Fettucines aux asperges et poivrons rouges 566
Recettes de novembre
Soupe rose d'automne 567
Plat aux lentilles de Viviane 568
Pain aux bananes, pacanes et graines de lin 569
Recettes de décembre
Soupe irlandaise 570
Fricassée de dinde et de légumes d'hiver 571
Petits bonshommes de pain d'épices 572

Guide alimentaire canadien pour manger sainement
Portions recommandées pour chaque groupe alimentaire ... 573

